数字法治

党员干部关注的十大热点

佟丽华 著

人民出版社

序言　抓住数字时代战略机遇 引领全球法治全面变革

　　党的二十大报告强调建设"数字中国"，2023 年 2 月中共中央、国务院发布的《数字中国建设整体布局规划》指出，要推进数字技术与经济、政治、文化、社会、生态文明建设"五位一体"深度融合。如何理解"数字中国"建设的时代意义？如何理解数字时代给人类社会发展带来的重大变化？如何认识数字时代我国法治建设面临的挑战与机遇？如何抓住历史契机，通过深化改革来引领数字时代全球规则的发展？这些都是当前党员干部应当思考的重大问题。

　　这本书聚焦人类社会进入数字时代这一宏大的社会背景。人类社会正在经历着百年未有的历史巨变，其中一个重大变化是人类社会已经从工业时代进入数字时代。数字时代给人类社会带来了全面深刻的变化：平台企业颠覆了传统的经济模式、信息传播以及教育方式；越来越多人成为平台企业的用户，截至 2022 年 12 月，我国网民规模达到 10.67 亿人，全球网民规模达到 53 亿人；数字取代传统的机器，成为这个时代最为显著的生产工具；数据成为重要生产要素，如何收集、使用数据，成为数字时代企业甚至国家竞争力的重要内容；流量不再仅仅是一种评价的指标，而是成为一种重要的资源和力量；人类依托数字技术，创建了一个新的跨越国家边界的虚拟空间；各种数字产品尤其是虚拟货币得到快速发展。时代变迁导致人类社会的政治、经济、文化等各个领域以及人们的生产生活方式都在发生深刻变化，这对国家以及全球治理的理念、方式都提出了全新的挑战。

　　这本书从全球治理的视角来研究数字法治的发展以及中国面临的机遇和挑战。西方国家率先开启工业革命，构建起一套全球治理的思想、话语和治理体系，在很大程度上主导了工业时代全球法治的进程。数字时代中国与西方并列走在时代发展的前沿，对国家以及全球治理面临的全新挑战，中国可以将挑战转化为历史机遇，全面深化数字时代的法治变革。一是数字时代各个国家的法治变革都面临着很多共性的挑战。以人工智能问题为例，国内外越来越多的人担心人工智能未来会反过来伤害人类，如何依法规范人工智能的健康发展？目前人类社会尚缺乏成功的经验。

二是目前主要国家及地区还没有探索出明确的数字法治改革道路。欧洲国家制定了《通用数据保护条例》等大量相关法律来规范数字领域的问题,但欧洲平台企业以及数字技术应用并不发达,这决定了其法治改革的视野以及应用的局限性。美国《通信规范法案》第230条确立了平台企业既不必为用户发表的内容承担责任,也不必为删除用户的内容承担责任,可以说赋予了平台企业巨大管理权力,但豁免了其法律责任;结果就是放纵了美国社交平台野蛮成长,仇恨、暴力、虚假等内容泛滥。而美国平台企业强大的游说能力、两党之间激烈的竞争决定了当前美国很难制定出全面的规范数字时代发展的法律体系。三是我国一直在以一种积极负责的态度推动着数字法治的发展。国家不仅制定了《电子商务法》《网络安全法》《数据安全法》《个人信息保护法》等规范网络发展的基础法律,更是通过制定《网络信息内容生态治理规定》《互联网信息服务算法推荐管理规定》《互联网广告管理办法》《生成式人工智能服务管理暂行办法》等部门规章及时对数字发展中出现的新问题进行规制,逐步构建起一套发展与规范平衡的法律制度体系。从时代发展的进程、各国法治现状等各种因素来看,中国完全可以通过全面深化法治改革,来引领数字时代全球规则的发展。

这本书重点研究了当前数字法治领域的一些前沿问题。面对数字时代这种人类社会前所未有的时代变迁,当前不是对哪部法律修修补补,而是需要整个法治思想、法律制度的全新变革。这本书聚焦数字法治领域的十大热点问题:一是从时代的变化及对历史的反思中研究如何确立国家数字法治的发展理念与战略;二是从理解数字法治全球发展最新动态基础上思考我国的历史机遇和挑战;三是在分析平台企业颠覆性影响基础上,系统分析了数字权力的产生及其与国家公权力的区别,梳理了我国法律以及法院判决的典型案例对平台企业数字权力的规制,提出了支持与规范平台企业健康发展的立法建议;四是提出了数据是"石油"还是"垃圾"的时代之问,分析了原始数据与数据资源整体、痕迹数据与内容数据的区别,在此基础上研究了如何构建我国现代的数据法律制度;五是针对"流量为王"的全新经济社会现象,对流量的性质、作用以及引发的各种问题进行研究,提出了我国规范流量问题的立法建议;六是结合平台企业虚拟币、比特币等数字货币的最新发展,在分析非主权数字货币未来发展趋势以及我国相关政策变化基础上,对完善我国数字货币制度提出了建议;七是结合GPT-4等人工智能技术的最新发展,讨论了未来智能人与人类的区别,研究了人工智能带来的最新法律难题以及未来立法的重点方向;八是结合对相关网络犯罪尤其是高发的网络诈骗、帮助信息网络犯罪活动、赌博三类犯罪的分析,对国家数字时代犯罪治理提出了建议;九是结合社会高度关注的外卖骑手等新就业形态劳动者权益保障、未成年人网络保护等热点问题,重构了数字时代社会法的范畴,提出了以全新的社会法思想引领全球数字时代规则发展的思想;十是创新提出了用户权利概念,探讨了用户权利与消费者权利的本质区别,指出了用户权利保护将是数字时代公民权利保护中最重要、最深刻、最复杂的问题。

相比数字领域的快速发展,各国对数字法治领域很多问题还缺乏基础的研究,这种局面限制了数字法治改革以及国家治理的成效。这本书只重点研究了数字法治领域的一些问题,还并不全面。受到作者知识结构、经验以及精力的制约,有些认识还具有局限性,对有些意识到的问题也未能开展更加深入的研究。数字领域依然在快速发展进程中,希望党员干部站在参与国家以及全球治理的战略高度,在关注本书提出的一些问题以及相关改革建议基础上,创新、探索数字时代国家治理的方法,为中华民族在数字时代实现伟大复兴以及人类社会的健康发展作出贡献。

目　录

第一章 如何从对历史的反思中确立 国家数字法治战略？

党和政府高度重视数字时代的发展,2017 年以来十九届中央政治局就至少研究过 3 次数字发展的重大问题:2017 年 12 月 8 日,十九届中央政治局第二次集体学习"实施国家大数据战略加快建设数字中国";2019 年 10 月 24 日,十九届中央政治局第十八次集体学习"区块链技术发展现状和趋势";2021 年 10 月 18 日,十九届中央政治局第三十四次集体学习"推动我国数字经济健康发展"。习近平总书记在主持第三十四次集体学习时特别指出:近年来,互联网、大数据、云计算、人工智能、区块链等技术加速创新,日益融入经济社会发展各领域全过程,数字经济发展速度之快、辐射范围之广、影响程度之深前所未有,正在成为重组全球要素资源、重塑全球经济结构、改变全球竞争格局的关键力量。要站在统筹中华民族伟大复兴战略全局和世界百年未有之大变局的高度,统筹国内国际两个大局、发展安全两件大事,充分发挥海量数据和丰富应用场景优势,促进数字技术与实体经济深度融合,赋能传统产业转型升级,催生新产业新业态新模式,不断做强做优做大我国数字经济。

党的二十大报告强调要建设"数字中国",报告特别指出:"加快发展数字经济,促进数字经济和实体经济深度融合,打造具有国际竞争力的数字产业集群。"同时提出了数字贸易、教育数字化、文化数字化等发展战略。2023 年 2 月,中共中央、国务院发布了《数字中国建设整体布局规划》(以下简称"《规划》"),《规划》是党和政府对未来数字时代国家发展的重要纲领性文件,《规划》强调了数字技术要与我国"五位一体"总体布局深度融合的问题,特别指出:"数字中国建设按照'2522'的整体框架进行布局,即夯实数字基础设施和数据资源体系'两大基础',推进数字技术与经济、政治、文化、社会、生态文明建设'五位一体'深度融合,强化数字技术创新体系和数字安全屏障'两大能力',优化数字化发展国内国际'两个环境'。"《规划》强调了党员干部在推进"数字中国"建设中的重要作用,特别指出:"将数字中国建设工作情况作为对有关党政领导干部考核评价的参考。""增强领导干部和公务员数字思维、数字认知、数字技能。"

那么,如何认识人类社会进入了数字时代? 如何认识人类社会正在经历着百年未有之大变局? 如何认识工业革命以来人类社会的成就与缺陷? 如何认识人性的缺陷与不足？如何认识人类社会进入数字时代以后带来的挑战？如何认识 ChatGPT 所代表的人工智能技术的突破性发展以及给人类社会带来的挑战？如何认识"数字中国"建设中我国法治建设面临的挑战？如何确立数字时代中国法治发展的理念以及战略？这些都需要我们所有党员干部有着清醒的认识。

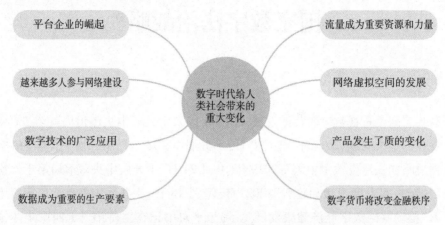

图 1-1　数字时代给人类社会带来的重大变化

一、数字时代给人类社会带来了哪些重大变化？

世界正在经历着百年未有的历史巨变,其中一个重大变化是人类社会已经从工业时代进入数字时代。这不是一个简单的事件变化,而是一个全面的时代变迁。时代变迁的滚滚潮流汹涌而来,但遗憾的是很多人并未意识到这种历史时代的变迁给人类社会发展以及我们每个人生活带来的机遇与挑战。

人类社会在经历了漫长的农业时代后,在 200 多年前进入了工业时代,那是一次全面的历史变迁。一般认为工业革命开始于 18 世纪 60 年代,其中有两个标志性的事件:一是 1765 年英国工人哈格里夫斯发明了珍妮纺纱机,二是 1769 年瓦特改良了蒸汽机。工业革命开启了工业时代,工业时代相比传统的农业时代,最鲜明的特征就是以机器取代了传统的人力和畜力,机器生产取代了传统的手工生产,蒸汽机、煤炭、钢铁以及后来的石油、天然气得到充分利用,所以工业时代也往往被称为机器时代(the Age of Machines)。

尽管 1969 年美国国防部组建军事网络往往被认为标志着互联网时代的开启,但早期的互联网功能较为单一,用户只能浏览和读取网站信息,链接网络的是相对固定的计算机。这个阶段计算机和互联网还只是人们工作和生活的工具,与人们的联系和融合并不紧密。到了 2003 年,维基百科的诞生标志着互联网发展一个全新阶段的开始,在维基百科上，每个人都可以参与创建和修改相关的词条，这使维基百科比历史上任何一部百科全书的内容都更加丰富、更新更加及时。也就是说，每个人都可以成为维基百科内容的提供者，每个人都开始参与到网络内容的建设中来。随后在我国微博、微信等平台开始涌现，越来越多的人依靠数字这种技术参与到网络平台的建设中来，人类社会开始快速步入数字时代。

数字时代一大标志是平台企业的崛起。自 21 世纪以来，平台企业取得快速发展，成为这个时代一个独特的现象。平台企业在经济规模、用户人数、垄断程度等很多方面都超越了工业时代的传统企业，形成强大的影响力，因此被称为"守门人"。一是平台企业成为推动经济发展的重要力量。福布斯 2023 年 6 月 8 日公布的数据显示出美国平台企业的巨大经济体量，仅仅美国的谷歌、亚马逊、脸书、苹果和微软（合称"GAFAM"）5 家大型平台企业 2022 年市值就超过 8.08 万亿美元，超过世界银行统计的 2022 年全球排名第9—12 的加拿大、意大利、巴西、澳大利亚四个大国年 GDP 总量的总和。二是平台企业颠覆了传统信息传播以及教育的方式，依靠社交以及资讯平台，人类社会进入了一个自媒体时代，每个人都可以成为信息的发布者，每个人也都可以便捷地获取各种信息，传统媒体以及教育的影响在下降。三是平台企业获取了数字权力，其通过建设基础设施、制定平台规则、掌握用户数据、对用户进行管理等过程，逐渐拥有了基于数字而生的庞大权力。尤其是那些具有垄断地位的平台企业，可以说获得了"超级数字权力"。

数字时代第二个标志是越来越多的人参与到网络建设中。中国互联网络信息中心（CNNIC）从 1997 年第一次发布《中国互联网络发展状况统计报告》开始，基本每半年发布一次。根据该中心发布的报告，2000 年底我国上网人数约为 2250 万人。2007 年 1 月苹果公司推出 iPhone 手机，这款手机整合了 iPod 和手机功能，带来了智能终端的革命性变化。2008 年我国开始发放 3G 牌照，利用手机上网用户人数急剧增加。随着越来越多的人可以利用移动智能终端越来越便利地上网，上网人数快速发展起来，数字开始越来越多地把人、社会和虚拟的网络连接起来。到了 2009 年，手机上网人数达到 2.33 亿，手机上网人数占整个上网人数超过 60%，可以认为我国由 PC 互联网阶段进入了移动互联网阶段，用户随时随地上网，用户与网络开始深度连接。截至 2022 年 12 月，我国网民规模达到 10.67 亿人，互联网普及率达 75.6%；全球网民规模达到 53 亿人，大约占全球人口的66%，我国互联网普及率高出全球平均水平大约 10%。

数字时代第三个标志是数字技术的广泛应用。在数字时代，任何产品或活动都可以通过将其转换或编码为"0"和"1"的二进制语言来体现。每一个 0 或 1 已经不再是简单的计数工具，而是成为记录各种产品或活动的工具。换句话说，简单的数字 0 和 1 已经发展成为可以代表各种不同产品和活动的最为广泛的工具。如果说工业时代是以机器生产取代手工劳动，那么在数字时代，就是数字取代传统的机器，成为这个时代最为显著的生产工具。所以，在数字时代，必将伴随各行各业数字化的进程。算法以及人工智能不过是数字工具发展到更高阶段的产物。2022 年 11 月 30 日,美国人工智能研究公司 OpenAI 推出了 ChatGPT,这标志着人类开发的人工智能达到了一种新的高度。不到 4 个月,2023 年 3 月 14 日该公司推出了更加强大的 GPT-4。这种人工智能在深度学习、数据推理、总结归纳等能力方面甚至远远超过人类,从而引发了国际社会的高度关注和广泛担忧。所以,这个时代的本质特征就是数字化,也是这个时代被称为数字时代而不是网络时代等其他称谓的根本原因。

数字时代第四个标志是数据成为重要的生产要素。有人将数据称为数字时代的"石油",这在某个维度凸显了在数字时代数据的重要意义。2020 年 4 月,中共中央、国务院发布《关于构建更加完善的要素市场化配置体制机制的意见》,明确将数据与资本、土地、劳动力、技术并列为第五大生产要素,提出要加快培育数据要素市场,健全市场运行机制等。根据媒体报道,据国际数据公司(IDC)测算,预计到 2025 年,中国产生的数据总量将达 48.6ZB(泽字节,简称 ZB,1 泽字节约等于 10 万亿亿字节),占全球的 27.8%;对国内生产总值(GDP)增长的贡献率将达年均 1.5 至 1.8 个百分点。在网络虚拟空间,不仅会产生越来越多的原始数据,通过数据加工,还会产生越来越多的数据产品。如何收集、使用数据,成为数字时代企业甚至国家竞争力的重要内容。

数字时代第五个标志是流量成为一种重要的资源和力量。数字时代一个显著现象是"流量为王"。首先,流量是在特定时间内使用特定网络产品或服务的用户数总量,这是作为一种统计的指标。其次,流量成为一种可以量化的巨大资源,在 2017 年腾讯推出"三个百亿计划"中包括 100 亿流量支持和 100 亿元资金扶持,在 2019 年阿里推出"U 创计划"中包含 10 亿元现金和日均 20 亿流量,这时流量就显然代表了财富。最后,流量更是一种工具,是平台企业通过算法和人工手段管理平台秩序、获取最大收益的工具。可以看到,随着平台企业的发展,流量作为统计指标只是一种表面现象,流量的本质已经成为一种具有价值的财富和具有强大力量的工具。有些平台企业滥用流量,造成平台秩序处于既不公平也不公正的"黑箱"状态;有些平台企业为了获取更多流量,不惜放纵甚至怂恿各种虚假、仇恨、低俗内容,以致不断引发网络暴力等恶性案件。所以,流量不仅越来越深刻地影响数字经济的发展,也在越来越深刻地影响社会风气和政治运作,成为影响国家权力、平台企业数字权力以及公民权利三者之间权利义务关系的重要力量。

数字时代第六个标志是网络虚拟空间的发展。在人类社会的农业时代以及工业时代,人类还都是生活在现实物理世界。但到了数字时代,人类依托数字技术,创建了一个新的虚拟空间。尤其是大型平台企业,将虚拟空间无限扩大,跨越不同国家的边界。在数字时代的早期,不论是虚拟的购物空间、社交平台还是游戏空间,人类还生活、工作在物理空间,不过是生活、工作的内容延伸到虚拟空间,比如人们上网阅读、交友、玩游戏。但随着元宇宙时代的到来,虚拟空间将与现实物理空间深度融合,人类将在现实物理空间和虚拟空间中交替甚至同时在其中生活与工作。虚拟空间的无限发展、虚拟空间人类活动内容的不断丰富、虚拟空间的规则以及生产生活方式对现实物理世界的影响越来越深刻，将对人类社会传统的治理方式带来前所未有的挑战。

数字时代第七个标志是产品发生了质的变化。传统上各种产品是物理性质的，是人类可以触及的。但到了数字时代，产生了各种数字产品。传统产品是用各种物理的原材料制成的，但数字产品本质的特征是用数字制成。数字既是这种虚拟产品的原材料，也是生产这种虚拟产品的工具。随着数字时代的发展，数字产品的种类将不断丰富。数字电影、数字音乐、数字游戏、数字宠物、数字车辆、数字房屋等各种产品都将快速发展。根据多家媒体消息，2021 年 3 月纽约佳士得网络拍卖了一位艺术家的一幅 NFT 数字艺术品《每一天：前 5000 天》，最后以拍卖价加上佣金约 6930 万美元成交（约合人民币 4.5 亿元）。这起拍卖激发了世界各地发展数字藏品的兴趣，数字藏品如雨后春笋般发展起来。所以未来的世界，不仅存在着虚拟空间，更存在着各种虚拟产品。随着元宇宙、区块链等技术的发展，数字产品的种类及价值都会得到更快的发展，数字产品将成为数字经济的重要内容。

数字时代第八个标志是数字货币将改变传统金融秩序。数字金融有两个关键性的标志，一是数字货币，二是数字支付，两者相辅相成，同样重要。在工业时代，货币是由国家发行，早期主要由金属制作，后来发展出纸币。到了数字时代，数字货币发行主体以及使用范围、方式都在发生重大变化：一是国家不仅制造纸币，也会发展数字货币。二是平台企业开始制造产品类数字货币，这种数字货币只在平台内部流通，用来交换平台内某种商品或服务，比如腾讯的 Q 币或者抖音的抖币。三是比特币等依靠区块链技术发展起来的私人加密货币，尽管这种数字货币没有任何国家或者企业为其信用背书，但凭借加密技术带来的安全性以及分布式记账的便捷性，比特币竟然从刚诞生时每枚人民币一分钱发展到最高时 69000 美元。四是平台企业生产的在平台内外都可流通的加密数字货币，最有代表性的就是美国脸书公司曾经在 2019 年推出 Libra，尽管这种平台加密数字货币最后以失败告终，但其对未来数字金融的发展所带来的启示具有历史意义。哪个平台企业将会凭借强大的自身信用和加密技术生产出真正影响全球的数字货币呢？可以预见，随着数字时代的发展，平台企业生产的数字货币以及私人加密数字货币都将越来越多地参与到国际金融体系中，成为影响数字金融的主要力量。另外，也要看到的是，在数字时代，数字支付取得了长足发展，这在我国表现得尤为明显。使用支付宝、微信支付已经成为当前社会消费的主要支付方式。数字金融的发展，不仅为数字产品尤其是元宇宙的发展奠定了基础，更将直接改变现实物理世界的交易方式，从而深刻影响经济发展方式并带来金融体系的重大变革。

二、从历史的反思中我们能够发现哪些问题？

1980年阿尔文·托夫勒出版的《第三次浪潮》将人类社会的进程划分为农业文明、工业文明和信息文明三个阶段。神州数码控股有限公司郭为董事长在《数字化的力量》一书中毫不吝啬地赞美工业文明，他说："工业文明是一种极富活力和创造力的文明，工业时代虽然只有短短的两三百年，却奇迹般地改变了世界，为人类社会带来了经济的增长、制度的完善、生活方式的改善，以及科学技术的进步。"在人们为GPT-4所代表的强大人工智能力量欢呼的时候，越来越多的有识之士对人工智能将给人类带来的风险表达了担忧，以致全球1000多名科技领袖和研究人员联署发布公开信，呼吁所有AI实验室立即暂停训练比GPT-4更强大的AI系统至少6个月。当我们站在进入数字时代的历史当口，直面工业时代以及数字时代叠加的人类社会种种风险挑战，我们要有勇气思考的问题是：什么是人类社会发展的动力？人类社会为什么要发展？这种发展给人类社会带来了什么么？如何辩证地看待发展给人类带来的快乐与苦难？工业时代真的是一种文明吗？什么是文明？人类发展的内在逻辑到底在哪里？人类发展进程中的风险在哪里？人类如何建设一个更加美好的数字时代？这些问题看似离我们的生活很遥远，其实却在时时刻刻影响着我们每个人。

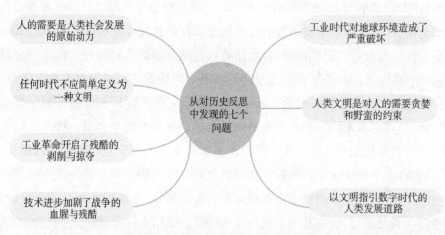

图1-2 从对历史反思中发现的七个问题

第一个问题是，人的需要是推动人类社会发展的原始动力。时代发展到今天这个阶段，首先就要思考到底什么才是人类社会发展的原始动力。马克思认为，个体需要及其满足之间的矛盾是推动人本身发展的原动力，指出："人们为了能够'创造历史'，必须能够生活。但是为了生活，首先就需要吃喝住穿以及其他一些东西""已经得到满足的第一个需要本身、满足需要的活动和已经获得的为满足需要而用的工具又引起新的需要，而这种新的需要的产生是第一个历史活动"。20世纪50年代，美国心理学家马斯洛提出了自己的需要理论。马斯洛在1943年发表的《人类动机理论》中指出需要层次理论，以此论证人类有不同层次的需要。马斯洛把人的基本需要分为生理需要、安全需要、爱和归属的需要、尊重的需要和自我实现的需要五种，认为这五种基本需要之间是一种相互联系、依次上升的关系，它们共同构成了一个"有相对优势关系的等级体系"。人的动机越是来源于较高级的需要，人的兽性就越少而人性越多，人的本质也就越得到充分的显现。马克思和马斯洛都指出了人的需要才是人类社会发展的原始动力，其中马斯洛的需要分层理论具有一定的普遍意义。但也要看到的是，马斯洛的分析忽视了人的需要中的贪婪与野蛮。这种贪婪体现在人对某项需要以及总的需要可能是永无止境的。即使是最基本的生理需要，很多人也总能花样翻新地找到新的目标，所以古往今来很多人为了攫取无限的财富、满足自身的生理需求而不惜连年征战、大肆杀戮。这种野蛮体现在为了满足自身的需要而去欺凌、羞辱他人。小到发生在校园中的学生欺凌，大到种族的歧视以及国家的霸权，我们总能看到一部分人为了满足贪婪的需要而去伤害其他人的现象发生。人的需要推动了人类社会的发展，但人需要的复杂性也引发了人类社会的种种斗争甚至灾难。

第二个问题是，不论农业时代、工业时代还是数字时代，都不应简单将其描述为一种文明。因为不论在任何时代，都存在残酷的剥削与杀戮。所谓"时代"，不过是对历史特征和节点的归纳，都将其冠以文明的标签，显然忽视了文明本身的含义。人类历史进入了数字时代，在这时代变迁的历史时刻，我们应该有勇气对二百多年工业时代的历史有深刻的反思。工业时代极大提升了生产力，科技得到发展，人类生产出了前所未有的产品，人类生活条件得到了前所未有的改善。但工业时代，人类社会更加文明了吗？人类之间更加和谐友爱了吗？不得不承认的是，工业时代人性中贪婪和野蛮的欲望被放纵，人类不仅彼此疯狂杀戮，也严重破坏了我们赖以生存的地球环境。

第三个问题是，工业革命开启了人类社会有史以来最残酷、最广泛的剥削与掠夺。在工业革命的发源地英国，为了扩建工厂，"羊吃人"的"圈地运动"在全国展开，很多农民失去土地。在工业国家内部的早期，资本家疯狂地剥削和压榨工人，马克思深刻地指出："资本来到世间，从头到脚，每个毛孔都滴着血和肮脏的东西"，工人反抗剥削和压迫的运动风起云涌。工业国家利用坚船利炮，加快了全球殖民掠夺的进程，在世界各地疯狂掠夺殖民地，对当地人进行残酷的剥削和杀戮。美国印第安人数量从原来的数千万减少到几百万，在非洲、亚洲、大洋洲、美洲等很多被殖民的国家，一些当地人的村庄被屠杀殆尽。到20世纪初，殖民国家及殖民地已占全世界85%的陆地面积。中国作为一个有5000多年不间断历史的文明古国，并未抓住工业革命带来的历史契机，逐渐成为一个半殖民地半封建的国家，并为此付出了沉重的代价：第一次鸦片战争后签订的《南京条约》，割让香港、赔款2700万银圆；第二次鸦片战争后签订《北京条约》，割让九龙给英国、赔偿英法各

800万两白银；甲午战争后签订的《马关条约》，承认朝鲜独立，割让台湾及其附属岛屿，先后赔偿日本白银2.3亿两。所以，在工业时代的大多数历史时期内，发达的技术并未给整个人类社会带来福祉，工业国家内部的大多数工人以及殖民地国家的人民遭受剥削和奴役，权力和财富聚集到很小一部分人手中。

第四个问题是，工业时代技术的进步加剧了战争的血腥和残酷。第一次世界大战经历了四年多时间，死伤总人数在3000万人以上。仅仅20年后，第二次世界大战爆发，至少有1700万人直接死于战斗，至少有2000万平民丧生。1950年朝鲜战争、1955年越南战争、1991年第一次海湾战争、2001年阿富汗战争、2003年伊拉克战争都导致数以万计的无辜生命丧失。战争摧毁了秩序，带给相关地区人民无尽的灾难。站在历史的视角看，所有的战争中都没有真正的赢家，发动战争的国家同样付出了沉重的代价。美国布朗大学和波士顿大学的联合研究表明，美国为伊拉克战争已经花费了2万多亿美元，死于这场战争的美国和伊拉克军人及平民的人数超过13万人，研究还指出，与战争相关的实际死亡人数远远高于这一统计数字，因为数据并没有包括因缺乏食物、饮用水和其他基础设施或罹患战争相关疾病而造成的间接死亡。根据美国退伍军人事务部2012年9月的一份报告显示，在退伍军人事务部下属的医院和诊所就诊的退伍军人中有超过15%的人被诊断患有创伤后应激障碍疾病，美国要为这些退伍军人的医疗及福利支付长期的巨大代价。沃特森国际问题研究所在2021年发布的《美国"9·11"后战争的预算成本》报告介绍，"9·11"事件后的20年里，美国在战争中付出约8万亿美元的代价。但问题是，美国乃至人类社会对这些战争有深刻的反思吗？俄乌冲突仍然在进行，会不会发生第三次世界大战？会不会有更大的战争？战争的风险是增加了还是变小了？在这个核武器越来越普及以及人工智能越来越发达的时代，一旦发生大国之间的冲突，很可能就引发核战争，这就真的可能给人类带来灭顶之灾。

第五个问题是，工业时代对人类生存的环境造成了严重的破坏。2018年10月世界自然基金会发布了《地球生命力报告2018》，据报告，从1970年至2014年间，超过4000种哺乳动物、鸟类、鱼类、爬行动物和两栖动物的种群数量迅速下降。这一"物种灭绝"的速度，比人类充分参与到动物生态系统之前，整整超过了1000倍。研究人员发现，目前地球上90%的海鸟胃中含有塑料，而这一数据在1960年仅仅是5%。研究人员称，到2050年，或许在海洋中更多的是塑料而不是鱼类。1992年1500多位科学家公开发表了《世界科学家致人类警示信》，他们呼吁关注地球上正在发生的、迫在眉睫的或潜在有可能发生的灾难：包括臭氧层消耗、淡水资源锐减、海洋渔业枯竭、海洋的死亡区域、森林的丧失、生物多样性的破坏、气候的改变以及人口的持续膨胀等。2017年，科学家们再次公开发出呼吁，《世界科学家对人类的警告：第二次公告》，最后签名的专家学者超过2万人。在第二次公开警告中，科学家们说，人类社会在解决上述多数问题时没有进展，而"时间已经不够了"，他们介绍28.9%的脊椎动物已经灭绝、二氧化碳的排放量上升62.1%、世界人口增加了35.5%以及全球年平均温度上升167.6%等令人沮丧的变化。在2016年联合国环境规划署发布的《健康星球,健康人类》报告中介绍:"2012年,全球估计有1260万例死亡可归因于环境。我们呼吸的空气、我们吃的食物、我们喝的水以及维持我们的生态系统估计造成了全世界23%的死亡。""空气污染是世界上对健康构成的最大单一环境风险:全世界每年约有700万人因每天接触恶劣的空气质量而死亡。""世界卫生组织在中高排放情景下作出的谨慎估计表明,在2030年至2050年期间,由于气候变化,每年可能增加25万人死亡。据估计,环境退化每年造成的过早死亡人数是冲突中发生的人数的174至234倍。"

第六个问题是,要重新理解人类文明的内涵。站在数字时代这样新的历史起点,我们回望工业时代的人类历史,科技的进步给人类社会带来了什么呢? 面对上述种种残酷的剥削、奴役、战争、环境破坏,人类社会有足够的反思吗? 如果人类社会都不能从历史的悲剧中汲取教训,又怎么能够避免数字时代新的灾难呢? 所以,站在这样的历史起点,应当重新审视人类的历史、人类的文化以及人类发展的方向。所谓人类的文明,是相对于人类作为动物的本性而言的。作为动物的本性,人类的欲望似乎永无止境,为了满足自身的欲望恃强凌弱甚至不择手段。所以,人类的文明是对动物本性的一种约束和修正。可以说,人类的文明,不是贪婪和野蛮,不是高楼大厦,不是物质的极大丰富,不是科技的高度发达,而是对人性欲望的反思和约束,是人彼此之间的尊重和宽容,是对我们生存环境的珍惜和呵护,是对人类未来发展的信念与责任。人类社会发展的动力是人的需要,但人类社会进步的动力在于文明。人的需要的复杂性以及永无止境促进了社会的发展,推动了各种新型工具的应用、科技的发展以及生产力的提高,但也带来了人类自身的衰退、人类之间斗争与奴役的加强和地球环境的破坏,所以很难简单说工业时代人类文明在各方面都得到了进步和发展。从国家政治制度的演变来看,也并不是所有制度都能称得上是一种文明。只有那些反映了绝大多数人根本利益的政治制度,才是一种真正文明的制度。文明的制度不是要反映或者维护一小部分统治阶级贪婪或者野蛮的需要,而是要反映并维护最广大人民群众的普遍需要。所以,不论任何时代或者任何制度,文明是人类区别于动物的一种核心的特征,体现在对于贪婪和野蛮这种动物本性的约束,体现在对于宽容、尊重、友爱这种精神层面更高的追求。正是这种文明,体现了人类与很多其他物种的区别,使人类成为地球乃至宇宙中一种神奇的生命,推动了人类历史不断向前发展。

第七个问题是,要重新思考关系人类命运的哲学问题。站在这样一个新的历史节点,我们应该思考人类从哪里来、要到哪里去、人类发展的逻辑等基本哲学问题。当前人类社会面临所有问题的根源还是人性自身的问题,是人性中的贪婪和野蛮加剧着问题的严峻复杂。中国古人不仅在洞察和探究人类生命运行的内在规律,也在洞察和探究宇宙运行的规律以及人与自然环境和宇宙之间的内在联系。所以总体来说,中国传统文化更强调对人性的自我约束。中国传统文化尊崇自然规律,强调道法自然,天人合一,不要做"伤天害理"的事情,天地相合,以降甘露;强调修身齐家治国平天下,修身齐家是治国平天下的基础,人要加强自我修养;强调德不配位必有灾殃,君子爱财要取之有道;强调仁爱,圣人无常心,以百姓心为心,要关心爱护别人;强调见素抱朴,少私寡欲,甚爱必大费,多藏必厚亡。近代以来,这种修身养性的文明屡屡受到各种批判,人性得到所谓的解放,人的欲望得到最大限度满足。本质上,文明衰落,动物本性得到放纵。人类社会看似更加丰富多彩,但也铸就了人类自身的堕落、痛苦以及衰落。20世纪我国文学大师林语堂在《中国印度之智慧》的序言中就指出:"思想世界肯定正在走向碎片,因为我们的传统价值观不见了。""我举双手赞成物质进步。我的本意是说科学物质主义作为一种方法,一种技巧,一种视角,已经毫无希望地使欧洲的文学陷入了瘫痪状态,使它陷入了完全的嘈杂与混乱之中。"80多年前,林语堂先生就深刻指出了所谓物质进步给人类思想、传统价值观、文学带来的毁灭性影响。随着数字时代的发展,人们越来越担忧人类可能面临两个迫切的现实风险:一是以游戏、短视频尤其是未来元宇宙的发展为代表的网络沉迷风险,人类日益沉湎在虚拟满足中;二是以人工智能的发展为代表的未来人类被智能人奴役的风险。对此有人提出人类的未来要么是走向星际文明,要么就是常年沉迷在VR的虚拟世界中;一些人开始呼吁暂停新人工智能技术的开发。通过重新思考关系人类命运的哲学,就会发现解决上述风险的"钥匙"既不是上述两条道路,也不是暂停人工智能的研发。这些建议都回避了人性自身的缺陷,幻想从人类以外去找到解决人类自身问题的答案。但纵观人类历史的长河,人类何尝不是一直在回避人性自身的缺陷?何尝不是一直在为人类自身产生的种种问题寻找借口?何尝不是一直寄希望于神秘的力量或者所谓的星际文明来拯救人类?但这些终究都是无奈的幻象,人类命运的出路归根结底还在人类自身。人类文明不能得到发展,贪婪和野蛮被放纵,即使跑到星际之外或者虚拟世界,人类也终将面临斗争、奴役、杀戮、苦难甚至灭亡的命运。所以,站在这样的历史节点,要勇于去深刻反思人性中的不足与缺陷,要勇于思考和领悟中国传统文化的内在逻辑,要勇于从传统文化的殿堂中去探寻解决未来数字时代各种问题的理论和方法,要勇于重新思考、观察和遵循宇宙的规律以及人类文明的价值,要勇于去重新构建人与人、人与自然和谐相处的新世界。

党的二十大报告立足在这样一个特殊的时代背景,不仅总结了改革开放以来尤其是党的十八大以来党带领全国各族人民努力奋斗取得的伟大成就,中国不再是那个积贫积弱、饱受欺凌的国家,而是成为数字时代引领全球发展的强国,而且从理论、道路、制度、文化的战略高度为数字时代中国的发展指明了方向。党的二十大报告提出:"中华优秀传统文化源远流长、博大精深,是中华文明的智慧结晶,其中蕴含的天下为公、民为邦本、为政以德、革故鼎新、任人唯贤、天人合一、自强不息、厚德载物、讲信修睦、亲仁善邻等,是中国人民在长期生产生活中积累的宇宙观、天下观、社会观、道德观的重要体现,同科学社会主义价值观主张具有高度契合性。"在特别指出中华优秀传统文化丰富内容的基础上,党的二十大报告还提出了构建人类命运共同体、弘扬全人类共同价值、保护环境和珍爱地球等关系到人类命运的重大发展方向问题。2023 年 3 月 15 日,习近平总书记在出席中国共产党与世界政党高层对话会上,提出全球文明倡议。在 7 月 3 日第三届文明交流互鉴对话会暨首届世界汉学家大会上,习近平总书记致贺信,明确提出不同文明之间平等交流、互学互鉴,将为人类破解时代难题、实现共同发展提供强大的精神指引。可以说,党的二十大报告所提出的解决人类社会共性问题的战略思路以及习近平总书记提出的全球文明倡议不仅对中国参与全球治理有重大的指导意义,也应该对世界各国确立自己的发展战略有启发意义。只有更多国家积极凝集全人类共同价值,树立构建人类命运共同体的理念,珍惜和保护我们生活的环境和地球,强化人类文明的交流互鉴,有效约束人性中贪婪和野蛮的缺陷,人类社会才能建设得更加美好。

图 1-3　数字时代法治建设面临的九大挑战

三、数字时代法治建设面临哪些挑战?

如果文明只是靠圣贤的思想来体现,那在大多数普通人看来,文明就往往是虚幻的。依靠个人的修养往往难以约束人性中的贪婪和野蛮,难以避免权力的滥用。在古今中外漫长的历史长河中,文明经常被以各种名义滥用,以致文明的价值被怀疑、人类对未来的发展陷入迷茫。反思历史,我们发现,法治才是人类文明的结晶,才是人类自身不断探索出的约束人性中贪婪和野蛮的伟大力量,才是每个人都可以看得见、靠得住、能实现的真正文明。"法治"不是"法制",法治是一种思想和治国理政的方式。法治将圣贤追求的文明思想制度化,升华为一种普遍适用的制度文明,为所有人设定行为边界,约束人性中的贪婪和野蛮,约束权力的滥用,保障所有人的权利和尊严。所以,不论是一个国家还是人类社会的发展,归根结底要建设法治。习近平总书记在党的十八届四中全会第二次全体会议上深刻指出:"历史是最好的老师。经验和教训使我们党深刻认识到,法治是治国理政不可或缺的重要手段。法治兴则国家兴,法治衰则国家乱。什么时候重视法治、法治昌明,什么时候就国泰民安;什么时候忽视法治、法治松弛,什么时候就国乱民怨。"对一个国家是这样,人类历史的命运又何尝不是这样呢? 在人类社会进入数字时代的当下,我们要更加重视法治的意义,要正视时代变迁给法治建设带来的全新挑战。

数字时代面临的第一个挑战是,大多数人并未意识到法治建设远远滞后于时代的发展。大多数人都在高度关注数字经济的发展,数字技术确实带来了生产力的巨大提升,算法、人工智能都正在实现前所未有的突破,但这种技术的突破、生产力巨大提升将给人类社会带来什么呢? 是否又如工业时代一样,人类将面临掠夺及斗争加剧、环境破坏等对人类自身带来更大损害的结果呢? 历经 200 多年工业时代的发展,人类尚不能对工业时代带给人类的损害有着清醒的认识,那么人类社会有能力预防数字时代给人类社会带来的损害甚至灾难吗? 如何避免时代更替后出现各种灾难叠加的历史悲剧呢? 现在很多人在谈论人工智能的伦理问题,担心人工智能未来反过来伤害人类。但应该看到的是,伦理本质上是一种职业操守,充其量是软法,职业伦理无法预防人工智能快速发展可能给人类带来的风险。要想防治人工智能等新技术给人类社会带来的风险,只能靠法治这种有约束力的硬规则。缺乏法治的强有力约束,数字时代将如脱缰的野马,带给人类社会更多不可预测的巨大风险。遗憾的是,不论从国家治理还是全球治理的战略高度来看,法治建设远远滞后于数字时代的快速发展。

数字时代面临的第二个挑战是,如何依法规范平台企业的健康发展? 平台企业成为数字时代一个全新的现象。由于平台企业拥有了强大的经济影响力,所以其受到各个国家高度的重视。但问题在于,大型平台企业不仅拥有了显性的经济影响力,还拥有了基于数字技术的数据、算法、流量三大法宝,不仅有权力对用户进行管理,更有能力影响国家以及全球治理的进程。脸书公司全球规划负责人本尼·托马斯(Benny Thomas)接受采访时都表示,脸书公司像一个国家一样强大,在他看来,历史上没有一位国王像马克·扎克伯格(Mark Elliot Zuckerberg)那样强大。"世界历史上没有一位国王是 20 亿人口的统治者,但马克·扎克伯格是。"那么问题是,平台企业的数字权力与国家公权力有什么异同? 如何规范、引导平台企业的健康发展? 从立法指导思想上将不得不面临两个复杂的平衡:一是由于平台企业对各国经济的强大影响力,通过立法严格管控平台企业数字权力将影响其活力,最后限制其助力国家经济发展的能力;但是如果对其过于放纵,那不仅将侵蚀更多国家公权力,还会严重损害用户权利。二是平台企业成为数字时代国家力量的延伸,美国平台企业成为美国影响全球进程的重要力量。如果过于限制平台企业的发展,最终将影响国家参与全球竞争的能力,最后削弱国家的全球竞争力。所以在立法时如何平衡,既能鼓励、支持平台企业发展,又能避免其滥用权力? 这是数字法治建设必须面对的课题。

数字时代面临的第三个挑战是,如何依法规范数据、算法、流量? 数据成为新的生产要素,不仅直接表现为财产权益,还涉及个人信息等人格权益、商业秘密和知识产权,目前国内外关于数据性质以及如何规范还缺乏统一认识。算法成为影响人们生产生活的新力量,平台企业不仅能够通过算法向用户推荐各种信息资讯,还能通过算法对外卖骑手、快递小哥、网约车司机等新就业形态劳动者进行管理。流量更是数字时代一种全新的现象,其不再仅仅是一种统计的数据,而是成为可以简单变现的财富和强大的权力工具。所以我们看到,数据、算法、流量不仅成为数字时代生产力发展新的重要标志,更成为平台企业行使数字权力的重要抓手。但如何依法进行规范呢? 表面看来这是技术以及经营层面的问题,但背后涉及的其实是国家、平台企业与用户三方之间权利与义务关系的问题,不仅关系到平台企业的发展与利益,更关系到国家安全、国家利益与公民权利。由于平台企业实际占有、使用着海量数据以及算法、流量,平台企业掌握着运用数据、算法、流量的技术密码,所以平台企业在这场权利与义务的博弈中占据着明显优势。那么未来如何立法规范呢? 这是数字时代全球治理以及各国治理面临的现实难题。

数字时代面临的第四个挑战是,如何确定虚拟空间的规则? 数字时代产生了无限广阔的虚拟空间,目前主要是网络企业建立了虚拟空间并确立了虚拟空间运行的规则。但如何保障虚拟空间运行规则是公平公正的呢? 随着元宇宙的发展,虚拟空间与现实空间更加深度地融合,虚拟空间的规则将反向影响现实物理空间的生产生活,那如何保障这两种空间规则的有效衔接呢? 更关键的是,虚拟空间往往突破了现实空间国家的边界,那现实世界的法律还能够有效规范虚拟空间的活动吗? 神州数码控股有限公司董事长郭为在《数字化的力量》一书中提出:"(元宇宙)它将现实世界的运行逻辑引入了数字世界,使人类能以更原始和更高维的感受与数字世界交互。"从一个法律人的视角看,郭为先生对规则的制定及应用想象得过于简单、美好了。将"现实世界的运行逻辑引入了数字世界",是将哪些现实世界的运行逻辑引入数字世界呢? 从全球治理的视角看,现实世界本身就缺乏广泛认同的运行逻辑,国际法并不发达,要将基于哪个国家"现实世界的运行逻辑"引入数字世界呢? 在工业时代尤其是二战后美国主导建立了国际规则,当前美国平台企业在全球影响最大,那么是否就要将美国的价值观及其法律引入各个平台企业建设的虚拟空间呢? 随着中国等发展中国家在全球治理进程中扮演越来越重要的角色,中国等国家也必将越来越关注虚拟空间规则的制定,那么如何确立虚拟空间的规则呢? 这将面临国家之间以及国家和平台企业之间复杂的博弈。

数字时代面临的第五个挑战是,如何确定虚拟财产的性质并予以保护呢? 虚拟财产在法律性质上与物理世界的财产有什么区别和联系? 不同国家基于数字经济发展的不同阶段以及国家利益的综合考虑，将就虚拟财产制定不同的法律制度。我国《民法典》提到了网络虚拟财产，但只是做了原则性规定，该法第一百二十七条规定："法律对数据、网络虚拟财产的保护有规定的，依照其规定。"但对网络虚拟财产适用怎样的规则呢？网络虚拟财产的交易合法吗？如何确定网络虚拟财产的价格？如何依法保护网络虚拟财产？侵占他人的网络虚拟财产是构成盗窃罪还是破坏计算机信息系统罪？当不同国家对网络虚拟财产的法律规制存在冲突时，如何处理跨国虚拟财产权益的纠纷？对网络虚拟财产保护力度不足是否会影响数字经济的发展？特别要看到的是，货币本质上就是作为一般等价物的商品，尤其是平台企业制造的产品类数字货币，当前更多是被当成一种虚拟商品。那么如何确立数字时代的数字货币法律制度呢？过早"放开"将冲击国家的金融秩序，容易引发金融风险；全面禁止可能导致国家丧失数字时代的全球竞争力。这些都是进入数字时代以后我们面临的现实法律问题。

数字时代面临的第六个挑战是，如何依法保护用户的权利呢？《数字时代的社会法》一书重点研究了平台企业的用户权利问题，提出了工业时代消费者权利保护的理论以及制度难以解决数字时代用户权利保护的问题。消费者权利本质上还是平等主体之间的关系，但平台企业对用户有着广泛的管理权力，两者地位并不对等。截至2022年12月，全球网民规模达到53亿人，我国网民规模达到10.67亿人，越来越多的人成为平台企业的用户。平台企业不仅实际占有、使用、收益着用户数据的财产权益，有效掌控着用户的隐私和个人信息，通过综合画像等技术方法全面了解着用户的性格、身体状况、兴趣爱好等特征，更通过算法推荐和流量深刻影响着每个用户的思想甚至行为。当用户认为自己权利受到侵害的时候，如何依法维权呢？都去提起诉讼吗？那就面临着巨大的成本。向平台企业投诉吗？平台企业哪个部门、哪些人依据哪些标准、通过哪些程序来处理用户的投诉呢？这些往往都处于一种模糊状态。所以，目前来看，用户整体上权利受到了平台企业深刻的影响，但难以有效维护这种权利。未来如何发展和完善用户权利保障的法律制度呢？这也将是数字时代关系到人民福祉的法治难题。

数字时代面临的第七个挑战是，如何保障新就业形态劳动者以及未成年人等特定群体的权利呢？国家存在的意义在于实现人民的福祉，如果国家只是为一小撮人服务，保障一小撮人的利益，那这个国家存在本身就是非正义的。工业时代开端伴生的是风起云涌的工人运动，资产阶级残酷地压榨、剥削劳动者，这不仅导致财富积聚到一小部分资本家手中，也引发了社会动荡和政权更迭。我国旗帜鲜明地强调以人民为中心的发展思想，党的二十大报告再次强调以人民为中心的发展思想，明确提出发展成果要由人民共享，让现代化建设成果更多更公平惠及全体人民。但在任何国家、任何时代的发展过程中，如何维护劳动者的权益以及如何维护未成年人等特定人群的权益都是复杂的命题。数字时代引发了劳动关系的分裂，催生了新就业群体，那么如何保障这些新就业群体的权益呢？未成年人成为数字时代的原住民，他们的思想、学习及社交方式都受到数字平台的深刻影响，这种影响既有积极的,也有暴力及仇恨内容、网络沉迷、安全风险等消极的,如何保障他们身心健康成长呢? 老年人习惯了传统的生活方式,面对数字时代日新月异的各种数字应用,茫然无措,如何维护他们的权益也面临很多新的挑战。所以,在数字时代,如何依法保障劳动者以及未成年人等特定人群的权益,不仅将深刻影响甚至决定着人民福祉实现的程度,也将影响到社会的稳定以及人类社会未来的发展。

数字时代面临的第八个挑战是,人类社会的犯罪特点发生了重大改变。伴随网络的发展,虚拟空间的建设,数字技术的广泛应用,相应犯罪特点也发生了重大变化,国家安全、公共安全、经济秩序、公民人身权益都将面临新的挑战。一是网络越来越成为一种广泛应用的犯罪工具。不论是在传统的危害国家安全以及公共安全、破坏市场经济秩序等犯罪中,还是在性侵、侮辱、诽谤、侵犯公民个人信息等犯罪中,犯罪分子都在犯罪的不同环节越来越多地利用网络这种工具,这也导致相关犯罪隐蔽性更强、案发及侦查难度加大等现实困难。二是网络的广泛触及性导致经常出现受害人数众多的恶性案件。在一起利用网络组织、领导传销活动犯罪案件中,所谓注册经销商会员 1.8 万余人,涉案金额 1.5亿余元;在一起开展非法吸收公众存款犯罪案件中,犯罪分子非法吸收公众存款 64 亿余元,未兑付资金 26 亿余元,涉及集资参与人 13400 余人。在 2020 年韩国爆发的 N 号房案件中,多达 74 名女性受到性侵,加入所谓"房间"共享儿童色情信息的用户竟然多达 26万人。三是网络诈骗、帮助信息网络犯罪活动、网络赌博三类犯罪居高不下。根据《涉信息网络犯罪特点和趋势(2017.1—2021.12)司法大数据专题报告》,2017 年至 2021 年 12月诈骗罪、帮助信息网络犯罪活动罪和网络赌博类犯罪占所有涉网信息犯罪比达到77.65%。根据国家反诈中心提供的数据,2021 年就紧急止付涉案资金 3200 余亿元,拦截诈骗电话 15.5 亿次、成功避免 2800 余万名民众受骗。特别是随着 AI 变脸、AI 变声技术的普及,未来亲属、朋友、同事交往联系时更加真假难辨,这将导致更多诈骗案件防不胜防。如何根据数字时代发展的特点,及时防治、打击涉网相关犯罪,给整个社会都带来了巨大挑战。

数字时代面临的第九个挑战是,如何促进法治改革尤其是司法改革的进程呢? 法治不仅在于规定权利义务,更在于规定如何实现这种权利义务。没有程序及机制保障的权利义务往往是虚幻的。如果说不同国家、不同平台企业以及用户之间权利义务的确定是个漫长、复杂的过程,那么尽快发展和完善公平正义的法治方式以及司法机制都是必要和迫切的。数字时代的快速发展为法治方式尤其是司法体制的改革提出了全新的命题。三年疫情期间中国广泛应用了线上立案、线上送达、线上开庭,这不仅保证了疫情期间诉讼的正常进行,还提升了效率。那么,随着数字时代的发展,如何有效融合线上线下方式,有效提升司法效率以及司法公正? 数字时代一个显著特征是大量用户的权利容易受到侵害,每个用户权利受到侵害的程度都是有限的,单靠用户个人来维护权利是困难的。那么,发展和完善公益诉讼制度就显得特别重要,如何构建与数字时代发展相适应的公益诉讼制度呢? 在数字时代人工智能将介入各个领域的发展, 人工智能如何助力司法人员公正履职、如何帮助司法机关发现案件中的异常现象从而避免司法不公甚至司法腐败呢? 这些都是当前研究和推进数字法治建设中的迫切课题。

尤瓦尔·赫拉利在他全球著名的《未来简史》一书中悲观地描绘了数字时代给美国社会带来的挑战:"网络设计者的种种决定未受公众监督, 因此今日的互联网成了一个不受法律管束的自由区域, 侵蚀国家主权、无视边界、破坏隐私, 可能正是最可怕的全球安全风险。10 年前还几乎没人想过这种可能性, 但近日的政府官员忧心忡忡, 认为网络'9·11'已经一触即发。于是, 政府和非政府组织热议重组互联网的可能, 但错过了在一开始干预的时机, 现在木已成舟, 要改变现有制度就难上加难。此外, 等到笨重的政府终于下定决心进行网络监管, 互联网早已又演进了 10 次。政府这只乌龟, 永远追不上科技这只野兔, 就这样被数据压得无法动弹。美国国安局或许能够监控每个人说的每句话, 但看到美国外交纰漏不断, 就知道华盛顿虽然拥有所有数据, 但没人知道该怎么运用。对于世界上正在发生什么事, 历史上从来没有任何政府能像现在的美国这样知道得如此清楚, 但也鲜有政府能够像现在的美国一样反应笨拙。"

我国一直在以一种积极负责的态度推动着数字法治的发展。2023 年国家专门发布了《新时代的中国网络法治建设白皮书》, 全面介绍了我国数字法治建设的理念以及具体成果。我国不仅制定了《电子商务法》《网络安全法》《数据安全法》《个人信息保护法》等规范网络发展的基础法律, 更是通过制定《网络信息内容生态治理规定》《互联网信息服务算法推荐管理规定》《互联网广告管理办法》等部门规范性文件及时对数字发展中出现的新问题进行规制, 力求构建一种发展与规范平衡的法律制度框架。但也要看到的是, 这是人类社会前所未有的时代变迁, 各种问题日新月异, 不论是全球治理的议程, 还是美国、欧盟、中国的国家治理, 都面前前所未有的全新挑战。当前, 不是对哪部具体法律的修修补补, 而是需要整个法治思想、法学理论、法律制度的全面变革。我国有专家以及人大代表在呼吁制定《数字经济法》, 这种观点反映了他们深刻认识到规范数字经济发展的必要性和迫切性, 但并未认识到这是涉及整个法治体系的一场革命。从全球治理的视角看, 相比数字经济的快速发展以及数字技术的不断更新, 各国立法、司法、行政执法是滞后的, 法学研究也是滞后的。平台企业数字权力已经深刻影响到用户权利, 但在世界各个国家, 用户权利更多是混同于消费者权利, 还没有作为一个独立的权利现象进行研究。流量成为平台企业掌控的重要财富和工具, 直接影响着国家、平台企业和用户之间的权利义务关系, 但法学界对此缺乏基础的研究。数据、算法、人工智能等领域的法学研究也远远滞后于时代的快速发展。所以, 时代的变迁对全球以及各个国家数字法治的建设都提出了严峻的挑战。西方国家率先开启了工业革命, 构建起一套全球治理的思想、话语和治理的体系, 在很大程度上主导了工业革命以来到 20 世纪全球法治的进程。但在这种西方主导的全球治理体系下, 对人与自然的关系缺乏足够的思考, 对自由的理解过于偏狭, 对人性贪婪与野蛮这种自身的弱点缺乏足够的关注,对工业时代带来的种种缺陷缺乏有效的应对,对数字时代的全球治理还缺乏一套系统的思想与方法。那么现在的问题是,在新开启的数字时代,中国与西方一起走在了全球发展的前列,中国是否能够引领数字时代法治变革的潮流呢？我国党和政府深刻认识到了加强数字法治建设的重要性和迫切性。习近平总书记在十九届中央政治局第三十四次集体学习讲话时指出:"完善数字经济治理体系。要健全法律法规和政策制度,完善体制机制,提高我国数字经济治理体系和治理能力现代化水平。"《数字中国建设整体布局规划》特别强调了完善和发展数字法治的重要意义,明确指出:"完善法律法规体系,加强立法统筹协调,研究制定数字领域立法规划,及时按程序调整不适应数字化发展的法律制度。"强化对数字法治一些基础理论和制度的研究,全面推进我国数字法治的建设,已经成为中国式现代化建设进程中迫在眉睫的重要课题。中国数字法治发展的进程,不仅对实现中国式现代化有重大意义,对中国以怎样的角色参与全球治理也具有重大的意义。

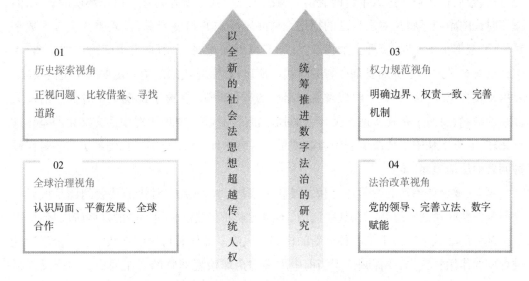

图1-4　推进国家数字法治发展的四个视角和两个主线

四、如何确立国家数字法治的发展理念与战略？

如何敏锐地发现数字时代的机遇和挑战,如何构建现代文明的数字中国,将深刻影响中国以及人类社会未来发展的进程。中国应该如何确立数字时代的治理战略、发展与数字时代相适应的法治体系？是我们当前必须破解的历史课题。

第一，从历史的视角看加强数字法治建设的重要意义。在工业时代，由于资源是相对有限的，为了满足不同国家、不同人群不同程度的各种需要，国家之间存在激烈的竞争甚至战争。最终的结果不仅是斗争的加剧，也直接导致对环境和地球的疯狂掠夺，于是人类生活的环境被破坏，地球更加脆弱。到了数字时代，在资源依然非常有限的情况下，人类开始创造出虚拟的产品。在虚拟世界中的各种虚拟产品可以最大限度地满足最广大人群的各种需要。不论你希望成为天下无敌的英雄还是帝国的皇帝，在虚拟世界中都可以兵不血刃地轻松实现。这看似是在人类社会拥有有限资源的情况下，最大限度地满足了最广大人群的各种需要，人类社会似乎进入了一种高度文明的新时代。但必须看到的是，有限的资源依然掌握在一小部分人手中。尽管在脸书的元宇宙中，可以满足成千上万人成为帝王的需要，但真正的帝王只有扎克伯格，他才是这个虚拟世界的真正主宰。这种虚拟满足带来的最大问题是，人类会越来越沉迷于虚拟世界中对各种需要的满足，不仅将消耗在现实世界学习工作的意志，也将在虚拟满足中快速消耗人的精、气、神，导致人的各种机能衰落，最后让人类在迷失中走向衰落。所以工业时代主要是对他人以及环境的破坏，但数字时代的副产品将是对人自己的损伤。从问题叠加的角度来看，在人类社会进入数字时代后，资本更加垄断，资源更加稀缺，地球变得更加脆弱，人类自身也变得更加脆弱，人类社会将会进入一个更加复杂严峻的时代。所以，数字时代的法治一定要有历史的视角，要勇于正视工业时代和数字时代发展中出现的种种问题，要勇于正视工业时代法治发展存在的缺陷，要勇于正视当前人类社会面临的挑战与风险，要勇于对中西方文化的差异进行比较，要勇于从中华传统文明中汲取力量。只有这样，才能切实寻找到解决数字时代种种问题的法治道路。

第二，从全球治理的视角理解和发展数字法治。应对数字时代的社会问题是世界各国面临的共同挑战。尽管存在数字鸿沟，不同国家处在数字时代不同的发展阶段，但世界各国都将面临数字时代带来的种种新的机遇和风险。如何看待中国在数字时代全球治理进程中的作用？首先，要深刻认识当前中国参与全球治理面临的复杂局面。中国反复强调，支持以联合国为核心的全球治理体系，但无法回避的两个残酷现实是：第一，美国将淡化联合国在全球治理体系中的作用。特朗普执政期间退出联合国人权理事会和联合国教科文组织，反映了一部分美国人已经厌倦多边全球治理体制的思想，拜登政府所代表的虽然是另外一部分人，但这部分人也越来越意识到联合国体制的局限，于是主动变换思路，更加重视由美国牵头组建各种同盟体制。所以，不论美国民主党、共和党哪个政党执政，美国都会越来越疏离以联合国为核心的现有治理体系，这是一个明显的趋势。第二，各种联盟势力日益活跃。以美国为首的北约组织依然是全球最大的军事同盟，以这一军事同盟为主，美国依然统领着西方世界；欧盟成为欧洲主要国家间的联盟，其在政治、经济、外交等各个领域协调立场，成为全球治理的一支重要力量；上海合作组织、金砖国家机制作为发展中国家合作的一些探索，也在磨合着如何深化彼此的合作。所以，从国际政治的视角看,联合国的作用日益衰弱,人类社会正在进入一种"诸侯割据、列国纷争"的局面。也就是说,在人类社会进入一个全新的数字时代、面临全新复杂挑战的特定历史时期,国际法并不发达,人类社会并未团结起来应对共同的挑战。其次,数字领域的任何立法都要有全球治理的视角。平台企业拥有了数字权力,在某种程度上制衡了国家权力,但也成为参与全球治理的重要力量。人工智能的快速发展可能反过来危害人类,但人工智能也成为各国经济、社会、军事等领域发展的重要工具。平台企业以及私人的加密数字货币可能影响国家金融秩序,但也会成为影响全球经济以及治理的金融工具。单纯从国内治理的视角,这些领域都需要加大规范甚至整顿的力度。但从参与全球治理的视角,就必须在规范中促进相关领域的发展,就必须平衡好发展与规范的关系。所以,中国要从全球治理的视角来推进数字法治的建设,勇于借鉴和研究全球数字法治发展的新动向,勇于创新国内数字法治建设的新制度,勇于搭建新的全球数字法治建设新平台,勇于推动构建全球数字法治建设新机制,从而在推进本国数字时代健康有序发展的基础上,为推进数字时代全球治理体系以及治理能力的现代化发挥更加重要的作用。

第三,从规范权力的视角来构建和完善国家治理体系。平台企业拥有了数字权力,这是人类历史上一个全新的现象。如何构建国家权力与平台企业数字权力的关系将是数字时代各国面临的共同挑战。为推进数字时代国家治理体系以及治理能力现代化建设,国家应该积极推进构建和完善与数字时代发展相适应的现代国家权力体系:一是明确国家向平台企业授权的具体内容和边界。授权越模糊,平台企业越容易无限放大这种授权、越容易滥用权力。二是要求平台企业建立和完善权力运行机制。用户协议以及平台企业内部关系用户权益的重要规则和重大决策,平台企业对数据、算法、流量的应用以及对用户的管理和处罚,都要符合平等公正的基本要求,都要保障用户有知情和参与的权利。三是平台企业的权力和责任要相一致。美国规范平台企业发展最重要的《通信规范法》第230条最大的问题是:授权平台企业管理用户,但不需要为使用其服务的第三方言论承担法律责任,这导致了平台企业可以滥用权力而无须承担责任。任何权力都与责任相对应,权力越大责任越重。平台企业也要承担与其数字权力相对应的责任。四是国家要建立对平台企业数字权力的有效监督机制。不受监督的权力必将导致腐败,当前平台企业频发的各种职务犯罪案件反映了这一问题的迫切性。国家的权力受到人民各种形式的监督,国家要建立起用户有效参与的对平台企业数字权力的监督机制。五是要建立国家权力与平台企业数字权力的相互配合与制约机制。在技术向善、流量向善、治理网络黑产、治理网络暴力、参与全球治理等很多问题上,都需要国家与平台企业互相配合。但要防止权力交易产生新型的腐败,如平台企业通过腐蚀行使国家权力的官员以扩大自己的权力,国家官员滥用权力损害平台企业的正常活动。这种新型的权力交易不仅将严重损害用户的权益,还将损害国家以及公共的利益。所以,两种类型的权力在互相配合的基础上,也要恪守各自的职责,形成相互制约的关系。

　　第四，全面加强数字时代的法治改革。党的十八届四中全会深刻指出："全面推进依法治国是一个系统工程，是国家治理领域一场广泛而深刻的革命，需要付出长期艰苦努力。"全面加强依法治国已经成为新时代党领导全国人民协调推进"四个全面"战略布局的重要内容。从人类社会正在快速进入数字时代的历史视角看，如何让法治建设更好适应数字时代发展的新要求、解决数字时代发展的新问题将是我国未来法治建设的重要方向。这需要我们从科学立法、公正司法、严格执法、全民普法等不同角度来全面推进数字中国的法治建设。一是要尽快完善相关立法。例如，在平台企业管理方面，欧盟制定《数字市场法案》对成为"守门人"的平台企业进行规制，美国也有议员提出对此专门立法。我国可以在借鉴相关国家经验教训基础上，制定出更具有前瞻性的《平台企业法》。再如，在用户权利方面，鉴于用户权利问题的重要性以及影响人群的广泛性，建议国家专门制定《用户权利保护法》。在司法改革方面，鉴于公益诉讼制度对于数字时代规范平台企业数字权力以及维护用户权利的重要性，建议尽快制定《公益诉讼法》等。二是全面利用数字技术，充分运用数字赋能行政执法、司法以及普法等法治各方面。要建立和完善收集、存储高质量涉法数据的制度，在严格执法、公正司法以及全民普法过程中，收集和存储更多高质量的数据，在此基础上开发各种人工智能产品，以在提升效率的同时促进公平正义的更好实现。

　　第五，以全新的社会法思想超越广受争议的人权议题。任何国家要想在全球治理体系中发挥领导作用，不仅要国家强大，还要有一套广受认可的价值观体系。我们应该充分认识到，第二次世界大战后美国等西方国家主导构建了以人权为核心理念的全球规则。但现在的问题是，人权议题越来越政治化。很多国家对人权奉行双重标准，将人权当成国家之间斗争的工具。在这种局面下，构建以怎样的理念和思想为核心的数字时代全球治理规则呢？不论从中国自身发展的视角，还是从人类社会发展的视角，最好的战略就是在继续尊重和保障人权议题基础上，求同存异，将人权议题中存在最大公约数的内容纳入社会法范畴，全面推动和引领社会法的发展，使社会法成为数字时代引领全球治理发展的新思想、新理论、新制度。一是要充分认识到，人权议题中的绝大多数内容都是社会法关注的问题。联合国《经济、社会及文化权利国际公约》以及对妇女、儿童、残障人等权利进行保障的公约内容都是社会法要关注的重点领域。各国虽然在发展阶段、政治制度、文化传统方面差异巨大，在人权议题上往往存在不同认识，但对于社会法所强调的劳动者、妇女、儿童、残障人等权利保障议题，却存在广泛的共识。二是社会法的范畴不仅与人权的范畴存在广泛交叉，还可以发展更符合数字时代要求的权利内容。比如，数字时代的社会法可以更加重视公益慈善、用户权益、企业社会责任等问题。三是大力发展数字时代社会法是应对平台企业数字权力的战略举措。平台企业的数字权力介于传统政治权力与公民权利之间，社会法介于传统公法和私法之间，两者都介于公权和私权之间。所以从权力结构而言，在数字时代，社会法也恰恰应该发展成为应对平台企业数字权力的主要力量。四是社会法更符合中国政治的本质要求。尽管很多年前德国、日本专家就认识到定义广泛的社会法对解决资本主义制度结构性问题的重大意义,但资本主义制度问题的根源恰恰就在于资本对于法律制度以及法律体系发展的深刻影响,所以在这些国家,体系健全、内容广泛、影响深刻的社会法很难发展起来。中国特色社会主义制度的本质特征决定了中国法律的根本特征是要保障人民尤其是那些在社会中处于相对弱势境地群体的福祉。如果说社会主义法律体系和资本主义法律体系都需要现代科学的民事法律的话,那体系健全的社会法将成为社会主义法律体系最根本的标志。所以,在数字时代大力发展我国的社会法体系,在国际社会全面推动和引领社会法发展,使社会法成为数字时代引领全球治理的新思想、新理论、新制度,不仅对健全和完善我国社会主义法律体系、建设中国特色社会主义法治具有特别重大的意义,也将为人类探索社会制度的发展和完善作出重大贡献。

第六,统筹推进数字法治的研究。当前数字法治领域的研究是滞后的,这种局面限制了国家发展和完善数字法治的进程。建议国家统筹立法机关、司法机关、政府部门、平台企业、行业协会、科研院所、社会组织等资源,就数字法治问题开展跨学科、跨部门的全面研究。当前面临的问题是:专家学者对相关现实问题缺乏了解,所开展的研究大多过于抽象,难以转化为具体有效的法律政策;司法机关、政府部门忙于应对各种案件和事件,缺乏精力对相关具体问题开展系统研究;平台企业最了解数字领域的前沿问题,熟练使用数据、算法和流量影响着数字经济的发展和数字权力的应用,但其往往出于维护自身利益的立场开展研究,很多观点缺乏客观公正性。国家应该从完善和发展数字法治的战略高度出发,有效整合各种资源,积极推动相关数字法治的基础理论、重大制度、具体法律政策的研究。通过开展更多战略研究,国家不仅可以完善中国特色的数字时代法律制度体系,为规范国家及平台企业的数字权力制定科学、稳定、有前瞻性的法律政策,更好保障用户尤其是劳动者、未成年人等特定人群的权益,还可以引导和支持平台企业更好地参与全球治理的进程,为人类社会的福祉作出更大的贡献。

第二章　如何理解数字法治的全球发展最新动态？

　　平台企业的崛起、数字经济的发展、虚拟空间的建设以及人类社会面临越来越多的共同挑战本应全面推进全球化的进程，遗憾的是，国际形势处于一种更加复杂动荡的时期。作为一个有着5000多年不间断文明的大国，中国应该在这种复杂动荡的时期洞悉规律、把握大势，引领全球数字时代的健康发展。构建人类命运共同体是习近平外交思想的核心理念，党的二十大报告强调："构建人类命运共同体是世界各国人民前途所在。万物并育而不相害，道并行而不相悖。只有各国行天下之大道，和睦相处、合作共赢，繁荣才能持久，安全才有保障。"结合数字时代的特点，习近平总书记又多次提出构建"网络空间命运共同体"，在2022年11月9日他向2022年世界互联网大会乌镇峰会致贺信时指出，加快构建网络空间命运共同体，为世界和平发展和人类文明进步贡献智慧和力量。随着数字时代的发展，现实物理世界与网络虚拟世界深度融合、互相映射，人类命运在两个空间都休戚与共，这是习近平总书记提出构建"网络空间命运共同体"的重大时代意义。

　　推动数字时代人类命运共同体建设，推动数字法治建设，就不能闭目塞听，就要以更开阔的视野了解全球数字时代的发展状况以及数字法治发展的进程。根据中国信息通信研究院发布的《全球数字经济白皮书（2022年）》（以下简称"白皮书"）分析，中、美、欧分别在市场、技术和规则领域占据优势，全球数字经济发展的三极格局基本形成。其中，中国数字经济规模仅次于美国，拥有全球最大的数字市场和数据资源；美国的数字经济规模稳居世界第一，在数字企业、数字技术方面遥遥领先；欧盟则凭借其在数字治理上的领先成为不可或缺的第三极地位。数字经济的这"三极"也是当今世界政治多极格局中重要的组成部分，了解美国和欧洲的数字法治进程可以帮助我们更准确地理解目前数字法治的全球动向。当人类社会已全面步入数字时代的新历史征程，我们该如何以更稳健的姿态快步前进？数字时代的国家、全球治理思想、话语和法治体系应当如何回应数字时代新的机遇和挑战？

一、美国数字法治有哪些最新动态?

白皮书的数据显示,从规模看,2021 年美国数字经济蝉联世界第一,规模达 15.3 万亿美元,可以说凭借技术先发与资本优势的积累,美国是当前数字经济的倡导国和受益国。从 1993 年 9 月时任总统克林顿提出的"国家信息基础结构的行动计划"(信息高速公路),到现在以微软(Microsoft)、谷歌(Google)、亚马逊(Amazon)、脸书(Facebook)和苹果(Apple)等为代表的美国超级互联网平台企业,美国保持了在数字领域的全球领先地位和国际影响力。近年来,美国也在探索进一步领导数字治理规则的制定权,以维护本国在数字领域的技术领先,从而维护其"数字霸权"。梳理美国近几年数字领域的立法及执法重点,可以将其归纳为平台治理、数据安全与隐私保护、数字技术 & 数字产业三大方面。

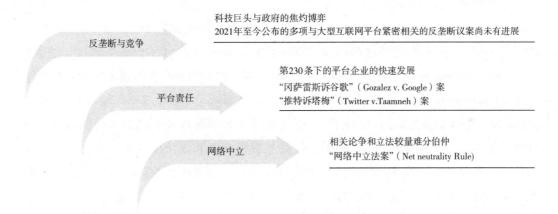

图 2-1　美国平台治理的三方面最新动态

1. 美国平台治理的最新动态

根据《德国 4.0:如何成功向数字化转型》一书的作者霍尔格·施密特(Holger Schmidt)的研究,截至 2021 年 12 月,在全球 100 家大的网络平台中,美国企业股票市值占比 78.5%,亚太企业只占 17.3%(主要是中国企业),而欧洲企业只占 2.8%,非洲企业只占 1.4%。福布斯 2023 年 6 月 8 日公布的数据也显示出美国平台企业的巨大经济体量,仅仅美国的谷歌、亚马逊、脸书、苹果和微软(合称"GAFAM")5 家大型平台企业的 2022 年市值就超过 8.08 万亿美元,超过世界银行统计的 2022 年全球排名第 9—12 的加拿大、意大利、巴西、澳大利亚四个大国年 GDP 总量的总和。中国信息通信研究院《平台经济与竞争政策观察(2021)》数据也显示,美国大型数字平台总价值达8.9万亿美元,占据全球总量的71.5%。这些数据都说明了美国数字平台企业在全球数字经济发展中的重要地位。美国平台企业的发展固然与其先发优势、技术创新能力和雄厚的资本直接相关,但美国平台治理一贯的宽松态度、支持战略也起到了巨大的作用。

一是在反垄断与竞争方面,科技巨头与政府的博弈一直呈现较为胶着的局面。早在1989年,美国联邦贸易委员会就开始着手对微软公司涉嫌不正当竞争和垄断行为展开调查,但这一监管活动被微软通过多种方式成功化解,双方的诉讼和反诉讼2011年才告一段落。在"微软垄断案"之后,美国在反垄断方面对大型科技公司的监管一直较为宽松。然而,近二十年后,美国的监管态度开始发生转变。2020年10月,美国众议院司法委员会发布了一份长达449页的《数字市场竞争状况调查报告》(Investigation of Competition in Digital Markets),涉及脸书、亚马逊、苹果、谷歌四巨头,特别强调了上述四家数字平台的市场支配地位及其商业行为所带来的影响和挑战;并针对平台垄断问题,提出了史上最严的监管建议。在其后短短两个月的时间内,谷歌和脸书就遭到美国司法部、联邦贸易委员会及各州分别发起的共五起反垄断诉讼。2021年至今,美国参议院和众议院公布了多项与大型互联网平台紧密相关的反垄断议案,分别为《美国创新与选择在线法案》(The American Innovation and Choice Online Act)、《开放应用市场法案》(Open App Markets Act, 2022)、《终止平台垄断法案》(Ending Platform Monopolies Act)、《平台竞争和机会法案》(Platform Competition and Opportunity Act)、《2021通过启用服务交换增强兼容性和竞争性法案》(Augmenting Compatibility and Competition by Enabling Service Switching Act of 2021,简称《2021服务交换法案》),拉开了新一轮平台企业反垄断序幕。其中,《美国创新与选择在线法案》主要包括禁止平台自我优待、禁止损害竞争和强化反垄断执法机构执法权力三部分内容。《开放应用市场法案》则针对应用商店的垄断行为,通过增加选择、降低成本削弱应用商店中平台对渠道的控制权,从而促进竞争。《终止平台垄断法案》旨在消除平台作为平台本身控制者的利益与平台上其他业务利益而产生的冲突。《平台竞争和机会法案》主要目的在于禁止平台的扼杀式收购,以防止平台为了维持自身市场地位恶意收购竞争对手或潜在竞争对手。《2021服务交换法案》针对平台利用技术手段或者通过协议构建数据壁垒的方式,阻碍用户自主选择并增加数据转移成本的行为。不过,到目前为止,科技巨头仍然在努力阻止国会通过这些法案。2021年夏天,拜登政府又将崇尚"新布兰代斯主义"经济学思想的莉娜·可汗(Lina Khan)以及吴修铭(Tim Wu)延揽进入反垄断核心团队,这被认为是美国在未来一段时间内仍将强化对数字平台的反垄断监管的征兆。不过,上述相关反垄断议案还处于停滞状态,2022年至今仍未有正式生效的法案通过。

二是在平台责任方面,平台企业在第230条"避风港"下获得了快速而稳定的发展。美国1996年《通信规范法案》(Communication Decency Act)第230条(以下简称"第230

条"）规定，"任何交互式计算机服务的提供商或者用户不应被视为另一信息内容提供商提供的任何信息的发布者和发言人。"这条只有短短 26 个英文单词的法律条文，保护了交互式计算机服务的提供商——社交媒体等平台企业——免于为平台上的用户发布的信息内容负责，互联网公司也无须为他们善意删除平台内容的行为负责，由此给美国互联网行业的高速发展创造了宽容的监管环境，更为社交媒体等平台生态的兴起铺平了道路。20 多年来，关于第 230 条的争论始终不休，但却没有任何实质改变。2023 年 2 月 21 日—2 月 22 日，美国最高法院分别就"冈萨雷斯诉谷歌"（Gozalez v. Google）案和"推特诉塔梅"（Twitter v. Taamneh）案开审。这两起有着相似背景的诉讼都指向同一个核心问题：互联网公司是否要为自己平台上用户发布的内容承担责任？至此，网络平台赖以运作的核心机制——算法才首次在美国成为诉讼目标，如果最高法院做出对互联网公司不利的判决，那么可以预期基于第 230 条的整个美国互联网行业的监管体系都将面临重建。

三是在网络中立方面，相关论争和立法较量始终难分伯仲。"网络中立"是指互联网服务提供商必须保持统一的开放性，同等对待来自各方的所有内容、流量和应用接入等，防止其从商业利益出发控制传输数据的优先级，从而保证网络信息传播的"中立性"和无歧视。2013 年 10 月，奥巴马总统任命汤姆·惠勒（Tom Wheeler）为新一届美国联邦通信委员会新任主席，汤姆·惠勒是坚定的网络中立主义者，致力于规范网络平台企业的发展。他的想法与奥巴马的想法一致，希望强化对大型网络平台企业的规范。在汤姆·惠勒的推动下，2015 年 2 月以 3 票赞成、2 票反对的结果通过了最新版的《开放互联网指令》（Open Internet Order），又称"网络中立法案"（Net neutrality Rule）。网络中立法案的核心原则是在法律允许范围内，所有互联网用户可以按照自己的选择访问网络内容、运行应用程序、接入设备和选择服务运营商，上述所有访问都应受到平等对待。比如，不能因为大型网络平台支付更高费用而享有更快网速、获得竞争优势。这一政策不仅有利于中小网络企业，也有利于用户获得更多的选择。但特朗普早在竞选前就反对网络中立政策，在他就任总统当天，任期未满的汤姆·惠勒就辞去了美国联邦通信委员会主席一职，特朗普任命阿吉特·帕伊（Ajit Pai）接任这一职位，这位新任主席明确反对网络中立政策。在阿吉特·帕伊的推动下，2017 年 12 月美国联邦通信委员会再次以 3 票赞成、2 票反对的投票结果，废除了上述网络中立法案，2018 年 6 月 11 日正式生效。联邦层面的网络中立法案废除后，民主党主导的一些州决定推出自己的网络中立立法，其中最有代表性的是加州的立法。2018 年 9 月加州州长杰里·布朗（Jerry Brown）签署了《2018 年加州互联网消费者保护和网络中立法案》（California Internet Consumer Protection and Net Neutrality Act of 2018），禁止互联网服务提供商阻断限制流量、提供付费快速通道等行为，但这项法案很快受到了特朗普领导的司法部的挑战。拜登政府上任后，司法部很快撤回了对加州的起诉，2022 年 1 月美国一家上诉法院维持了下级法院的一项裁决，允许加州继续执行网络中立法案；然而，联邦层面仍未有网络中立的立法推进。

总体来看,美国看到了数字时代平台企业所具有的巨大经济影响力和社会影响力,意识到了通过立法规制平台企业经营和竞争行为的必要性。但一方面由于美国希望通过其领先全球的数字平台企业继续发展数字经济、攫取全球数字霸权;另一方面美国数字平台企业自身的巨大影响力叠加两党政治斗争分歧导致美国平台治理的法治进程十分缓慢且艰难。这一曲折发展的近况可以由位于华盛顿的咨询公司弗里德曼咨询公司(Freedman Consulting)的一组统计数据彰显:2022 年,美国联邦层面在反垄断与公平竞争方面的立法提案,从 2021 年的 22 个到 2022 年跌落至 3 个;内容审核和自由言论相关的平台责任提案,从 2021 年的 54 个跌落到 2022 年的 5 个。可以预期,在拜登剩余任期内,在反垄断与公平竞争方面的立法可能依旧难以取得突破性进展;在平台责任立法侧,平台责任的"守门人化"依旧艰难,第 230 条的"避风港"框架很难被打破。美国数字法治中平台治理方面的改革前景并不明朗。

2. 美国数据安全与隐私保护的最新动态

根据德国研究型数据统计公司统计学家(Statista)的统计,美国的数据泄露数量从 2010 年的 662 起大幅飙升至 2020 年的超过 1000 起。美国最大的数据泄露事件仍然是 2013 年的雅虎事件(Yahoo 2013Data Breach),此次泄露的全部影响直到 2017 年 10 月才被曝光,有 30 亿个账户遭到入侵。除了对美国个人数据的窃取,一些极其重要的政府数据也由于人为原因而被泄露。根据美国安全技术公司数字守护者(Digital Guardian)统计,美国十大政府数据泄露事件导致合计约 3.48 亿美国民众的私人信息受到这些泄露事件的影响。从美国政府部门到私营机构,美国公民的私人数据信息变得越来越不安全。

规范和促进是一体两面的关系,但并不意味着二者间不存在权衡和冲突。由于自身的科技实力与世界市场份额,比起隐私权保护,美国更看重数据的自由流动以及由此带来的经济效益。美国现有的数据隐私保护分为一般性保护和特别领域保护两种类型。一般性保护由美国联邦贸易委员会通过执行《联邦贸易委员会法》(*Federal Trade Commission Act*)第 5 条对一般消费者保护的问题进行监管。而在金融、保险、电视电信、消费者信用、儿童隐私等特别领域的数据保护则通过单独立法的形式进行规制,如《金融隐私权法案》(*The Right to Financial Privacy Act*)、《健康保险隐私及责任法案》(*The Health Insurance Portability and Accountability Act of 1996*)、《儿童在线隐私权保护法案》(*The Children's On-line Privacy Protection Act*)等。这种数据保护的"宽松保护模式"可以最大程度地促进数据高效流动,使得数据价值得到充分发挥;针对特定问题立法也可以使得法律的执行更加明确具体,但其"拼凑式"的数据保护立法也给跨州运行的企业带来较大合规成本,给消费者维权带来了混乱。正如联邦贸易委员会的独立研究员和前首席技术专家阿什坎·索尔塔尼(Ashkan Soltani)说,大多数人认为他们受到保护,直到他们发现其实这是无稽之谈,可悲的是,由于这一系统被隐藏在(普通消费者)视线之外且不透明,因此消费者无法看到和理解信息流。

一方面,随着国际上各个国家统一数据保护法律制度的不断完善,美国国内联邦层面出台综合性数据保护立法的呼声也愈发强烈。例如参众两党议员提案的《在线隐私法案2021》(*Online Privacy Protection Act of 2021*, H. R. 6027)、《消费者数据隐私与安全法案2021》(*Consumer Data Privacy and Security Act of 2021*, S. 1494)、《信息透明与个人数据控制法案》(*Information Transparency & Personal Data Control Act*, H. R. 1816)等,但由于党派及各州分歧,联邦层面的相关立法一直停滞不前。在美国各州层面上,一些州已经开始了隐私立法保护,例如犹他州、弗吉尼亚州、科罗拉多州、康涅狄格州,其中又以《加州消费者隐私法》(*California Consumer Privacy Act*, CCPA)和于 2023 年 1 月 1 日正式生效的《加州隐私权法案》(*California Privacy Rights Act*, CPRA)为典型。

2022 年 7 月 20 日,美国众议院能源和商业委员会通过了修订后的《美国数据隐私保护法》(*American Data Privacy and Protection Act*, ADPPA)草案,该法案即将进入全众议院投票阶段。作为首份获得两党支持的美国联邦层面的综合性隐私保护法草案,ADPPA 被认为是"最有潜力冲击 2022 年美国统一隐私立法的种子选手"。该法案的目标是建立一个强有力的国家框架,以保护消费者的数据隐私和安全,防止美国人的数据被歧视性地使用等。ADPPA 草案由忠诚义务(Duty of Loyalty)、消费者权利(Consumer Data Rights)、企业问责制(Corporate Accoutability)和法案的执行、适用及杂项条款(Enforcement, Application, and Miscellaneous)四大部分组成,其中涵盖了数据最小化、忠诚义务、私人诉讼权、优先适用、特殊群体数据保护、大型数据持有者义务等核心内容。不过,该法案遭到了参议院商务委员会主席 Maria Cantwell 以及加州立法者和大型科技公司的反对,目前仍无进展。2023 年 4 月 19 日,美国民主党众议员 Anna G. Eshoo 和 Zoe Lofgren 再次提交了《在线隐私法案》(*Online Privacy Act of 2023*, H. R. 2701)。该法案是对隐私权保护的综合性立法,提出了"用户数据权利"概念,并对公司收集和使用用户数据的能力进行了限制。目前该法案正处于立法程序的第一阶段,接下来法案需要经由专门工作委员会审议,才有可能提交给整个议院。

可以说,完整而统一的数据保护立法缺失是美国面临日益加大的网络和数据安全风险的重要原因。但是,美国联合其盟友却将中国归结于其网络安全问题的"罪魁祸首"。美国国家情报总监办公室(ODNI)发布的《2021 年度威胁评估报告》(*2021 Annual Threat Assessment of the U. S. Intelligence Community*)称,中国对美国基础设施安全和网络安全构成"威胁"。发布于 2022 年 3 月的《2022 年度威胁评估报告》(*2022 Annual Threat Assessment of the U. S. Intelligence Community*)也再次强调,由于中国的目标是关键行业以及来自美国及其相关公司和机构的专有商业和军事技术,中国仍将是美国技术竞争力的最大威胁。这些"莫须有"的指责恰恰体现了中国已成为美国在数字博弈中不可小觑的竞争对手。

另一方面,在数据跨境流动方面,美国还通过立法进一步强化其数字时代长臂管辖的能力。2018 年,美国《澄清海外合法使用数据法案》(*Clarify Lawful Overseas Use of Data Act*,CLOUD Act,"云法案")通过。云法案最大的突破是将传统上全球奉行的属地管辖原则转化为数据控制范围管辖原则,也就是说,只要服务提供商对用户数据具有实际控制或管辖权,不管用户的数据是否存储在美国境内,服务提供商就有义务按照法案规定保存、备份甚至是披露用户数据。此外,只有"适格政府"才能从其境内调取非美国公民和居民的用户数据。"适格政府"至少要符合三方面的要求:是《网络犯罪公约》(*Conventionon Cybercrime*)的缔约国;与美国政府签订行政协议;达到美国认可的公民隐私与自由等人权保障的要求。并且,这一调取必须采取有效措施最小化对美国公民的数据采集、存储及传播;不得与第三方政府共享任何数据。美国云法案实际上排除了很多国家从美国调取相关数据的资格,客观上强化了美国政府对全球数据掌控的权力。此外,云法案赋予了数据控制者申请撤销或变更调令的权利,但对数据权利人几乎没有保障,数据权利人处于完全被动的地位。

3. 美国数字技术与数字产业立法的最新动态

新冠疫情叠加上大国竞争与俄乌冲突刺激,导致美国的经济思潮趋于保守。市场公平竞争、网络及数据安全、平台责任等方面的传统数字法治议题很大程度上是欧盟主导并外溢至全世界的,而在数字治理领域,在这些传统议题之外美国正在提高对新兴数字技术及其背后的数字产业发展问题的立法关注。2022 年版《美国国家安全战略》(*National Security Strategy*,NSS)认为,"未来十年关键和新兴技术将重塑世界","技术"超过"民主"成为该版 NSS 中的第一高频词。中美数字产业存在同质性,数字技术竞争日益成为双方战略博弈的焦点。无论是 5G 通信、AI 人工智能和数字平台服务等新业态,还是技术更新、行业标准、产业规则、市场份额等外延领域,双方为争夺国际数字规则话语权都在展开激烈角逐。为扼住半导体、人工智能等关键技术咽喉,美国通过出口管制、投资审查和制裁等多种方式维护其数字技术的垄断及数字产业利益,谋取数字贸易中的不当利益。

首先,在出口管制方面,中国成为重点关注对象,且相关技术管制清单不断扩容。2018 年美国《出口管制改革法案》(*Export Control Reform Act*,ECRA)颁行后,出口管制的聚焦对象从传统的军事安全变为经济安全和科技安全。2020 年 12 月,美国商务部修订《出口管理条例》(*Export Administration Regulations*,EAR)第 774.21 节的规定,新增对中国军事最终用途/军事最终用户(Military End User,MEU)出口管制限制,瞄准中国"军民融合类企业"。扩充后的 MEU 清单将 MEU 的范围模糊化为"非穷尽式"清单,任何试图支持法律规定的军事最终用途的个人或实体(如涉及军事活动的政府组织或国有企业),均可能被纳入该清单从而受到限制,客观上限制了一些重点数字领域的数字技术输出及中美数字贸易。例如,2022 年 8 月,美国商务部对英伟达、AMD 先进制程 GPU 下达出口管制指令以进一步限制向中国出口高端 GPU 和人工智能(AI)计算芯片,企图利用自身科技优势遏制打压中国数字技术发展。在 ECRA 颁行后,美国商务部一直在拟制"新兴和基础技术清单"。最初,清单曾聚焦"生物、AI、机器人、监控"四个领域,后不断扩容,涵括了通信、AI、半导体、无人机、监控、网络安全、超算等领域。2022 年 5 月以来,美国商务部决定不再区分"新兴"与"基础",而直接命名"1758 条技术",加快管控落地。美国商务部新兴和基础技术清单之外,美国国家科学与技术委员会(NSTC)制定的"关键与新兴技术清单"(Critical and Emerging Technologies,CETs),也存在成为美国对华出口管制参考依据的可能性。

其次,在投资审查方面,一些关键技术领域的投资审查持续收紧。2018 年美国《外国投资风险评估现代化法案》(ForeignInvestment Risk Review Modernization Act,FIRRMA)颁行,美国外国投资委员会(CFIUS)收紧对关键技术、关键基础设施和敏感个人数据("TID 行业")三大领域的投资审查。2022 年 9 月,拜登签署行政令《确保美国外国投资委员会在审查外资风险时充分考虑国家安全风险》,希望 CFIUS 加强在微电子、人工智能、生物技术与生物制造、量子计算、先进清洁能源和适应气候变化技术等领域的审查。据中美双边投资项目网站统计显示,中国对美直接投资(FDI)在 2016 年达到顶峰,约为 460 亿美元。特朗普主政之后,中国对美投资被大规模叫停,到 2019 年只剩下约 30 亿美元,较峰值跌去了 93.5%,CFIUS 的干预是中国对美投资直线下降的重要原因。该委员会对中国投资审查的重点放在数字技术领域,对中兴、华为的全方位打压以及抖音国际版 TikTok 遭受的严格审查都是这一策略的具体体现。

最后,在制裁方面,制裁清单范围存在扩大化倾向,且中国数字科技企业屡屡受裁。制裁清单包括特别指定国民与禁止人员名单(SDN)以及非 SDN 中国军事综合体企业(Non-SDN MIC)。目前,SDN 制裁依然收敛于国家安全与外交利益轨道,但是被暂时搁置的《2021 美国创新与竞争法案》(American Innovation and Competitiveness Act of 2021),曾建议将 SDN 制裁适用至贸易秘密窃取、网络安全破坏等领域。同样地,Non-SDN MIC 制裁也存在扩大化倾向,且可能与出口管制相呼应。美国国家安全事务助理沙利文早在 2021 年即曾建议,将"涉军清单"扩大到所有的中国新兴初创技术企业,行业包括半导体、人工智能、人脸识别、生物制药、健康医疗、能源和国防等,手段包括升级出口管制和投资限制。此外,《国际紧急经济权力法》(International Emergency Economic Powers Act,IEEPA)也是美国以熔断方式限制中国数字科技公司的惯用手段,IEEPA 赋予美国总统至高决策权,可在本国进入异常或严重威胁状态下宣告国家进入紧急状态,即无须经国会批准可对相关国家实施一系列的投资限制,包括限制外币交易、银行间交易以及冻结和没收个人、机构乃至国家的资产。从 2019 年到 2021 年,美国数次动用 IEEPA 制裁中方数字科技公司,美国政府于 2019 年以华为在美国的研发和销售对美国关键通信基础设施和数字经济安全构成灾难性影响为由,对华为及其在美国以外的 68 家子公司进行制裁;以危害美国个人用户数据安全为由封禁微信国际版 Wechat 和抖音国际版 TikTok(该法案现已失效);以盗取美国用户数据为由封禁支付宝、扫描全能王等公司的在美业务等。

所以综合来看,当前美国数字领域的发展呈现出一种矛盾局面。美国的数字技术以及数字经济最为发达,但存在的相关问题也可能最多。一方面,美国数字技术以及数字经济发展最快,成为美国延伸全球霸权的新的力量。人工智能的最新发展体现了美国数字技术在软硬件方面的综合实力,很多技术与其他国家形成了明显的代差。美国数字经济更是引领了全球数字技术的发展,从全球的视角来看,美国的数字经济占据着垄断地位。另一方面,美国数字技术以及数字经济给美国人民以及国家治理都带来了前所未有的挑战。

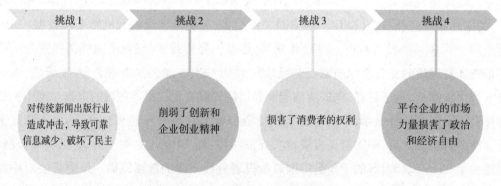

图 2-2　美国数字技术给美国民众和国家治理带来的四大挑战

正如 2020 年 10 月美国众议院司法委员会(以下简称"委员会")所指出,美国的这些大型平台企业各自控制了相关的领域,掌握了巨大的权力,不再是普通的中介服务,而是给社会以及国家都带来了巨大伤害:一是对传统新闻出版行业造成冲击,导致可靠信息减少,破坏了民主。"一些网络平台的主导地位导致可信新闻来源的减少,而可信新闻来源对我们的民主至关重要。"二是削弱了创新和企业创业精神,"在线市场力量的崛起也在很大程度上削弱了美国经济中的创新和创业精神"。三是损害了消费者的权利。"在美国缺乏足够的隐私保护的情况下,持续收集和滥用消费者数据是网络市场力量的一个指标。在缺乏真正的竞争威胁的情况下,占主导地位的公司提供的隐私保护比(存在竞争威胁)时候的要少,这些服务的质量也随着时间的推移而恶化。结果,消费者被迫要么使用隐私保护不力的服务,要么完全放弃该服务。"四是平台企业的市场力量损害了政治和经济自由。"法院和执法人员发现,这些主导地位的平台往往成为惯犯,一再违反法律和法院命令。这种行为模式引发了一个问题,即这些公司是否认为自己凌驾于法律之上,还是仅仅将违法行为视为一种经营成本。"美国著名的网络中立法案倡导者汤姆·惠勒将美国数字技术以及数字经济快速发展带来的问题归结为三类:虚假和仇恨信息的扩散,缺乏竞争的市场扭曲,对消费者的剥削。他悲观地指出,目前国际上很少有关于这类问题的有效辩论。

为什么导致这种局面,关键的原因是美国立法严重滞后于数字技术以及数字经济的发展。当前美国数字立法面临一个更加复杂的局面:一是美国两党斗争加剧导致很多立法难以通过。上文介绍了美国国会提出的很多立法草案,但这些草案都进展缓慢,很多草案最后都不了了之。网络中立法案在联邦层面的立、废之争正是这种党争立法艰难的最明显体现。二是美国平台企业已经拥有了全球最大的数字权力,其强大的经济实力决定了其对立法有极强的游说能力。在美国加州关于平台公司和司机之间是否存在着劳动关系的 AB5 法案之争中,Uber 等公司投入 2 亿多美元,开展了电视、邮件、手机 App 等广告宣传,以推动全民公决,要求对这几家平台企业进行豁免。更关键的是,平台企业数字权力已经如此庞大,发展到了足以影响美国政治以及立法进程的程度,以致很多政治家都对限制平台企业数字权力的立法望而生畏。可以说,美国平台企业数字权力已经发展到足以影响传统国家政治权力的程度。三是美国社会一直倡导市场自由竞争以及公民言论自由,这种看似高度自由民主的状态在缺乏约束的情况下,必然导致各种极端的情形出现。美国缺乏对这种传统和思想有价值的反思,所以从整个社会舆论的角度来说,推进有效约束数字问题的立法并不容易。四是从美国政府以及民间舆情的角度来看,美国将数字技术以及数字经济当成了一种维系霸权的新的力量。在这种情况下,美国整个社会主要精力在推进对中国甚至其他国家的各种制裁,而非关注解决这种技术以及经济发展给美国社会自身带来的种种问题。所以在这样的背景下,美国当前在数字领域的奇怪现象短时间难以解决,平台企业在某种程度上可以占据一种更为有利的局面,数字权力可以得到最大限度发挥。所以汤姆·惠勒指出,政府一直在努力跟上数字经济模式以及运作速度带来的影响。"快速行动,打破陈规"口号的一个结果是,占主导地位的数字公司已经能够在政策制定者赶上之前采取其市场行为,而这些行为往往是反竞争且无视公共利益的。这样的结果显得很反常:美国公司在数字技术、产品和服务方面都具有全球领导地位,但美国几乎未表现出政策上的领导力。

总的来说,美国的数字法治呈现出较为强烈的政治化色彩,一个突出特点是防范中国等新兴大国的数字经济发展对其构成挑战,并将攫取"数字霸权"视为其国际领导权战略的重要组成部分。而面对同属一个意识形态阵营的欧盟,美国的数字竞争也面临更为复杂的数字政策挑战和利益冲突,这在隐私与数据保护、数字服务税等方面得到了充分体现。可以预期的是,随着数字技术、数字产品日益深入人们的生产生活,国家间数字技术与产业竞争的加剧,美国的数字治理不会局限于法律领域的规范发展,而将通过更多样化的政治外交手段去承载更为多元的政策目标。在全球数字治理博弈中,除了开始向以往美欧间"公平竞争、数据隐私、平台责任"等传统平台治理领域发力,美国将目光投射到了半导体、AI、量子计算等"硬数字技术"领域,更加关注与数字技术密切相关的产业政策、贸易政策的应用。

二、欧盟数字法治有哪些最新动态?

美国引领了数字时代的经济和技术发展,欧盟则更早对数字时代的治理问题展开了更具前瞻性的战略规划和法治建设,以期抢占国际数字战略的制高点。自 2018 年生效以来,欧盟《通用数据条例》(General Data Protection Regulation,GDPR)给全球隐私及数据保护带来了深远的影响,也在多个维度树立了对数据进行监管的实践样板。随着数字技术的飞速发展及数据要素应用场景的不断迭代,数据在全球市场竞争及数字社会发展中的价值日益凸显,欧盟也在近两年进一步加强了对于数字化转型进程中不同维度、节点的立法监管。自 2020 年以来,欧盟委员会连续发布了《塑造欧洲的数字未来》(Shaping Europe's Digital Future),《欧洲数据战略》(A European Strategy for Data)等纲领性政策文件;欧盟又接连公布了《数据治理法案》(Data Governance Act,DGA)、《数字服务法案》(Digital Services Act,DSA)和《数字市场法案》(Digital Markets Act,DMA)三部重要立法拟议草案,与之前生效实施的 GDPR 和《欧盟非个人数据自由流动框架条例》(Regulation (EU) 2018/1807—on a framework for the free flow of non-personal data in the European U-nion,下称"《非个人数据自由流动条例》")共同构成了欧盟 2.0 版本的数字法治框架。总结欧盟近年来的数字法治进程,可以从数字基础架构、数据治理、平台治理三个层面梳理出欧盟的数字法治框架。

1. 欧盟数字基础架构最新动态

近年来,各国的冲突中愈发普遍出现新型的针对数字基础设施的网络攻击。以俄乌冲突为例,俄罗斯与乌克兰相互进行了对政府网站和基础设施服务网络的多次破坏性网络攻击。在 2022 年 2 月 24 日冲突升级之前,俄罗斯发动了针对乌克兰政府机构等关键部门的大规模分布式拒绝服务攻击(DDoS)和数据擦除恶意软件攻击,乌克兰则依赖以美国为中心的西方势力实施对俄罗斯的网络攻击。这些网络攻击、舆论攻击、信息对抗等非常规、非对称作战与高强度的军事冲突结合成为了新的更具深层破坏力的"混合战争"。由此可见,如何应对更复杂多样的网络攻击直接影响到数字发展的基石是否稳固,更和国家安全息息相关。对此,欧盟从多方面立法着手。

首先,欧盟持续推进应对网络与信息基础安全风险方面的立法进程。欧盟早在 2016 年就发布了《网络与信息安全指令》(The Directive on Security of Network and Information Systems,下称"《NIS 指令》"),但这一指令在成员国层面的执行程度参差不一,且无法应对区块链等新数据模式给数据存储及传输等网络基础架构的挑战。因此在 2020 年,欧盟重新修订了《NIS 指令》，发布了《网络与信息安全指令（第二版）》（下称"《NIS 指令》第二版"）。《NIS 指令》第二版从多方面进一步提升了应对网络安全风险的监管与协作要求，不仅为网络与信息安全风险应对制定了最低限度的规则，还规定了对于安全事件、供应链中的信息安全、漏洞检测和加密等所需的响应，并制定了每个成员国当局间的合作机制。《NIS 指令》第二版也将监管范围扩展到能源、交通、卫生、邮递物流、化学制品生产医疗设备、废物和污水处理等不与互联网强关联的行业。为进一步加强网络防御并减轻来自俄罗斯的网络安全威胁，欧盟理事会在 2022 年 11 月 28 日通过了《关于在欧盟全境实现高度统一网络安全措施的指令》（*Directive on Measures for a High Common Level of Cybersecurity across the Union*，下称"《NIS2 指令》"）。《NIS2 指令》目的是提高公共和私营部门以及整个欧盟的网络安全及事件响应能力。《NIS2 指令》将涵盖在关键领域运营的大中型政府和商业组织，并且建立欧洲网络危机联络组织网络（EU-CyCLONe），支持大规模网络安全事件和危机协调管理。此外，《NIS2 指令》还要求在事件发生的 24 小时内向有关部门报告网络安全事件，修补软件漏洞，以及准备风险管理措施保护网络安全。

其次，欧盟开始在数字产品的供应链系统安全方面发力。2022 年 9 月 15 日，欧盟委员会提出了一项新的数字产品网络安全法案的提案，即《网络弹性法（草案）》（*The Cyber Resilience Act*，下称"《CRA 草案》"）。《CRA 草案》是欧盟网络安全战略和欧盟安全联盟战略的一部分，也和新冠疫情期间网络攻击数量增加的背景相关。依据欧盟委员会的评估，每 11 秒都会发生一次针对网络系统的蠕虫病毒攻击，而 2021 年蠕虫病毒的攻击造成了 200 亿欧元的损失，而全球在网络犯罪上的年度花费更是高达 5.5 万亿欧元。故而，欧盟寄希望于《CRA 草案》来确保在欧盟市场上投放的数字产品的安全性，并确保制造商会在整个产品供应链上对网络安全负责。《CRA 草案》将针对具有数字元素的各类有形和无形产品，以一个单一连贯的框架来规制数字产品产业链上下游不同主体的合规义务。

最后，在各领域统一的网络安全框架之外，欧盟还在一些重点领域如金融方面展开了布局。2022 年 11 月 15 日，欧洲央行（ECB）发布了一份题为"建立评估系统性网络风险的框架"（Towards a Framework for Assessing Systemic Cyber Risk）的报告。该报告研究了由网络攻击引起的风险是否以及在多大程度上有可能破坏金融体系的稳定性，调查了网络攻击增加的性质和来源。报告提供的数据证据表明，网络攻击不是随机的，而是由经济实力、金融全球化程度以及政策和政治不确定性等因素驱动的。这突显了欧盟当局在金融领域扩大宏观审慎工具包，促进信息共享和填补网络攻击的数据空白的重要性。2022 年 12 月，《数字运营弹性法案》（*The Digital Operational Resilience Act*，下称"《DORA 法案》"）在公报正式发布。《DORA 法案》为金融行业实体应采取的网络安全措施提出了具体要求，并就风险事件管理和报告要求做了进一步明确。《DORA 法案》适用于金融行业的各个细分领域，如支付机构、电子货币机构、交易所等。《DORA 法案》还对为前述机构提供信息通信服务的第三方技术提供商提出了规制要求。

2. 欧盟数据治理的最新动态

数据作为重要生产要素已经深刻融入了经济社会运转中,最大化发挥数据要素的价值已经成为数字时代企业甚至国家竞争力的重要体现。长期以来,欧盟一直以打造共同欧洲数据空间、单一数据市场作为主要目标。早在 2020 年 2 月 19 日,欧盟发布的《欧洲数据战略》中就概述了欧洲未来五年要通过"开放更多数据"和"增强数据可用性"为欧洲数字化转型提供发展和创新动力,形成一种新的欧洲数据治理模式。如何搭建起一个良好的数据共享、流通和利用的生态系统? 如何在这一生态系统中平衡不同种类数据背后的各方利益? 如何以法治回应未来数据要素涉及的更先进技术和更多应用场景? 这些都是近年来欧盟高度关注的重点问题。

首先,应当了解近几年的欧盟数据治理一大重点——数据流通与利用。从 2018 年的《非个人数据自由流动条例》到 2022 年正式通过的 DGA,欧盟一直将打造单一数据空间(ASingle European Data Space)、消除成员国之间不同政策所导致的数据管理碎片化作为工作目标。作为一大重要立法进程,DGA 努力在保护个人信息安全、消弭商业合作不信任、保障知识产权的前提下,实现对欧盟境内各主体对数据要素的再利用(Re-use)与数据共享(Data Sharing)需求的一种制度性回应。这一回应主要从四个方面展开:1. 对公共部门掌握的数据的再利用。涉及个人信息数据再利用的,公共部门应从技术手段、前提设置、再利用方式等方面全面遵循 GDPR 的要求。在设计数据再利用路径时,公共部门应当遵循欧盟及各成员国的竞争法并且采取最符合再利用者利益的方式设计路径;在公共部门对再利用收费时,还应给予中小微型企业和初创企业以优惠从而鼓励创新。DGA 还着重强调了再利用中的知识产权保护,尤其是要防止商业秘密及技术秘密的泄露。2. 搭建数据共享服务(Data Sharing Services)的法律框架。DGA 的数据共享服务机制主要是从通知制度、共享条件、主管部门、合规监管和例外情形五个方面来进行构建。主要内容包括:(1)应当履行通知义务的共享服务包括:数据持有者(Data Holder)与潜在数据用户(Data User)之间的中介服务、寻求利用其个人数据的数据主体与潜在数据用户之间的中介服务和数据合作服务。(2)通知的义务主体、程序、内容、管理和费用收取。(3)数据共享服务应当遵循目的、用途、标准、程序和技术安全等方面的条件。(4)应当指定负责执行通知制度的主管部门及其与其他相关部门间的信息互通。3. 确定"数据利他"(Data Altruism)机构的认定及合规监管标准。寻求为普遍利益(General Interest)的目标收集数据的实体可要求被列入国家认可的数据利他主义组织登记册。注册组织将在整个欧盟范围内得到认可。如果一个组织想被认可为 DGA 下的数据利他主义组织,它将必须遵守特定的规则手册。4. 构建一套数据治理的行政管理机制。DGA 要求欧盟委员会以专家小组的形式建立欧洲数据创新委员会(European Data Innovation Board),由欧盟委员会、欧盟数据保护委员会(European Data Protection Board)以及相关主管部门的代表组成。该委员会旨在对数据再利用、数据共享服务等提供意见和协助，其组成部分涵盖数据中介服务主管部门和数据利他主义组织登记主管当局组成的小组、对相关问题进行技术讨论的分组以及利益相关者参与小组。

作为《欧盟数据战略》实施过程的重要组成部分，DGA 的战略价值十分重要，受到世界各国业界和学者们的广泛关注与研究。根特大学的沙巴尼（Shabani）教授在 2021 年对 GDPR 和 DGA 做了对比性的研究，他提出：DGA 的实施如果能与 GDPR 相互联系，相互共存，将会起到前所未有的效果。瑞典赫尔辛基大学社会科学与地方政府学院于 2022 年出版了一本名为《通往自由之路：新闻媒体摆脱硅谷的束缚》的书籍，描写了芬兰新闻媒体对硅谷的科技巨头的强烈依赖性。书中指出，DGA 将会是有效摆脱硅谷科技巨头对其控制的有效手段之一，可以在一定程度上增加媒体公司共享用户数据的机会，使客户更好地访问各类用户数据，帮助欧洲媒体公司创建和营销个性化的内容。当然，也有批评意见指出未来 DGA 与 GDPR 的协调问题、欧盟缺乏特定用于数据交易的完整的法律框架会妨碍 DGA 实施等问题，需要未来在执法和立法中进一步回应。DGA 一系列创新型的安排对促进数据流转意义重大，但在一些关键性问题上仍留有空白，比如，如何让私营企业真正在利用数据中介服务进行数据共享时不丧失其竞争优势？如何定义可使用开放数据集的"利益相关方"（Interested Party）？将对公共部门开放哪些数据再利用的选择权交给各成员国是否会导致新的数据流转壁垒？

其次，作为欧盟的传统数据治理重点，个人信息与隐私保护也进一步在欧盟"以人为本"的数字化转型中被深化。2022 年 12 月 15 日，欧盟委员会主席和欧洲议会主席共同签署了《欧洲数字权利和原则宣言》（*the European Declaration on Digital Rights and Principles*），其中"将人置于数字化转型的中心"是被放置于第一位的数字化转型措施。在立法和执法层面，欧盟一直被视为在个人信息与隐私保护方面走在国际前列的"领头羊"，GDPR 更是被称为"史上最严"的数据保护准则，成为各国数据保护立法的样板标杆。GDPR 自 2018 年 5 月生效至今已近 5 年，其间欧盟各国数据保护机构陆续依据 GDPR 对境内违反 GDPR 规定的违法行为进行行政处罚，部分国家的监管机构更是开出了巨额罚单。根据 GDPR 执法跟踪器的数据统计，截至 2022 年 12 月 31 日，GDPR 执法达 1402 次，罚款总额共计 2381309317 欧元（约合人民币 173.57 亿元）；自 2018 年 5 月至今，GDPR 行政执法次数呈现快速、稳步上升趋势，罚款金额屡创新高。

在与其他国家特别是美国的博弈与合作中，个人信息与隐私保护也是重要交战点。美国科技巨头公司一直是被欧洲执法机关重点关注的对象，也是几个天价罚单的"付款人"。不过，在立法和执法的博弈之外，双方也在探索达成共识的可能。2022 年 12 月 13 日，欧盟委员会启动了"欧盟—美国数据隐私框架充分性决定"（Adequacy Decision for the EU-US Data Privacy Framework）的进程，并发布充分性决定草案。该框架将促进跨大西洋数据的安全流动，并试图解决欧盟法院在 2020 年 7 月 Schrems Ⅱ 裁决中提出的担忧。

该决定草案反映了欧盟委员会对美国法律框架的评估,其结论认为,美国采取了与欧盟类似的保障措施,为欧盟公民提供了与欧盟法律规定相当的保护水平,确保了对从欧盟转移到美国公司的个人数据的充分保护。未来,美国公司将能够通过承诺遵守一套详细的隐私义务,来加入欧盟—美国数据隐私框架。欧盟公司也将能够依靠这些保护措施进行跨大西洋数据传输,而无须采取额外的数据保护措施。

最后,欧盟亦紧跟趋势大力推进算法及人工智能的立法进程。作为数据高度融合应用的技术代表,算法及人工智能(AI)技术是数字经济下科技公司的兵家必争之地,完善AI与算法治理架构也是各国促进相关产业与投资繁荣的重要基础。欧盟自 2018 年以来陆续发布了《欧盟人工智能》(*Artificial Intelligence for Europe*)、《可信人工智能伦理指南(草案)》(*Draft Ethics Guidelines for Trustworthy AI*)等一系列政策性文件,描画了欧盟 AI 发展的宏观框架与方向。2021 年 4 月,欧盟进一步在立法层面提出《人工智能法案(草案)》(*Artificial Intelligence Act*,下称"《AIA 草案》"),以期为广泛的人工智能技术应用方案建立整体的"硬法"规制框架,促进欧盟内部安全、可信赖的 AI 应用单一市场的发展。《AIA 草案》规制的范围是在欧盟投放市场、投入服务和使用的 AI 系统(含欧盟外开发和使用,但输出数据在欧盟使用的情形),拟新设欧盟人工智能委员会(European Artificial Intelligence Board)进行统筹监管,由各成员国指定主管机构负责执行并定期向该委员会报告。在具体监管上,将人工智能划分为"禁止""高风险""其他风险"三个等级进行分类监管,提议为非高风险的人工智能系统制定自发性行为准则,建立监管沙盒(regulatory sandbox)以促进创新。承接《AIA 草案》,欧盟又于 2022 年提出了《AI 责任指令(草案)》(*AI Liability Directive*,下称"《AID 草案》"),就 AI 系统产品的非合同性民事责任做出了一系列规定,确保在 AI 系统应用的诸多复杂场景下(如自动驾驶),用户可以因使用 AI 系统而造成损害得到公允的赔偿。可以预期,《AID 草案》对于未来构建可信的人工智能市场具有十分重要的价值。2023 年 3 月,《AIA 草案》已经提交欧盟议会,如获通过,将成为具有约束力、可在欧盟成员国内直接适用的法律,而且对于国际人工智能安全相关规则的制定也有十分重要的参考价值。

3.欧盟平台治理的最新动态

由于平台生态复杂,平台治理所涉及的法律问题也更为广泛,如内容治理、数据保护、竞争等,各类问题互相交错。在 2021 年联合国贸易和发展会议统计的全球 100 强数字平台名单中,以中、美为代表的亚洲和美洲平台在数量上各占 4 成,欧洲仅占 1 成,而在市场份额上前两者共占 9 成有余。欧盟雄厚的科技实力和高水平制造业并未孕育数字科技巨头,但是欧盟从未放弃努力扶持本土互联网和数字企业,并在网络与数据安全、反不正当竞争和反垄断以及税收方面限制美国数字科技巨头过度占据欧洲市场份额。从 2008 年到 2021 年,欧盟对包括微软、英特尔、高通、谷歌、苹果、亚马逊、脸书等美国数字科技巨头

图2-3　欧盟平台治理的最新动态特征

征收的罚款共计超过250亿欧元。2019年4月4日，欧盟委员会发布的《数字时代的竞争政策报告》指出，互联网超大型平台竞争优势强大且"非常难被赶下台"，传统反垄断法难以治理。2020年2月19日，欧盟委员会发布的《塑造欧洲的数字未来》在数字市场治理部分明确指出，引入重要平台认定和事前规制为代表的"新竞争工具"以解决超大型平台权力滥用问题。基于此，欧盟于2020年12月发布了数字服务法案包（Digital Service Act Package），提出DMA和DSA两部里程碑式的平台治理法案。这两部法案很多具体的规定可以说在一定程度上引领了当前人类社会数字法治化的发展进程，具有一些明显的共通性。

　　一是在欧盟层面强化了对平台企业的监管。主要表现在：1.DSA和DMA分别从数字内容治理、数据处理与交易的角度为规制欧盟平台企业提供了新框架：例如DSA根据平台规模的不同，区分并强化了不同规模的中介服务提供者在进行平台非法内容、广告推荐、页面设计、在线交易等方面提供透明、安全在线环境的勤勉尽责义务。DMA第五条为守门人（Gatekeeper）制定了其必须遵守的基础性义务。一方面，守门人不得利用自身的优势，实施该法条所规定的不公平的交易行为和竞争行为；另一方面，其需要积极履行个人数据的保护和广告信息披露义务，以保障个人数据的安全使用和在线广告领域的公开透明。2.重新理顺欧盟范围内的数字治理流程，加强在监督和执法过程中的机制化建设。如DSA要求建立"数字服务协调员"（Digital Services Coordinator）和"数字服务委员会"（European Board for Digital Services）；DSA还规定了可信标记者（Trusted Flaggers）的相关内容，要求平台必须对可信标记者报告的非法内容作出优先反应；超大型平台需要指定至少一个独立的"合规官"（Compliance Officer）；2023年创建欧洲算法透明度中心（European Centre for Algorithmic Transparency）。DMA则构建了一套持续对守门人的市场行为进行评估和监测的超越国别的执法程序，欧委会在根据数据评估、市场调查确定核心平台服务提供者达到守门人指定条件之后,会同平台进行对话,为其确定相应的守门人义务。此后欧委会不但需要持续公布更新守门人名单,还需要定期(至少每三年一次)对平台是否仍然符合守门人的指定条件进行审查,并至少每年审查提供核心平台服务的新企业是否满足要求。这实际上是针对大型平台企业建立了一套新的竞争合规制度,包括竞争合规组织领导,竞争合规管理制度和竞争合规运行制度等。

二是两部法案都针对超大型平台"开刀"。欧盟在 DSA 中特别对"超大型在线平台"(Very Large Online Platforms, VLOP)和"超大型在线搜索引擎"(Very Large Online Search Engines, VLOSE)提出了管理系统性风险的额外义务。VLOP 及 VLOSE 被定义为月均活跃服务对象不少于 4500 万人的在线平台。鉴于 VLOP 和 VLOSE 在促进公共辩论、经济交易和传播信息、意见和观点方面的系统性影响,应要求其在风险评估、缓解风险、危机应对机制、独立审计、推荐系统、在线广告透明性、数据访问及审查、合规机制、透明性报告义务等方面履行更高的特殊义务。DMA 规定了守门人的义务,以保障市场公平和可竞争性。这些义务大致可以分为四个模块:(1)针对平台的自我优待行为;(2)针对平台对用户数据的处理;(3)针对平台的交互性;(4)针对平台对广告/出版商的透明性。对于可竞争性而言,DMA 希望守门人能够"去守门人化"(去中介化),不再成为企业与用户之间的唯一媒介,真正使得市场中其他核心平台服务提供者能够参与市场竞争。对于公平性而言,DMA 希望通过细化守门人的特殊义务来消解由于平台与用户间权力不平衡所导致的平台享有的特殊优势及利益,实现公平的市场竞争环境。

三是均着重强调了对用户权益的保障。就 DSA 而言,其致力于为公民自由表达他们的想法、交流和网上购物创造更安全的在线体验,减少他们接触到非法活动和危险品,保障其基本权利。DSA 着重细化了以下方面:1.身份以及商品识别。在线平台有义务识别其商业用户,并澄清谁在销售产品或提供服务。这将有助于保护在线消费者免受非法、假冒或危险产品的侵害。2.建立申诉机制。公民将能够报告他们遇到的非法内容及产品,并在其内容被删除时对在线平台做出的决定提出异议;在线平台有义务通知用户其所做的任何决定及其理由,并提供可供抗辩的机制。用户对在线平台做出的删除决定提出异议时,可以选择直接向平台投诉、庭外纠纷解决(Out-of-Court Dispute Settlement),或向法院寻求赔偿等多种方式。3.对广告及个性化推荐作出限制。平台将不再为未成年人提供定向广告,也不能基于对特殊类别的个人数据(如种族、政治观点)的分析向用户展示广告。DSA 要求在线平台履行明确的告知义务,增强在线广告的透明度,并使得用户可以在知情的基础上自行更改广告推送的参数。使用推荐系统的在线平台应以清晰易懂的方式,在其条款和条件中列出其推荐系统所使用的主要参数,以及任何可供服务对象修改或影响上述参数的选项,VLOP 还需要为其每个推荐系统提供至少一个不基于个人画像的推荐选项。但是,DSA 并没有明确指出在线平台需要设计一个让用户拒绝广告推送的选项,只是要求设置修改参数的选项,所以在线广告依然可以投放,只是强化了用户对于广告的个性化程度和用户标签的控制,具体还是要看在线平台的具体选项设计情况与用户的选择。就 DMA 而言,其特别细化了终端用户(End User)和商业用户(Business User)的定义区分:"终端用户"是指除商业用户以外使用核心平台服务的任何自然人或法人,"商业用户"是指以商业或各种专业资质使用核心平台服务的任何自然人或法人。在此基础上,具体规定:1.规范用户数据的处理。比如,DMA 规定了守门人不得在未授权情况下处理个人数据;不得在除核心平台服务外的其他守门人服务中交叉使用相关个人数据;应确保用户活动中所生成数据的可携带性;应向用户免费提供有效、高质量的汇总数据或非汇总数据等。2.保证平台的交互性。DMA 规定了应允许用户安装和使用第三方应用软件,并保证守门人操作系统与之进行交互操作;不得在技术上限制终端用户利用守门人操作系统在不同的软件应用和服务之间切换和订阅的能力。3.提高广告信息透明度。守门人应免费向用户提供广告的费用数据以及计算广告费用的指标数据。

　　另外,我们还要看到,两部法律还是存在一些明显的区别,DSA 是对中介服务提供者的规制法律,主要是从平台治理和用户权益保障的角度出发,旨在通过规制服务提供者的行为来促进数字服务向着更加透明和公平的方向发展,例如规制非法内容传播、加强对在线交易者的追溯检查来保证产品和服务的安全、提升平台的透明度等。DMA 则主要是针对守门人的规制法律,是从市场公平竞争的角度出发,旨在通过规制守门人的不公平竞争行为来确保数字服务的公平开放性,例如加强守门人与第三方服务的交互性、强化守门人与第三方的数据共享、保障终端用户预装软件可卸载和默认设置均可更改等。

　　总的来说,欧盟近年来的数字法治进程推进迅速且多点开花,新出台的 DGA、DSA、DMA 等不仅对规范数字经济的发展意义重大,也对人类社会数字时代的国家治理甚至全球数字治理都将产生深刻的影响。欧盟开创性地构建了数字时代较为系统的个人信息保护制度,完善了对终端用户和商业用户权利的保障,强化了对公民言论自由权利的保护,创造性地提出了设立数据利他主义组织、数字服务协调员、数字服务委员会、可信标记者、欧洲算法透明度中心等众多新的协调监管机制,在历史上第一次通过专门立法的方式对大型平台企业进行规制。这些立法动向期待为数字时代保障平台经济发展与公民权利确立起基本的制度,从而助力建立更安全、可预测以及可信赖的网络环境,值得相关国家以及平台企业予以特别的关注。当然,在看到欧盟数字法治进展重大积极意义的同时,也要看到这种探索存在的不足。

　　一是对平台企业的数字权力依然缺乏深刻的认识。相关立法注意到了平台企业所拥有的经济权力,也注意到了平台企业的守门人地位,但并未认识到平台企业拥有了一种广泛的数字权力,并未认识到这种数字权力与传统垄断企业经济权力的本质区别,甚至认为相关平台企业还主要是一种"中介服务者"的角色,在相关立法中反复强调平台企业这种"中介服务者"的法律地位。不能认识到平台企业所拥有的数字权力,就无法对国家权力、平台企业数字权力以及用户权利进行清晰的法律界定,更无法对平台企业制定规则、

01	02	03
对平台企业的数字权力仍缺乏的深刻认识	立法对数据性质、利益分配等规定不全面	言论自由与有害信息的平衡机制待完善

图 2-4　欧盟目前数字法治存在的不足

用户管理、商业运行等过程进行全面的规范。

二是在相关立法中,对数据的性质、利益分配等问题规定得并不全面。欧盟数字立法重点规定了对个人信息的保护、欧盟内部数据流动的机制、对言论自由的保护以及公共数据的利用等问题,显然都是有前瞻性的,但如何全面理解数据的定义及性质? GDPR 强调的数据保护更侧重于保护个人信息,但数据不仅是个人信息,还具有复杂的财产属性。终端用户是否基于数据享有一定程度的财产权益? 如何实现这种权益? 商业用户如何实现自身数据的各种权益? 这种权益与终端用户有什么区别?

三是实现言论自由与有害信息的平衡机制仍有待完善。谁是可信标记者? 如何避免在最初授予某实体以可信标记者身份以及可信标记者自身在识别非法内容时一种先入为主的歧视? 这种对言论自由理想化的追求可能导致有害内容的泛滥,最终伤害儿童等在社会中处于相对弱势境地的群体,从而最终损害更广泛的公共利益。我们不仅应该积极研究欧盟数字法治中的立法理念以及规定的各种制度,还应该积极观察相关法律执行中存在的问题,以更开阔的视野去思考和设计中国乃至人类社会数字时代的相关法律制度。

三、国际多边层面数字法治有哪些最新动态?

钱德尔·阿努帕姆(Chander Anupam)教授在《法律如何成就硅谷》中指出,美国正是由于在《数字版权法》《通信规范法》等法律法规中对互联网平台责任的宽松政策促进了美国互联网产业飞速发展,并在与欧盟及日本、韩国等国家的竞争中占据了显著优势。但在信息化发展的后期人类步入数字时代,伴随着数据总量的爆炸,平台垄断、隐私侵害造成的安全问题以及贫富差距变大、国家间数字鸿沟扩大后，此时促使美国硅谷发展的上述宽松的政策是否仍然应当作为数字治理的价值导向？无论是发达国家还是发展中国家，探索如何在法治轨道上实现"数治"已经成为世界各国刻不容缓的问题，也是人类社会进一步现代化的方向和潮流所在。在欧美之外，这些探索正从法治的各个方面竞相开展。当前数据保护也不再是国际数据治理的主要着眼点，如何真正在国际层面达成数字法治的新共识？如何实现社会更友好的平台治理，推动公私各部门的数字合作？如何对传统重点国际领域的具体规则进行结构性重塑？这些问题已开始成为国际数字法治的重点。

1. 联合国数字法治的最新探索

数字时代，全世界的联系与协作发展已然离不开数字技术，但其潜在的危害也引发了全世界的广泛关注：在经济层面，数字鸿沟带来的差距正在恶化国家间经济不平等的情况；在政治层面，互联网巨头的崛起逐渐成为特殊的地缘政治行为体并拥有了巨大的数字权力；在社会层面，传统的性别歧视、种族歧视等问题仍然在网络空间发酵并不断加深；在文化层面，多样的数字产品和网络内容丰富着人们的文化生活但也加速了价值观、宗教信仰的裂化和对立。目前，应对数字及网络技术挑战的国际合作和治理机制尚未建立，为实现数字领域的有效治理，联合国层面已经展开了诸多探索。

2018 年数字合作高级别小组（the UN Secretary-General's High-Level Panel on Digital Cooperation, HLP）成立，高级别小组旨在推动各国政府、私营部门、民间社会组织、国际组织、技术和学术界以及其他相关利益攸关方在数字空间的合作。高级别小组于 2019 年 6 月提交了《数字相互依存的时代——联合国数字合作高级别小组报告》（the Age of Digital Interdependence—Report of the UN Secretary-General's High-Level Panel on Digital Cooperation），审议了数字合作问题，从历史、法律、伦理等角度探索如何最大限度地提高数字技术效益，最大限度地减少负面影响。该报告就国际社会如何共同努力以优化数字技术的使用和降低风险提出了五项建议：(1)建立一个普惠、包容的数字经济和社会；(2)增强人力和机构能力；(3)保护人权和人类自主性；(4)促进数字信任、安全和稳定；(5)促进全球数字合作。随后，《数字合作路线图》（Roadmap for Digital Cooperation）于 2020 年 6 月发布，该路线图综合了数字合作高级别小组提出的建议以及会员国、私营部门、民间社会、技术领域和其他利益攸关方的建言，为加强全球数字合作描绘了愿景和方向，具体建议包括：(1)推动数字通用连接；(2)促进数字技术成为公共产品；(3)保证数字技术惠及所有人；(4)支持数字能力建设；(5)保障数字领域尊重人权；(6)应对人工智能挑战；(7)建立数字信任及安全；(8)构建更有效数字合作架构。

2020 年 9 月 21 日，联合国会员国通过了《纪念联合国成立七十五周年宣言》（Political Declaration at the Occasion of the UN's 75th Anniversary），其中承诺"推进数字合作，确保所有人都能安全、可负担地接入数字世界"。在宣言之后，联合国秘书长于 2021

年 9 月发布了《我们的共同议程》（*Our Common Agenda*）报告，该报告展望了未来 25 年全球的前进道路，并再次强调了数字治理的重要性，将《全球数字契约》作为未来峰会的 8 项关键议题之一，并拟于 2023 年召开（现已延迟至 2024 年）的未来峰会上就《全球数字契约》达成一致。《全球数字契约》的进程推进由秘书长技术事务特使办公室（Office of the Secretary-General's Envoy on Technology）负责。各利益攸关方将相关建议于 2023 年 3 月 31 日前上传至秘书长技术事务特使办公室的官方网站中。

图 2-5 《全球数字契约》的七大关注领域

作为被寄希望为迄今为止在数字治理领域覆盖性最广、讨论形式最多元的协定性文件，《全球数字契约》将以《数字合作路线图》为基础，围绕数据治理和人工智能治理的困难展开，重点关注以下几个领域：(1)数字连接。作为首要原则，重申《数字合作路线图》中提出的"在 2030 年前实现普遍且有意义的数字连接"这一基本承诺；并且，着重强调了教育领域的数字连接建设。(2)避免互联网的碎片化。针对目前各国立法政策及技术等原因所导致的数据流动被限制、数据孤岛等互联网碎片化现象，致力于形成共同的数字技术标准和相关协议，以维护开放、互联、互用的互联网核心价值。(3)数据保护。针对个人隐私、数据安全事件频发而各国关于如何使用及保护数据的法律制度之间难以达成一致的现状，《全球数字契约》呼吁利益攸关方围绕数据治理、数字信任、隐私保护等主题重新展开讨论并达成一致原则。(4)网络人权。数字世界应该充分保护用户的言论自由等基本人权，使其免受骚扰或歧视，《全球数字契约》建议各利益攸关方探索网络人权的内容并达成一致的准则。(5)引入对歧视和误导信息问责标准。网络中广泛存在的虚假信息不仅污染了网络空间的环境，还可能对个人权益、公共利益乃至国家安全带来挑战，对此，目前国际社会仍然缺乏具有广泛约束力的网络安全协议，未来《全球数字契约》将重点针对该问题做出反馈。(6)人工智能监管。以 ChatGPT 为代表的人工智能正在逐渐影响各行业领域的发展，但其中的算法偏见、系统安全等问题也引发了广泛担忧。因此《全球数字契约》意在加强各利益攸关方在全球人工智能可信、安全和可持续方面开发使用的合作,确保其符合全球共同价值观。(7)数字公共产品。目前,数字公共产品的使用通常受到版权制度、专利制度和基础设施条件的限制。《全球数字契约》希望通过广泛利益攸关方协商,制定开发数字公共产品的共同标准,规范并加快推动优质数字公共产品的发展进程。

除了在联合国秘书长技术事务特使办公室的官方网站上提交的提案之外,联合国互联网治理论坛、世界互联网大会,以及一些区域间合作组织也纷纷以举办研讨峰会、成立多方利益攸关者咨询小组的方式积极参与到《全球数字契约》的磋商过程中。2022年6月20日,在欧洲互联网治理对话组织(EuroDIG)的年度会议上,设置了名为"联合国系统下的互联网治理:IGF是否走在适应、创新和改革的良好道路上?"专题研讨,讨论涉及《全球数字契约》;EuroDIG还在官网上开辟了在线通道收集区域内多方意见。2022年8月,联合国互联网治理论坛领导小组(IGF Leadership Panel)成立,截至目前,该组织已举办过多次会议以进一步完善联合国互联网治理论坛的(Internet Governance Forum,IGF)组织架构和工作机制,并与IGF内部机构以及全球多利益相关方开展交流,并从"连接所有人和保障人权""避免互联网碎片化""数据治理和隐私保护""实现安全、安保和问责制""解决包括人工智能在内的前沿技术问题"等方面就《全球数字契约》提交了实质性的建议提案。2023年4月,世界互联网大会联合15家单位,围绕《全球数字契约》连接所有人、数据保护、歧视与误导性内容治理、人工智能监管、数字公共产品5项议题向联合国技术特使办公室提交了提案。2023年5月25日,联合国发布了秘书长关于《全球数字契约》的政策简报,阐释了推动制定《全球数字契约》的动机、愿景、具体目标和行动建议,并对GDC的后续实施和审查进一步提出了设想。

综合来看,无论是《数字合作路线图》还是《全球数字契约》,都体现了联合国将秉持共商共建共享的全球治理观。不过,就目前联合国公布的相关报告与信息来看,代表弱势或少数群体的提案数量还远远不够,这也预示着推动数字时代多边国际治理机制的建立仍是长路漫漫。

2. 国际经合组织推动的全球税制最新改革

国际税收秩序直接影响着各国的根本经济利益,其塑造的国际税收环境也关系着全球的平衡及可持续发展。后疫情时代国际政治和经济秩序的变革加剧了传统国际税收秩序失衡,全球化和数字化的新型经营形态、跨国企业的避税行为也对形成于20世纪20、30年代的传统国际税收秩序带来了更大的冲击,数字时代呼吁着国际税收利益的重新分配和国际税收秩序的重塑。

为应对包含数字经济在内的一系列新经济形态对现行国际税收秩序的挑战,2013年,在二十国集团(G20)的推动授权、经济合作与发展组织(OECD)的主导下正式启动了一项全球性税制改革行动——税基侵蚀和利润转移(Base Erosion and Profit Shifting,

BEPS)行动计划,以应对跨国企业利用不同税收管辖区的税制差异和规则错配进行税收筹划,从而达到不交或少交企业所得税的避税行为。OECD 在整合 2014 年 9 月发布的 BEPS 项目首批 7 项产出成果的基础上,于 2015 年 10 月 5 日发布了 BEPS 行动计划全部 15 项产出成果,标志着百年来国际税收体系的第一次根本性变革取得了重大成功。其一揽子国际税改项目主要从以下五个方面进行了变革:一是应对数字经济对传统税收规则的挑战;二是加强各国所得税制度间的国际协调;三是强化传统国际税收规则的有效适用;四是提升税收信息透明度;五是完善国际税收争端解决机制。在此项国际税改中,中国不仅以 OECD 合作伙伴身份积极而平等地参与了 BEPS 行动计划,也高度重视 BEPS 成果在国内层面的转化,从关联申报、调查调整、预约定价和相互协商等方面修改了国内相关规定,形成了与国际接轨的反避税法规新体系。

第二个阶段性进展是 OECD 于 2018 年初步确定的应对数字经济税收挑战的两个关键支柱:一是数字税收问题;二是源于美国全球无形资产低税收入(Global Intangible Low-Taxed Income,GILTI)规则的全球最低有效税率问题。2020 年 1 月 31 日,G20 与 OECD 共同发布了《关于双支柱方案应对经济数字化税收挑战声明》的 BEPS 包容性框架。2021 年 6 月 5 日,七国集团(G7)财长会议对"双支柱"重新定义:"支柱一"是要确保大型跨国企业在其所有实施商业活动并取得利润的市场缴纳公平的税额;"支柱二"则是通过设立全球最低税率来管控各国之间的财税竞争。具体来看,"支柱一"的表述发生了根本性变化,由原有的跨国数字企业变更为大型跨国企业,扩大了"支柱一"的覆盖范围;"支柱二"则强调对全球范围内营业收入超过 7.5 亿欧元的企业征收不少于 15% 的企业所得税。2021 年 7 月 1 日 OECD 发布声明,BEPS 包容性框架下的 130 个国家(地区)签署了《关于解决经济数字化带来的税收挑战双支柱方案声明》。2021 年 10 月 8 日,OECD 再次发布声明,在 7 月共识的基础上,BEPS 包容性框架下的 136 个国家(地区)就"双支柱"方案达成共识。

作为走在数字经济前列的发展中国家,我国不仅是重要的数字化企业居民国,同时也是数字经济企业重要的市场国以及全球数据流动的主要参与国。地位的多样性预示着中国参与国际税收秩序变革的重要性和复杂性,需要我们慎重抉择、积极参与。

3. 区域层面数字贸易谈判最新动态

2022 年 9 月,国务院发展研究中心对外经济研究部与中国信息通信研究院在论坛上联合发布了《数字贸易发展与合作报告 2022》(以下简称"《报告》"),《报告》显示,2021年,全球跨境数字服务贸易为促进全球经济稳定复苏贡献巨大,2021 年全球跨境数字服务贸易规模达到 3.86 万亿美元,同比增长 14.3%。在全球数字经济持续渗透、数字化转型蓬勃发展的大背景下,基于信息技术开展的线上研发、设计、生产、交易等活动日益频繁,极大促进了数字贸易发展。数字贸易改变了国际贸易的全球生产布局、贸易主体、贸易模式、交付模式、贸易标的等结构要素，对传统国际贸易的制度规则提出了挑战。

一方面，传统的多边经贸规则遭遇了治理困境，双边和区域贸易协定正成为推动新一轮国际经贸规则谈判的主导性力量。这些双边和区域贸易协定有的将数字贸易条款与WTO的规则挂钩，有的则单独对之进行规范。2017年1月，美国总统特朗普上任后正式宣布美国退出《跨太平洋伙伴关系协定》（以下简称"TPP"）。2017年11月，TPP剩余11个亚太国家共同发布了联合声明，决定在美国退出后将协定改名为《全面与进步跨太平洋伙伴关系协定》（以下简称"CPTPP"），并于12月30日正式生效。在货物贸易、服务贸易和投资领域，CPTPP实现了高水平的贸易自由化和宽领域、深层次的服务和投资市场开放。在规则领域，CPTPP提出了比WTO以及其他自贸协定更为严格的纪律要求，在一些新的领域和议题上制定了全新规则，包括"电子商务""政府采购""竞争""国有企业""劳工""环境""监管一致性"和"透明度与反腐败"。在合作与便利化领域，适当照顾发展中成员关于加强能力建设、注重发展问题、加强政府间合作等诉求。CPTPP是较全面规范数字贸易与政策，对缔约方有约束力的区域贸易协定，对推动全球性的数字贸易国际秩序的建立有积极作用。2021年9月16日，我国也正式递交了加入CPTPP的申请。2020年11月15日，中国等和东盟正式签署了《区域全面经济伙伴关系协定》（*Regional Comprehensive Economic Partnership*，RCEP），这是以发展中经济体为中心的区域自贸协定，也是全球规模最大的自贸协定。除了金融服务、电信服务及知识产权的相关规定涉及数字贸易外，RCEP还为电子商务设置专章（第12章），可见各缔约方对电子商务之重视。2021年10月，G7贸易部长的数字贸易原则（G7 Trade Ministers' Digital Trade Principles）公布，七国集团（G7）就"数字贸易原则"达成一致，涉及跨境数据自由流动、市场主体（工人、消费者、企业）保障措施、数字贸易便利化系统、包容性全球治理等关键议题。这些双边或区域间贸易协定及共识的达成在一定程度上回应了国际社会的需要，也符合国际贸易秩序多边制度与区域和双边机制同时存在、互为补充的状况。实践中，以世贸组织为核心的多边制度也努力通过适用现有条约规定，解决数字贸易引发的问题。

另一方面，国际经贸规则谈判重点从"边境规则"向"边境后规则"转移，进一步拓展至竞争政策、知识产权保护、网络及隐私保护等可能造成"新型贸易壁垒"的与国内政策相关议题。目前，针对数字时代国际贸易发展这一重大议题，各主要经济体都在加强战略部署和合作协定。自2019年数字贸易首次出现在我国政策文件中以来，立足我国数字贸易的发展目标和定位，我国已初步形成涵盖出口促进、产业发展、安全保障、市场开放、制度建设、地区实践等六方面的发展管理政策体系。在此基础上，我国应进一步加强对数字贸易关键议题的研究，提出明确的中国方案；更积极主动参与数字贸易国际规则制定的相关平台和机制，在国际贸易治理规则的变革中发出更强有力的中国声音。

综合前文介绍的美国、欧盟以及国际层面数字法治的最新发展动态，可以发现，全球数字法治的发展面临着一种严峻复杂的局面。

01　各国数字法治发展严重滞后于数字时代发展

02　联合国等国际多边机制对数字法治作用有限

03　国家之间缺乏有效的法治沟通和合作

图2-6　全球法治发展面临的严峻局面

一是美国、欧盟数字法治的发展严重滞后于数字时代的发展。尽管美国和欧盟的最新立法深刻影响着全球数字领域的发展,但在平台企业数字权力、用户权利保护、流量规范、人工智能风险防范等很多领域,美国和欧盟的立法都是严重滞后的。美国1996年《通信规范法案》第230条所确立的平台企业基本法律制度放纵了平台企业的数字权力,虽然在一定程度上延伸了美国的霸权,但缺乏约束的美国大型平台企业数字权力在给全球治理以及很多国家带来种种风险的同时,也必将反噬美国自身。二是联合国等国际多边机制在数字法治领域作为远远不够。数字时代的发展已经给人类社会带来了全新的挑战,但以联合国为代表的多边机制不仅缺乏强有力的应对行动,也缺乏深刻的思想引领。很多大型平台企业成为一些多边机制的出资方,资本的力量影响了国际行动的立场和决心。三是国家之间缺乏有效的法治合作。美国和欧盟在数字法治领域存在重大差异,不同国家在数字法治的立法方面缺乏有效的协同与合作,这导致世界各国数字时代的法治依然处于一种碎片化的状态。上述这种局面为大型跨国平台企业在全球治理进程中拥有更强大的数字权力提供了机会。

数字时代是继工业时代以来人类历史上又一次全新的时代变迁。在为数字经济发展欣欣鼓舞的同时,我们也必须认识到其背后经济基础变革所引发的治理挑战。正如党的二十大报告所指出:"世界又一次站在历史的十字路口,何去何从取决于各国人民的抉择。"历史告诉我们,法治是推进数字时代人类文明发展的不二法门。从"数字化"到"数治化"理应成为世界发展的共同趋势,在时代的浪潮中,我们不仅需要全面铺开对数字法治的全球动向研究,借鉴其中的经验、汲取其中的教训,还需要加快推进国内立法进程,以务实的法治实践引领全球数字法治的发展,为数字时代全球法治发展贡献中国智慧。

第三章　如何依法支持和规范
平台企业的发展？

继农业经济、工业经济之后,数字经济成为当下发展最为迅猛的经济形态。在数字经济快速发展的进程中,平台企业发挥着关键的引领作用。但在数字时代要充分意识到的一个问题是,大型平台企业与传统企业存在着本质的区别,其不再仅仅是一个经济组织,而是拥有了一种基于数字的新型权力,开始深刻地影响着传统的政治运作、经济发展、社会治理以及人们工作与生活的模式,成为国家治理乃至全球治理的重要力量。党和国家高度重视平台企业的发展以及规范问题,习近平总书记在中共中央政治局第三十四次集体学习时特别强调:"要明确平台企业主体责任和义务,建设行业自律机制。"2022 年 12月,党的二十大后中央第一次经济工作会议指出,要大力发展数字经济,提升常态化监管水平,支持平台企业在引领发展、创造就业、国际竞争中大显身手。

如何理解习近平总书记讲话中所提出的平台企业主体责任以及我国相关立法司法的现状？ 如何理解平台企业在数字时代的作用？ 如何理解平台企业数字权力的性质以及与国家权力的区别？ 我国为规范平台企业的发展都制定了哪些法律政策？ 法院办理的一些典型案件对我们理解平台企业数字权力有着怎样的启示？ 在这些案件中法院确立了哪些新的规则？ 如何依法规范平台企业健康可持续发展？ 如何促进我国平台企业为全球治理体系的变革发挥积极作用？ 这都是党员干部应当了解的关于数字法治的重点问题。

一、平台企业给人类社会带来了哪些颠覆性影响？

在当前国内外关于平台企业的讨论中,存在各种不同的表述。在欧盟议会的报告中,其交叉使用了"平台"(platforms)、"网络平台"(online platforms)、"数字平台"(digital platforms)的不同表述。尽管表述不同,但大家基本理解所指称的对象。结合我国相关政策表述,可以统一将其称为平台企业。国家市场监督管理总局发布的《互联网平台分类分级指南(征求意见稿)》中特别强调了平台的连接属性。参照其关于连接属性的定义,按

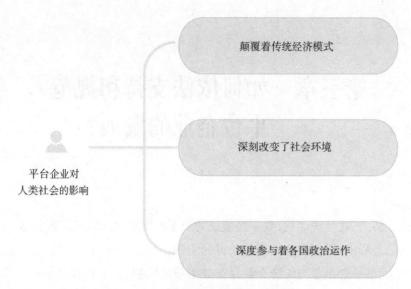

图 3-1 平台企业对人类社会的三大影响

照中国人通俗易懂的表述,平台企业主要是指通过网络技术把人和商品、服务、信息、娱乐、资金以及算力等连接起来,由此使得其经营的平台具有交易、社交、娱乐、资讯、融资、计算等各种功能的企业。根据国家市场监督管理总局的分类,主要将平台企业分为网络销售类(连接人与商品)、生活服务类(连接人与服务)、社交娱乐类(连接人与人)、信息咨询类(连接人与信息)、金融服务类(连接人与资金)、计算应用类(连接人与计算机)。当然,也要看到,大型平台企业的跨领域经营正在模糊着上述分类的边界,所以未来对平台企业的分类可能会更加困难。

1. 平台企业正在颠覆着传统经济模式

平台企业重塑了商品流通的模式。传统经济模式往往有生产、贸易、销售等不同功能的企业。现在平台企业大大简化了商品流通的过程,通过技术的连接,建立起商品生产企业与消费者之间直接的联系。这种革命性变化带来的重大影响是,消费者有更大机会方便地购买到物美价廉的商品,消费者的实惠增加了;贸易商以及零售商在没落,很多传统上从事贸易和零售的企业消失了。

平台企业改变了商品交易的方式。在传统经济模式下,生产、贸易、销售等企业是平等的,各种交易主要依托银行支付来进行,银行业由此发达。但在平台企业模式下,平台企业制定了平台交易的规则,成为平台上所有交易的规则制定者以及实际监管者,平台企业成为超越所有相关生产企业和消费者的力量;有些平台企业发展了自己的交易支付系统,这进一步帮助平台企业获得稳定的金融收益,也不可避免地冲击了传统银行业等金融机构的发展。

更关键的是,平台企业还影响了市场结构及秩序。在传统经济模式下,即使再大的寡头,对其他企业和消费者信息了解也是有限的,这限制了其垄断的能力。但在平台企业模式下,平台企业依靠强大的数据收集和分析能力,对平台上所有商户和消费者都是高度熟悉的。平台企业凭借制定规则、知晓平台参与者、广告推荐以及交易监管等优势,成为数字经济各领域的主导力量。在某种程度上,平台企业与传统垄断企业存在本质的区别,传统垄断企业不过是在某个领域有着重大影响,彼此之间是平行的,无法控制其他相关企业和消费者;而平台企业对其平台上所有的商户和消费者都具有强大的掌控能力,这种掌控力是垂直穿透的。

2. 平台企业深刻改变了社会环境

社会环境是人与人、人与制度之间的交流互动所塑造的。在传统信息传播模式下,依据某种主流的价值观,国家推广教育,媒体发表各种文章以引导整个社会相对稳定地发展。但平台企业颠覆了这种信息传播和教育的方式,人类社会进入了自媒体时代。这种自媒体时代好的一面是每个人都可以在平台上发表自己的声音,这赋予了普通人更多发声的机会,在某种程度上推动了民主的发展。随之发生的是,传统媒体在衰落,人们不愿再花大量时间去创作文章,传统教育的影响在下降,很多年轻人不再相信教师的讲授,他们更愿意相信他们在平台上亲自看到的、听到的事情和观点。

但问题在于,人们在社交娱乐和信息咨询类平台上看到的和听到的就是真实的世界吗?平台企业所传播的信息及背后的价值观,往往是投其所好的结果。根据个人的某种偏好,平台向其推荐大量相同倾向的内容,于是加强和深化了个人对某个问题的认识。表面看来平台提供了所有人都可以发声的机会,但实际上平台为所有人推荐着影响、固化其认识的内容。这种情况下个人往往是无意识的、被动的,但在潜移默化中受到了平台的深刻影响。平台企业的这种影响也受到社会越来越多的关注。欧洲议会"未来科技研究小组"报告中指出,"社交媒体平台使用的算法可能导致'回声室'(echo chambers)或'过滤气泡'(filter bubble),即用户只被提供一种类型的内容,而不是看到全面的声音和意见。这可以通过确保用户看不到反驳的或其他可能有不同意见的内容来强化虚假信息,也意味着用户认为一个故事被广泛相信的程度远远超过它的实际情况。这必将导致社会的两极分化。"平台企业的出现使得数字时代参与社会"议事厅"的人变多了,但其中充斥的虚假信息和偏见也使得社会舆论环境变得更加复杂,社会共识的达成更加艰难。

3. 平台企业深度参与着各国政治运作

特朗普当选美国总统是平台企业影响政治的标志性事件。自 2009 年 3 月份特朗普开通推特账号以来到 2021 年 1 月,其账号积累了近 8900 万粉丝。在这期间,特朗普依靠互联网平台的巨大影响力成功竞选总统并继而在推特上发布相关政策言论,这位"推特治国总统"以一人之力与 CNN 等大量传统媒体进行激烈抗争,依然保持着高支持率。这被认为是对美国精英治国传统的一次颠覆,也推动了美国白人至上主义和民粹主义堂而皇之地成为社会主流。从表面上看,似乎是特朗普的社会影响力作用于社交平台而发挥威力,但在某种程度上,他不过是社交平台扩大自身社会影响的工具。当这一工具影响到平台自身的安危时,尽管他当时还是在任总统,在 2021 年 1 月竞选结束、国会山事件爆发后,推特仍然毫不犹豫地关闭了他的账号。这就是平台企业的权力——可以决定暂停甚至关闭任何一个人哪怕是总统的账号。

从特朗普的经历,我们能够深刻感受到社交平台对美国这样一个大国政治的深刻影响。但社交平台影响的不仅是美国。以脸书为例,作为全球社交网络的主要平台,脸书全球用户接近 30 亿,覆盖各大洲及发达国家、发展中国家。由于网络社交平台根据人们的喜好进行算法推荐,所以,对于那些饱受争议的话题,比如当前的俄乌冲突、美国的控枪法案、美国妇女的堕胎权等话题,人们的观点泾渭分明。网络社交平台的算法推荐加深了不同政党、不同人群、不同国家之间的分裂,数字时代的政治话题争议被放大了,解决争议的难度也增加了。

二、如何理解数字权力及其与国家权力的区别?

平台企业的巨大影响揭示了数字时代的一个新现象——数字权力的崛起。数字权力不仅影响了人们生产生活的方式以及权利的实现,而且重构了全球以及国家权力的结构,成为影响全球治理以及国家治理的全新力量。那么数字权力是如何形成的? 如何认识和理解平台企业所拥有的数字权力? 这种数字权力对国家治理有什么样的影响? 在数字经济已经蓬勃发展、数字时代已经快速到来的当口,我国党员干部了解这些基础的问题具有特别现实的意义。

1. 数字权力的形成

在数字时代我们必须正视的一个重大现象就是数字权力的崛起。0 和 1 这两个简单的数字语言,经历了一系列复杂、玄妙的演化过程后,嬗变为影响甚至控制广大人群的超级权力。

数字权力的基础就是数字。在数字时代,任何产品或活动都可以通过将其转换或编码为"0"和"1"的二进制语言来体现。每一个 0 或 1 已经不再是简单的计数的工具,而是成为记录各种产品或活动的工具。换句话说,简单的数字 0 和 1 已经发展成为可以代表各种不同产品和活动的最为广泛的工具,这种简单数字应用的无限广泛化奠定了其权力基础。数字权力演进的过程是通过数字记录的人类所从事的各种活动以及赖以生存的各种产品,也就是数据。数字原本只是一种符号,但各种产品以及人类的活动是生动鲜活的,当数字记录生动鲜活的产品或服务形成数据以后,数据就不仅具有了财产的权益属性,也融汇了人类的思想和力量,具有了人格的属性。所以数据也不仅是一种生产要素,还是承载着很多人隐私和个人信息的权利要素。

数字权力最神奇的地方不是激活了数据,而是凭借算法无限放大了这种权力的应用。单纯的、分散的数据可能毫无价值,但通过算法串联、计算后,这些数据就会产生巨大的价值;初步收集的原始数据在一定的时间内也没有价值,但未来被综合利用后就可能产生巨大的价值。这种价值绝不仅仅是经济价值,通过自我优待(self-preferencing)、信息茧房(informationcocoons)等精巧设计的算法,可以针对不同国家、不同人群屏蔽某些数据,也可以无限放大某些数据,这就产生了影响国家治理、社会生活的强大影响力。在这个过程中,算法成为数字时代一种神奇的力量。但所谓算法,本质上依然是数字的应用。简单的数字0和1,竟然可以同时驱动以兆为单位的海量的数据,同时影响甚至控制百万、千万甚至以亿为单位的庞大人群。所以看到,简单的数字,通过复杂的计算,演化成为数字时代影响国家治理以及我们每个人生活的超级工具。

但上述过程依然是一种表面现象,数字之所以演化成权力,算法之所以异化成武器,最关键的还是人。是人广泛应用了数字,使0和1这种简单的数字具有了权力的影响力;是人通过数字记录其他人的信息形成各种数据,不仅衍生出具有财产属性的数据权利,也掌握了广泛人群的偏好、健康、家庭住址等具有人格属性的隐私和个人信息;是人通过目标及产品设计以及工程师复杂的运算,让人在潜移默化中心甘情愿地接受了影响甚至控制。所以数字权力崛起过程的关键还是人。数字之所以成为权力,是人类社会发展到一个新的历史阶段后,人类最大限度地利用了数字这种简单的工具,将其发展成一种可以支配其他广泛人群的权力。

平台企业拥有数字权力是一个全新的历史现象。那么,平台企业这种数字权力是如何产生的呢? 通过观察发现,平台企业的数字权力是通过以下路径逐渐生成的:(1)企业建设了平台的基础设施,参与平台的用户要依靠这些基础设施,从而形成对企业基础设施的依赖。(2)企业设计了平台的基本运行规则,这些规则有些是公开的,有些是不公开的。每个参与者都必须要学习、了解这些规则,且不得不按着这些规则参与平台运作。(3)平台企业有权对参与平台的用户进行奖惩,在参与者并不了解违反了哪些规则的时候,平台就有权对参与者进行某种限制、惩罚,甚至将其彻底赶出。(4)平台企业开发了算法,然而算法是并不公开的规则。算法所形成的一套神秘的、实际发挥作用的力量,导致了数字权力往往在一种"暗箱"中操作。(5)平台企业获取了大量用户个人信息,这些信息对平台来说是透明的。换句话说,平台企业掌握了参与商户和个人的信息和隐私,这强化了其权力的力量。(6)平台企业获取了大量商户或个人浏览、交易的数据,实际管理、使用着这些数据。(7)平台企业对用户企业或个人的数据进行分析,刻画出每个用户企业和个人的具体特征,实现对每个用户企业或个人的最大限度了解。(8)平台企业有权根据对用户的综合画像推荐产品或服务,平台的广告投送比传统媒体更为精准,这也为平台企业的商业运作创造了更高的利润。

综合以上分析可以看到,随着平台企业的发展,通过建设基础设施、制定平台规则、对用户进行管理、掌握利用用户数据等过程,平台逐渐拥有了基于数字的权力。随着平台企业的发展壮大,这种权力也逐渐壮大。还要看到的一个现象是,很多平台企业建设起一个无限扩展的庞大虚拟空间,平台企业不仅制定了虚拟空间的规则,行使权力管理着虚拟空间的活动,还通过生产虚拟数字产品、提供数字货币等方式,逐步丰富和扩大了虚拟空间的影响力,逐渐形成比现实物理世界更强的互动能力。相应地,那些具有垄断地位的平台企业,就逐步获得了相对超级的数字权力。

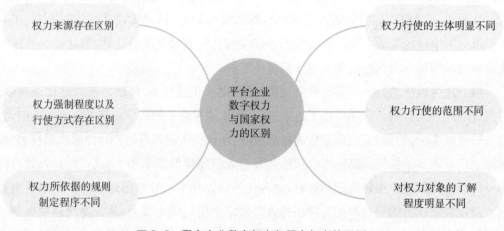

图3-2　平台企业数字权力与国家权力的区别

2.平台企业数字权力与国家权力的区别

国家权力和平台企业的数字权力具有支配的共性,不论是国家相对企业或公民还是平台企业相对用户都有某种程度的管理权力。但由于主体不同,两者又存在明显的区别。这种区别主要表现在如下方面:

一是权力来源存在区别。国家权力来自宪法和法律的明确授权。"法无授权不可为",相对而言国家权力是明确具体的,国家机关要依法行使,有法律规定时必须履职,否则就构成渎职。但平台企业掌握的数字权力并没有法律的明确规定。总的来看,各个国家目前关于平台企业权力的立法是笼统的,权力的正当性不足,而笼统的法律依据也导致了平台企业的数字权力往往是模糊的,权力的模糊性决定了其容易被滥用。

二是权力强制程度以及行使方式存在区别。国家权力有国家强制力的保障,其背后有军队、警察及其全套的国家权力机制。与国家权力对抗往往面临违法犯罪的后果,会受到严厉的处罚。但是,这种国家强制力是看得见的,每个人都可以预见与政治权力对抗的风险。相比而言,平台企业的数字权力虽然没有国家权力那么明显的强制力,但平台企业数字权力行使的过程往往是潜移默化的、经常性的,平台企业利用信息和数据实现对用户的影响和支配,这种影响和支配虽然没有违反国家权力那种严重的后果,但更加隐秘和不可预测。

三是权力所依据的规则制定程序不同。国家权力有实体法和程序法以保障其运作的标准和程序的公平公正公开,从而实现对公民权利的有效保障。在某种程度上,法律就是公民通过民主程序合意的结果,法律体现了公民集体意志,公民有权参与法律制定的过程。平台企业相对用户也有一套实体和程序的管理规则,但遗憾的是,这套规则是企业单方制定的,用户很难有机会去参与这套规则制定的过程。这种制定过程的差异决定了平台企业数字权力更难以体现公平公正,更难以受到有效的约束。

四是权力行使的主体明显不同。国家权力行使的主体是明确和公开的,比如国家有立法机构、执法部门、司法机关和军队各司其职而又相互制衡。这种主体结构关系限制了国家权力的滥用,有助于保障公民权利。比如,当企业或公民认为自己的权利受到某个政府部门侵害的时候,其可以通过到法院提起行政诉讼的方式来维护自己的权利。但在庞大的平台企业内部是一种怎样的主体运作机制？哪些部门具有怎样的功能？如果用户认为权利受到侵害,应该是去向哪个部门寻求救济？如果寻求救济的部门不理不睬,那用户又能如何维护自己的权利？平台企业内部治理的机制往往是神秘的,有时甚至是随意的。就如同脸书"吹哨人"豪根,其最初被招聘为某个部门的产品经理,但后来这个部门被撤销了。为什么设立这个部门？为什么要撤销这个部门？在很多平台企业都存在着随意设立或撤销部门的问题,而这个过程对用户权利来说是有重大影响的。遗憾的是,用户很难了解平台企业的这种机制,当然也就无法利用这种机制来维护自己的权利。

五是权力行使的范围不同。国家权力往往局限于某个国家,只有类似美国这种具有超级权力的国家,才能在一定程度上行使"长臂管辖"的权力。尽管第二次世界大战以来建立了以联合国为中心的全球治理体系,但联合国的权力一直是脆弱的,国际法一直没能得到强有力的发展。平台企业的数字权力远远超越了国家的地域限制,美国的谷歌、亚马逊、脸书、苹果和微软(GAFAM)等平台企业都早就发展成为对全球治理有重大影响的力量。

六是对权力对象的了解程度明显不同。了解对象是行使权力的基础,了解对象的程度也影响着行使权力的效果。随着预测分析和机器学习变得越来越流行,平台越来越多地将收集的原始数据转化为对人分析的综合数据。其中一个很有影响的例子是,一位愤怒的父亲与零售店对峙,要求知道为什么他们一直在给他十几岁的女儿发送怀孕相关物品的优惠券。事实证明,零售店系统已经能够准确地从他女儿的网上活动中推断出她已经怀孕。而这个父亲并不了解。这并不是一个新的故事。平台企业掌握着大量关于企业和个人的数据，这种数据背后不仅是用户的基础信息，更关键的是依靠算法可以分析出每个用户性格特点、政治观点、购买能力、性取向、身体健康、行为习惯等所有的综合画像。受到法律对公权力行使的约束以及应用算法能力的限制，国家通过数据对公民了解的程度还是有限的。但平台企业依靠数据和算法实现了对用户最大程度的了解，从而实现了对用户最大程度的影响甚至掌控，这是当前平台企业数字权力的最大危险所在。

3. 数字权力对国家治理的影响

0 和 1 本来是纯粹的、中立的，其本来是一种技术。但应用这种技术的是人，掌握这种技术的国家和平台企业有着鲜明的立场，数字权力的应用成为数字时代全球以及国家治理的典型特征。北京大学王锡锌教授在《行政机关处理个人信息活动的合法性分析框架》一文中指出："今日，国家治理以巨量的信息处理为基础。国家权力与数据权力的结合，催生了'数治'（rule by data）这一新的治理技术。""在很大程度上，数字技术的迭代更新和发展，催生了'技术权力'及其广泛应用。这种技术权力有工具意义上的'中立性'；但工具与利用工具的主体相结合，会形成一种具有强烈目的和价值导向的权力系统。具体而言，数字权力与资本的结合，导致了被称为'监控资本主义'（surveillance capitalism）、'监控型社会'（surveillance society）的新的社会经济和社会生态；而这种数据权力与国家权力的结合，则催生了'监控型国家'（surveillance state）。"王锡锌教授在这段话中同时使用了数据权力、技术权力和数字权力三个概念，他认识到了技术变革催生了一种新的权力，但并未对这三个概念进行区分。通过上述分析可以看到，这种新的权力最基础的要素依然是数字，称为数字权力更为准确。王锡锌教授提出的另一个问题是，在数字时代不仅是民法学者要研究数据权利的问题，宪法以及行政法学者更要研究如何规制国家不要滥用数字权力的问题。

所以要看到的是，在数字时代，人类社会的权力结构已经发生了重大变化。这种权力结构的变化将越来越深刻地影响全球治理以及国家治理的进程，将越来越深刻地影响全球经济发展的模式，将越来越深刻地影响人们权利的实现。清华大学刘金河在《网络平台崛起的最深远影响，在于社会权力的"私有化"》的文章中也揭示了社会权力结构的这种变化："在对国家政府权力的消减过程中，原本属于政府的公共权力部分转移到私营企业手中，此过程同时表现为国家内部的公共权力'私有化'和国际层面的国家主权'协商化'。经过不均衡赋权，平台成为新的社会权力中心，一种以市场—国家二元主导的新权力结构在线上平台社会中已经清晰可见，并将对未来社会的权力形态产生深远影响。面对越来越紧迫的挑战，数字时代急需一种新的治理精神，以应对权力转移带来的新社会结构变化"。可以说，大家越来越形成的一种共识是，数字时代平台企业拥有了数字权力，这对传统国家权力结构带来了重大影响，形成了国家与平台企业共同拥有数字权力的一种局面。

当然要看到的一点是,数字权力的崛起具有两面性:一方面,数字权力带来了国家以及全球治理新的格局。在这种格局中,普通公民有了自己表达和参与国家以及全球治理的新机会,在一定程度上形成了对传统政治权力的制约。所以从消极的角度而言,平台企业数字权力摄取了部分政治权力;从积极角度而言,平台企业数字权力部分制衡了传统政治权力,这是人类社会几千年来关于社会权力架构的最大变化。另一方面,国家权力依然深刻影响着数字权力的发展方向。为什么不应说政治权力"决定"着数字权力的发展方向? 一个不容回避的现实是,数字时代已经到来,平台企业数字权力已经形成,在某个国家政治权力完全取缔平台企业的数字权力是可能的,但相对人类社会而言,平台企业数字权力的发展已经是不可逆转的潮流。如果某个国家试图取缔或者无端控制平台企业的发展,那受到伤害的只会是这个国家,这个国家不仅会被快速发展的数字时代所抛弃,也会在全球治理的进程中失去力量。所以对于国家权力而言,只能正视这种数字权力的存在,进而思考如何通过精细有效的法律政策,约束平台企业不要滥用数字权力以发挥其积极作用。平台企业数字权力的崛起也就是近20年的事情,在近10年才得到快速发展,所以国家权力如何约束平台企业的数字权力,两者之间如何实现积极的互动,这将是一个漫长复杂的过程。

4.国内外对平台企业权力的关注

数字权力广泛影响着全球治理的进程、经济的发展以及人们的福祉,国内外一些学者已经注意到这一问题的严重性和复杂性。在平台企业的权力形成上,方兴东教授在《网络平台"超级权力"的形成与治理》一文中分析了在资本和技术联姻下超级网络平台所掌握的"超级权力";刘晗副教授则在《阿里被罚背后,清华学者:超级平台的支配地位究竟怎么形成的?》一文中分析了平台企业因"链接"而掌握的平台准入权、资源调配权、实际管制权等巨大权力。

在平台企业的权力影响方面,一些学者指出了平台这种权力对社会环境、政治秩序、国家乃至全球治理的挑战,并强调了平台企业权责不匹配的问题。方兴东教授指出:"这种超级权力既创造了巨大的社会福利,谋求了超级利润,同时也因为权力的失衡和治理能力的严重不对称,带来了极大的社会治理问题,甚至冲击国际政治和国际秩序。""超级网络平台的治理问题,已经开始超越政府主体,走出狭义的网络治理范畴,开始延伸到社会治理,乃至国家治理,甚至成为全球治理的主导性力量……可以毫不夸张地说,随着网络时代全面到来,人类面临的最大的难题将是超级网络平台的治理问题。"刘典副研究员在《440亿美金收编推特,马斯克身后的权力"三角"博弈浮出水面》文章中指出:"如何规范数据权力运用,防范平台滥用其数据权力,已成为世界各国的一大治理难题。"香港大学法学院副教授兼法律科技中心主任 Haochen Sun 在《公司的根本责任:科技公司究竟亏欠了全世界什么?》("Corporate Fundamental Responsibility: What Do Technology Companies Owe the World?")文章中深刻分析了科技公司滥用权力、权利与责任不相称的问题,文章指出:"在这个数字时代,科技公司至高无上。然而,这些公司获得的权力远远超过了他们所承担的责任……过去约二十年里,美国的法律改革未能纠正这种不对称现象。"

越来越多专家学者注意到了平台企业数字权力给人类社会发展带来的巨大影响,但如何治理? 如何避免平台企业滥用数字权力侵害公民权利? 注意到时代的变化是容易的,找到有效的解决方法是困难的。人类社会正在以一种极快的速度迈入数字时代,到了正视数字时代可能引发的各种问题并尽快采取有效措施的时候了。

图 3-3　我国立法规制平台企业的五大方面

三、我国法律如何对平台企业进行规制?

近些年来,我国党和政府越来越关注平台企业的发展。2021 年 10 月国家市场监督管理总局就《互联网平台分级分类指南》向社会征求意见,提出了对平台企业分类分级监管的思路。2021 年 12 月国家发改委、市场监管总局、中央网信办等九个部委发布了《关于推动平台经济规范健康持续发展的若干意见》;2023 年 2 月中共中央、国务院发布《数字中国建设整体布局规划》,这两个文件为我国平台企业未来发展指明了改革方向。2023 年 3 月,国务院发布了《新时代的中国网络法治建设》白皮书,详细介绍了我国数字法治发展的进程。其中,针对平台企业的治理,白皮书介绍:"中国积极回应人民群众诉求,在支持网络平台企业创新发展的同时,依法规范和引导资本健康发展,采取多种治理平台竞争失序的执法举措。"通过研究可以发现,平台企业的发展涉及民法典、公司法、知识产权法、反不正当竞争法、反垄断法、税法、行政法、刑法等各个不同领域的基础立法,同时国家针对数字经济的发展、数字时代的治理以及平台企业的发展制定了一些专门的法律政策,我国相关立法政策对平台企业采取了支持与规范并重的思路,一方面支持其创新发展,另一方面又对其发展中出现的问题及时予以规范,这为平台企业的健康发展奠定了法律基础。

1. 如何理解平台企业的主体责任？

讨论平台企业法律责任面临的第一个基本问题就是平台企业对其平台上发生的相关活动要在多大程度上承担责任？这是未来规范平台企业的相关立法政策要面临的第一个问题。从我国相关立法政策发展的趋势来看,国家越来越强调平台企业的主体责任。

在国家近些年来的相关法律政策中,充分体现了平台企业要为平台上发生的相关民事侵权以及违法犯罪行为承担主体责任。比如,在《新时代的中国网络法治建设》白皮书中有两处明确提出了平台企业的这种主体责任问题,白皮书指出:"督促网站平台履行主体责任,依法依约对用户发布的信息进行管理,建立网络信息安全投诉、举报机制,形成治理合力。""网络平台主体责任和行业自律有效落实"。在《互联网平台落实主体责任指南(征求意见稿)》中,指南标题就是要落实平台企业的主体责任,开篇就提出要"落实平台主体责任",互联网平台经营者应当"积极承担主体责任"。

《民法典》以法典形式确立了我国基本的民事法律制度,对厘清平台企业与用户之间的关系具有重大的指导意义。《民法典》用四个条款规定了平台企业的用户以及自身如何承担侵权责任的问题。其中第一千一百九十四条规定用户、网络服务提供者利用网络侵害他人民事权益的,应当承担侵权责任;第一千一百九十五条、第一千一百九十六条规定了网络服务提供者在接到权利人受到侵权的通知后应当及时将该通知转送相关网络用户,并根据构成侵权的初步证据和服务类型采取必要措施,未及时采取必要措施的,对损害的扩大部分与该网络用户承担连带责任。上述三条法律规定还是重点强调了用户要对自身侵权行为承担法律责任的问题。但规范平台企业法律责任最重要的是第一千一百九十七条,该条规定:"网络服务提供者知道或者应当知道网络用户利用其网络服务侵害他人民事权益,未采取必要措施的,与该网络用户承担连带责任。"根据该条规定,用户利用网络侵害他人权益的,不仅用户要承担侵权责任,还会涉及平台企业是否也要承担法律责任的问题。平台企业对所创建平台上发生的行为负有管理义务,要承担管理职责,对没有尽到管理义务的要承担相应的法律责任。所以法律明确规定,平台企业不能仅在接到权利人提交受到侵权通知后才要采取措施,平台企业"知道或者应当知道网络用户利用其网络服务侵害他人民事权益"就要及时采取必要措施。所以第一千一百九十七条是评价平台企业在网络侵权案件中是否要承担责任的关键,该条明确规定了四个问题:一是平台企业应当履行必要的管理义务,采取积极措施,及时主动发现那些本应知道的侵权行为。比如,在网络上常见的网络暴力、网络欺诈等行为,平台企业显然知道或者应当知道这些网络侵权行为的发生。二是在知道或者应当知道网络侵权行为后,不能熟视无睹,不能等待受到侵害的用户提交通知才去采取措施,而是要及时主动地采取相应措施。三是采取的措施要"必要",也就是要根据网络侵权行为的性质、程度、影响等因素,采取通知、警告、屏蔽、删帖、暂停服务甚至封号等不同程度的措施。四是如果企业知道或者应当知道网络用户利用其网络服务侵害他人民事权益,未采取必要措施的,要与实施侵权行为的用户承担连带责任。

平台企业的主体责任涉及网络安全、数据安全、个人信息保护、技术应用、产品服务、用户管理、平台内容、竞争行为等诸多领域。这种主体责任的关键不是要企业为平台上所有的侵权以及违法犯罪行为承担责任,而是要平台构建一个公平、公开、公正的环境,要保障参与各方的合法权益,要采取措施主动发现平台上发生的侵权以及违法犯罪行为并积极采取措施。如果平台企业疏于管理,没有依法履行职责,不仅要承担民事责任和相应的行政责任,还可能承担刑事责任。2015年《刑法修正案》(九)增加规定了网络企业拒不履行信息网络安全管理义务罪。《刑法》第二百八十六条之一规定,网络服务提供者不履行法律、行政法规规定的信息网络安全管理义务,经监管部门责令采取改正措施而拒不改正,有下列情形之一的,处三年以下有期徒刑、拘役或者管制,并处或者单处罚金:(一)致使违法信息大量传播的;(二)致使用户信息泄露,造成严重后果的;(三)致使刑事案件证据灭失,情节严重的;(四)有其他严重情节的。单位犯前款罪的,对单位判处罚金,并对其直接负责的主管人员和其他直接责任人员,依照前款的规定处罚。从国家的角度看,国家强调了平台企业的主体责任,强调了平台企业要管理平台以及用户的义务,没有履职的要承担相应的法律责任。但从用户的视角看,这种主体责任的本质是国家将管理经济社会的部分权力转让给了平台企业,平台企业相对用户就拥有了巨大的管理权力。所以,综合来看,就形成了国家权力、平台企业数字权力与用户权利三者之间复杂的权利义务关系。而在这种复杂的权利义务关系中,如果国家并未明确平台企业这种权力、权利以及义务的具体内容和边界,就容易出现平台企业滥用国家授权、侵害用户权利的现象。

平台企业滥用管理职权的一个典型现象是如何对用户进行处罚。国家通过强化责任的立法强化了平台企业管理用户的权力,为平台企业对用户的管理提供了法律支撑,相关平台企业以这种法律规定为依据行使数字权力对用户进行管理甚至处罚。例如《网络安全法》规定了平台企业在知道用户设置恶意程序,不得含有法律、行政法规禁止发布或者传输的信息时应当停止提供服务。《个人信息保护法》规定对严重违反法律、行政法规处理个人信息的平台内的产品或者服务提供者,停止提供服务。《反电信网络诈骗法》规定互联网服务提供者对监测识别的涉诈异常账号应当重新核验,根据国家有关规定采取限制功能、暂停服务等处置措施。《互联网用户账号名称管理规定》规定互联网信息服务使用者以虚假信息骗取账号名称注册,或其账号头像、简介等注册信息存在违法和不良信息的,互联网信息服务提供者应当采取通知限期改正、暂停使用、注销登记等措施。从相关法律规章的规定可以看出,一是法律明确规定了平台企业享有单方封停用户账号的权力和义务;二是主要理由是用户违反法律法规,有的法律提到了用户设置恶意程序或者利用虚假信息骗取账号注册;三是有的法律规定强调了封停账号要尽到谨慎的注意义务,比如《个人信息保护法》强调了严重违法时停止提供服务,《互联网用户账号名称管理规定》规定平台企业应当采取通知限期改正、暂停使用、注销登记等措施,注销登记是最后的措施。四是很多法律并未规定平台企业封停账号后用户寻求救济的权利,只有《反电信网络诈骗法》在第三十二条规定:“依据本法第十一条、第十二条、第十八条、第二十二条和前款规定,对涉诈异常情形采取限制、暂停服务等处置措施的,应当告知处置原因、救济渠道及需要提交的资料等事项,被处置对象可以向作出决定或者采取措施的部门、单位提出申诉。作出决定的部门、单位应当建立完善申诉渠道,及时受理申诉并核查,核查通过的,应当即时解除有关措施。”鉴于《反电信网络诈骗法》是 2022 年最新制定的法律,从中可以看出,我国立法机关逐步意识到了在规定企业有权封停用户账号权力的同时,也应当规定用户救济的权利。

对比上述法律中的具体规定以及相关平台企业封停用户账号的规定,明显看出两者存在巨大差异。一是大多数平台企业在用户协议中规定了单方封停用户账号的过多权力。比如有些规定了用户一定时间并未使用相关服务的,违反用户行为规范、违反用户协议相关规定的,用户侵犯他人合法权益或者侵犯平台企业权益的等情形,有些干脆规定得非常笼统,这种局面导致平台企业可以轻率地采取封停账号的处罚措施。二是相关规定并未体现比例原则。封停账号是最严重的处罚,即使轻微违法也并不必然意味着封号,封号前是否应当采取通知、批评教育、磋商、允许用户申辩、依法维权等措施? 大多数平台企业的相关规定中对此并未有具体体现。三是平台企业规定的救济措施都很简单,平台企业既未规定企业的救济机制,也未规定用户救济的相关程序。用户在被封号后怎么办呢?很多用户协议中都缺乏具体的规定。更为重要的是,不论是相关法律,还是平台企业的用户协议,几乎都没有规定用户在被封号后,其原来使用该账号时的数据甚至虚拟财产应该如何处理,这些数据涉及用户的大量有用资料甚至财产权益,如何保障用户的这些权益呢? 所以在明确平台企业主体责任的同时,也应该对其如何承担这种责任作出越来越具体的规定,从而避免相关权力被滥用。

这些关于平台主体责任的规定相应引发的法律问题是,国家权力、平台企业数字权力与用户权利的边界应该是怎样? 相关的平台企业是如何将管理责任转化为一种权力的?在权力转化过程中是否会出现权力的异化? 如果说国家权力受到了宪法等各种法律明确制约的话,那这种转化后的权力如何受到有效的法律规制? 如何避免转化后的权力侵害用户权利? 这是数字时代平台企业相关立法必须要考虑的问题。

2. 对平台企业反垄断与反不正当竞争有哪些最新规定？

反垄断与反不正当竞争领域出台了大量规范平台企业数字权力、有效保护用户权利的重要举措。微软、谷歌等平台企业都因垄断在美国和欧洲受到处罚。近年来，我国越来越关注平台企业垄断及不正当竞争问题。2020年12月，中共中央政治局会议首次提出"强化反垄断和防止资本无序扩张"。2021年10月，习近平总书记在主持中共中央政治局第三十四次集体学习时特别强调："要纠正和规范发展过程中损害群众利益、妨碍公平竞争的行为和做法，防止平台垄断和资本无序扩张，依法查处垄断和不正当竞争行为。"

我国《反垄断法》在2008年开始实施，2022年完成修订。新修订的《反垄断法》其中一大亮点就是明确规定了对平台企业的反垄断条款。其中第十条规定："经营者不得利用数据和算法、技术、资本优势以及平台规则等从事本法禁止的垄断行为。"第二十二条第二款规定："具有市场支配地位的经营者不得利用数据和算法、技术以及平台规则等从事前款规定的滥用市场支配地位的行为。"2021年2月，国务院反垄断委员会专门发布了《关于平台经济领域的反垄断指南》（以下简称"《平台反垄断指南》"），确立了对平台经济开展反垄断监管的一些基本制度。针对平台企业的特点，我国反垄断立法所确立的基本制度是：一是严禁实施"二选一"和其他涉嫌滥用市场支配地位行为：如平台不得禁止或限制平台内经营者（如平台内入驻商家）自主选择在多个平台开展经营活动；不得利用格式条款等交易相对人无法选择、更改、拒绝的方式将不同商品捆绑销售；不得强制收集非必要用户信息；不得基于大数据和算法对交易相对人进行"画像"以实行差异化定价等。二是严禁实施垄断协议，《平台反垄断指南》具体规定了横向垄断协议、纵向垄断协议、轴辐协议等的具体情形。三是严禁违法实施经营者集中，特别是对未达到经营者集中申报标准但可能具有排除竞争效果的，国务院反垄断执法机构也将依法进行调查处理。

近些年来我国也加大了对平台企业反垄断执法的力度。根据国家市场监管总局2022年6月发布的《中国反垄断执法年度报告（2021）》，2021年共查处各类垄断案件175件，其中平台经济领域经营者集中28件，对98件平台经济领域未依法申报违法实施经营者集中案件作出行政处罚，罚没金额共计217.4亿元。其中对阿里巴巴和美团的反垄断处罚案件都受到社会广泛关注。2021年4月，国家市场监督管理总局对阿里巴巴集团作出行政处罚，以其2019年在中国境内销售额4557.12亿元的4%，对其罚款182.28亿元。主要理由就是："阿里巴巴集团自2015年以来滥用该市场支配地位，对平台内商家提出'二选一'要求，禁止平台内商家在其他竞争性平台开店或参加促销活动，并采取多种奖惩措施保障'二选一'要求执行以获取不正当竞争优势。"同年10月国家市场监督管理总局对美团在中国境内网络餐饮外卖平台服务市场实施"二选一"垄断行为作出行政处罚，罚款共计34.42亿元。

我国在1993年就制定了《反不正当竞争法》，并在2017年、2019年分别进行了修订、修正。但在 2021 年初全国人大常委会《关于检查〈中华人民共和国反不正当竞争法〉实施情况的报告》中明确指出："由于缺少配套细则,导致不同部门不同地区对法律规定的有些概念和原则理解上存在差异,执行中又标准不一。传统商业贿赂、侵犯商业秘密、商业标识混淆等,大数据、人工智能、区块链、物联网等新模式新业态中的不正当竞争行为,也存在认定标准不清的问题,迫切需要制定配套法规制度等予以明确。"2021 年 8 月国家市场监督管理总局发布了《禁止网络不正当竞争行为规定(公开征求意见稿)》,旨在专门对新型网络不正当竞争行为进行明确规范。虽然该规定直到现在并未发布,但很多相关内容已经体现在 2022 年 11 月国家发布的《反不正当竞争法(修订草案征求意见稿)》(以下简称"《征求意见稿》")中。应该看到的是,《反不正当竞争法》所有的条款对规范平台企业滥用数字权力都具有重要意义,但鉴于平台企业的特殊性,《征求意见稿》对应用数字技术的平台企业反不正当竞争行为作出了专门的规定。首先,在总则部分明确提出"经营者不得利用数据和算法、技术、资本优势以及平台规则从事不正当竞争行为"的原则。其次,在第十四至二十二条进一步明确规定了禁止网络经营者实施的不正当竞争行为,具体包括严格禁止经营者反向刷单行为、不当影响用户选择权行为、流量劫持、不当干扰、恶意不兼容、自我优待、不当限制、排斥或妨碍其他经营者接入和交易、保护商业数据、大数据杀熟等大量具体内容。最后,在法律责任部分规定了严厉的处罚条款。比如,在第三十六条规定:"经营者违反本法第十六条至第二十条规定,实施网络不正当竞争行为的,由监督检查部门责令停止违法行为,没收违法所得,处十万元以上一百万元以下的罚款;情节严重的,处一百万元以上五百万元以下的罚款。"相信随着《反不正当竞争法》的修订,将对平台企业构建公平公正的秩序、更好保护用户权益发挥积极的作用。

《反垄断法》重点规范的是具有市场支配地位的经营者,新修订的《反不正当竞争法》明确规定了具有相对优势地位的经营者不得从事的不正当竞争行为,可见上述两部法律都对规范大型平台滥用数字权力提出了明确的要求。但也要看到的是,从用户权利的视角,上述法律有些规定还可以进一步完善。比如,对平台企业的特殊性依然缺乏全面的认识;用户协议直接关系到大型平台企业是否滥用市场支配地位或者优势地位,但两部法律对用户协议都关注不够;对大型平台企业滥用流量工具的问题缺乏明确具体的规定。这些问题都需要在相关立法或者后续的法律执行中继续给予关注。

3. 我国对平台内容生态治理有哪些规定？

作为网络空间的实际搭建者和管理者,平台企业对管理这一空间中的信息内容有着明确的责任义务。2020 年 3 月 1 日《网络信息内容生态治理规定》(以下简称"《内容生态治理规定》")发布,网络信息内容监管主要针对《互联网信息服务管理办法》第 15 条规定的"九不准"规则中列明的违法网络信息内容:"互联网信息服务提供者不得制作、复制、发布、传播含有下列内容的信息:(一)反对宪法所确定的基本原则的;(二)危害国家安全,泄露国家秘密,颠覆国家政权,破坏国家统一的;(三)损害国家荣誉和利益的;(四)煽动民族仇恨、民族歧视,破坏民族团结的;(五)破坏国家宗教政策,宣扬邪教和封建迷信的;(六)散布谣言,扰乱社会秩序,破坏社会稳定的;(七)散布淫秽、色情、赌博、暴力、凶杀、恐怖或者教唆犯罪的;(八)侮辱或者诽谤他人,侵害他人合法权益的;(九)含有法律、行政法规禁止的其他内容的。"在《网络安全法》第十二条、《互联网信息服务管理办法》第十五条、《互联网视听节目服务管理规定》第十六条、《互联网文化管理暂行规定》第十六条、《互联网直播服务管理规定》第九条等法律法规中均以"九不准"规则为模板采取了列举式的界定方式,这是我国平台企业对内容进行治理的最基础性规定。

与传统网络信息内容监管不同,《内容生态治理规定》采取了"正能量网络信息内容""违法网络信息内容""不良网络信息内容"的"三分法"网络信息内容清单,将这三类对象都纳入网络信息内容生态治理中。具体而言,《内容生态治理规定》第五条列举了7类正能量网络信息内容;《内容生态治理规定》第六条、第七条明确了11类违法网络信息内容和九类不良网络信息内容。这样的设置使得网络违法、不良信息内容之间的界限更加明晰,更有利于从正面和负面两个角度全面规范网络信息内容治理。

国家充分意识到了算法推荐、人工智能等对内容生态产生的重大影响,所以在相关规定中明确了具体要求。《互联网信息服务算法推荐管理规定》第七条首先明确规定:"算法推荐服务提供者应当落实算法安全主体责任,建立健全……科技伦理审查……信息发布审核……等管理制度和技术措施……"第六条规定:"算法推荐服务提供者应当坚持主流价值导向,优化算法推荐服务机制,积极传播正能量,促进算法应用向上向善。算法推荐服务提供者不得利用算法推荐服务从事危害国家安全和社会公共利益、扰乱经济秩序和社会秩序、侵犯他人合法权益等法律、行政法规禁止的活动,不得利用算法推荐服务传播法律、行政法规禁止的信息,应当采取措施防范和抵制传播不良信息。"第十一条规定:"算法推荐服务提供者应当加强算法推荐服务版面页面生态管理,建立完善人工干预和用户自主选择机制,在首页首屏、热搜、精选、榜单类、弹窗等重点环节积极呈现符合主流价值导向的信息。"第十四条规定:"算法推荐服务提供者不得利用算法虚假注册账号、非法交易账号、操纵用户账号或者虚假点赞、评论、转发,不得利用算法屏蔽信息、过度推荐、操纵榜单或者检索结果排序、控制热搜或者精选等干预信息呈现,实施影响网络舆论或者规避监督管理行为。"在《生成式人工智能服务管理办法(征求意见稿)》第四条第一项就要求:"利用生成式人工智能生成的内容应当体现社会主义核心价值观,不得含有颠覆国家政权、推翻社会主义制度,煽动分裂国家、破坏国家统一,宣扬恐怖主义、极端主义,宣扬民族仇恨、民族歧视,暴力、淫秽色情信息,虚假信息,以及可能扰乱经济秩序和社会秩序的内容。"第四条还规定:"利用生成式人工智能生成的内容应当真实准确,采取措施防止生成虚假信息。"这些规定也是我国引导"科技向善"的战略思路的鲜明体现。

4. 我国构建了怎样的平台电子商务法律制度？

2018 年，我国正式颁布《电子商务法》，该法于 2019 年正式施行，弥补了我国电子商务领域的空白。在法律制定过程中，中国电子商务平台已经非常发达，所以该法对电子商务平台进行了比较全面的规定。其中在第九条就对电子商务经营者、电子商务平台经营者以及平台内经营者进行了区分，在第二章第二节专门对电子商务平台经营者作出了具体规定，确立了规范电子商务平台经营者的一些基本制度。

一是明确了电子商务平台经营者对平台内经营者的信息审核、保存以及管理义务。电子商务平台经营者应当要求申请进入平台销售商品或者提供服务的经营者提交其身份、地址、联系方式、行政许可等真实信息，进行核验、登记，建立登记档案，并定期核验更新；电子商务平台经营者应当及时主动向市场监督管理部门、税务部门报送平台内经营者的相关情况；电子商务平台经营者应当记录、保存平台上发布的商品和服务信息、交易信息，并确保信息的完整性、保密性、可用性。商品和服务信息、交易信息保存时间自交易完成之日起不少于 3 年，法律、行政法规另有规定的，依照其规定。

二是对电商平台服务协议和交易规则作出了一些特殊的规定。电子商务平台经营者应当遵循公开、公平、公正的原则，制定平台服务协议和交易规则，明确进入和退出平台、商品和服务质量保障、消费者权益保护、个人信息保护等方面的权利和义务；电子商务平台经营者应当在其首页显著位置持续公示平台服务协议和交易规则信息或者上述信息的链接标识，并保证经营者和消费者能够便利、完整地阅览和下载；电子商务平台经营者修改平台服务协议和交易规则，应当在其首页显著位置公开征求意见，采取合理措施确保有关各方能够及时充分表达意见。修改内容应当至少在实施前七日予以公示；平台内经营者不接受修改内容，要求退出平台的，电子商务平台经营者不得阻止，并按照修改前的服务协议和交易规则承担相关责任；电子商务平台经营者不得利用服务协议、交易规则以及技术等手段，对平台内经营者在平台内的交易、交易价格以及与其他经营者的交易等进行不合理限制或者附加不合理条件，或者向平台内经营者收取不合理费用；电子商务平台经营者依据平台服务协议和交易规则对平台内经营者违反法律、法规的行为实施警示、暂停或者终止服务等措施的，应当及时公示。

三是明确规定了电子商务平台经营者的一些特殊义务。比如，电子商务平台经营者在平台上开展自营业务的，应当以显著方式区分标记自营业务和平台内经营者开展的业务，不得误导消费者；应当建立健全信用评价制度，公示信用评价规则，为消费者提供对平台内销售的商品或者提供的服务进行评价的途径；应当根据商品或者服务的价格、销量、信用等以多种方式向消费者显示商品或者服务的搜索结果；对于竞价排名的商品或者服务，应当显著标明"广告"；要采取有效措施加强知识产权保护等。

2021 年 3 月 15 日，市场监督管理总局发布了《网络交易监督管理办法》，在原《电子商务法》的基础上,对《电子商务法》的具体落实作出了较为细致的规定。以《电子商务法》为核心,我国初步构建了互联网平台交易在资质许可、服务协议和交易规则、消费者权益保护、知识产权保护、网络安全与个人信息保护、经营行为及市场竞争等方面的制度体系。

5. 我国对特定群体权益保障有哪些最新规定?

为应对数字时代特定群体权益保障方面产生的新问题,我国就平台企业保障处于社会相对弱势境地的特定人群权益发布了相关政策。为了加强对数字时代新就业形态劳动者权益的保障,2021年国家相关部门发布了大量维护新就业形态劳动者权益的相关政策,比如,2021年6月23日交通运输部等7个部门联合印发《关于做好快递员群体合法权益保障工作的意见》;2021年7月16日,人力资源社会保障部等8个部门联合印发《关于维护新就业形态劳动者劳动保障权益的指导意见》;2021年7月26日,市场监管总局等7个部门联合印发《关于落实网络餐饮平台责任切实维护外卖送餐员权益的指导意见》;2021年10月11日,交通运输部等16个部门联合印发《关于加强货车司机权益保障工作的意见》;2021年11月17日,交通运输部等8个部门联合印发《关于加强交通运输新业态从业人员权益保障工作的意见》。在上述5个国家政策中,有4个是针对特定对象:快递员、外卖送餐员、货车司机、网约车司机,《关于维护新就业形态劳动者劳动保障权益的指导意见》(以下简称"56号文")则涵盖了所有类型的新就业形态劳动者。在56号文发布后,北京、浙江等多个省、直辖市针对新就业形态劳动者权益保障问题也相继出台了地方措施。

为了加强对未成年人的特殊保护,国家网信办发布的《儿童个人信息网络保护规定》于2019年10月1日正式实施,对通过网络从事收集、存储、使用、转移、披露儿童个人信息等活动进行了专门规制;2021年8月30日国家新闻出版署下发《关于进一步严格管理切实防止未成年人沉迷网络游戏的通知》,该通知明确规定:"所有网络游戏企业仅可在周五、周六、周日和法定节假日每日20时至21时向未成年人提供1小时网络游戏服务,其他时间均不得以任何形式向未成年人提供网络游戏服务",这一政策被称为"史上最严防沉迷措施",为治理未成年人沉迷网络游戏问题奠定了有力的制度基础。其实老年人以及越来越多的人都面临着沉迷网络的问题。沉迷虚拟空间的游戏、短视频、小说、元宇宙等将成为数字时代人类社会面临的巨大挑战。在这一背景下,我国相关法律制度对算法、生成式人工智能服务都提出了防沉迷的要求。比如,《互联网信息服务算法推荐管理规定》第八条规定:"算法推荐服务提供者应当定期审核、评估、验证算法机制机理、模型、数据和应用结果等,不得设置诱导用户沉迷、过度消费等违反法律法规或者违背伦理道德的算法模型。"《生成式人工智能服务管理办法(征求意见稿)》第十条规定:"提供者应当明确并公开其服务的适用人群、场合、用途,采取适当措施防范用户过分依赖或沉迷生成内容。"

　　综合以上介绍的立法动态,我们可以看到国家在日益强调平台企业主体责任的同时,也实际上赋予了平台企业很多管理用户的权力。平台企业是否会滥用数字权力形成垄断或者不正当竞争的市场环境?平台企业是否能够保障平台秩序以及相关交易的公平、公开和公正?平台企业是否能够保障内容向善?平台企业如何依法规范履行管理义务、公平公开公正行使管理权力?这是数字时代所有国家在针对平台企业的管理中面临的巨大挑战。党员干部要了解这种权力转化可能带来的风险,积极开展相关研究,及时完善规范平台数字权力的相关法律制度,推动平台企业规范健康持续发展。

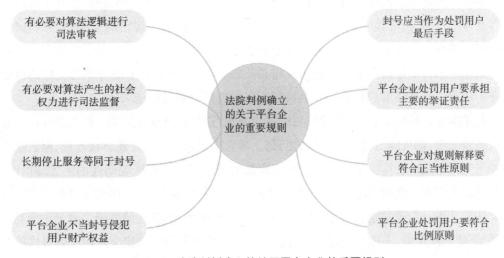

图3-4　法院判例确立的关于平台企业的重要规则

四、法院判例确立了哪些有关平台企业的重要规则?

　　近些年来,一些用户认为平台企业滥用了管理权力,侵害了其合法权利,所以向法院提起了诉讼。我国各地法院陆续审理了一些相关案件,并发布了一些关于平台企业数字权力的典型案件,这些案件所确认的规则对规范平台企业健康发展具有重大的启发意义。

1. 电子商务平台是否构成算法歧视?

　　在杭州法院发布的电子商务平台算法歧视司法审查案件中,有一起用户认为电商平台搜索引擎不公正引发的案件,这起案件被最高人民法院评选为2021年度全国优秀案例三等奖,被北京大学电商法研究中心评为"电子商务法实施三年十大典型案例"。该案的基本情况是:赵某某欲通过浙江某网络公司经营的某电子商务平台购买国美牌冰箱,其用

"国美冰箱"在该平台网页及 App 进行检索,几次检索结果的综合排名前十位中,均未将国美牌冰箱列于检索结果的前列。网页版的上述排序列表的标题中均含有"国美""冰箱"字样;App 版的上述排序列表中除"国美冰箱"外,另外命中的均为其他品牌冰箱或"国美""冰箱"。赵某某另提供以"奥克斯冰箱""西门子冰箱"等为关键词在涉案平台进行商品检索,综合排名前十的商品除广告位外均为相应品牌冰箱。赵某某认为浙江某网络公司利用平台竞争优势,对特定商家或者特定品牌产品设置了算法歧视,导致其无法检索到想要的产品,因而该公司未能按合同约定提供检索服务,属于瑕疵履行,构成违约。请求判令该公司停止违约行为,重新提供符合合同目的的服务,并支付违约金 1 元。

法院认为赵某某依据网络服务协议提起本案诉讼,原告主体资格适格,但并未确认被告存在违约行为,法院其中一个重要的理由是:"在没有强制性规定的前提下,被告向原告提供检索服务并非法定义务。电子商务平台作为营利法人,可以在法律框架内对如何进行信息展示行使经营自主权。根据权利义务对等原则,对于电子商务平台提供的检索服务不应苛以过高要求。"最后法院判决驳回了原告的全部诉讼请求。

对于本案,如果单纯从消费者权利的视角来看,这种判决没有问题。但如果从用户权利的视角来看,则可能需要考虑不同的问题。原告主张的是被告存在算法歧视,但法院判决并未充分阐述被告算法是否存在对特定商品的歧视问题。在法院阐述的上述理由中,都存在相关需要讨论的问题:一是在没有强制性规定的前提下,被告向原告提供检索服务并非法定义务。但问题是,平台企业既然提供了检索服务,那就应该遵循公平公正的基本原则,不能厚此薄彼,不能对特定商品存在歧视。尽管被告没有法定义务向原告提供检索服务,但并不意味着其没有义务向原告提供公平的服务。其次,电子商务平台对搜索信息展示是否要受到法律的约束? 这不仅是其作为营利法人的经营自主权问题,还牵涉用户受到公平对待、用户知情权等问题。最后,法院认为根据权利义务对等原则,对于电子商务平台提供的检索服务不应苛以过高要求。这种提法应该慎重,要看到用户与电商平台之间权利义务并不对等,电商平台依据数字权力对用户进行了管理,这就需要对这种管理权限依法进行规范。用户要求检索服务要公正、不能存在歧视不应被认为是过高要求。

2. 平台企业对"流量异常"的处罚是否适当?

杭州互联网法院 2022 年 10 月公布的许某某与杭州阿里公司网络服务合同纠纷案,被认为是首例对网络平台算法自动化决策的司法审查进行规制和探索的典型案例,入选最高人民法院 2021 年"新时代推动法治进程四十大案件"之一。该案件的具体情况是:许某某在某公司运营的网站注册账户开展推广活动,2019 年 12 月 6 日,某公司认定该账户"流量异常",冻结该账户内 11 月份确认收货的佣金 177431.96 元,许某某提起诉讼,请求解除对账户资金的冻结。

这个案例明确了司法对算法进行审查的基本原则,法院认定部分明确提出:"不能仅凭大数据专业分析报告进行司法审查。因大数据分析具有很强的专业技术性，如果对逻辑演算过程不进行司法审查，就会出现以专业技术分析代替司法判断的现象，司法权威就会受到挑战，但要对逻辑演算过程进行司法审查，法律判断也不能代替专业技术判断，否则会直接影响到司法公正。如果仅凭大数据专业分析报告，难以证实大数据逻辑演算过程的真实性和合法性，也就难以判定大数据分析结果的合法性和合约性，难以判定案涉行为构成流量异常违规行为。""平台的自动化决策并非纯粹工具性角色，面对算法权力不断嵌入社会生活的局面，司法机关应当对这种重要的社会权力进行有效监督，在平衡平台、用户以及公共利益关系的前提下，促使平台算法逻辑构造趋向公开、透明。"法院上述认定提出了司法监督平台企业发展的两个关键原则：一是司法有必要对逻辑演算过程进行监督，明确提出如果不对算法进行司法审查，司法权威就会受到挑战；二是司法机关要对算法权力嵌入社会生活后产生的社会权力进行监督，法院判决认识到了平台拥有的"算法权力"及"社会权力"，明确提出了司法机关对这种权力进行监督的必要性。根据上述原则，平台企业不能当然认为通过算法认定的流量异常就是违规现象，还要结合其他证据。在本案中，法院就要求平台企业的工作人员和委托鉴定人员到庭做证，这些证据进一步补强了依据算法发现的流量异常现象，从而导致法院支持了被告的主张。

但对本案需要商榷的是，本案对平台企业的管理权限以及如何行使并未给予足够关注。就"阿里妈妈公司是否具有认定违规推广行为并予以处罚的权利？"法院从三个层面进行了简单阐述。一是用户与平台公司签订了协议，"协议、规范中相关条款不违反国家法律禁止性规定，亦不存在格式条款提供方明显免除己方责任、加重对方责任、排除对方主要权利的内容，当属合法有效。"那么在协议、管理规范中，是否有相应条款规范平台企业认定用户流量异常的要求？相应处罚是否合理适当，符合比例原则？这些内容都没有涉及，所以认定协议及规范合法有效的表述显得简单。二是法院认定："淘宝客的推广信息、商家交易信息通过平台网络系统产生，相关数据经由平台系统自动获取、留存。平台通过系统过滤功能筛查，依据技术手段对有效推广作出判定，继而结算佣金，这是其经营管理的基本特征。许兴泉在订立服务合同时已知晓，应当自觉接受阿里妈妈公司对其推广数据的监管，并认可平台依据大数据分析认定违规的逻辑与标准。"这种认定背后隐藏的风险是，虽然当事人明知合同相关规定，但如果这种平台依靠算法自动获取的信息并不公正怎么办？其算法逻辑存在问题怎么办？是否签订了协议就必然接受这种算法逻辑以及标准？这种阐释与法院应当对算法逻辑进行司法审查以及对数字权力进行社会监督的阐释是否存在冲突？三是平台处罚是否超过比例原则？平台规定了只要确定为流量异常现象就要对"账户内某个时间段已产生及账户内将来产生的全部淘宝客及如意投等 CPS类产品收入不予结算"，法院对此作出了认定，根据平台的这种要求，确认了阿里妈妈公司具有认定"流量异常"违规推广行为并依约予以处罚的权利，这种认定是否赋予了平台企业过大的权力？是否将导致侵犯用户权利的现象？

在本案中,法院明显肯定了平台企业享有认定流量异常以及对相应用户进行处罚的权力。尽管提出了对算法逻辑进行司法审查以及数字权力进行社会监督的必要性,在案件审理过程中也要求平台企业工作人员以及鉴定人员出庭做证,但对平台企业认定流量异常的举证责任、对流量异常进行处罚力度是否适当、用户在签订协议后是否还有获得权利保障的权利等内容都缺乏足够的阐释和关注。

3. 平台企业封停账号是否正当?

2017年北京市第二中级人民法院在审理一起封停用户账号案件中对平台企业处罚用户的相关法律问题进行了评价,这起判决所提出的一些问题以及所确立的一些基本原则都具有重大启发意义。该案件的基本事实是:华清飞扬网络公司为QQ空间"红警大战"游戏的研发商。张戈为该游戏玩家,张戈在QQ空间中进入华清飞扬网络公司游戏界面时要对腾讯开放平台《应用用户协议》等进行勾选。2016年5月20日,张戈对其"红警大战"游戏装备进行了数次升级。事后华清飞扬网络公司红警大战管理员通过QQ与张戈进行交涉,华清飞扬网络公司认为张戈升级装备利用了BUG,并要求张戈退回已升级的游戏装备。双方交涉未果,华清飞扬网络公司封停了张戈的游戏ID。一审判决驳回了张戈的全部诉讼请求,张戈上诉,其在上诉中主要提出:(1)赔偿被封号期间每天1000元损失;(2)返还对此游戏投入的钱款80万元;(3)赔偿在"红警大战"游戏ID上所付出的1300日时间价值,每天50元,合计6.5万元,从被上诉人开始经营游戏至封号日止。张戈不再要求恢复封停的账号。北京二中院在审理本案时引入了百姓评理团这一创新做法,在征得双方同意的前提下,邀请7名来自社会各界的群众代表参与庭审观摩并提出评议意见。北京二中院最后判决支持了张戈的部分诉讼请求,并在判决中阐明了一些基本原则,主要是:

一是认定了长期停止服务等同于封号。法院判决指出:"根据我国文化部发布的《网络游戏管理暂行办法》第二十二条第二款之规定:'网络游戏因停止服务接入、技术故障等网络游戏运营企业自身原因连续中断服务超过30日的,视为终止'。该条款的本意在于保护网络游戏用户的合法权益,为避免游戏运营企业通过制定格式化协议,将停止服务接入、技术故障等本应由游戏运营企业承担的不利后果和责任通过霸王条款强加给用户而制定。需要指出的是,对此条款的适用并非以所列举的停止服务接入、技术故障两种情形为限,还应涵盖其他网络游戏运营企业自身原因导致连续中断服务超过30日。该自身原因造成的影响和不利后果亦未排除指向某个特定用户。"不仅网络游戏服务,其实很多网络服务都具有连续性,暂停服务将显著影响账号的商业价值。很多平台企业在用户协议中规定了用户停止使用账号达到一定时长的,企业有权单方封停账号,但对其暂停服务的时间却没有限制。该判决确认了平台企业长期停止服务等同于封号,在一定程度上对企业停止服务的时长作出了提醒和限制。

二是确认了平台企业不当封号侵犯了用户的财产权益。该判决书中指出："在网络游戏提供、使用过程中，网络游戏经营者不仅负有按约定保障网络游戏正常运行并提供安全游戏环境的义务，亦负有不因故意或过失导致游戏用户的游戏角色以及虚拟财产被侵犯的义务。""正因网络游戏中财产权益具有一定的特殊性，网络游戏经营者实施的长期中止提供服务的行为亦将导致虚拟财产的权益和消费者的实质性财产权益受到侵害。""在其被动停止操作的情况下，其与其他参与者的差距必将逐渐加大，其此前投入大量货币财产所赢得的虚拟财产、奖品、道具、装备等长期无法行使使用权。"

三是强调了封号应该作为处罚用户的最后手段。该案判决指出："认定网络服务提供者采取的删除、屏蔽、断开链接等必要措施是否及时，应当根据网络服务的性质、有效通知的形式和准确程度，网络信息侵害权益的类型和程度等因素综合判断。若双方均认可使用账号及虚拟财产的权利可因协商和双方共同期待的互利的正义而让渡，则封停或冻结等措施均有可能优于双方订立的合同中的客观规则而径行实施，但迟延履行服务应当具有确保争议厘清和公平正义实现的可能性，否则就动摇了双方合意的正当基础。"法院的判决明确了网络服务提供者处罚用户时要根据用户过错的类型和程度，要经过必要的协商以及给予用户申诉的权利，要遵循必要的法律途径维权等程序。判决的这一认定从司法上约束了平台企业滥用封号的权力，有助于推动封号问题朝着公平正义的方向发展。

本案最后判决赔偿了张戈20万元的损失。关键的是，本案所确认的上述原则对处理类似案件以及未来完善相关法律制度都应具有重大的借鉴价值。为了维护虚拟空间的秩序，平台企业对用户行使管理权限是必要的。但任何权力都是应当受到约束的，平台企业也不能滥用管理权力。封停账号是对用户一种最严厉的处罚，当前不论相关法律政策，还是用户协议，关于平台企业对用户封停账号都缺乏必要的约束，相关规定都过于原则和笼统，这不可避免地导致平台企业有时滥用权力。从完善数字法治的发展视角看，不论相关法律还是用户协议，都应该逐步规范平台企业管理用户的权力，尤其是对用户的处罚更要符合法定、正义、适当等基本法治原则。

4. 对平台管理权限以及举证规则的规范

上海一中院2021年审理的毕永与上海汉涛信息咨询有限公司网络侵权责任纠纷上诉案，被最高人民法院评选为全国法院系统2021年度优秀案例，该案例对平台管理权限、处罚规则以及举证义务等都作出了相应认定，对我们思考平台企业的管理权限以及如何取证、对用户如何依法维护权益等具有重要意义。

本案基本事实是：汉涛公司系"大众点评"平台运营商，毕永于2015年11月28日使用其手机号注册成为"大众点评"用户。2019年9月到11月期间，汉涛公司监测到毕永上述账户每日点赞量存在异常，其中存在连续几小时每小时点赞量为2000—3000个以及单个点赞用时低于1秒的情况。汉涛公司认定毕永账户点赞数据异常,对其进行"预处罚",以"通过买粉或第三方软件等方式干预或制造虚假的粉丝量、浏览量、点赞量等社交数据"为由扣除毕永诚信分9分,同时给予毕永申诉权利。后毕永申诉失败,汉涛公司对毕永作出"三级处罚",处罚期间为2019年11月19日至2020年2月17日。处罚措施包括:"预处罚期间点评不进精选,扣除违规点评贡献值,禁发点评、笔记、图片、视频、签到等内容90天,倒扣除现有贡献值50%(即扣除毕永贡献值43143点),撤销VIP,取消会员年会权益,禁止申请霸王餐、试吃等平台组织的免费活动90天,论坛公示"。毕永起诉到法院。

一审法院认为汉涛公司有改进工作的空间,所以对公司作出提醒:"汉涛公司作为平台运营方,本身具有较高的信息优势和技术优势,对于异常点赞行为,客观上也具备监测途径和技术,纵使出于商业秘密的考量无法公开相应算法模型,也可以通过设置预警、设定上限、设定最短阅读时间等方式来更及时、有效地规制异常点赞行为,也可以让用户在使用点赞功能时有更明确、合理的行为预期,从而更好地维护诚信有序的互联网空间。望汉涛公司今后能够采取合理手段,对此作出相应改进。"但判决认定:"毕永的案涉点赞行为不符合一般点赞行为的行为特点,也无法实现真实的点赞功能,所以该行为确属会扰乱平台正常秩序的行为。"所以驳回了毕永的全部诉讼请求。

上海一中院二审判决应该说从根本上推翻了一审判决,在法院判决中,对涉及互联网平台发展的几个关键原则进行阐释,对未来规范互联网的发展具有重大意义。

一是就平台公司处罚用户的证据认定提出了明确要求。在本案中,平台公司认定用户"通过买粉或第三方软件等方式干预或制造虚假的粉丝量、浏览量、点赞量等社交数据",但二审法院认为平台公司证据不足,其主要从三个角度对证据认定作出了说明:(1)就毕永是否存在"买粉或通过第三方软件"等非本人点赞的行为,汉涛公司未提供比如案涉点赞量来源于可疑或多个设备终端、网络地址等直接证据予以正面证明,系通过数据的比对与说明而进行的反向推定。该推定能否成立,应根据双方举证情况综合考量。(2)本案中举证责任在双方之间发生多次转换。汉涛公司提供查询与统计明细等证据,初步证明了点赞异常。此时,举证责任转至毕永,毕永应提供足以反驳的证据。为此,毕永当庭演示其具备一分钟91个的高速点赞能力,该演示动摇了汉涛公司前述证据的证明效力。此时,举证责任再次转至汉涛公司,该公司应对前述证据的证明力进行补强,提供足以推翻的证据。但汉涛公司仅是简单否认毕永长时间维系该等速率的可能性,并未进一步补充相关证据。(3)虽然案涉点赞量确实很高,超出一般预期,引发争议,但根据毕永当庭演示的情形,即便选取案涉点赞量的峰值,亦难排除其人力所及的可能性。所以法院最后得出结论:"毕永'通过买粉或第三方软件等方式'点赞的争议事实,尚处于真伪不明的状态,应由对此负有举证责任的汉涛公司承担举证不能的后果。仅以案涉点赞量的查询与统计明细等证据,难以根据日常生活经验法则,作出非毕永本人点赞的高度盖然性推定。因此,毕永的行为不直接置于案涉处罚依据所规定的范围。"法院的这段阐述具有非常重大的意义。在平台企业对用户的管理以及处罚中,最核心的问题就是举证的问题。平台企业根据算法发现的异常现象应该作为重要的证据,但不应该作为唯一的证据。如果用户有初步的证据对此提出质疑,那么平台企业就应该进一步补强证据。由于平台企业实际掌握着用户数据以及算法技术,从举证角度用户处于明显的劣势,所以在用户提出初步证据对依据算法发现的异常现象进行质疑后,平台企业显然应该承担进一步的举证责任。法院在本案中对平台企业管理以及处罚提出的举证要求,真正体现了公平公正的法律原则,有利于督促平台企业慎重行使管理权力。法院判决清楚阐释法官认定证据的思考过程,具有很强的说服力。

二是就平台企业是否有权对用户本人无差别"刷赞"行为进行处罚问题,二审法院也作出否定性评价。二审法院首先明确了双方都确认的一个社会现象:"二审中,双方均确认点赞兼具评价与社交属性"。在这个社会现象基础上,法院提出了不能认定平台企业这种处罚权的几个理由:(1)平台并未对点赞目的等作出明确规定,法院指出:"就汉涛公司所主张的'大众点评'平台的点赞目的、功能、价值等,该公司并未提供明确的约定或规定条款予以证明。换言之,就点赞行为,汉涛公司并未如点评行为,对之罗列正面或负面清单,告知用户何种情形可为或不可为。"也就是说,平台公司并未对个人点赞作出禁止性的规定,本人有权出于社交目的等进行点赞。(2)法院明确了点赞除评价功能,还具社交功能。也就是说,点赞并不必然意味着对商品的肯定,而且具有社交属性,所以本人可以对他人商品进行无差别的点赞,这种点赞的目的或许不是对其商品进行肯定,而是希望进行社交互动。所以,"汉涛公司现主张,在其平台的点赞须用户对所点内容作出肯定性评价后方可实施,否则丧失意义。此种限缩性解释缺乏明确依据,本院难以采纳。"法院这种认定对平台企业随意行使处罚权作出了规范,有助于约束平台企业对用户权力的行使。当然,如果平台企业在规则中明确规定点赞的目的及性质,那案件就将面临新的争议。

最后,本案提出了平台企业处罚权的比例原则。法院判决指出:"网络空间内平台治理应有边界。如上所述,网络服务提供者享有一定的管理权限,通过对用户行为的规制、对有害信息的筛选,以维护网络秩序、促进平台发展、实现共享共赢。对此,本院予以认同及尊重。但平台的管理将在一定程度上约束用户的行为,因此应该审慎有度。另外,管理措施存在多种形式,应遵循行为后果与责任大小相适应的比例规则,而处罚将直接造成用户行为的受限、权益的减损,宜作为最后手段。本案中,汉涛公司虽主张毕永的行为扰乱平台秩序,存在可能性危害,但该公司未举证证明案涉点赞量对平台秩序所直接造成的实质影响或重大威胁,以评判该公司在采取'取消异常点赞数据'等管理措施外,仍须对毕永作出'三级处罚'的必要性与合理性。由此,本院对该处罚行为难以认同。所以最后法院判决撤销了一审判决,撤销了平台公司对用户的'三级处罚'。"法院判决对平台企业处罚权进行约束,明确提出比例原则,希望对平台企业理性、公正行使数字权力产生积极意义。

5. 典型判例确认的关于平台企业的重要规则

在上述四起案件中,法院对涉及算法歧视、流量异常的处罚、封停账号、三级处罚等管理行为进行司法审查,这些都涉及了平台企业管理权力的核心问题。从这四起案件中,我们既看到了相关判决背后观念的差异,也能明显梳理出一些规范平台企业发展的重要原则。

首先,在四起案件中我们明显看到法院判决背后观念还是存在明显区别。在杭州法院审理的电子商务平台搜索歧视的案件中,法院主要强调的是平台企业的自主经营权,认为在没有强制性规定的前提下,平台企业没有法定义务向用户提供检索服务,用户对电子商务平台提供的检索服务不应苛以过高要求,所以并未实质审查在搜索中是否存在算法歧视问题。在杭州法院审理的另外一起涉及阿里公司对用户"流量异常"进行处罚的案件中,法院判决认为用户应当根据用户协议自觉接受平台企业对其推广数据的监管,以及认可平台依据大数据分析认定违规的逻辑与标准,并最终接受平台企业的处罚,判决并未对平台企业的算法逻辑以及算法权力是否公平、相应处罚是否适当进行审查,导致司法审查并未形成对平台企业权力的有效约束。这两起案件总的来说倾向于保护平台企业的经营自主权以及对平台用户的自治权,最终都驳回了原告的诉讼请求。但在后两起案件中,相关判决则更倾向于规范平台企业的管理权力,从而更好保护用户权利,最后都支持了用户的部分诉讼请求。

其次,我们要看到上述典型案例的重大意义。在上述四起典型案例中,法院通过判决确认了规范平台企业数字权力的一些重要原则,这些原则主要表现在:一是必要时司法机关要对算法逻辑进行司法审查。二是必要时司法机关要对平台企业的社会权力进行监督。上述两个原则提出了平台企业拥有算法权力以及社会权力的问题,明确了司法机关应当在必要时对算法逻辑以及算法形成的社会权力进行监督的原则。三是明确提出了长期停止服务等同于封号的原则,这意味着对平台企业单方停止服务的行为要进行司法监督。四是平台企业不当封号侵犯用户财产权益,最后要承担相应的赔偿责任。五是封号应当作为处罚用户最后的手段,给予封号这样的严厉处罚前应该保障用户必要的救济权利,不论在实体标准还是程序上,平台企业对用户封号都应当符合正当性的要求。六是平台企业处罚用户要承担主要的举证责任。七是平台企业对规则解释要符合正当性,不能在缺乏明确规则情形下对有些规则作扩大或限缩性解释。八是平台企业处罚用户要符合比例原则,不能随意对轻微不当行为给予过于严厉的处罚。法院判决所确认的上述重要原则有助于督促平台企业规范行使权力,从而促进平台企业规范健康可持续发展。

五、如何确立数字时代我国平台企业的法治路径?

如何制定关系平台企业的法律制度,不仅要考虑人类社会进入数字时代这一宏大的历史背景,更要考虑在这一新的时代如何推进全球治理的进程。所以从党员干部的角度来说,不仅要了解我国平台企业的发展状况以及相应的法律制度,也要了解其他主要国家平台企业的发展以及相应的法律制度。

1. 平台企业的全球治理视角

当前世界各国都意识到了数字经济对国家未来发展的重大意义。美国在 2020 年、2021 年分别发布了《关键和新兴技术国家战略》(*National Strategy for Critical and Emerging Technologies*)和《美国全球数字经济大战略》(*U. S. Grand Strategy for the Global Digital Economy*),强调了要通过强化数字技术来维护其在全球治理体系中的领导地位。欧盟委员会在 2020 年发布了《欧洲数据战略》(*AEuropean Strategy for Data*)、《人工智能白皮书:通往卓越和信任的欧洲》(*White Paper on Artificial Intelligence-A European Approach to Excellence and Trust*)、《塑造欧洲的数字未来》(*Shaping Europe's Digital Future*)等战略文件,2021 年发布了新版《欧洲新工业战略》(*A New Industrial Strategy for Europe*),明确了加强支持数字技术发展的重大战略。金砖国家也分别推出自己的数字经济发展战略,比如,印度的"数字印度"、巴西的"数字化转型"、俄罗斯的"联邦数字经济"、南非的"国家数字战略"等高度聚焦网络基础设施以及数字经济的发展。欧洲各国、韩国、日本等国也纷纷出台发展数字经济的具体国家策略。可以说,不论数字领域存在怎样的问题,世界主要国家都已经把加快数字经济的发展确立为重要的国家发展战略。与此同时,平台企业对数字经济的发展起着牵引的作用。一个优秀的大型平台企业能够带动一个地区甚至一个国家一个行业的发展。这种大型平台企业也能基于自身的优势地位和数字权力,对国家治理以及全球秩序带来各种挑战。

霍尔格·施密特(Holger Schmidt)长期研究世界各国平台企业发展相关问题,欧洲议会"未来科技研究小组"报告和联合国贸易和发展会议都引用了他原来报告中的数据,

"世界顶级数字平台公司在地理上高度集中。在全球 70 个价值最高的数字平台中,大多数都在美国,其次是亚洲(尤其是中国)。拉丁美洲和非洲的数字平台只是处于边缘地位。就市值价值而言,来自美国的数字平台公司在全球总数中的份额从(2017 年)65%增加到(2018 年)70%。"根据霍尔格研究,截止到 2021 年 12 月,在全球 100 家大的网络平台企业中,美国(右下角环形图中的红色部分)股票市值占比 78.5%,亚太企业只占

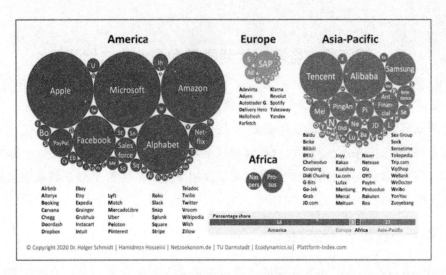

图 3-5　数字平台公司的全球分布

17.3%，主要是中国企业，而欧洲企业只占 2.8%，非洲企业只占 1.4%。而根据福布斯2022 年 5 月公布的《全球最大科技公司榜单》，在前六位的企业中，其中有五家是典型的平台企业，其中排在第一位的苹果、排在第二位的谷歌母公司 Alphabet 和排在第三位的微软三家公司年总销售额达到 8211 亿美元，市值达到 5.3 万亿美元，在全球平台企业中稳居龙头位置。

　　不论从霍尔格的研究还是福布斯的榜单，都明显看出美国和中国平台企业在全球经济中的巨大影响力。联合国的相关报告也验证了这一事实。联合国发布的《数字经济报告 2021》中介绍："从参与数据驱动的数字经济并从中受益的能力来看，美国和中国脱颖而出。全世界的超大规模数据中心有一半在这两个国家，它们的 5G 普及率最高，它们占过去五年人工智能初创企业融资总额的 94%，占世界顶尖人工智能研究人员的 70%，占全球最大数字平台市值的近 90%。"尽管中美两国继续引领全球平台企业的发展，但规模以及国际影响的差距仍然很大。根据中国信息通信研究院《平台经济与竞争政策观察（2021）》的数据："从大型数字平台价值规模来看，中美两国企业占据了全球总量的96.3%。其中，美国大型数字平台总价值达 8.9 万亿美元，占据全球总量的 71.5%；中国大型数字平台总价值为 3.1 万亿美元，占全球的 24.8%，只有美国的三分之一左右，仍存在较大差距。"上述德国专家以及美国福布斯公布的数据印证了中美较之其他国家和地区在平台经济方面的巨大领先态势，但也都印证了中美双方在平台企业发展方面依旧存在较大的差距。

　　不同的平台企业发展态势背后也暗含着国家立法规制的路径区别。以欧盟为代表的强规制成为世界范围内颇具影响力的治理模式。在欧盟通过的四部主要立法中，《数字服务法》（*Digital Services Act*，DSA）和《数字市场法》（*Digital Markets Act*，DMA）都聚焦于对平台企业发展的规范。尤其是DMA，重点是对达到一定规模的大型平台企业进行规范，这种规模考虑了三个重要指标：一是过去三年内在欧盟内年营业额至少达到75亿欧元，或者市场估值至少为750亿欧元；二是必须拥有至少4500万月活跃用户和至少1万个在欧盟建立的商业用户；三是必须控制在三个成员国的1个或多个核心平台服务。可以说，欧盟四部规范数据以及数字的重要法案奠定了欧盟对平台企业管理的基本法律框架。

美国对平台企业则以鼓励支持发展为主要态度。美国平台企业快速发展与1996年制定的《通信规范法》(Communications Decency Act，CDA)密切相关，尽管这部法律很多内容后来被联邦最高法院裁定废止，但保留了关系平台企业发展的第230条。该条规定了两个核心的内容：一是平台企业不被认定为由其他内容提供者所提供信息的出版者或发布者。根据这一规定，平台企业不应被视为出版者或发布者，不对使用其服务的第三方言论承担法律责任。这是一个明确的免责条款，不仅直接导致了类似脸书这种被指责充斥了仇恨、暴力、虚假信息的巨型平台的出现，也纵容了很多色情网站的发展。二是规定信息服务提供者自愿且善意地删除淫秽色情、暴力、骚扰或其他不当信息，哪怕这些信息受宪法保护，也可免于承担民事责任。这是一个明确的赋权条款，赋予了平台企业制定平台规则、自行管理的权力。20多年过去，在这一法律规定的支撑下，美国脸书、推特等平台企业快速发展起来。尽管当前美国社会各界也都意识到了这一条款所赋予平台企业的权力过大，国会也就这一条款进行了听证，美国两党议员小组2021年提出《美国创新与选择在线法案》意图对大型平台企业进行专门规范，但可以看到，美国目前并未发展起规范平台企业健康发展的具体法律制度体系。

中国的立法模式与欧盟和美国存在明显的区别，基本原则是发展与规制并重。所以在数字时代发展的进程中，以中美欧为代表，世界发展出了不同的数字治理模式。联合国在《数字经济报告2021》中指出："参与数字经济的各大经济和地缘政治主体对数据流动以及更广泛的数字经济的治理模式差异极大，除极个别情况外，在区域和国际层面几乎没有共识可言。世界范围内颇具影响力的治理模式主要有三种。简而言之，美国模式强调私营部门对数据的控制，中国模式强调政府对数据的控制，而欧盟则赞成在基本权利和价值观的基础上由个人控制数据。目前整体而言在这些方面呈现一种紧张态势，尤其是在美国和中国之间。此外，全球性的数字企业正在努力扩大自身的数据生态系统。"联合国报告对三种治理模式的评价并不准确全面，但该报告提出了美国、欧盟以及中国发展了数字治理的三种模式，这种模式的区分有助于我们思考如何制定更符合中国国情的平台企业治理模式。

如何看待平台企业的价值从而制定相应的法律制度？就必须从参与全球治理的视角来思考这些问题。具体来说，首先要充分认识到平台企业对人类社会发展带来的积极影响。平台企业将引领数字经济的发展，随着数字产业化、产业数字化进程的加快，平台企业的竞争能力将直接影响甚至决定一个国家在未来全球经济中的竞争能力；平台企业带动科技创新,近些年来,资本快速向平台企业汇聚,使平台企业成为引领全球技术创新的重要力量;平台企业打破时空阻隔,提高交易效率,能够提供物美价廉的产品和服务,极大方便了人民群众的生活;平台企业为中小企业以及普通群众参与经济社会生活提供了舞台,改变了传统社会治理结构,为普通人提供了更多机会。在看到平台企业给人类社会带来积极影响的同时,也要看到平台企业给国家治理带来的挑战。如何破解平台企业数字权力对全球治理以及人类社会发展带来的挑战? 这是目前没有确定答案的难题。正如脸书在就豪根接受电视采访的书面声明中表示:"如果有任何研究为这些复杂挑战找到了准确的解决方案,那么科技行业、政府和社会早就已经解决了这些问题。"

平台企业的数字权力是洪水猛兽还是历史契机? 平台企业的数字权力对传统国家政治权力带来侵蚀甚至冲击,从我国的政治传统看似乎应该从严整顿,但这种认识是狭隘的。数字时代是不可逆转的时代潮流,对国家而言,不能因噎废食、不能因其存在的权力滥用等问题而片面否定,而是要在加大规范力度的基础上,引导和支持平台企业健康发展。不论承认与否,中国已经成为一个国际大国。要想繁荣富强,只能深化改革开放。所以,当前的问题是,不应考虑如何扼杀平台企业,而是要考虑如何规制平台企业的"数字权力"。从如何参与全球治理、如何实现国家政治经济社会长治久安的战略高度来考虑。国家应该进一步完善数字时代国家治理体系和治理能力的现代化,制定全面的数字时代发展战略以及具体法律制度,不仅能够促进数字经济的发展,也能规制国家以及平台企业数字权力的运作,让数字真正成为服务国家发展、造福民生福祉、参与全球治理的一支重要积极力量。

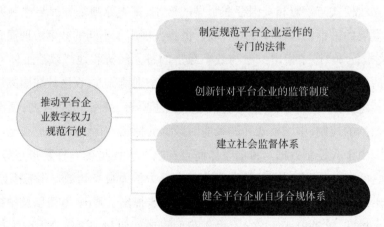

图 3-6 如何推动平台企业数字权力的规范行使

2. 推动平台企业数字权力规范行使

当前面临的一个现实挑战是,不论在哪个国家,平台企业引领了数字技术的发展,相对而言法律政策制定者的知识和经验都是滞后的。联合国在《数字经济报告 2021》中指出："政府如果缺乏适当的技能组合,会直接导致立法和监管框架的制定过程中缺乏技术和分析方面的专业知识。这反过来又会限制政府发现数字技术可能带来的机遇和可能出现的潜在风险和威胁,并会限制政府对数字技术进行监管的方式。这种情况可能让公众越来越依赖逐利的私营部门,民主价值观和个人的人权可能受到严重损害。"所以问题是,国家不仅要针对数字时代的各种问题开展更多的研究,也要鼓励和支持相关政府部门加强学习和培训,了解数字时代国家治理面临的机遇和挑战、数字时代经济社会发展的规律以及解决各种问题的思路。

要尽快就规范平台企业的运作制定专门的法律。如何规范平台企业数字权力,有很多问题需要研究,比如,如何进一步界定国家公权力、平台企业管理权力与用户之间的具体权利义务关系？平台企业制定的各种规则以及算法是否符合公平公正的基本要求？平台企业的各种规则以及内部运作机制是否透明公开？社会各界特别是用户是否有权参与平台企业各种规则制定的过程？用户是否有权对平台企业的各种规则、内部运作机制、算法指导原则提出质疑？用户、社会以及政府如何有效监督平台企业按着公平公正的原则运作？类似问题还有很多,这些问题都是在未来立法过程中需要解决的问题。国家市场监管总局已经在就《互联网平台分类分级指南》《互联网平台落实主体责任指南》征求社会意见,这是国家市场监管总局积极作为的体现,但这种指南只能算作国家的一种政策指引,尚不具备法律意义。所以,国家应该尽快制定具有法律意义的制度,或者全国人大专门立法,或者国务院制定单独的行政法规,最起码也要先由国家市场监管总局制定专门的部门规章,以建立起我国约束平台企业数字权力的基本法律制度,指导、推动平台企业规范健康发展。

依法规范平台企业的运作,创新针对平台企业的监管制度。国家大的方针是支持发展数字经济,一些平台企业对地方经济发展有重大贡献,这导致了某些平台企业恃宠而骄的作风:一方面对国家执法机关敷衍塞责;另一方面滥用数字权力,损害用户合法权益。长此以往,平台企业不仅将严重影响国家政治经济社会的健康发展,也无法培养起真正参与国际竞争的能力。国家支持数字经济的发展并不意味着对违法犯罪行为的纵容。习近平总书记在中共中央政治局第三十四次集体学习时指出:"规范数字经济发展。推动数字经济健康发展,坚持促进发展和监管规范两手抓、两手都要硬,在发展中规范、在规范中发展。要健全市场准入制度、公平竞争审查制度、公平竞争监管制度,建立全方位、多层次、立体化监管体系,实现事前事中事后全链条全领域监管"。他在讲话中特别强调:"要开展社会监督、媒体监督、公众监督,形成监督合力。"国家在加大政府监督基础上,要建立便捷、有效的公众投诉举报机制,要建立专业的第三方参与监督评估制度,要鼓励和动员社会力量参与到对平台企业的监督中来。特别要提出的是,要尽快建立和完善"吹哨人"制度。多年来针对脸书最深刻的指控,显然是来自其员工弗朗西斯·豪根。豪根2019年加入脸书,担任产品经理。她亲眼见到了脸书公司对仇恨、错误信息和政治动荡的纵容,亲身感到面对一家庞大公司时的无奈。于是,她复印大量资料,准备了充分证据,开始向政府相关部门投诉,并在 2021 年 10 月公开接受采访。正是豪根的指控,让美国以及整个国际社会了解到了脸书存在的严重问题。建立和完善"吹哨人"制度,有助于及时发现并解决问题,避免要么没有问题、一出问题就崩盘的悲剧发生。2019 年 9 月国务院《关于加强和规范事中事后监管的指导意见》中明确提出,"建立'吹哨人'、内部举报人等制度,对举报严重违法违规行为和重大风险隐患的有功人员予以重奖和严格保护。畅通群众监督渠道,整合优化政府投诉举报平台功能,力争做到'一号响应'。"这为我国"吹哨人"制度的发展以及充分发挥社会监督作用指明了方向。

平台企业要建立社会监督体系。平台企业基于数据、算法、流量等权力工具,相对用户享有明显的地位优势。如何保障用户权益? 如何加强对平台企业数字权力的监督? 政府以及司法机关的监管更多是事后监督,如何实现对平台企业有效的事前和事中监督? 这是发展和完善中国特色社会主义制度体系要思考的问题。我国相关立法和政策都明确要求平台企业要建立有效的社会监督体系。比如,《个人信息保护法》规定平台企业要成立主要由外部成员组成的独立机构对个人信息保护情况进行监督,定期发布个人信息保护社会责任报告,接受社会监督。国家发展改革委等部门印发的《关于推动平台经济规范健康持续发展的若干意见》中提出:"加强社会监督,探索公众和第三方专业机构共同参与的监督机制,推动提升平台企业合规经营情况的公开度和透明度。""在严格保护算法等商业秘密的前提下,支持第三方机构开展算法评估,引导平台企业提升算法透明度与可解释性,促进算法公平。"但当前的问题是,如何贯彻外部成员组织独立机构对个人信息保护情况进行监督? 算法显然是一种商业秘密,那么如何在保障其商业秘密的前提下,支持第三方开展算法评估? 外部成员以及第三方如何参与? 平台企业是否向外部成员以及第三方收取费用? 鉴于相关监督工作需要很强的专业知识以及花费大量时间、精力,如果没人支付费用哪些机构和专业人员愿意参与这种监督? 如果平台企业支付费用如何保障其中立性? 建立有效的社会监督体系是必要的,也是强化对平台企业事前监督和事中监督的重要举措,但如何构建相关制度,还有很多问题需要在改革中逐步完善。

要求平台企业健全合规体系。我国检察机关和人民法院目前正在大力推动企业刑事合规工作,相关政府部门不仅制定了有关企业合规的政策性文件,也在处理案件过程中积极探索推动企业建立合规制度体系。《关于推动平台经济规范健康持续发展的若干意见》中明确提出:"建立平台合规管理制度,对平台合规形成有效的外部监督、评价体系。"在《互联网平台分级分类指南》征求意见稿中专门对超大型平台企业建立合规制度提出了要求:"超大型平台经营者应当设置平台合规部门,不断完善平台内部合规制度和合规机制,积极响应监管部门的监管要求。应当建立平台内部预防腐败机制,有效防范平台内部人员商业贿赂等违法行为。应当建立平台内部定期教育培训机制,提高平台整体依法合规经营意识。"大型平台企业建立有效的合规体系,目的在于通过有效的自我约束,克服"数字权力"滥用带来的风险和危害,保障企业沿着正确方向稳健发展。

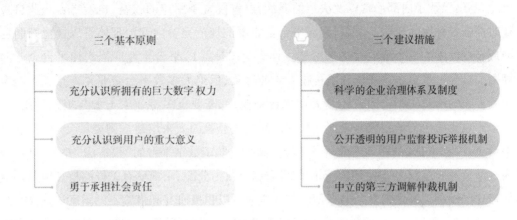

图 3-7　平台如何构建现代化的治理体系

3. 平台企业应当构建现代化的治理体系

　　由于平台企业的快速发展,很多平台企业的负责人在短时间内获得了巨大的财富、数字权力以及社会影响力,这难免让人膨胀。人性都有弱点,不受制约的权力必将导致滥用及腐败。当前整个社会对平台企业的性质、所拥有的权力、所需要承担的责任以及如何规范健康持续发展都缺乏深刻的认识,这种局面甚至导致了平台企业以及整个社会对平台发展方向的迷茫。以致脸书在就豪根接受电视采访的书面声明中表示:"如果有任何研究为这些复杂挑战找到了准确的解决方案,那么科技行业、政府和社会早就已经解决了这些问题。"要提出的问题是,在解决平台企业自身存在的问题以及发展方向问题上,平台企业不应该是被动的或者疲于应对国家治理以及社会舆情引发的各种问题。平台企业负责人应该思考数字时代以及平台企业发展的哲学及战略问题,勇于通过改革平台企业内部治理结构,在推进平台企业规范健康可持续发展同时,为人类社会的治理提供经验。

　　平台企业决策层应该意识到,建设一个健康持续发展的平台企业,需要遵循三个基本的原则:一是要充分认识到自身所拥有的巨大数字权力,要约束人性的贪婪,主动完善企业内部的规章制度,让平台企业的数字权力受到约束。二是要充分认识到用户的重大意义,平台企业发展的基础是用户,但在很多企业平台上,用户的权利都是被严重忽视的。随着时代的发展以及选择机会的增多,一定是那些充分尊重用户价值的平台企业才能健康持续发展。三是勇于承担社会责任。平台企业实际占有、使用着广大用户的数据并从中获益,大型平台企业应该逐渐树立起数字时代的职业伦理,尊重用户数据权益的价值,通过积极主动开展公益慈善活动以回馈社会。为了构建平台企业科学的治理体系,建议平台企业积极采取以下措施:

　　一是构建科学的平台企业治理体系以及相关制度。当前很多平台企业的内部治理体系以及规则不仅粗糙,而且随意性强。这种局面与大型平台企业强大的影响力形成巨大反差,不仅导致了内部治理以及决策的混乱,严重侵害了用户的权益,也使平台企业自身随时面临各种巨大风险。所以,建议平台企业要把规范完善内部治理体系以及规则制定当成企业发展的一个重大战略来考量。具体建议是:(1)平台企业应当组建平台企业的规则委员会。平台企业意识到了科技人才的珍贵,但绝大多数平台企业并未意识到制定规则人才的珍贵。不论国家还是大型平台企业,都需要更多专业人士参与规则的制定。平台企业要勇于聘请一些有丰富立法和司法实践经验的人来组建规则委员会。(2)制定平台企业"根本法"以明确内部科学的权力架构。制定数字平台的"根本法"并不容易,因为这涉及对股东权力、内部相关部门的设立以及权力分配、用户享有怎样的权利以及如何保障这些权利三者之间复杂的平衡。平台企业可以积极研究和借鉴不同国家治理模式的经验教训,发展完善平台企业的"根本法"性规则。(3)完善平台企业内部的各种规章制度,在企业"根本法"性原则基础上,还需要制定相关的大量实体以及程序类规章制度。这需要明确平台企业内部的治理机制、不同部门的具体职责、如何实现内部部门间的有效配合与互相监督、如何对用户进行管理、对用户处罚的标准和程序等各种问题,比如,封号是平台企业对用户一种最严厉的处罚,意味着用户身份的丧失。相比物理世界,如同给用户判了死刑。那么在具体符合什么情形下可以对用户封号? 封号前应该有哪些前置程序? 在封号过程中应当给予用户哪些救济权利? 封号后如何处理其在账户内的数据以及相关数字产品的权益? 这些都是平台企业应该进一步明确的制度。

二是建立公开透明的用户监督投诉举报机制。很多法律制度都规定了用户要建立起投诉举报机制,比如:《互联网信息服务算法推荐管理规定》第二十二条规定:"算法推荐服务提供者应当设置便捷有效的用户申诉和公众投诉、举报入口,明确处理流程和反馈时限,及时受理、处理并反馈处理结果。"《生成式人工智能服务管理办法》第十三条规定:"提供者应当建立用户投诉接收处理机制,及时处置个人关于更正、删除、屏蔽其个人信息的请求;发现、知悉生成的文本、图片、声音、视频等侵害他人肖像权、名誉权、个人隐私、商业秘密,或者不符合本办法要求时,应当采取措施,停止生成,防止危害持续。"但观察很多平台企业的投诉举报机制,不仅缺乏公开透明的制度、专业负责的人员,很多机器接待也耗费了用户大量的时间和精力,用户的体验感受并不友好。2023年4月,最高人民法院院长张军在关于"有信必复"工作时的讲话中指出:"亲友之间发个信息都希望对方尽快回复,更何况是认为自己权益受到侵害的老百姓呢?""来信不复,只是回避矛盾,没有解决问题,当事人就会不断地通过各种渠道反映问题,长期下去,损害的是司法的公信力,侵蚀的是党的执政根基。"同样的问题是,用户的监督投诉举报体现着用户对平台的信任和希望。平台企业应该下大力气建立一套完整的制度,对用户反映或者投诉举报的任何问题都高度重视,对用户的任何投诉都应该采取负责任的态度,依法依规及时公正解决,以建设起用户友好型的平台企业。

三是建立中立的第三方调解仲裁机制,在涉及平台企业与用户的权益纠纷时,并不都要通过向政府投诉或者向法院起诉来解决。大型平台企业建立起一个复杂的社会生态,要勇于探索新的矛盾纠纷解决机制。平台企业可以通过与相关行业协会和专业社会组织合作的方式,来探索发展中立的第三方调解或仲裁机制。在投诉后,用户对处理结果不服的,可以鼓励其申请第三方调解或仲裁。探索这种机制的目的在于降低用户维权以及企业处理纠纷的成本,及时有效解决纠纷,充分体现对用户权益的尊重和保护。

如何制定平台企业相关的法律制度,将是数字时代人类社会面临的重大挑战。中国作为社会主义国家,如果能够从战略高度开展更多有价值的研究,提出更多有价值的建议,采取更多有价值的行动,在有效约束国家及平台企业数字权力的基础上,引领平台企业成为参与国家以及全球治理的重要积极力量,那不仅将促进中华民族伟大复兴的历史进程,也将为人类社会的健康发展作出更大的贡献。

第四章　数据是"石油"还是"垃圾"？如何构建现代数据法律制度？

数据已成为数字时代重要的生产要素，很多人将其称为数字时代的"石油"。党中央高度重视数据战略，2017年12月8日十九届中央政治局专门以"实施国家大数据战略加快建设数字中国"为主题组织了集体学习，习近平总书记在主持学习时指出：大数据发展日新月异，我们应该审时度势、精心谋划、超前布局、力争主动，深入了解大数据发展现状和趋势及其对经济社会发展的影响，分析我国大数据发展取得的成绩和存在的问题，推动实施国家大数据战略，加快完善数字基础设施，推进数据资源整合和开放共享，保障数据安全，加快建设数字中国，更好服务我国经济社会发展和人民生活改善。党的十九届四中全会首次将数据作为与劳动、资本、土地、知识、技术、管理并列的生产要素，进一步体现了党中央从国家治理以及经济社会发展的战略高度重视数据问题。在2022年6月中央深改委第二十六次会议上，习近平总书记作出建立合规高效的数据要素流通和交易制度，完善数据全流程合规和监管规则体系，建设规范的数据交易市场的重要部署。2022年12月19日，中共中央、国务院发布《关于构建数据基础制度更好发挥数据要素作用的意见》（以下简称《数据二十条》），初步搭建了以产权制度为基础、以流通制度为核心、以收益分配制度为导向、以安全治理制度为保障的数据基础制度顶层框架，对激活数据要素潜能，更好地培育我国数据要素市场，做强做优做大数字经济，增强经济发展新动能，构筑国家竞争新优势具有重要意义。

要认真思考的是，数据是否真的就是数字时代的"石油"？数据是否真有"石油"一样的战略价值？数据会是"石油"还是"垃圾"？怎样才能更好地挖掘出数据的战略价值？当前世界各国对数据的认识存在哪些分歧和共识？数据交易面临哪些复杂的问题？当前我国关于数据的立法政策有哪些最新的发展？如何理解平台企业用户数据的属性以及构建具有中国特色的收益分配制度？如何更好地利用公共数据以促进我国国家治理体系和治理能力的现代化进程？学习和了解我国关于数据管理的相关法律制度以及当前司法机关办理的一些典型案件，探索完善数据权属及交易立法的相关制度，思考解决上述问题的具体思路，对党员干部具有非常重大的现实意义。

一、如何从国家治理的视角理解数据权？

工业时代人们也在谈数据，但数字时代的数据具有特别的意义。从国内外相关立法以及专家学者的研究来看，一是在不同立法以及研究中就数据权的内涵以及权益分配中还存在明显不同的认识，另外人们也就数据权的属性以及特征形成了一些基本共识。

1. 对数据权有哪些不同的认识？

数据到底是什么？联合国《数字经济报告 2021》指出："数据具有多面性。从经济角度来看，数据不仅可以为收集和控制数据者提供私人价值，而且还可以为整个经济体提供社会价值。而后者不能仅依靠市场来提供。此外，从数据中获得的私人收益分配非常不均。因此，有必要在政策制定上支持效率和公平的目标。然而，还有一些非经济层面的问题需要考虑，因为数据与隐私和其他人权及国家安全问题密切相关，而这些问题都需要解决。"然而，现实是："虽然在不断发展的数字经济中，数据至关重要，但是并未就'数据'这一概念达成共识，因此可能导致困惑，增加分析和政策辩论的复杂性。"联合国报告并未对数据的性质进行深刻的分析，很多国内外的立法政策、研究报告也都在回避相关问题。

目前，各国立法对数据的内涵和分类分级的规范并不统一，也暗含着各国对数据保护立法旨意的区别。以欧盟和中国为例：欧盟将数据分为个人数据和非个人数据进行分类立法保护和利用，并对个人数据进行分级保护。在个人数据方面，欧盟 GDPR 从人权角度强调了对个人信息和个人隐私的保护，并对共享和再利用个人数据须满足的法律条件进行了相对明确的规定。在非个人数据方面，欧盟相继推出《数据治理法案》（*Data Governance Act*，DGA）与《数据法案》（*Data Act*），以促进非个人数据的流动共享。我国则通过《网络安全法》和《数据安全法》搭建起对数据安全保护及共享利用的整体框架，并在《民法典》和《个人信息保护法》中专门建立起对个人信息的保护制度。我国《数据安全法》第三条第一款规定："数据，是指任何以电子或者其他方式对信息的记录。"《数据安全法》将数据分级为一般数据、重要数据、核心数据，不同级别的数据采取不同的保护措施，不仅包含着人格权视角下个人信息的保护，也涵盖了对数据财产权益及国家安全利益方面的重视。我国《民法典》在第一编"总则"部分第五章"民事权利"部分第一百二十七条规定："法律对数据、网络虚拟财产的保护有规定的，依照其规定。"但具体数据权利是怎样的权利，是物权还是人格权？法律并未作出规定。《民法典》在第四编"人格权"部分用第六章专门规定了"隐私权和个人信息保护"，共有八条，其中用两条规定了隐私权的定义以及对隐私权的保护，用六条规定了个人信息的定义以及对个人信息保护的原则和制度。在第一千零三十四条明确规定了个人信息的定义,该条规定:"个人信息是以电子或者其他方式记录的能够单独或者与其他信息结合识别特定自然人的各种信息,包括自然人的姓名、出生日期、身份证件号码、生物识别信息、住址、电话号码、电子邮箱、健康信息、行踪信息等。"综上,在我国抑或欧盟目前立法中,个人数据与非个人数据的边界并非完全清晰,而数据与个人信息、个人隐私以及数据权利与个人信息保护之间的关系也并未厘清,这反映了数字时代面临的确认数据权属的复杂法律局面,也体现出我们对相关问题还缺乏足够充分的研究和共识。

学界对个人信息、隐私及数据的权利属性也存在重大争议。申卫星教授在《论数据用益权》中介绍了国内外专家对数据权利很多有价值的观点。"为了强化个人数据所有权并摆脱企业的控制,互联网的发明者蒂姆·伯纳斯·李(Tim Berners-Lee)于2017年发起了名为Solid的软件开发项目,意图让用户将自身的个人数据存在个人的Solid POD盒子内,而不用像过去一样把数据储存于各家公司的数据中心内。""德国马克斯·普朗克(Max Planck)创新与竞争研究所曾经发表尖锐的立场,声明反对数据所有权,认为所有权会形成壁垒而阻碍数据的可获得性,因为完全所有权相当于授予对数据使用的专有垄断权,可能导致数据市场的扭曲。""目前存在一些个人数据换取经济价值的观点,如加利福尼亚州长加文·纽瑟姆(Gavin Newsom)曾经提出所谓'新数据红利'计划,可以使消费者获得其个人数据被利用的报酬,要求Facebook和Google这样的公司向消费者支付个人数据使用费。与此同时,还有人对个人数据的价值进行了计算,他们得出单个普通人贡献的数据价值为0.007美元,而经常出差的富人价值1.78美元。""隐私权倡导者认为,对任何数据的控制都意味着对个人信息的控制风险,如果企业可以通过财产权来控制这些个人数据,则几乎不可能保护个人的隐私权。这种推理就会得出非常激进的结论:信息与数据是一体两面,以至于企业不能控制个人数据,控制数据就控制了隐私,个人数据不应该进行交易,交易个人数据就是交易个人信息。"在分析各种观点的基础上,申卫星教授提出了原发者拥有数据所有权、处理者拥有数据用益权的二元权利结构,这种二元权利结构不仅能保障原发者拥有数据所有权,还能保障平台企业有权处理和使用数据,应该说是处理当前局面的一种创新思路。上述专家观点涉及数据的所有权、用益物权、使用权、收益权以及隐私权等不同权利内容问题。由于强调的权利内容不同,所以得出的结论以及解决问题的思路也都不同,这是当前讨论数据权问题面临的最大挑战。

2. 对于数据权利属性有哪些共识?

数据确实存在复杂的特征,在不同的立法语境以及研究中存在不同的关注重点。但大家还是对数据的权利属性达成了一些基本共识。全面理解数据的相关权利问题,可以从以下三个层面来认识。

一是要充分认识到数据的财产权属性。数据作为数字时代一种全新的生产要素,对

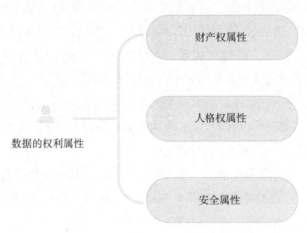

图 4-1 数据的三大权利属性

其性质以及属性的认识也必然要经历一个过程。我国目前《刑法》中专门保护计算机信息系统中数据的只有非法获取计算机信息系统数据罪一个罪名,该罪名是在2009年全国人大《刑法修正案》(七)中增加规定的,当时这个罪名与非法控制计算机信息系统罪一起规定,被列入《刑法》第六章"妨害社会管理秩序罪"中的第一节"扰乱公共秩序罪"中,而并不是规定在第五章"侵犯财产罪"中。这说明从目前我国《刑法》的视角看,还未充分认识到数据的财产权属性。《民法典》于2020年最终通过,2021年1月1日实施,这时人们显然已经深化了对数据财产权属性的认识,所以专门将其在财产权部分予以了规定,这被普遍认为确认了数据的财产权属性。由于数据与传统物权、债权都存在明显差异,所以在目前的相关立法中,并未明确数据的所有权归属以及权利性质问题。在我国最近发布的中央政策文件中,突破了传统财产权立法的思路,创新性地提出了数据三权分置的制度设计。在《数据二十条》中,明确提出根据数据来源和数据生成特征,分别界定数据生产、流通、使用过程中各参与方享有的合法权利,建立数据资源持有权、数据加工使用权、数据产品经营权等分置的产权运行机制。可以看到,在新的中央政策中,并未纠缠于传统法律上的数据所有权问题,而是本着充分发挥数据生产要素作用的目的,从数据产权及交易视角致力于解决如何有效发挥数据经济价值的问题。但一个仍将困扰数据产权制度的问题是,平台企业用户数据与公共数据是否存在差别？在平台企业的用户数据中,如何体现用户对数据财产价值的贡献？谁享有数据资源持有权？在未来的立法进程中,如何平衡保护个人数据、企业数据、社会组织数据、公共数据的财产权益,仍需要开展更多基础的理论研究。

二是要充分认识到数据的人格权属性。根据数据主体不同,可以简单分为个人数据、企业数据、社会组织数据和公共数据。个人数据中明显包含着大量的个人信息,所以在涉及数据交易、数据出境等问题上,都应该充分考虑到数据中是否包含个人信息。《数据二十条》充分意识到在数据收集以及使用中保护个人信息的重要性,所以专门提出:"建立健全个人信息数据确权授权机制。对承载个人信息的数据,推动数据处理者按照个人授权范围依法依规采集、持有、托管和使用数据,规范对个人信息的处理活动,不得采取'一揽子授权'、'强制同意'等方式过度收集个人信息,促进个人信息合理利用。"可以看到,上述中央政策不仅意识到了个人数据和个人信息的区别,将数据分为承载个人信息的数据和不承载个人信息的数据,还针对承载个人信息的数据规定了特殊的保护要求。从全球治理以及社会关切的视角,当前大家最为关注的是数据权所包含的个人信息保护问题。这也是 GDPR 受到全球高度重视的原因所在。

近些年来,一些平台企业发生了一些严重的个人信息泄露案件,引发了社会各界广泛的关注。2015 年 4 月,芝加哥律师杰伊·埃德尔森(Jay Edelson)在伊利诺伊州库克县起诉脸书公司,理由是脸书公司在未经用户许可的情况下,从用户上传的照片中收集并储存了脸部和其他生物特征数据,这违反了美国伊利诺伊州的《生物识别信息隐私法》(*Biometric Information Privacy Act*)。2021 年 2 月,美国加州联邦法官正式批准了"脸书侵犯用户隐私"案的和解协议,同意脸书公司向 160 万用户支付共计 6.5 亿美元的赔偿金,以解决这一集体诉讼纠纷。2018 年底,推特发生个人数据泄露事件,由于案件发生在节日期间,并未根据法律要求在 72 小时内向监管部门报告,2019 年爱尔兰数据保护委员会(Data Protection Commission,DPC)开始调查,并在 2020 年 12 月作出处罚,对推特处以 45 万欧元(约合 54.7 万美元)的罚款,这是该机构作出的第一个跨境 GDPR 处罚。2015 年谷歌子公司 DeepMind 与伦敦 Royal Free NHS 基金信托会达成的一项合作,DeepMind 自英国国家医疗服务体系(National Health Service)处获取临床医疗数据并将其应用于一款名为 Stream 的手机软件测试中,目的是帮助医生更快获取急性肾衰竭患者的信息。然而,这一数据传输行为并未获得患者同意。2022 年有英国律师事务所在英格兰和威尔士高等法院向谷歌提起集体诉讼。隐私权及个人信息是人格权的重要内容,对数据中隐私权和个人信息的保护将成为数字时代人格权保护领域受到广泛关注的重点问题。

三是要充分认识到数据的安全属性。这一安全不仅仅关乎个人数据安全中的个人隐私等人格权益,更关乎公共秩序与国家安全。2016 年在美国总统竞选前一个月,脸书与英国政治咨询公司剑桥分析公司(Cambridge Analytica)分享了 8700 万用户的个人信息,剑桥分析公司依据这些信息对选民进行综合画像,可以说在帮助特朗普成功竞选总统中发挥了重要作用。2018 年这起丑闻曝光,美国联邦贸易委员会(Federal Trade Commission,FTC)介入调查,后来双方达成和解协议,脸书认罚 50 亿美元,并同意成立一个专门的隐私委员会,以此来加强用户隐私保护。这起事件背后看似泄露的只是个人信息,但影响的不仅是个人信息的安全,更关系到国家政治制度的安全。

我国目前关于数据安全最有影响的案件是滴滴公司案件。2021 年 6 月 30 日该公司赴美上市,其到美国上市行为显然并未获得国家相关数据安全部门的审批,从而引发了社会各界对其泄露国家机密数据的担忧。7 月 2 日,国家网络安全审查办公室公布,按照

《网络安全审查办法》对滴滴公司实施网络安全审查。2022年7月21日国家互联网信息办公室宣布,经审查,滴滴公司共存在16项违法事实,归纳起来主要是8个方面。一是违法收集用户手机相册中的截图信息1196.39万条;二是过度收集用户剪切板信息、应用列表信息83.23亿条;三是过度收集乘客人脸识别信息1.07亿条、年龄段信息5350.92万条、职业信息1633.56万条、亲情关系信息138.29万条、"家"和"公司"打车地址信息1.53亿条;四是过度收集乘客评价代驾服务时、App后台运行时、手机连接桔视记录仪设备时的精准位置(经纬度)信息1.67亿条;五是过度收集司机学历信息14.29万条,以明文形式存储司机身份证号信息5780.26万条;六是在未明确告知乘客情况下分析乘客出行意图信息539.76亿条、常驻城市信息15.38亿条、异地商务/异地旅游信息3.04亿条;七是在乘客使用顺风车服务时频繁索取无关的"电话权限";八是未准确、清晰说明用户设备信息等19项个人信息处理目的。国家网信办认为,滴滴公司违法违规行为情节严重,结合网络安全审查情况,应当予以从严从重处罚。一是从违法行为的性质看,滴滴公司未按照相关法律法规规定和监管部门要求,履行网络安全、数据安全、个人信息保护义务,置国家网络安全、数据安全于不顾,给国家网络安全、数据安全带来严重的风险隐患,且在监管部门责令改正情况下,仍未进行全面深入整改,性质极为恶劣。二是从违法行为的持续时间看,滴滴公司相关违法行为最早开始于2015年6月,持续至今,时间长达7年,持续违反2017年6月实施的《网络安全法》、2021年9月实施的《数据安全法》和2021年11月实施的《个人信息保护法》。三是从违法行为的危害看,滴滴公司通过违法手段收集用户剪切板信息、相册中的截图信息、亲情关系信息等个人信息,严重侵犯用户隐私,严重侵害用户个人信息权益。四是从违法处理个人信息的数量看,滴滴公司违法处理个人信息达647.09亿条,数量巨大,其中包括人脸识别信息、精准位置信息、身份证号等多类敏感个人信息。五是从违法处理个人信息的情形看,滴滴公司违法行为涉及多个App,涵盖过度收集个人信息、强制收集敏感个人信息、App频繁索权、未尽个人信息处理告知义务、未尽网络安全数据安全保护义务等多种情形。所以国家网信办最终决定,对滴滴公司处80.26亿元罚款,对滴滴公司董事长兼CEO程维、总裁柳青各处100万元罚款。我国相关法律政策都强调了数据的安全保护问题,《数据二十条》也明确规定:"统筹数据开发利用和数据安全保护,探索建立跨境数据分类分级管理机制。对影响或者可能影响国家安全的数据处理、数据跨境传输、外资并购等活动依法依规进行国家安全审查。"要充分认识到,数据安全不仅关系到用户权益和企业的财产权益,更关系到国家的政治安全,这也是我们国家专门制定《数据安全法》的重大意义所在。

3. 为什么数据交易如此复杂?

　　数据是数字时代一个全新的生产要素,其特征明显不同于传统工业时代的土地、劳动力、资本和技术。数据不仅有财产属性,还有人格权属性和安全属性,三种属性的叠加影响了对数据的交易以及开发利用。特别要看到的是，数据并不一定具有"石油"一样的价值，数据也可能就是"垃圾"。理解数据具有的这种两面性，我们才能冷静评估数据的价值，才不致盲目夸大数据的价值，才能理解数据交易的难点以及未来工作的方向以及重点。

一是数据不同于传统的有体物。石油等传统的有体物容易确权，相对价值以及价格也都比较容易确定。但数据形成过程的复杂性导致人们对数据权的归属难以达成共识，站在不同的立场会有不同的认识。比如平台企业持有的痕迹数据与内容数据，根据这两类数据在产生过程中平台与用户付出劳动以及所作贡献的不同，两类数据的资源持有以及加工使用和产品经营等权属就应该存在区别。当前法律还缺乏对不同数据不同权利属性的细致分类，权属不清增加了交易的难度。还要清醒看到的是，如同金属、煤炭、天然气等资源，石油是一种不可再生的稀缺资源，消耗完了就将枯竭。但数据具有无限复制性和非消耗性，可以反复使用，基于不同目的、不同方式的开发会反复形成不同的数据产品。

二是数据交易的形式存在复杂性。石油等资源的交易简单便捷，但数据的交易形式复杂。当前国内数据交易中产生了三种不同的模式，分别签订买卖合同、服务合同以及许可合同。我国《民法典》第五百九十五条规定："买卖合同是出卖人转移标的物的所有权于买受人，买受人支付价款的合同。"买卖合同的基础是卖方享有对标的物的所有权，但目前对数据的所有权归属难以达成共识，所以很难说数据交易是买卖合同。服务合同、许可合同都回避了数据所有权问题，但需求方担心数据被供方提供给太多人使用，供方有时也担心需方再次将数据提供给其他人使用。因为上述两种情况都可能稀释数据的价格。所以，如何统一对数据交易的法律规范？在不同国家都面临复杂的法律问题。

三是数据的价值以及价格难以确定。尽管国家越来越重视数据交易，国家为此已经建立了近50家数据交易所。但数据交易是个复杂的问题。如何评估数据的质量以及数据的价值？首先，数据质量及价值不好评估。英语有个专门的词组用来反映数据质量的差别非常贴切：Garbage In，Garbage Out！也就是说，数据质量决定着数据的价值。高质量的数据经过成功开发，数据就会产生巨大效益。但如果数据质量很差，其价值就会很低，可能就如同垃圾一样。对这种低质量的数据，即使经过开发加工，产生的数据产品也没有多大价值。所以决定数据价值的关键因素取决于两个：一是数据的质量，二是经过怎样的开发。再好的数据，缺乏有效的开发，也往往就是一些列表和数字，并没有实际价值；而再高水平的开发能力，面对质量低劣的数据，也"巧妇难为无米之炊"，难以开发出有价值的产品。其次，数据质量如此重要，在交易前需求方是否能够全面了解数据的质量情况？全面了解后是否还会交易？如果交易前不能全面了解数据质量情况，那需求方是否愿意为此花费一大笔费用？最后，如何体现数据产品与数据的区别？在数据基础上进行怎样的开发才能形成有价值的数据产品？如何区分基于相同数据资源开发的不同数据产品是否存在抄袭侵权等问题？数据的无限复制性及质量难以评估验收都影响了对数据的定价，更影响了数据的交易。

所以,要充分认识到的是,数据可能是"石油"也可能是"垃圾",到底是"石油"还是"垃圾",关键取决于数据的质量以及后续的开发能力。我们既要重视数据的价值,也不要盲目夸大数据的价值。对数据价值不切实际的夸大会影响我们工作的方向以及重点。

图 4-2 我国最新立法对数据的具体规定

二、我国最新立法对数据有哪些具体规定？

《数据二十条》是我国关于构建和发展数据制度的重要纲领性文件。该意见从四个方面对关于数据的一些重大制度作了规定,为我国将来完善数据立法指明了方向。具体是:建立保障权益、合规使用的数据产权制度;建立合规高效、场内外结合的数据要素流通和交易制度;建立体现效率、促进公平的数据要素收益分配制度;建立安全可控、弹性包容的数据要素治理制度。最后强调,要加强党对构建数据基础制度工作的全面领导,在党中央集中统一领导下,全面构建起数据的基础制度。

2023 年 2 月,中共中央、国务院发布了《数字中国建设整体布局规划》,其中对数据发展以及规范提出了具体要求,主要体现在六个方面:一是数据资源规模和质量加快提升,数据要素价值有效释放。二是夯实数字基础设施和数据资源体系"两大基础",将其确立为数字中国建设"2522"的整体框架。三是要引导通用数据中心、超算中心、智能计算中心、边缘数据中心等合理梯次布局。四是特别提出了畅通数据资源大循环,从国家数据管理体制机制、公共数据汇聚利用以及发挥商业数据经济效能等三个层面提出了具体要求,规划提出:"构建国家数据管理体制机制,健全各级数据统筹管理机构。推动公共数据汇聚利用,建设公共卫生、科技、教育等重要领域国家数据资源库。释放商业数据价值潜能,加快建立数据产权制度,开展数据资产计价研究,建立数据要素按价值贡献参与分配机制。"五是深入实施国家文化数字化战略,建设国家文化大数据体系,形成中华文化数据库。六是增强数据安全保障能力,建立数据分类分级保护基础制度,健全网络数据监测预警和应急处置工作体系。

上述中央政策对我国发展和完善数据制度提出了具体要求。那么,我国相关立法对数据问题有着怎样的规定?如何理解和认识当前我国关于数据的相关法律制度?

1. 我国民事法律对数据作了怎样的规定?

2021年1月1日起开始施行的《民法典》规定了关于数据的基本民事法律制度:一是第一百二十七条规定,法律对数据、网络虚拟财产的保护有规定的,依照其规定。本条规定在一定程度上承认了数据的财产权属性。二是在民事法律行为以及合同部分都规定了数据电文的效力,这有利于促进电子商务的发展。三是重点规定了保护个人隐私权和个人信息,由于很多数据涉及公民个人的隐私权和个人信息,所以民法典的这些规定对于防治数据泄露、更好保障用户隐私权和个人信息有重大意义。四是规定了全面的知识产权保护制度,数据背后涉及很多企业用户以及个人用户的知识产权,所以这些规定对促进我国相关企业和个人依法使用数据有重要作用。

我国不仅在《民法典》中强调了对隐私权和个人信息的保护,还专门制定了《个人信息保护法》,并在第四章专门强调了个人在个人信息处理活动中的权利,主要规定了个人也就是用户在处理个人信息时享有以下权利:(1)知情权、决定权。个人对其个人信息的处理享有知情权、决定权,有权限制或者拒绝他人对其个人信息进行处理;法律、行政法规另有规定的除外。个人有权要求个人信息处理者对其个人信息处理规则进行解释说明。(2)查阅、复制权。除法律规定的例外情况,个人有权向个人信息处理者查阅、复制其个人信息,个人请求查阅、复制其个人信息的,个人信息处理者应当及时提供。(3)更正权。个人发现其个人信息不准确或者不完整的,有权请求个人信息处理者更正、补充。个人请求更正、补充其个人信息的,个人信息处理者应当对其个人信息予以核实,并及时更正、补充。(4)可携带权。个人请求将个人信息转移至其指定的个人信息处理者,符合国家网信部门规定条件的,个人信息处理者应当提供转移的途径。(5)被遗忘权。有下列情形之一的,个人信息处理者应当主动删除个人信息;个人信息处理者未删除的,个人有权请求删除:(一)处理目的已实现、无法实现或者为实现处理目的不再必要;(二)个人信息处理者停止提供产品或者服务,或者保存期限已届满;(三)个人撤回同意;(四)个人信息处理者违反法律、行政法规或者违反约定处理个人信息;(五)法律、行政法规规定的其他情形。(6)对死者个人信息的特殊保护。自然人死亡的,其近亲属为了自身的合法、正当利益,可以对死者的相关个人信息行使本章规定的查阅、复制、更正、删除等权利;死者生前另有安排的除外。当然个人实现上述权利将是一个复杂的过程,首先是法律规定了个人行使相关权利时的例外情况,比如,法律规定了个人知情权和决定权、查阅和复制权、可携带权等都有例外的情况;其次相关平台企业也很难对个人实现上述权利提供有效的配合和支持,在事先签署的用户协议中也往往会对用户的上述权利进行相应的限制。所以,在司法实践中个人如何有效行使上述权利,这些权利如何获得有效的保护,将是数字时代长期面临的现实问题。

2. 我国刑事法律对数据权作了怎样的规定？

我国刑法主要从两个方面来规定数据相关的犯罪问题:一是保护计算机信息系统以及数据安全。数字时代的数据依托计算机的信息系统而存在,只有保障计算机信息系统的安全才能夯实数据发展的根基。二是保护公民个人信息,对侵犯公民个人信息的犯罪行为依法追究刑事责任。

我国《刑法》很早就关注损害计算机信息系统类的犯罪。1997年《刑法》就规定了涉及计算机信息系统的两个罪名,分别是非法侵入计算机信息系统罪、破坏计算机信息系统罪,从历史发展的视角来看,当时这样的规定具有非常强的前瞻性,有助于保障计算机信息系统安全发展。2009年《刑法修正案》(七)增加三个罪名,分别是:非法获取计算机信息系统数据、非法控制计算机信息系统罪,提供侵入、非法控制计算机信息系统程序、工具罪,其中在第二百八十五条具体规定了非法获取计算机信息系统数据罪,该条规定是:"违反国家规定,侵入前款规定以外的计算机信息系统或者采用其他技术手段,获取该计算机信息系统中存储、处理或者传输的数据,或者对该计算机信息系统实施非法控制,情节严重的,处三年以下有期徒刑或者拘役,并处或者单处罚金;情节特别严重的,处三年以上七年以下有期徒刑,并处罚金。"2015年《刑法修正案》(九)增加规定单位可以构成非法获取计算机信息系统数据罪。

2009年《刑法修正案》(七)增加规定了出售、非法提供公民个人信息罪和非法获取公民个人信息罪。新增刑法第二百五十三条后增加一条,作为第二百五十三条之一,该条规定:"国家机关或者金融、电信、交通、教育、医疗等单位的工作人员,违反国家规定,将本单位在履行职责或者提供服务过程中获得的公民个人信息,出售或者非法提供给他人,情节严重的,处三年以下有期徒刑或者拘役,并处或者单处罚金。窃取、收买或者以其他方法非法获取上述信息,情节严重的,依照前款的规定处罚。"根据当时法律规定,最高人民法院、最高人民检察院确定的是出售、非法提供公民个人信息罪和非法获取公民个人信息罪。2015年《刑法修正案》(九)将这一条修改为:"违反国家有关规定,向他人出售或者提供公民个人信息,情节严重的,处三年以下有期徒刑或者拘役,并处或者单处罚金;情节特别严重的,处三年以上七年以下有期徒刑,并处罚金。违反国家有关规定,将在履行职责或者提供服务过程中获得的公民个人信息,出售或者提供给他人的,依照前款的规定从重处罚。窃取或者以其他方法非法获取公民个人信息的,依照第一款的规定处罚。单位犯前三款罪的,对单位判处罚金,并对其直接负责的主管人员和其他直接责任人员,依照各该款的规定处罚。"从上述刑法修改可以明显看出,一是扩大了犯罪主体的范围,将原来的国家机关或者金融、电信、交通、教育、医疗等单位的工作人员扩充到所有人,任何公民都可能构成这一犯罪;二是明确了要对利用职务便利构成这一罪名人员从重处罚;三是增加了单位犯罪的规定。根据这种变化,最高人民法院、最高人民检察院将原来的两个罪名合为统一的侵犯公民个人信息罪。2017年最高人民法院、最高人民检定院专门发布了《关于办理侵犯公民个人信息刑事案件适用法律若干问题的解释》,该司法解释明确了"公民个人信息"的范围,特别规定了向特定人提供公民个人信息、通过信息网络或者其他途径发布公民个人信息,以及未经被收集者同意,将合法收集的公民个人信息向他人提供的,都属于刑法本条规定的"提供公民个人信息",但是经过处理无法识别特定个人且不能复原的除外。可以说,正是由于网络的快速发展,个人信息泄露的问题日益严重,刑法强化了对个人信息的保护力度,逐渐完善了保护的范畴。

3. 我国对数据安全作了怎样特别的规定?

《网络安全法》是我国第一部全面保障网络安全的国家立法,共有八处提到数据,主要是:一是在总则部分第十条规定建设、运营网络或者通过网络提供服务,应当维护网络数据的完整性、保密性和可用性。二是在第十八条规定,国家鼓励开发网络数据安全保护和利用技术,促进公共数据资源开放,推动技术创新和经济社会发展。这条明确提出了关于数据的两个方向性问题,就是国家鼓励开发网络数据安全保护和利用的技术,国家要促进公共数据资源的开放。三是第二十一条规定了防止网络数据泄露或者被窃取、篡改,在具体措施中明确提出采取数据分类、重要数据备份和加密等。四是第二十七条明确规定任何个人和组织不得从事非法侵入他人网络、干扰他人网络正常功能、窃取网络数据等危害网络安全的活动,不得为上述活动提供程序、工具。五是第三十一条规定对数据泄露可能严重危害国家安全、国计民生、公共利益的关键信息基础设施,实行重点保护。六是第三十四条规定对关键信息基础设施的运营者还要履行对重要系统和数据库进行容灾备份等安全保护义务。七是第三十七条规定关键信息基础设施的运营者在中华人民共和国境内运营中收集和产生的个人信息和重要数据应当在境内存储。八是在第六十六条规定了违反本法第三十七条规定的法律责任。

2021年9月1日新制定的《数据安全法》施行,这是我国专门就数据安全制定的一部法律。这部法律共七章,除了总则、法律责任和附则外,用四章确立了数据安全的基本法律制度。一是确立了数据安全与发展的制度,明确规定了数据安全与发展的关系,该法第十三条规定:"国家统筹发展和安全,坚持以数据开发利用和产业发展促进数据安全,以数据安全保障数据开发利用和产业发展。"尽管第四章规定的是数据安全与发展,但主要内容规定是促进数据发展。所以,《数据安全法》并不是为了安全而放弃发展,而是首先要实现安全有序的发展。为此具体规定了鼓励和支持数据在各行业、各领域的创新应用,大力发展数字经济,省级以上人民政府应当将数字经济发展纳入本级国民经济和社会发展规划,国家支持开发利用数据提升公共服务的智能化水平等发展制度。二是明确规定了国家要建立的六项重要数据安全制度,主要包括:国家建立数据分类分级保护制度,关系国家安全、国民经济命脉、重要民生、重大公共利益等数据属于国家核心数据,实行更加严格的管理制度;国家建立集中统一、高效权威的数据安全风险评估、报告、信息共享、监测预警机制;国家建立数据安全应急处置机制;国家建立数据安全审查制度,对影响或者可能影响国家安全的数据处理活动进行国家安全审查;国家对与维护国家安全和利益、履行国际义务相关的属于管制物项的数据依法实施出口管制;国家可以实施对其他国家或地区的对等反制措施。三是规定了开展数据处理活动时的数据安全保护义务,包括要建立全流程数据安全管理制度,组织开展数据安全教育培训,采取相应的技术措施和其他必要措施,加强风险监测,定期开展风险评估等制度,特别规定任何组织、个人收集数据,应当采取合法、正当的方式,不得窃取或者以其他非法方式获取数据;从事数据交易中介服务的机构提供服务,应当要求数据提供方说明数据来源,审核交易双方的身份,并留存审核、交易记录。四是规定了政务数据安全与开放制度,主要规定包括:国家机关要在其履行法定职责范围内依法收集、使用数据;对在履行职责中知悉的个人隐私、个人信息、商业秘密、保密商务信息等数据应当依法予以保密,不得泄露或者非法向他人提供;落实数据安全保护责任,保障政务数据安全;国家机关委托他人建设、维护电子政务系统,存储、加工政务数据,应当经过严格的批准程序,受托方不得擅自留存、使用、泄露或者向他人提供政务数据;国家制定政务数据开放目录,除依法不予公开的外,要按照规定及时、准确地公开政务数据。

《网络安全法》在总则部分就提出了要"保护关键信息基础设施免受攻击、侵入、干扰和破坏",并在第三章中用九条对此作出了专门规定。《数据安全法》在第三十一条专门规定:"关键信息基础设施的运营者在中华人民共和国境内运营中收集和产生的重要数据的出境安全管理,适用《中华人民共和国网络安全法》的规定"。为了更好落实上述法律的明确要求,国务院专门制定了《关键信息基础设施安全保护条例》,该条例与《中华人民共和国数据安全法》同日施行。根据该条例的规定,关键信息基础设施,是指公共通信和信息服务、能源、交通、水利、金融、公共服务、电子政务、国防科技工业等重要行业和领域的,以及其他一旦遭到破坏、丧失功能或者数据泄露,可能严重危害国家安全、国计民生、公共利益的重要网络设施、信息系统等。为了保障关键信息基础设施,在本条例中重点规定了运营者的相关责任义务。关键信息基础设施安全保护涉及规划、建设、使用、运维乃至废弃等全生命周期,国家相关部门以及运营者等各类主体在其安全保护方面责权不同,但共同维护安全的目标一致,因此需要坚持统筹协调、顶层设计、系统防护的整体思维,切实保障关键信息基础设施安全。

为了进一步强化网络安全管理,国家网信办、国家发改委等部门颁布的《网络安全审查办法》自2022年2月15日起施行,标志着中国的网络安全审查制度进入新的发展阶段。根据该办法,有主动申报、依职权启动、社会举报三类触发审查的情形,该办法还特别强调"掌握超过100万用户个人信息的网络平台运营者赴国外上市,必须向网络安全审查办公室申报网络安全审查"。根据《网络安全审查办法》第二十二条,国家网信办首次公开明确网络安全审查与数据安全审查并不等同:"国家对数据安全审查、外商投资安全审查另有规定的,应当同时符合其规定"。同时,据国家网信办有关负责人就新《办法》答记者问所提及:《数据安全法》明确规定国家建立数据安全审查制度,国家网信办据此对《网络安全审查办法》进行了修订,聚焦网络平台运营者开展数据处理活动影响或者可能影响国家安全的情形,并将其纳入网络安全审查范围。这意味着,虽然网络安全审查同时关注数据安全问题,但国家有关部门还可能会另行出台专门性规则用来执行《数据安全法》第二十四条规定的数据安全审查制度。

《数据安全法》专门对数据跨境流动作出了专门规定,该法第三十一条规定:"关键信息基础设施的运营者在中华人民共和国境内运营中收集和产生的重要数据的出境安全管理,适用《中华人民共和国网络安全法》的规定;其他数据处理者在中华人民共和国境内运营中收集和产生的重要数据的出境安全管理办法,由国家网信部门会同国务院有关部门制定。"为了规范数据出境安全问题,国家网信办制定的《数据出境安全评估办法》从2022年9月1日起施行,该办法明确规定,数据处理者向境外提供以下数据,应当通过所在地省级网信部门向国家网信部门申报数据出境安全评估:(一)数据处理者向境外提供重要数据;(二)关键信息基础设施运营者和处理100万人以上个人信息的数据处理者向境外提供个人信息;(三)自上年1月1日起累计向境外提供10万人个人信息或者1万人敏感个人信息的数据处理者向境外提供个人信息;(四)国家网信部门规定的其他需要申报数据出境安全评估的情形。个人信息处理者因业务等需要,确需向中华人民共和国境外提供个人信息的,国家明确规定了三种具体制度:一是向国家网信部门组织的安全评估;二是按照国家网信部门的规定经专业机构进行个人信息保护认证;三是按照国家网信部门制定的标准合同与境外接收方订立合同,约定双方的权利和义务。不论采用上述哪种形式,如果向境外提供个人信息的,应该履行向个人的告知义务并取得个人的单独同意。

4. 我国各地有哪些关于数据的重要立法?

近年来,一些地方相继制定了关于数据问题的地方立法。截至2023年3月,全国至少已有30部关于数据问题的地方立法或规范性文件。各地立法名称、章节以及具体内容都存在很大差异，这里只简单介绍具有代表性的六部地方立法。

首先，是三部以大数据发展应用为标题的地方立法。一是 2016 年 1 月 15 日制定并于 2016 年 3 月 1 日起施行的《贵州省大数据发展应用促进条例》，这是我国首部与大数据相关的地方立法，确立了在贵州鼓励和支持大数据产业发展的相关制度。二是天津市人大制定的《天津市促进大数据发展应用条例》于 2019 年 1 月 1 日起施行。三是海南省人大制定的《海南省大数据开发应用条例》于 2019 年 11 月 1 日起施行。这样到了 2019 年底，我国共有三个省级人大制定了关于促进大数据发展应用的地方立法。

其次，是两部关于数据的综合性地方立法。深圳人大于 2021 年 7 月发布了《深圳经济特区数据条例》，这是一部关于数据问题的综合性地方立法，用四章重点规定了个人数据、公共数据、数据要素市场、数据安全方面的重点问题，其中对数据交易问题作出了突破性尝试，主要内容包括：一是明确规定数据交易主体可以私下进行交易，该法第 65 条明确规定，市场主体可以通过依法设立的数据交易平台进行数据交易，也可以由交易双方依法自行交易；二是明确规定除特别要求的三类数据外，其他数据都可自由交易，该法第 67 条明确规定，除未依法获得授权的个人数据、未经依法开放的公共数据、法律法规规定禁止交易的数据外，均可以自由交易；三是在国内地方立法中首次确立数据公平竞争有关制度，针对数据要素市场"搭便车""不劳而获""大数据杀熟"等竞争乱象作出专门规定，明确了处罚标准。例如，针对数据要素市场"大数据杀熟"等竞争乱象，明确规定处罚上限设为 5000 万元。上海在 2021 年 11 月发布了《上海市数据条例》，这也是关于数据问题的综合性地方立法，该法共十章、九十一条，重点从数据权益保障、公共数据、数据要素市场、数据资源开发和应用、浦东新区数据改革、长三角区域数据合作、数据安全等方面作出了规定。

最后，是以促进数字经济发展为标题的地方立法。北京市既没有制定数据的综合性立法，也没有制定大数据开发利用方面的法规，而是专门制定了《北京市数字经济促进条例》，该条例在 2023 年 1 月 1 日起实施。条例第一条就强调了要"培育数据要素市场"，其中在第三章用八个条款专门规定了"数据资源"，其中主要确定了四个方面的重要制度：一是确立了公共数据管理的基本制度，明确提出公共数据资源实行统一的目录管理，公共机构应当确保汇聚数据的合法、准确、完整、及时，并探索建立新型数据目录管理方式；市人民政府建立全市公共数据共享机制，推动公共数据和相关业务系统互联互通；市经济和信息化部门、区人民政府等有关公共机构制定并公布年度公共数据开放清单或者计划，采取无条件开放、有条件开放等方式向社会开放公共数据，单位和个人可以通过公共数据开放平台获取公共数据；市设立金融、医疗、交通、空间等领域的公共数据专区，推动公共数据有条件开放和社会化应用，市人民政府可以开展公共数据专区授权运营，市人民政府及其有关部门可以探索设立公共数据特定区域，建立适应数字经济特征的新型监管方式。二是数据产品、服务以及数字化产品相关权益受法律保护。该条例第二十条规定:"除法律、行政法规另有规定或者当事人另有约定外,单位和个人对其合法正当收集的数据,可以依法存储、持有、使用、加工、传输、提供、公开、删除等,所形成的数据产品和数据服务的相关权益受法律保护。除法律、行政法规另有规定外,在确保安全的前提下,单位和个人可以对城市基础设施、建筑物、构筑物、物品等进行数字化仿真,并对所形成的数字化产品持有相关权益,但需经相关权利人和有关部门同意的,应当经其同意。"三是明确提出建立数据资产服务市场。该条例第二十一条规定:"支持市场主体探索数据资产定价机制,推动形成数据资产目录,激发企业在数字经济领域投资动力;推进建立数据资产登记和评估机制,支持开展数据入股、数据信贷、数据信托和数据资产证券化等数字经济业态创新;培育数据交易撮合、评估评价、托管运营、合规审计、争议仲裁、法律服务等数据服务市场。"四是支持数据交易机构规范发展。该条例第二十二条规定:"支持在依法设立的数据交易机构开展数据交易活动。数据交易机构应当制定数据交易规则,对数据提供方的数据来源、交易双方的身份进行合规性审查,并留存审查和交易记录,建立交易异常行为风险预警机制,确保数据交易公平有序、安全可控、全程可追溯。"

三、法院判例确认了关于数据的哪些重要规则?

当前我国司法机关办理了一些关于数据问题的典型案件。由于数据问题关系复杂的权利义务关系,既涉及数据权益归属、不正当竞争等问题,涉及数据所涵盖的商业秘密和知识产权等问题,也涉及侵犯数据权益的相关刑事犯罪问题。本专题重点介绍和讨论司法机关办理三类案件的情况以及其中存在的相关争议。

1. 法院典型民事案件确认了数据权哪些原则?

杭州互联网法院在2022年10月公布了关于数据和算法的十大典型案例,这些案例代表了当前司法机关对数据相关民事权益问题的最新态度,所以具有很强的研究价值。

在腾讯公司与浙江某网络公司、杭州某科技公司不正当竞争纠纷案中,法院判决区分了单一原始数据与数据资源整体,并确认了腾讯公司享有对数据资源整体享有竞争性权益。该案件被认为是全国首例微信数据权益的案件,浙江某网络公司、杭州某科技公司开发运营"某群控软件",以外挂技术将该软件中的"个人号"功能模块嵌套于个人微信产品中运行,利用个人微信用户的用户账号数据、好友关系链数据、用户操作数据为购买该软件服务的微信用户在个人微信平台中开展商业运营活动提供帮助。腾讯公司诉称,其对于微信平台中的全部数据享有数据权益,两被告擅自获取、使用微信数据,已构成不正当竞争,诉请判令两被告停止侵害、赔礼道歉并连带赔偿经济损失500万元。两被告辩称,

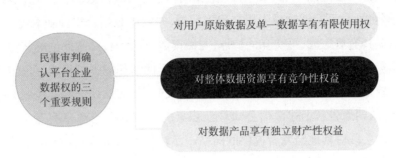

图 4-3　民事审判确认平台企业数据权的三个重要规则

微信用户信息所形成的涉案数据应归用户所有,两原告并不享有任何数据权益,无权就此主张权利。法院判决提出了单一原始数据个体和数据资源整体两种数据形态的问题,认为:"就单一原始数据个体而言,数据控制主体只能依附于用户信息权益,依其与用户的约定享有原始数据的有限使用权。使用他人控制的单一原始数据只要不违反'合法、必要、征得用户同意'原则,一般不应被认定为侵权行为,数据控制主体亦无赔偿请求权。就数据资源整体而言,因系网络平台方经过长期经营积累聚集而成,且能够给网络平台方带来开发衍生产品获取增值利润和竞争优势的机会,网络平台方应当就此享有竞争权益。如果擅自规模化破坏性使用他人数据资源的,构成不正当竞争,数据控制主体有权要求获得赔偿。"法院确认了微信产品和数据的重要意义,在判决中指出:"两原告的个人微信产品作为社交平台,其主要功能是帮助用户便利地进行社会交际。由于社交活动具有较多私密性的特点,且微信用户数据具有用户社交信息与用户身份信息一并记录的特点,微信用户对于其个人微信数据具有很高的敏感性及安全性要求。微信产品使用过程中社交信息安全性的用户体验获得,直接关系到用户使用微信产品的意愿,构成了微信产品经营生态的底线要求。两被告擅自收集、存储或使用微信平台中作为经营性用户微信好友的其他微信用户的个人数据,将导致微信用户对微信产品丧失应有的安全感及基本信任,减损微信产品对于用户关注度及用户数据流量的吸引力,实质性损害了两原告对于微信数据资源享有的竞争权益,已构成不正当竞争行为。"最后判决两被告立即停止涉案不正当竞争行为,共同赔偿两原告经济损失 260 万元。在该判决中,法院确认了单一原始数据和数据资源整体的权利边界:对于单一原始数据,数据控制主体只能依其与用户的许可享有有限使用权;对于单一原始数据聚合而成的数据资源整体,数据控制主体享有竞争性权益。同时,法院判决确认了腾讯公司作为数据实际控制者对微信数据管理和使用的权利,第三方公司不能滥用微信以及其他公司积累的数据整理权益。

　　同样地,在杭州互联网法院发布的腾讯与杭州某科技公司不正当竞争纠纷案中,法院判决确认了腾讯公司对微信公众号上积累的整体数据资源享有竞争性权益。在该案件中,腾讯公司诉讼提出,被告使用技术手段绕过微信客户端,操控 75 个微信账号使用"拟人程序"爬虫工具,绕过封号、封 IP 防护措施不间断爬取微信数据。法院在判决中指出:"微信公众平台通过经营活动吸引用户积累数据,并利用数据获得商业利益与竞争优势,相关文章数据具有可集成、可交互的特点,与阅读数、点赞数、文章评论等其他数据共同构成整体数据资源。考虑到微信公众号文章数据处于网络环境中可集成、可交互的特点,并非用户单一数据,而是与文章阅读数、点赞数、发文时间、文章评论等其他数据共同构成整体数据资源,故两原告就上述微信公众号上积累的整体数据资源享有竞争性权益。""经营者通过技术手段对其他经营者提供的网络产品功能或服务进行限制或破坏,干扰其他经营者的运营模式和盈利方式,主观上具有过错,长远看也将逐步降低市场活力,破坏竞争秩序和机制,阻碍该网络产品市场的正常、有序发展,减损消费者福祉,该不正当竞争行为应当适用《反不正当竞争法》第十二条第二款第四项的规定予以规制。"最终判决被告立即停止被控数据抓取行为、消除影响并赔偿损失 60 万元。

在杭州互联网法院发布的某(中国)软件公司与安徽某科技公司不正当竞争纠纷案强调了对网络数据产品的保护。该案被称为全国首例数据产品纠纷案,也被认为是首例涉数据资源开发应用正当性及数据权属判定的新类型不正当竞争案件。该案件的基本事实是:某(中国)软件公司开发的"生意参谋"在收集网络用户浏览、搜索、收藏、加购、交易等行为痕迹信息所产生的巨量原始数据基础上,通过特定算法深度分析和提炼整合,以趋势图、排行榜、占比图等图形呈现的指数型、统计型、预测型衍生数据,为网店商家提供大数据分析参考,帮助商家实时掌握相关类目商品的市场行情变化。安徽某科技公司以提供远程登录已订购涉案数据产品用户电脑技术服务的方式,招揽、组织、帮助他人获取涉案数据产品中的数据内容,从中牟利。某(中国)软件公司认为安徽某科技公司破坏其商业模式,构成不正当竞争,请求判令安徽某科技公司停止侵权,赔偿其经济损失 500 万元。安徽某科技公司辩称,某(中国)软件公司收集使用数据不合法,对涉案数据不享有权利,其行为不构成不正当竞争。法院判决认定:"网络原始数据的内容未脱离原网络用户信息范围,故网络运营者对于此类数据应受制于网络用户对其所提供的用户信息的控制,不能享有独立的权利,网络运营者只能依其与网络用户的约定享有对网络原始数据的使用权。但网络数据产品不同于网络原始数据,数据内容经过网络运营者大量的智力劳动成果投入,通过深度开发与系统整合,最终呈现给消费者的是与网络用户信息、网络原始数据无直接对应关系的独立的衍生数据,可以为运营者所实际控制和使用,并带来经济利益。网络运营者对于其开发的数据产品享有独立的财产性权益。"法院判决认定,安徽某科技公司的行为实质性替代了涉案数据产品,破坏了某(中国)软件公司的商业模式与竞争优势,已构成不正当竞争,立即停止侵权,赔偿某(中国)软件公司经济损失及合理费用 200 万元。

在法院上述相关判决中,区分了用户单一数据、文章数据、数据资源整体、原始数据、衍生数据、数据产品等不同类型数据的权利属性。从法院上述判决可以看出我国司法机关目前对关于数据权属纠纷已经形成的初步共识是：一是法院判决均未纠结于用户单一数据、文章数据、数据资源整体、原始数据等数据的所有权归属问题，这个问题需要留给未来国家立法去解决。二是法院判决认为原始数据以及用户单一数据是用户在相关平台上产生的数据，所以判决并未明确这类原始数据的产权归属，但相关判决都明确了网络经营者作为数据的控制者，对相关原始数据以及用户单一数据并不享有绝对的支配权利，而是根据用户协议享有有限的使用权。三是法院判决指明了用户单一数据、文章数据以及数据资源整体的区别，认为平台企业虽然要依据用户协议享有对用户单一数据的有限权益，但对数据资源整体拥有竞争性权益，从市场竞争秩序出发认定其他经营者不得非法侵害这一权益。四是法院判决指明了原始数据与衍生数据以及数据产品的区别，指出了网络运营者对网络原始数据不享有独立的权利，但网络数据产品不同于原始数据，其是经过深度开发和系统整合后的衍生数据，网络运营者对其开发的数据产品享有独立的财产性权益。这种判决为原始数据资源持有权与数据产品经营权的分离提供了空间，与中央《数据二十条》中提出的数据三权分置的思路相吻合。法院的上述相关判决既未触碰用户对单一原始数据可能享有的权益，也保障了平台企业的正当权益，维护了市场良性的竞争秩序，有助于激励网络运营者更好发挥数据作为生产要素的作用，做大数据资源整体，投入更多资源开发更多优质的数据产品，从而促进数字经济的健康发展。

结合上述相关案件，还是有很多问题需要进一步研究，比如，如何更好体现相关法院判决中提出的数字经济"开放、共享、效率"的价值取向以及经营者和用户之间权益分配应该遵循的公平正义原则？用户痕迹信息形成的数据与文章数据在权益分配中是否存在区别？用户在多大程度上享有对自己在平台上产生数据的权利？用户如何实现这些权利？能够单纯依靠用户协议来平衡平台企业和用户之间关于数据的权利吗？立法以及司法如何保障用户对原始数据的权益？另外，对数据资源整体要保护到怎样的程度？如果过于强调对数据资源整体的保护，那么就可能影响数据资源的开放、共享和效率，最终形成数据壁垒，妨碍数字经济的发展；如果放松对数据资源整体的保护，又会影响平台的经营秩序和权益。所以，如何平衡这种保护的程度？还有，由于不同衍生数据对原始数据聚合和技术开发的深度不同，对衍生数据的财产权归属是否也应该有所不同？对那些原始数据反复聚合、深度技术开发的衍生数据，应该赋予经营者更多的财产性权益；对那些原始数据简单聚合、技术开发程度并不深入的衍生数据，是否就应该赋予其有限的财产权益？那么问题就是，如何评估对原始数据开发加工的程度以及据此确定其享有怎样程度的财产权益？这些问题都会是司法实践中越来越突出的问题，需要在未来的立法以及司法裁判中不断给以明确。

2. 法院对数据作为商业秘密和知识产权提供了怎样的保护？

在杭州互联网法院公布的一起案件中，还确认了数据可以按商业秘密受到保护。这起案件被认为是该院首例数据作为商业秘密保护的案件,也是首例数据保护适用惩罚性赔偿案。在该案件中,原告杭州某科技公司旗下经营两款直播平台,其经营模式为:平台主播与注册用户开展娱乐互动,用户通过现金充值获得平台内的虚拟货币,通过消费该货币向主播打赏礼物,主播获得礼物兑换后按照约定比例向公司分成收益。公司在打赏环节设置中奖程序,将特定比例的打赏金额归入奖池,在一定礼物赠送周期内,根据后台配置,由程序算法随机生成中奖礼物个数索引,用户有机会从奖池中获得其所打赏礼物价款的一定倍数返还作为中奖奖励。被告作为该公司的高管,在职期间利用自身账号权限,登录查看、分析后台数据,掌握中奖率高的时间点,通过关联多账号进行刷奖,获得平台高额奖金;被告离职以后仍通过获取原告其他员工账号的方式,继续登录后台进行刷奖,被告持续一年多时间多次登录实施被诉行为,通过数十名主播提现,被告在笔录中自述以此获利 200 余万元。法院判决认定被告上述行为侵犯了原告的商业秘密,判决赔偿原告经济损失 300 万元。最高人民法院《关于审理侵犯商业秘密民事案件适用法律若干问题的规定》第一条特别新增列举"数据"作为经营信息的一种,这表明"数据"可以成为商业秘密。在数字时代,有些数据将成为商业秘密,有些数据将成为知识产权,都应依据相关法律受到有效的保护。

上海浦东法院在 2023 年 4 月发布了《数字经济知识产权司法保护白皮书(2017—2022)》,介绍了五年间涉数字经济知识产权案件基本情况,其中在 2017 年受理涉数字经济知识产权案件 4000 余件,2020 年至 2022 年受理涉数字经济知识产权案件均达 8000 件以上。涉数字经济案件数量占知识产权案件总量比例保持在 80%以上。在上述审结的案件中,又以著作权案件最多。根据介绍,在 2022 年浦东法院审结的知识产权案件中,著作权权属、侵权纠纷占比最高,为 90.89%;商标侵权纠纷、不正当竞争纠纷占比分别为 4.21%、4.39%。其中著作权案件的案由多为侵害作品信息网络传播权纠纷,权利客体主要集中于文字作品、摄影作品、视听作品。在上述涉数字经济知识产权案件中,很多都与数据密切相关。

3. 典型刑事案件关注了数据权保护哪些问题?

司法机关办理的涉及数据的刑事案件主要是侵犯公民个人信息和非法获取计算机信息系统两类案件。犯罪分子往往是通过各种非法方式获取相关数据资料,以获取数据中包含的公民个人信息。有的利用获取的非法个人信息从事诈骗犯罪活动,有的转卖后直接获利。

在海淀检察院 2021 年 12 月发布的 12 起网络科技犯罪典型案例中,就有两起是通过"恶意代码植入"或者"暗网"交易的方式侵犯公民个人信息的案件。在利用"恶意代码"犯罪的案件中,犯罪分子梁某某通过网络购买能够即时获取移动端访问用户的手机号码、IP 地址、搜索关键词等信息的计算机代码,并架设服务器、搭建网站向他人出售权限。其余 33 名涉案人员购买并使用梁某某提供的代码植入其所属网站，即可获取访问该网站的用户个人信息并记录于服务器数据库，进而通过权限查询使用上述信息。经查，涉案 26 个网站、服务器共计使用梁某某提供的权限抓取公民个人信息 123 万余条。最后法院判决被告人梁某某等 34 人犯侵犯公民个人信息罪，分别判处有期徒刑十个月至四年六个月不等的刑罚。在另外一起利用"暗网"交易个人信息的案件中，2019 年间田某在某"暗网"交易平台上以比特币支付的方式，购买了其他匿名黑客通过技术手段非法获取的某科技公司的账户数据库。之后田某利用非法获取的同类型数据，通过多种技术途径完善涉案数据库的真实性与完整性，再通过某"暗网"交易平台，以加密通信工具联络、比特币结算的方式多次贩卖牟利。经查，该数据库包含公民个人信息 6 亿余组。最后田某被以侵犯公民个人信息罪追究刑事责任。

在非法获取计算机信息系统的案件中，往往将非法下载数据并转卖获利的行为认定为非法获取计算机信息系统数据罪。最高人民检察院第九批指导性案例的第 36 号案例就属于这种情况，该案件的基本情况是：卫某某曾于 2012 年至 2014 年在某大型网络公司工作，与龚某是该公司同事。龚某拥有登录该公司核心系统的账号、密码及 Token 令牌，可以查看工作范围内的相关数据信息，但该公司禁止员工私自在系统中查看、下载非工作范围内的电子数据信息。后卫某某离职，二人成为商业合作伙伴。2016 年 6 月至 9 月间，经事先合谋，龚某在明知卫某某使用账号目的的情况下，向卫某某提供自己所掌握的被害单位账户、密码、Token 令牌，致使卫某某多次登录该系统，查询、下载该计算机信息系统中储存的公司数据。后卫某某将非法获取的公司数据交由他人出售牟利，违法所得共计人民币 37000 元。2017 年海淀区人民检察院以被告人卫某某、龚某等人犯非法获取计算机信息系统数据罪提起公诉。海淀区人民法院依法判决被告人卫某某、龚某犯非法获取计算机信息系统数据罪，判处卫某某有期徒刑四年，龚某有期徒刑三年九个月，并分别判处罚金。

那么对以非法谋取财物为目的的非法获取计算机信息系统数据犯罪，到底适用非法获取计算机信息系统数据罪还是适用盗窃罪呢？两个罪名量刑存在重大差异：非法获取计算机信息系统数据犯罪一般处三年以下有期徒刑或者拘役，情节特别严重的也就处三年以上七年以下有期徒刑。而盗窃罪数额巨大或者有其他严重情节的，就将处三年以上十年以下有期徒刑，数额特别巨大或者有其他特别严重情节的，处十年以上有期徒刑或者无期徒刑。所以在司法实践中，站在不同的视角对应该适用哪个罪名往往产生重大争议，被告人、辩护人和检察机关以及法院经常为此发生激烈的辩论。从罪刑相适应的公正立场出发，对那些以非法谋财为目的侵占他人数据尤其是最终变卖获取高额利益的案件，比如变卖数据获利几十万元的情况，如果只是以非法获取计算机信息系统数据罪定罪处罚，显然与以其他方式盗窃同样获利数十万元的量刑存在巨大差异。另外，还要看到的是，随着数字时代的发展，数据的财产权属性将日益凸显，数据的经济价值将越来越受到国家、企业以及个人的重视,那么如何通过刑法有效保护数据的财产属性? 这将是刑法发展过程中需要尽快明确的重大问题。

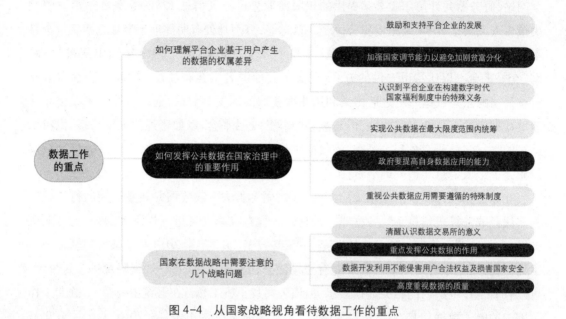

图 4-4 从国家战略视角看待数据工作的重点

四、如何从国家治理的战略视角看待数据工作的重点?

数据确权是数据工作的起点,也是在全球都具有重大争议的话题。作为我国推进构建数据基础制度的纲领性文件,《数据二十条》中明确提出:"建立公共数据、企业数据、个人数据的分类分级确权授权制度。根据数据来源和数据生成特征,分别界定数据生产、流通、使用过程中各参与方享有的合法权利,建立数据资源持有权、数据加工使用权、数据产品经营权等分置的产权运行机制。"这段话为未来我国构建数据基础制度指明了方向:首先,将数据分为公共数据、企业数据、个人数据三种类型。尽管社会组织的资产具有很强的社会公共性,但并不意味着所有社会组织数据就都是公共数据。在实际工作中可以根据社会组织数据的来源以及性质分别按着企业数据和公共数据进行管理。其次,明确要根据数据来源以及数据生成特征,分别界定数据生产、流通和使用过程中各方享有的权利。最后,提出了新的三权分置解决方案,也就是不再纠结于数据的所有权归属,而是分别确立数据资源持有权、数据加工使用权、数据产品经营权这三类权利。那么如何根据《数据二十条》的上述规定来区分数据的本质以及未来的工作重点呢? 当前数据权属争议最大的是平台企业持有的基于用户形成的相关数据,当前工作难点则是如何更有效地开发利用公共数据。从国家治理的战略视角，未来开展数据相关工作应该把握以下几个重点问题。

1. 如何理解平台企业基于用户产生数据的权属差异？

平台企业内部的工作报表、会议记录、合同档案、知识产权等数据显然归属于企业所有，这没有争议。当前最有争议的数据权属问题是平台企业在工作中基于用户所产生的数据。在上文的典型案件中，法院判决提出了平台企业对用户单一数据以及原始数据，依其与用户的约定享有原始数据的有限使用权，这种认定并不能有效解释平台企业用户数据的产生过程以及在此基础上的权属分配问题。那么，应该如何确定这类数据的权益归属以及如何进行相应的利益分配呢，这是当前数据权益立法面临的最大难题。

《数据二十条》提出数据三权分置的基础是根据数据来源以及数据生成特征，这对我们研究和分析平台企业基于用户的数据权属问题提供了重要思路。基于用户产生的数据主要包括用户的痕迹数据以及用户的内容数据。两者尽管都来源于用户，但其生成特征存在根本区别。在本书流量一章的讨论中，我们也分析了人们注意力转化为数据和流量的过程以及流量的本质。一些经济学家意识到了注意力的经济价值，提出了人们的注意力是一种商品或财产的观点。这种提法在工业时代或许并没有价值，但在数字时代就具有非常重大的意义。因为在工业时代，注意力更多呈现一种松散、宽泛、难以统计的状态，所以其财产属性以及综合价值并不明显。但在数字时代，人们的注意力被平台企业的系统和算法捕捉后形成了数据，比如，用户浏览网页的历史记录、网购记录、网络搜索关键词记录等。平台企业通过算法对这些数据进行开发和研究，反过来再深刻影响用户，以捕捉更多用户的注意力，形成更多数据和流量，从而产生更多财富。从这个过程可以看到，平台企业以用户注意力为基础，通过系统和算法进行不断捕捉和记录而形成的主要是痕迹数据。没有平台的基础设施、系统和算法，这些注意力就难以形成系统的痕迹数据。也就是说，平台企业的痕迹数据虽然以用户的注意力为基础，但主要是平台企业通过资金投入、劳动以及技术形成。即使是某个用户的痕迹数据，也往往并不是该用户单次行为的痕迹数据，注意力转换为数据也是一个循环往复的过程，平台企业在这个过程中一直在付出劳动和成本，所以形成了单个用户的整体数据。这种数据产生的过程以及生成特征主要是平台企业的付出以及主动的工作过程，所以从产权的视角出发，平台企业应该享有对该类数据的资源持有权以及在此基础上形成的数据加工使用权、数据产品经营权。但用户的内容数据又不同，比如用户撰写的文章、发布的视频、在微博以及微信中与他人的互动等，这些内容主要是用户创作和提供，不过是由平台企业进行记录而最终形成了数据。所以这部分内容数据主要是用户付出劳动而生成，用户应该持有数据资源持有权以及在此基础上形成的数据加工使用权和数据产品经营权。通过上述分析可以看到，即使都是基于用户产生的数据，但由于在数据生成过程中各方投入的资金、精力等成本存在很大差异,所以其权利归属也应该存在很大差别。

数据权益是个复杂的笼统概念。鉴于数据自身的复杂性,需要对不同主体、不同类型的数据进行更多精细的分类研究。一是将基于用户产生的数据分为痕迹数据和内容数据,可以看到两者在生成特征以及权利归属上存在重大差别。二是上述法院判决将数据分为用户单一数据以及数据资源整体,可以看到平台企业以及用户对不同数据也享有不同权利。用户对其在某个平台上生产的内容数据享有资源持有权以及相应的加工使用权和数据产品经营权,但这更多还是针对用户内容的单一原始数据,平台企业是否以及多大程度上享有对这些内容数据的数据资源整体权利? 这还需要在不同案件中针对具体情况区别对待。实际上,平台企业总体享有着对用户痕迹数据和内容数据所有数据资源整体的持有、使用和经营的权利。在这个过程中,如何更好实现用户的权利是个复杂的问题。三是要清醒意识到,上述对数据资源持有权以及加工使用权、产品经营权的讨论更主要是基于数据产权的视角。数据产权与传统民法体系中的物权和知识产权都存在明显的区别。从数字时代发展的宏大背景出发,应该进一步细化数据产权以及相关的具体法律制度设计。比如,尽管对基于用户痕迹产生的数据,平台企业可以享有数据资源持有权以及在此基础上的使用权和经营权,但这种权利明显应该受到用户隐私权以及个人信息权利的制衡。用户隐私权以及个人信息权利不仅是一种民法意义上的权利,更是一种宪法权利,这种权利要受到国家民事法律、行政法律以及刑事法律的综合保护,不受任何非法侵犯。从这个角度来说,只要相关数据包含了用户的隐私权和个人信息,那么在用户的隐私权和个人信息以及平台企业持有的数据资源持有权之间,就必须优先保护用户的隐私权和个人信息。不论是平台企业享有的用户痕迹数据的资源持有权,还是对用户各种数据整体资源的持有权,都要受到用户隐私权和个人信息权利的制衡。所以,平台企业不论是在后续对相关数据的加工、经营过程中,还是在对数据资源的持有过程中,都应该采取积极措施,保护好用户的隐私权和个人信息。GDPR虽然通篇都在强调用户对数据享有的权利,但其重点是在保护个人数据中所包含的隐私权以及个人信息权利。对包含了用户个人信息尤其是敏感信息的数据,平台企业在享有权利的同时也承担着保护的相应义务。这种数据类型的多样性以及相关权利的重叠性决定了关于数据相关立法的复杂性。

还要提出的另外一个复杂问题是:虽然平台企业可以享有用户痕迹数据的资源持有权以及在此基础上形成的加工使用权、数据产品经营权,平台企业也实际持有着用户痕迹数据和内容数据的整体资源权益,那是否就意味着平台企业可以完全享有这些数据产生的收益呢? 数据收益的分配就应该完全按着市场规则由平台企业自行决定呢? 这种认识显然也并不全面深刻。在数字时代,平台企业已经不再仅仅是普通的商业主体,而是摄取部分国家权力和用户权利,拥有了数字权力。平台企业和用户之间也不再是简单的平等民事主体之间的关系,而是成为管理与被管理者之间的关系。在这种新型的权力(权利)义务关系中,用户付出的不仅是注意力,更包含了接受以算法、流量、人工等为手段的管理。在这种新型的管理关系中,平台企业就不再仅仅是一个普通的商业公司,而是具有了更多公共属性。公民要承担依法纳税、遵守国家秩序等义务,国家也要承担保障公共秩序安全、为公民提供福利的责任,两者形成现代意义上的国家与公民之间的权利义务关系。用户向平台企业提供了各类数据、要遵守平台管理秩序,从两者权利义务关系的视角出发,平台企业也要为用户提供公平公正的网络秩序并发展用户福利。所以,以怎样的方式发展怎样的用户福利应该是平台企业未来思考的重要内容。令人欣慰的是,不仅一些专家学者在论述平台企业公共属性的问题,我国的一些平台企业负责人也意识到了这个问题。在媒体报道的2021年阿里巴巴主要负责人张勇致股东的一封信中,张勇明确提到"平台型企业带有天然的社会公共属性"。平台企业主要负责人公开强调平台企业的社会公共属性是一个重大的进步,体现了平台企业对其享有数字权力以及由此应该承担责任方面认知的重大进步。

平台企业与用户之间的新型关系决定了平台企业不能简单地按着商业规则完全分配和使用基于用户数据产生的收益。在《数据二十条》中提出了我国数据权益分配的一些基本原则:一是强调了市场在利益分配中的基础作用。《数据二十条》提出:"健全数据要素由市场评价贡献、按贡献决定报酬机制。""推动数据要素收益向数据价值和使用价值的创造者合理倾斜,确保在开发挖掘数据价值各环节的投入有相应回报,强化基于数据价值创造和价值实现的激励导向。"二是强调了国家在二次分配中的重要作用。《数据二十条》提出:"更好发挥政府在数据要素收益分配中的引导调节作用。逐步建立保障公平的数据要素收益分配体制机制,更加关注公共利益和相对弱势群体。"三是强调了平台企业要积极履行社会责任。《数据二十条》提出:"推动大型数据企业积极承担社会责任,强化对弱势群体的保障帮扶,有力有效应对数字化转型过程中的各类风险挑战。"

结合《数据二十条》所确立的数据权益分配基本原则,可以看出国家在未来构建平台企业数据权益分配制度的基本方向:一是要保障平台企业对数据资源整体的持有权以及由此产生的相关权益,这是新型数据产权制度的基础。二是国家应该通过税收、社会保险等制度加大对平台经济收益分配的调节力度。相关国家越来越意识到应该通过专门立法来规范大型平台企业的发展问题。但在针对大型平台企业的专门立法中,普遍对其收益分配问题缺乏足够的关注。平台企业的数据主要来自于用户的注意力,用户的注意力转化为更具财产属性的数据。平台企业的公共属性决定了其不仅拥有数字权力,更要承担对用户的福利等义务。这种福利义务是否通过国家立法来实现? 是否由国家通过税收以及社会保险等制度来保障用户相对平台企业的福利权利? 这将是未来需要重点研究和关注的问题。三是平台企业通过履行社会责任来实现对用户的福利权利。在平台企业履行社会责任问题上,目前国际上有三种方式:第一种方式是平台企业自主决定在多大程度上承担怎样的社会责任,这种方式完全根据企业的意愿,随意性强,有些企业承担很多社会责任,有些企业不愿意承担社会责任,缺乏强制性和社会约束性。第二种方式是国家规定平台企业要积极履行社会责任,但对怎样承担以及如何承担不作明确具体的要求。第三种方式是国家立法明确企业必须根据营业额一定比例来承担社会责任。比如印度公司法就明确规定达到一定规模的企业要根据过去三个财年平均净利润的一定比例用于公司社会责任计划。上述三种方式各有利弊,我国目前主要是第二种方式,也就是在相关立法政策中都强调了平台企业要积极履行社会责任义务,但具体如何履行?目前尚缺乏有效的规范和指导。导致的结果就是不同平台企业履行社会责任义务的程度以及效果存在重大差异。鉴于平台企业的特殊性,国家以及社会应该加强对平台企业社会责任问题的研究,对平台企业履行社会责任提出更加明确具体的指导意见、评价规则,以及时构建和完善起我国平台企业特有的社会责任制度。

如何确立科学的平台企业数据权益分配制度是个复杂的问题,这也是关系到国家、平台企业、用户三者之间权利义务关系中最为核心的问题。如何平衡三者之间的权利义务关系考验着国家的治理能力。在构建和完善相关制度的过程中,应当考虑这样一些最基本的问题:一是要鼓励和支持平台企业的发展。平台企业在数字时代经济发展中扮演着特殊的作用。缺乏大型平台企业的引领和推动,用户的数据价值无从谈起。所以首先要肯定平台企业的付出和贡献,确认平台企业对所收集痕迹数据资源的持有权以及在此基础上的加工使用权和产品经营权,确认平台企业对数据整体资源享有的相关权益,是从制度上保障平台企业付出的相应回报、充分发挥市场在资源配置中的决定性作用、推动我国数字经济健康发展的重要体现,有助于为更好发挥数据要素的重要作用夯实制度。二是要加强国家调节能力以避免加剧贫富分化。平台经济一个不可回避的风险就是大型平台企业产生虹吸效应,更多资源、财富向大型平台企业聚拢,贫富分化加剧。所以任何国家都应对此保持高度的警惕,通过税收、社会保险等制度来调节财富的分配。为此,《数据二十条》专门强调:"着力消除不同区域间、人群间数字鸿沟,增进社会公平、保障民生福祉、促进共同富裕。"比如,从这个视角出发,国家在构建数字时代的劳动法体系过程中,就要制定与平台企业权利责任相称的新就业形态劳动者权益保护制度。三是认识到平台企业在构建数字时代国家福利制度中的特殊义务。平台企业拥有了数字权力,基于用户注意力产生了数据以及收益,所以也要承担相关义务。其中一个很重大的义务就是要参与国家福利制度的建设,让更多用户享受到平台企业发展所带来的福祉。比如,从这个视角出发,在数字时代的国家治理体系中,就要高度重视平台企业在保障用户权益、保障未成年人和老年人等处于弱势境地人群的权益等方面的特殊义务。当然,也要充分意识到,如何平衡上述利益分配是一个复杂的动态过程。针对不同发展阶段的平台企业,国家需要制定不同的制度,并且随着社会发展阶段、经济社会环境以及平台企业的发展变化及时调整相关的制度。

2. 如何发挥公共数据在国家治理中的重要作用?

如何应用公共数据将成为数字时代考验各国治理能力的关键因素。我国党和政府高度重视公共数据的应用问题。在相关立法政策中，经常使用政务数据和公共数据两个不同的概念。在《数据安全法》中使用的是政务数据的概念，重点强调了政务数据安全与开放问题。2022 年 10 月国务院办公厅发布了《全国一体化政务大数据体系建设指南》，重点提出了全国政务大数据体系的建设方案。《海南省大数据开发应用条例》《天津市促进大数据发展应用条例》等地方立法使用了政务数据的概念。但在中共中央、国务院发布的《数据二十条》中，使用的是公共数据的概念，特别强调了公共数据的发展战略问题。《贵州省大数据发展应用促进条例》《上海市数据条例》《北京市数字经济促进条例》等地方立法使用了公共数据的概念。浙江省人大专门制定了《浙江省公共数据条例》，该条例已经在 2022 年 3 月 1 日起施行。不同概念有不同的侧重，涵盖的内容也会存在差异。《上海市数据条例》和《浙江省公共数据条例》都明确规定了公共数据的定义，明确公共数据是指所在地域国家机关、事业单位，经依法授权具有管理公共事务职能的组织，以及供水、供电、供气、公共交通等提供公共服务的组织（以下统称公共管理和服务机构），在履行公共管理和服务职责过程中收集和产生的数据。两地地方立法都将公共数据的主体概括为公共管理和服务机构，这种表述淡化了国家机关的政治属性，强化了公共管理的属性。

一要充分认识到，公共数据的开发利用对净化国家治理环境和提高治理能力有着重大影响。在信息相对封闭、数据形成孤岛的情况下，不仅将降低公共管理以及提供公共服务的效率，也会导致权力寻租，从而滋生腐败。根据媒体报道，哈尔滨市电业局原副局长李伟、国有哈尔滨电力实业集团公司原总经理李桐、多家民营电力安装企业负责人李建三人是亲兄弟。李伟将工程交给李桐负责的国企，李桐再将工程转包给李建负责的自家民企。三兄弟垄断当地电力工程市场多年，警方查明李氏兄弟分包的配套费工程总价达 31.6 亿余元，通过非法手段垄断当地电力系统 77% 的份额，很多企业因为用电被刁难，不仅要把工程电力工程交给李氏兄弟，还浪费了大量沟通时间，影响了当地营商环境。三兄弟还涉嫌故意伤害、聚众淫乱等 24 项刑事犯罪，2020 年 10 月该案公开宣判，李伟、李桐均被判死刑，缓刑两年执行，其中为李氏三兄弟涉黑组织充当"保护伞"的 36 名党员干部被查处。秦皇岛市北戴河区供水总公司总经理马超群的案件作为"小官巨贪"的典型案件受到全国的广泛关注，当时纪检部门公开在他家中搜出 1.2 亿元现金、37 公斤黄金、68 套房产。在马超群巨贪的背后，是他从 2011 年开始就成为当地供水公司的经理。在这个相对封闭的系统中，他具有绝对的权力。媒体报道："谁的钱他都要收，哪儿的钱都敢要。""不给钱就不给你通水，给钱少了就给你断水。"如果在更多公共管理以及公共服务领域，打通全国数据链条，实现数字化管理，将从根本上提高国家治理的效能，从根源上预防腐败案件的发生。

二要充分认识到，公共数据开发利用对整个国家治理体系改革的重大意义。《数字中国建设整体布局规划》正是基于党和国家充分意识到人类社会已经进入数字时代这样的历史背景,对国家治理方式的一次重大战略调整。所以不仅要"促进数字经济和实体经济深度融合",而是要"全面提升数字中国建设的整体性、系统性、协同性","以数字化驱动生产生活和治理方式变革,为以中国式现代化全面推进中华民族伟大复兴注入强大动力"。为此,强调"数据资源规模和质量加快提升,数据要素价值有效释放",提出"推进数字技术与经济、政治、文化、社会、生态文明建设'五位一体'深度融合",从而实现全面发展数字经济、数字文化、数字社会、数字生态以及实现政务数字化的发展方向。也就是说,数字中国建设不仅是促进数字经济的发展,也包括通过数据开发利用和数字化转型,实现整个国家治理体系的全面变革以及治理能力的全面提升。如何有效开发利用公共数据,可以重点从三个方向考虑。

一是要实现公共数据在最大限度范围内统筹。如果是不同地区、不同部门、不同行业都建立自己的公共数据系统,不仅会需要投入更多资源,也必将形成数据孤岛,难以实现有效的开发利用。国务院提出建立全国一体化政务大数据体系,主要包括:实现统筹管理一体化、数据目录一体化、数据资源一体化、共享交换一体化、数据服务一体化、算力设施一体化、标准规范一体化、安全保障一体化八个方面的一体化;全国一体化政务大数据体系包括三类平台和三大支撑,三类平台为"1+32+N"框架结构,"1"是指国家政务大数据平台,是我国政务数据管理的总枢纽、政务数据流转的总通道、政务数据服务的总门户,"32"是指31个省(自治区、直辖市)和新疆生产建设兵团统筹建设的省级政务数据平台,负责本地区政务数据的目录编制、供需对接、汇聚整合、共享开放,与国家平台实现级联对接;"N"是指国务院有关部门的政务数据平台,负责本部门本行业数据汇聚整合与供需对接,与国家平台实现互联互通。可以说国家为建立全国一体化的数据系统提出了明确具体的发展方向。另外,各地立法也都对地方建立大数据运营的协调机制、大数据平台的建设、大数据目录的编制等问题作出了规定。可以说国家充分意识到了数据孤岛现象对国家治理带来的挑战以及对公共数据进行统筹开发利用对国家治理的重大意义。需要注意的问题是,在最大限度范围内实现公共数据的统筹,不仅需要打破地区以及部门之间的数据保护主义,推动各地区各部门及时共享数据,也考验国家以及各地区各部门能否开发出有效平衡实用性以及前瞻性的数据目录和标准。只有国家以及各地区、各部门明白收集数据要解决当前以及未来的哪些问题,才能科学地确定收集数据的目录以及标准。

二是政府要提高自身数据应用的能力。数据应用的能力并不等同于数字技术应用的能力。当前数字技术发展很快,但总体上政府对公共数据应用的能力还很有局限。数据开发利用首先需要有明确清晰的目标任务。如果目标任务不明确具体,那么数据目录以及标准就会混乱模糊,在具体工作中就会出现眉毛胡子一把抓的局面。那时看起来大数据平台上有很多各类数据,但难以应用。以社会高度关注的供水、供电、供气等领域的腐败案件为例,如果国家构建有效的大数据系统,类似上述哈尔滨供电、秦皇岛供水等长达多年的腐败案件早就应该被发现,那么如何通过大数据的应用从根源上预防类似腐败案件的发生? 以社会高度关注的司法领域冤假错案为例,如何通过大数据系统及时发现案件办理中的种种异常现象? 如何利用大数据系统来促进信访案件的及时公正解决? 这看起来似乎是个公共管理以及公共服务数字化转型的技术问题,但本质上是国家治理体系以及治理能力的问题。问题关键在于我们是否能够基于目标任务提出数据收集的准确目录以及确定科学的标注。虽然人工智能在快速发展,但目前大数据应用的关键还是数据的质量以及标注的准确性。比如,要想解决上述提出的问题,就需要从国家层面对相关领域的腐败案件、冤假错案、信访积案进行系统的研究,通过系统研究复杂案件以及类案的规律、特点以及内在的逻辑,确定要想预防上述问题发生所需要收集的数据目录以及需要的标注。技术人员并不能解决目标任务、数据目录、数据标准以及内容标注问题,而这些问题才是公共数据开发利用以及政务数字化转型的关键。所以要清醒意识到的问题是,数据开发利用只是一种新的手段,问题的落脚点还是如何推进国家的治理体系以及治理能力的现代化。要以数字化转型为机遇,以大数据开发应用为手段,快速推进全面建设社会主义现代化国家、全面深化改革、全面依法治国、全面从严治党的进程,要使"四个全面"建设与数字中国建设深度融合,真正实现数字时代国家治理体系和治理能力的现代化。

三是要重视公共数据应用需要遵循的特殊制度。公共数据的核心要素是公共信息,也就是公共管理和公共服务机构在行使国家公共管理权力和提供公共服务过程中对所收集信息的记录。这类信息的特殊性决定了公共数据开发利用需要遵循一些特殊的制度:第一是公共数据的公共属性,这类数据不仅不属于企业或个人,也不属于某个政府部门,所以开发利用时也要体现这种公共属性,不能完全按着商业规则去参与市场经营。所以,《数据二十条》提出:"推动用于公共治理、公益事业的公共数据有条件无偿使用,探索用于产业发展、行业发展的公共数据有条件有偿使用。"可见对公共数据主要实行的是有条件无偿或有偿使用制度,不论无偿还是有偿,都应体现数据的公共属性。第二是公共数据的公开属性,2007 年国务院就制定了《政府信息公开条例》,明确规定了政府公开信息的范围、方式和程序。公共数据记录的是公共信息,除非涉及公民个人信息以及国家安全利益,公共数据应该尽可能向公众公开。第三是公共数据的公平属性,公共数据的授权使用要遵循公平原则,不论是有偿使用还是无偿使用,为什么授权或委托这家企业而非另外一家企业? 合作企业的选择是否体现了公平公正的原则? 国家在推进实施公共数据确权授权机制进程中,应该充分体现公共数据的公正、公开、公平的原则,以使公共数据发挥最大效益。

3. 国家在数据战略中需要特别注意哪些重大问题?

在对数据的本质、权利属性以及特征进一步了解的基础上,认真学习党和国家关于数据的最新立法政策,就可以更加准确地把握下一步在开展数据相关工作、发挥数据要素过程中的重点。

一是清醒认识数据交易所的意义,稳步发展数据交易市场。发展数据交易所将有效促进数据交易,为更好发挥数据要素的作用奠定基础。但数据交易不是目的,怎样更好发挥数据要素的作用才是目的。截至 2022 年 12 月全国累计设立接近 50 家数据交易相关机构。但相比党和政府在数据交易所问题上所给予的高度重视以及所投入的精力和资源,成效并不显著。根据媒体报道,2022 年 11 月 17 日,深圳数据交易所董事长李红光接受《深圳商报》采访时表示,2021 年中国大数据产业规模已经达到 1.3 万亿元,但数据交易市场规模估算大概仅为 1500 亿元,且大量的交易在场外,场内规模仅 27 亿元左右。南都大数据研究院 2022 年 4 月发布的研究报告显示,目前场内交易在我国数据交易市场中所占份额不足 5%。上述数字表明,相对各地数据交易所的蓬勃发展,交易所内数据交易并不充分。这些局面对我们思考各地数据交易所的建设具有重要意义。《数据二十条》定位在"统筹构建规范高效的数据交易场所",开篇就明确提出:"加强数据交易场所体系设计,统筹优化数据交易场所的规划布局,严控交易场所数量。"可以说党和政府清醒意识到了当前各地数据交易所发展中存在的局限,所以要严格控制数据交易所的数量,要把"体系设计"以及"统筹优化"作为未来发力的重点。

二是在尽快完善平台企业用户数据相关制度基础上,党和政府要重点发挥公共数据的作用。尽管一些地方立法着眼于开发利用大数据的作用,相关立法也积极培育数据交易市场。但要看到,企业数据以及平台企业用户数据的交易以及利用要尊重市场规则,主要还是通过市场竞争来实现。党委和政府的工作重心应该聚焦于更好发挥公共数据在国家治理进程中的作用。从这个角度来说,各地立法中着重强调完善公共数据相关制度是迫切的和必要的。一个值得介绍的榜样是浙江省,目前,浙江省的数字化水平明显居于全国前列。2003 年 1 月 16 日,时任浙江省委书记又是代省长的习近平同志在作政府工作报告时就提出:"数字浙江是全面推进我省国民经济和社会信息化、以信息化带动工业化的基础性工程。"习近平同志在 20 年前所提出的"数字浙江"引领了浙江省数字化工作的开展。浙江不仅是依托平台企业的数字经济蓬勃发展,党委和政府所推动的公共数据应用也取得显著成效。根据 2019 年浙江省大数据发展管理局负责人的介绍,浙江在全国率先建设了全省统一的政务云平台,将省级部门 800 多个信息系统整合到一朵云,建设了覆盖全省、统一利用的公共数据平台,归集治理 3066 类 190 多亿条数据。为了全面推进公共数据的开发利用,2022 年 1 月浙江省人大专门制定了《浙江省公共数据条例》,从公共数据平台的建设、公共数据收集与归集、公共数据共享、公共数据开放与利用、公共数据安全等五个角度构建和完善了公共数据开发利用的相关制度,将公共数据分为无条件共享、受限共享和不共享三类,明确公共数据以共享为原则、不共享为例外,这为公共数据的综合开发利用提供了便利和条件。2022年8月，浙江省发布了《关于深化数字政府建设的实施意见》，为数字时代重塑政府治理方式指明了方向。"数字浙江"的发展思路受到国家的充分肯定，在国家互联网信息办公室发布的《数字中国发展报告(2022年)》中，浙江省的数字建设综合评价全国第一。

三是数据开发利用不能侵害用户合法权益以及损害国家安全。数据已经成为数字时代重要的生产要素，数据的开发利用直接关系到企业的经济利益以及国家的经济发展。但从各地党委和政府的角度来说，不能为了企业甚至地方的经济利益而滥用数据。平台企业用户数据包含着大量个人信息，这些数据的应用不仅关系到用户的隐私权和个人信息保护，还关系到其知情权、选择权等各种权利的保障；不论平台企业的用户数据，还是国家的公共数据，都涉及公共利益以及国家安全。所以，任何数据开发利用都要平衡好经济发展与人权保障和国家之间的关系，不能以侵害用户合法权益和损害国家安全利益为代价。《数据二十条》对此反复予以强调，在总体要求第一项中就明确提出要"以维护国家数据安全、保护个人信息和商业秘密为前提"；在实施公共数据确权授权机制部分明确提出，"依法依规予以保密的公共数据不予开放，严格管控未依法依规公开的原始公共数据直接进入市场，保障公共数据供给使用的公共利益"；在建立健全个人信息数据确权授权机制部分强调，"规范对个人信息的处理活动，不得采取'一揽子授权'、强制同意等方式过度收集个人信息"；在构建数据安全合规有序跨境流通机制部分提出，"对影响或者可能影响国家安全的数据处理、数据跨境传输、外资并购等活动依法依规进行国家安全审查"。

四是高度重视数据的质量。在国家不同的重要政策中，都明确提出了关于数据质量的问题。在中共中央、国务院发布的《关于构建数据基础制度更好发挥数据要素作用的意见》中明确提出"提高数据要素供给数量和质量""结合数据要素特性强化高质量数据要素供给""探索开展数据质量标准化体系建设"等要求，在中共中央、国务院发布的《数字中国建设整体布局规划》中提出"数据资源规模和质量加快提升，数据要素价值有效释放"。正如前文分析，数据可能是"石油"，但也可能是"垃圾"。数据是"石油"还是"垃圾"，首先就取决于数据的质量。比如在公共数据中，那些弄虚作假的数据不仅毫无价值，还会影响相关数据产品的开发以及应用。不论是构建与数字时代发展相适应的国家治理体系，还是开发不同领域的数字产品，首先就要确立数据收集、存储的规则。高质量的公共数据，将极大提升国家治理能力的现代化水平；高质量的行业数据，将开发出颠覆整个行业发展业态的产品。所以不论是政府还是企事业单位，都应该高度重视高质量数据的收集以及存储工作。

根据国际数据公司(IDC)数据预测，预计到2025年，全球数据量将比2016年的16.1ZB增加十倍，达到163ZB，更广阔的数字时代正在朝我们大步走来。然而，如何对海量的数据进行开发利用？如何去伪存真，有效清除数据中的"垃圾"，清洗出数据中的"石油"？如何构建数字时代关于数据的相关法律制度？如何平衡国家、平台企业以及用户之间关于数据的权利义务关系？如何平衡好数据的开发利用、用户权利保护以及国家安全三者之间的复杂关系？党和政府如何以数据开发利用为新的契机来推进国家治理体系以及治理能力的现代化？这都是数字时代党员干部应该时刻思考的现实问题。

第五章 如何从法律视角揭开 "流量"的神秘面纱？

数字时代一个显著现象是"流量为王"。为了获得自身流量增长、扶持平台内容生态,各大平台都推行了诸多流量计划。例如2017年11月,腾讯推出"三个百亿计划",即100亿产业资源支持、100亿流量支持和100亿元资金扶持;2019年8月,阿里推出"U创计划",表示将投入10亿元现金、日均20亿流量。平台企业推出与现金并列的巨额流量,显示流量成为一种新型的可以量化的资源。但要清醒看到的是,流量已经不再仅仅是一种显著的经济现象,而是成为了显著的社会甚至政治现象。一些平台企业为了获取更多流量,不惜放纵甚至怂恿各种丑恶、低俗甚至违法内容,以致不断引发网络暴力等恶性案件;某些平台企业滥用流量,造成平台秩序处于既不平等也不公正的"黑箱"状态。在国家以及全球治理中,流量都已经成为一种神秘的越来越重要的力量。那么问题是:流量到底是什么？为什么有人为了吸引流量不惜故意虚构舆情事件？为什么国家多次开展打击流量造假、黑公关、网络水军专项行动？流量背后体现着怎样的权利义务关系？在数字时代应该如何规范流量的使用,平台企业在提供流量支持时是否有必要受到约束？在数字时代快速发展的进程中,法学界对这些问题的研究还非常有限,需要引起国家对这个问题的高度重视。

一、如何理解流量及其强大的影响力？

认识和了解流量,首先就要分析流量是怎样产生的。根据其产生的过程以及机制才能更好地理解流量的定义以及特征。在此基础上,我们也才能更好地审视流量在平台经济发展过程中所发挥的作用以及流量应用过程中产生的种种问题。

1. 流量与注意力、数据存在怎样的关系？

流量的基础是注意力。诺贝尔经济学奖获得者、美国学者赫伯特·西蒙在20世纪

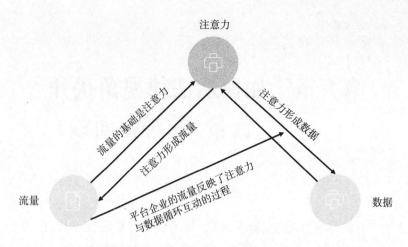

图 5-1　流量与注意力、数据的关系

70 年代初提出"注意力"的价值,他认为,注意力是一种商品,可以在市场上交易,并且受供求规律影响。随着互联网的发展,越来越多的学者开始研究"注意力问题"。1990 年心理学家沃伦·桑盖特首先使用了"注意力经济(the economy of attention)"一词。1997 年美国学者米切尔·高德哈伯在网络杂志上发表论文《注意力经济——网络的自然经济》,他认为注意力是一种财产,用户付出他们的时间即注意力,来换取免费的商品。在工业时代,注意力还更多呈现一种松散、宽泛、难以统计的状态,所以其财产属性以及综合价值并不明显。但到了数字时代,平台企业能够依据系统及算法对"注意力"进行捕捉和计算,这种高度聚拢、可以计算和支配的"注意力"成为流量。所以流量的基础是人们的注意力,流量是从人们的注意力发展而来。

注意力形成流量与数据两种重要的资源。工业时代注意力的价值之所以有很大局限,就是注意力随时发生、随时变化,人们很难进行统计和分析。一个户外广告到底有多少人进行观看?是哪些人进行观看?这些观看户外广告的人只是路过不得不观看,还是真的喜欢相关广告或产品?这些往往都是未知数。所以工业时代的广告投入往往是粗放型的,注意力资源也被荒废。但在数字时代,人们在网络上浏览文章、观看视频的过程中产生了两种重要的资源:一是产生了流量,二是形成了数据。注意力转换为数据的过程就产生了流量,这种流量被系统及算法捕捉,成为一种独立于数据的新的重要资源。所以要看到的是,由于流量是注意力在转换为数据的过程中产生的,所以相对于孤立、静态的注意力和原始数据,流量反映了一种动态变化的过程。

平台企业的流量反映的是注意力与数据循环互动的过程。在工业时代,注意力更多是单向的,反映的是人付出的单向劳动。由于经营者对人们的了解程度有限,所以很难形成有效的互动。但在数字时代,这种局面发生了革命性的变化。平台企业依据注意力形成的数据对不同的人进行分析和画像,根据分析和画像的结果,通过推荐相关产品或服务再去捕捉人们更多的注意力,从而获取更多的流量资源,最后通过应用掌握的流量资源来影响人们的注意力。所以数字时代一个根本性的变化是注意力产生了流量和数据两种全新的资源,平台企业不仅获得了这两种全新的资源,也能通过系统、算法及人工策略,全面应用这些数据和流量,使注意力和数据之间处于一种循环互动的状态。在这种循环互动的转换过程中,不断产生数据,也不断增加流量,于是平台企业得以发展壮大。

2. 如何理解流量的定义？

2016 年西南政法大学季境教授撰写了《互联网新型财产利益形态的法律建构——以流量确权规则的提出为视角》一文,这是比较早地全面研究流量法律性质以及如何依法规范的文章。他在文章中从不同视角介绍了流量的性质以及表现形式。他认为:"在互联网平台中,流量(网站流量,website traffic)是用来描述访问一个网站用户数量以及用户所浏览面数量等相关的数据指标","流量是互联网平台以用户访问量和用户量为基础,通过运营管控等技术手段积累的评判网站运营效果的数据集合,其表现形式是集用户量、用户点击量(包含页面嵌入统计代码模式、Cookie 统计模式、独立 IP 数、独立访客数、页面浏览量、访问次数等)、用户行为数据(用户在网站的停留时间、继续访问该网站下一级链接的比例、用户来源网站等)、用户所使用的搜索引擎及其关键词,以及在不同时段的用户访问量等,是对网站运营情况进行测算的数据集合,是对网站运营能力及效果的综合评价。"季境教授关于流量性质以及确权规则的研究具有很强的前瞻性,应该受到社会足够的关注。但遗憾的是,自 2016 年以来,尽管数字经济快速发展,流量的价值以及影响力日益凸显,很少有法学界的专家学者对这个问题进行深入研究。《当代法学》2023 年第 2 期发表了西南科技大学法学院贾银生博士的文章《流量造假犯罪刑法规制核心问题研究》,仍旧引用了季境教授对流量的定义。

分析季境教授关于流量的定义,其"数据集合"的概念中既包括用户量这样静态的数字,也包括用户点击量这样动态的浏览量,还包括用户行为数据这些用户后续使用情况。贾银生博士对流量造假的广义和狭义概念分析也体现出对流量定义的认识,他指出在狭义层面,流量造假"主要指网站或平台访问量、广告或网络图文、视听信息点击量、视频播放量、直播人气量、电商商品浏览量等网络数据的造假";在广义层面,还包括电商商品销量、图文评价量等网络数据的造假。分析贾银生博士的定义,我们可以发现他认为"流量"的狭义定义显然只包括用户的浏览量,而广义定义则包括了用户的后续使用情况,这种区分现在看来对理解流量的定义也具有启发意义。

季境教授率先从法学视角开展了关于流量问题的研究,后来不同研究都多次引用其关于流量的定义。但不论将流量定义在是一种"数据指标"还是"数据集合",这都还是关于流量问题的表面现象。从前文分析应当看到的是,流量源于人们的注意力,反映的是注意力与数据相互转换的过程,是在注意力与数据的循环互动过程中壮大。所以,正如数字在数字时代不再仅仅是数学计算中的阿拉伯数字一样,流量不再仅仅是一个简单的统计数据,也不再仅仅是"数据指标""数据集合",而是成为一种重要的资源。还要看到的是,由于平台企业主要利用流量来促进注意力与数据的转化,所以其又成为平台企业的重要工具。这样综合起来观察,就会发现流量具有三层意义:

第一层意义在于是统计的指标,流量就是在特定时间内使用特定网络产品或服务的用户数总量。这里要说明的一个问题是,有些学者从用户参与节点来确定流量的广义及狭义定义,认为广义理解的流量不仅包括用户的浏览量,还包括用户后续转发、互动点评等使用量;狭义理解的流量就只包括用户在特定时间内对相关网络产品或服务的浏览量。但其实这种理解并没有多大的现实意义。流量反映的是注意力与数据相互转换的过程,这个过程是一种循环互动的状态,所以用户后续转发、互动点评等使用情况,依然是用户注意力与数据之间的相互转化过程。所以当流量作为一种统计指标,就应该统计用户最初的浏览量以及后续互动量等所有参与数。第二层意义在于流量成为一种可以量化的资源。第三层意义在于流量成为促进注意力与数据转化的工具。只有从这三个层次去理解,才能准确全面理解流量的定义及其意义。

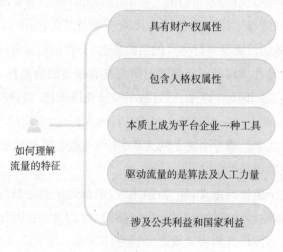

图 5-2　理解流量特征的五个层次

3. 如何理解流量的特征?

流量具有了财产权属性。季境教授在文章中重点论述了流量的财产价值,他认为:"无论在互联网公司资产价值评估的角度,还是互联网交易市场针对流量的交易行为,乃至对平台公司之间侵权角逐的行为分析,都可从不同侧面说明流量在经济领域所蕴含的巨大财产价值。经济上的价值性是流量成为民事法律客体的基础特征。"为此他论证了应该将流量发展成受到民法体系保护的新型财产权。流量的基础是注意力,但流量也不仅仅是注意力。注意力更多反映的是人们主观的态度和付出,但数字时代的流量反映的是注意力与数据的互动关系,流量也反映了平台企业的意志。所以流量是一种相对独立于注意力和数据的新的资源。注意力与数据都具有财产属性,但两者并不容易转换为财富。注意力可以被认为是用户付出的劳动,也可以被认为是一种商品或财产,但如何将其转化为商品或财产呢？数据虽然具有鲜明的财产属性,但除非对数据进行有效的开发利用,否则数据就是一些静态的列表和数字。所以现实的情况是,尽管人们注意到了注意力与数据的重要经济价值,但相对而言,流量更能直接转化成为财富,所以流量具有更加鲜明的财产属性。随着数字经济的发展,流量的财产权属性日益凸显,从民法体系发展的角度显然应该尽快研究加强对流量财产权属性的规范。

流量不仅具有财产权属性,还可能包含人格权属性。流量反映着人们注意力与相关数据的互动关系,这些互动过程中往往会包含用户的个人信息,因此流量也具有了一定的人格权属性。平台企业在对用户浏览网站、点击广告、阅读文章、观看视频等流量的统计分析过程中,不仅可能掌握用户可识别的家庭住址、工作单位等一般个人信息,还可能据此掌握用户的兴趣爱好、身体健康、性别取向等综合信息。所以,如何避免平台企业在不经用户同意的情况下通过流量获取个人信息？平台企业如何保护用户基于流量产生的人格权益？这也是在当前完善法律的过程中需要研究的问题。

流量本质上成为平台企业的一种工具。尽管流量反映的是注意力与数据的互动关系,但这种关系在数字时代发生了质的变化。流量的基础是人们的注意力,主要反映人们的主观意志。在数字时代,由于平台企业实际占有、使用着注意力形成的数据,通过数据分析全面了解了人们注意力的偏好、特征以及相关规律,可以通过流量支持来推荐产品、服务以及喜好的观点,所以反过来可以通过流量深刻影响人们的注意力,这就是茧房效应的本质。在强大的算法以及人工智能的应用下,流量已经不再是一种简单的资源,而是成为平台企业可以全面应用的工具。在注意力与数据的循环互动过程中,在平台企业对用户的灌输影响下,用户并未意识到自身的注意力已经不被自己的自主意识所控制,自己逐渐陷入一种盲目追求流量、被其驱动的状态,人的意志被流量主宰。所以要看到的一个历史现象是,在数字时代,流量不仅是一种资源,更是平台企业行使数字权力的一种强有力工具。从法律的视角来看,就不仅要规范流量背后的相关财产关系,更要规范流量作为平台企业的一种重要工具给用户及国家治理带来的影响。

驱动流量的是算法及人工力量。当流量成为平台企业的一种工具,平台企业就要驱动流量为其服务。在流量驱动的过程中,主要存在着两种力量。一种是技术的力量,主要是通过算法来实现。算法通过对用户注意力、综合画像、国家法律法规等各种因素的考量,自动生成向用户所要推荐的产品或服务,以实现用户注意力和数据之间的更多互动,从而产生更多流量。依靠算法向用户推荐产品或服务的过程就是一种流量驱动的过程,在这个过程中,起决定作用的是算法这种融合了用户注意力、用户偏好、法律法规等人为因素的技术力量,本质上是人为因素与技术力量的结合,所以相对稳定和公平。第二种是人工的力量,主要表现形式是付费广告和付费流量推荐。用户向平台支付费用购买流量来推荐自己的产品或服务,这种流量驱动完全是人为因素的作用,本质上体现着商业的机制。在上述两种力量的综合作用下,形成了平台企业流量驱动的内在逻辑。要看到这种流量驱动内在逻辑的本质是,不论是上述两种力量中的任何一种,体现的都是人的意志。算法将人的意志格式化、标准化、数字化,人的意志隐藏在算法这种技术背后。付费广告和付费流量推荐更直接反映资本的力量,体现的是代表人的资本的意志。但两种力量本质上都是反映着平台企业背后相关利益主体的意志。所以平台企业通过算法这种技术力量以及付费推荐等人工力量,在驱动着流量这种工具,使其更有效地为平台企业服务。

流量涉及公共利益、国家利益。随着平台企业的发展,"注意力"不再是单纯的商品或者财产,它已经超越了人们熟知的经济领域,成为了平台企业相互竞争中具有决定意义的资源。当流量的财产权属性、人格权属性日益凸显,当流量越来越成为平台企业的一种工具,其就越来越有能力深刻影响公民权利、经济社会发展、政治运作甚至全球治理的进程。比如,当人的意志逐渐被流量主宰,流量可以深刻影响人们注意力的时候,就不可避免侵犯用户的各种权利。有时平台对用户的引流只是一种引导,但有时引流就是平台一种人为粗暴的控制,直接向用户粗暴地推荐某个网站或者某个视频,这显然侵害了用户的知情权和选择权。知情权和选择权本质上是一种用户自主决定的权利,用户自主决定的权利关系到人身自由权。人身自由权不仅是一种民事权利,也是一种宪法权利。还要看到,在俄乌冲突的背景下,美国某些平台企业不仅可以封停俄罗斯的一些用户账号,也可以通过流量支持来推广其所支持的观点,这必将导致人们对战争起因、性质以及走向等问题持有不同的理解。当然从国家的视角看,不仅上述问题,还有很多流量现象引发的社会重大舆情、价值观撕裂以及对司法审判甚至国家治理的盲目质疑,这些都涉及社会稳定和国家安全。平台企业如何使用流量这种工具,目前还缺乏全球共识以及相应的制度规范。所以对流量问题进行研究和规制,不仅对保障公民权利,对促进国家依法治理以及社会和谐稳定都具有特别重大的意义。

4. 如何认识流量引发的各种问题?

流量变现容易进一步加剧贫富分化。数字经济也被有些人称为"平台经济"或者"流量经济",这种对数字时代经济的定义反映了流量的重要商业价值。一方面,由于大型平台企业积聚起大量用户,通过强大的算法及人工力量实现了用户注意力与数据的有效转化,从而产生了巨大的流量,于是财富向大型平台企业聚拢,大型平台企业对财富产生了强大的虹吸效应,中小企业以及商户走向衰落。另一方面,为了产生更大的流量,平台企业人为打造大量网络红人以及主播,使这一小部分人短时间暴富。2021年浙江省杭州市税务部门查处的网络主播黄薇(网名:薇娅)涉嫌偷逃税款案件,一个主播在2019年至2020年两年期间,通过隐匿个人收入、虚构业务转换收入性质虚假申报等方式偷逃税款

图 5-3　流量引发的六方面问题

6.43 亿元,其他少缴税款 0.6 亿元。一个主播两年期间就偷逃税款超过 7 亿元,那么其收入会高到怎样的程度? 这是普通人难以想象的。不受约束的流量加持将使财富越来越聚集到一小部分人手中,从而加剧社会的贫富分化,这是数字经济发展过程中必须警惕的现象。

流量向恶将放纵人类社会的丑恶现象。在现实的物理世界,人们还要讲究尊严,这在很大程度上约束了人性中的恶。但随着数字时代虚拟空间的发展,在虚拟空间中人性野蛮、贪婪等丑陋的一面更多地暴露出来。在某种程度上,那些色情、暴力、低俗的内容更能吸引人的注意力,从而产生更多的流量。为了产生更多的流量从而获得更大的财富,很多社交娱乐类以及信息资讯类平台企业对色情、暴力、低俗等内容采取默许、纵容甚至推波助澜的态度。脸书原高级经理豪根的公开举报向我们介绍了脸书作为全球最大社交平台发展的内在逻辑,她在接受电视台采访时说:"它自己的研究表明,那些令人讨厌、分裂、两极分化的内容,激发人们的愤怒情绪比激发起其他类型的情绪更容易。""错误信息、愤怒的内容对人们很有吸引力。""脸书已经意识到,如果他们将算法更改为更安全,人们会在网站上花费更少的时间,他们会点击更少的广告,他们会赚更少的钱。""从本质上来看,脸书放大了人性中最糟糕的一面。"豪根公开举报所揭示的一个可怕逻辑是,脸书意识到了仇恨、虚假信息是有害的,但这些内容更能引发人们情绪的剧烈反应,能够吸引用户的注意力,更能使用户与平台产生更多互动,也就是更能促进用户注意力与相关数据的循环互动,从而产生更多的流量,为平台赚取更多的财富。在这个过程中,流量成为放纵人类罪恶的重要工具。

网络暴力是流量向恶的典型反映。近些年来我国多次发生引发社会广泛关注的网络暴力案件。2023 年"六一"前夕,武汉一名小学生在校内被撞身亡,其母亲在网络上遭受侮辱、嘲讽,6 月 2 日跳楼身亡。江歌在日本留学期间遭其室友刘某的前男友陈某杀害,案发后其母亲竟然遭受长期的网络暴力。要看到的是,之所以这些受害人遭受广泛的网络暴力，不仅在于有人散布虚假消息、有人想要借故发泄情绪，关键在于这些事件能够引发巨大的社会关注，所以平台使用算法甚至人工的力量，驱动流量的工具吸引更多的关注，从而产生更多的流量，由此获得了更多的资源。可以说，开始散布虚假消息或者发泄不满情绪对受害人实施侮辱、诽谤的只是个别人，这在任何时代都存在，就如同一粒小小的火星，很快就会熄灭。但数字时代的流量驱动了人性中的恶，使更多人参与到对受害人的网络暴力中，将这粒恶的火星引燃成熊熊大火。在这个过程中，被害人受到严重伤害，助长了社会不良风气，影响了社会秩序，但平台企业因此获得了更多流量。可以说，每一起网络暴力案件背后都是流量在放纵罪恶，每一起网络暴力案件背后平台都负有不可推卸的责任。

流量被"水军"操控破坏市场经营秩序。流量是平台企业的财富和工具，成为平台企业经营秩序的重要内容。这种巨额的财富一定会被人觊觎，所以在平台企业发展过程中，"网络水军"应运而生。"网络水军"是指为了谋取利益伪装成普通用户通过发表文章或者评论等方式对网络特定内容实施不当影响的个人或组织。公安部在2023年发布了侦破的10起"网络水军"违法犯罪典型案件，从案件中可以发现，有的个人通过"造谣引流"先后经营账号30个，通过编造热点社会事件虚假信息后在短视频平台发布，以此博人眼球、吸引粉丝，待账号粉丝量达到一定数量后，再以数千元不等的价格进行出售；有的打着"医药观察"等名义开办多个自媒体账号，杜撰医药企业负面文章并通过其自媒体账号进行炒作，以付费删帖相要挟，对10余个省市30余家医药企业实施敲诈勒索；有的利用黑客工具等操控数万个网络账号，专门为特定网络直播间提供有偿代刷虚假评论、点赞、人气等服务，累计发布各类虚假评论信息8000万条，代刷直播间浏览量1亿余次、点赞量7亿余次；有的注册成立公司，搭建集"需求、接单、删帖"为一体的有偿删帖专用平台App，以舆情监测、负面压制为名实施有偿删帖犯罪活动，通过招募雇用"网络水军"向网站投诉、举报、替换等方式，下沉、删除目标帖文牟取经济利益，共完成删帖业务3.9万余次，总涉案金额800余万元。从上述案例可以看出，"网络水军"不是普通的用户，他们是为了谋取利益而伪装成普通用户；"网络水军"通过人工经营多个账号或黑客工具操控多个账号等方式，对网络上销售的商品、推广的服务等内容实施不当的影响。这些"网络水军"的违法犯罪活动严重破坏了平台以及国家的市场经济秩序。

流量造假影响社会风气，损害社会信任。"网络水军"是职业化的流量造假主体，但导致流量造假的主体并不仅仅是"水军"。有的网络企业主动提供虚假流量，有些平台企业对虚假用户IP以及相关互动等虚假流量采取默许、放任的态度，目的在于赚取更多广告费用。有的用户为了吸引更多人的关注，不惜制造谣言、故意传播谣言、制造各种虚假事件等，有的恶意炒作各种社会热点议题。所以导致的问题是，在网络平台上往往存在虚假的IP，人们无法了解平台上用户的真实情况，有时一个黑客工具可以控制成千上万个

IP;有的是大量虚假的关注,商业用户受到欺诈而付出高额的广告费用;有的是机器人或大量"水军"虚假的评论,带来对某些商品、服务或个人并不真实准确的评价。流量是关系到用户、平台企业、商家甚至国家治理的重要资源,流量造假不仅损害了用户及商家的权益,也影响了社会风气,损害了社会信任。

流量劫持是一种野蛮的抢夺行为,不仅侵犯了平台企业的合法权益,也侵犯了用户的权利。流量是数字时代一种重要的资源,流量劫持就是通过技术手段将平台企业的流量劫持到其他网站,从而造成平台企业流量的损失。在海淀检察院公布典型案例时,对"流量劫持"的解释是:"流量劫持"即行为人通过技术手段,对计算机信息系统或应用程序的数据通信行为加以非法控制,增加、删除或修改数据通信的路径或内容,造成用户流量损失。常见的行为样态有:通过恶意软件或木马非法锁定用户的浏览器首页,致使用户强制浏览某网站;通过技术手段,致使用户访问的页面上不断弹出广告窗口;通过修改 DNS 数据,导致用户在访问正常网页时被强制引导至某网站。在流量被劫持的过程中,用户完全失去了知情权以及选择权,其注意力被强制通过技术手段转移到其他网站或者页面。所以流量劫持不仅侵害了平台企业的合法权益,导致平台企业流量的损失,同时也侵害了用户的合法权益。

最后要看到的是,流量涉及多方权益的重叠和博弈。流量的基础是人们的注意力,所以其关系到用户的权利。平台企业如何使用流量还直接关系到用户的知情权、选择权等诸多权利,平台企业使用流量不应侵犯用户的合法权利。平台企业实际占有、使用着平台上产生的流量,所以要尊重和保障企业对其掌握的流量有获取收益的权利,比如,要整治"网络水军"对网络流量的破坏、防止第三方通过"流量劫持"等各种技术手段侵害平台企业流量权益的情况。平台企业流量还关系到国家利益以及公共利益。所以从数字时代法治发展的视角看,应该尽快构建起保障和规范流量背后相关主体权利义务的法律制度。

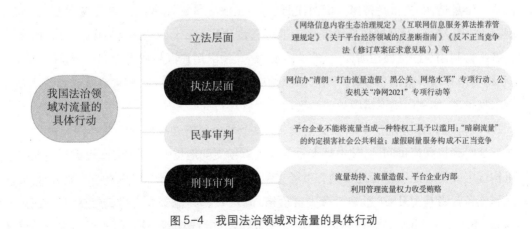

图 5-4　我国法治领域对流量的具体行动

二、我国法治领域对流量提出了哪些最新要求?

尽管当前我国对流量的性质以及相关主体之间的权利义务还缺乏深入的研究,但党和政府以及司法机关都充分认识到了流量对国家治理以及经济健康发展的重大意义,采取各种措施以维护流量管理及经营的正当秩序。2019年北京互联网法院时任院长张雯和颜君法官发表了《"刷流量"网络黑灰产业的监管与规制——以司法纠纷解决路径为切入点》的文章。文章介绍了2012年到2018年之间"刷流量"案件的发展情况,"笔者以'刷流量'为关键词进行搜索,对裁判文书数据库中导出的相关裁判文书共93份展开调研分析。从案件数量来看,2012年及以前尚无相关案件信息,2013年至2016年案件数量均为个位数,2017年26件,同比上升420%;2018年51件,同比上升96%。从案件类型来看,刑事案件占比为75%,主要涉及诈骗罪、合同诈骗罪;民事案件占比为24%,主要涉及服务合同纠纷、不正当竞争纠纷等。"法院的相关判决也为厘清相关主体的权利义务关系指明了方向。

1. 立法对流量的哪些问题作出了规定?

在目前我国生效的法律法规中,还没有关于对流量问题的规范,即使是2022年全国人大对《反垄断法》的最新修订,也并未提及任何关于流量的问题。这充分说明相关立法并未意识到流量在数字经济以及数字建设中的重要作用。不过,相关部委在一些规章中专门对此作出了规定。《网络信息内容生态治理规定》第二十四条规定:"网络信息内容服务使用者和网络信息内容生产者、网络信息内容服务平台不得通过人工方式或者技术手段实施流量造假、流量劫持以及虚假注册账号、非法交易账号、操纵用户账号等行为,破坏网络生态秩序。"《互联网信息服务算法推荐管理规定》第十四条规定:"算法推荐服务提供者不得利用算法虚假注册账号、非法交易账号、操纵用户账号或者虚假点赞、评论、转发,不得利用算法屏蔽信息、过度推荐、操纵榜单或者检索结果排序、控制热搜或者精选等干预信息呈现,实施影响网络舆论或者规避监督管理行为。"

2021年2月,国务院反垄断委员会发布《关于平台经济领域的反垄断指南》中,共有四条五处明确提到流量问题,其中第十一条关于市场支配地位的认定部分,提出反垄断执法机构认定或者推定经营者是否具有市场支配地位,在考虑经营者控制市场的能力时,要考虑到该经营者是否具有"影响或者决定价格、流量或者其他交易条件的能力等";在第十四条"拒绝交易"部分,在分析具有市场支配地位的平台经济领域经营者是否构成拒绝交易,要考虑其在平台规则、算法、技术、流量分配等方面是否设置了不合理的限制和障碍,使交易相对人难以开展交易。在第十五条"限定交易"部分两处提到流量,在分析具有市场支配地位的平台经济领域经营者是否构成限定交易时,要重点考虑以下两种情形:一是平台经营者是否通过屏蔽店铺、搜索降权、流量限制、技术障碍等惩罚性措施实施的限制,二是平台经营者是否通过补贴、折扣、优惠、流量资源支持等激励性方式实施的限制。在第十六条"搭售或者附加不合理交易条件"部分提出,在分析具有市场支配地位的平台经济领域经营者,是否构成搭售或者附加不合理交易条件时,应当考虑其是否以搜索降权、流量限制、技术障碍等惩罚性措施,强制交易相对人接受其他商品。《关于平台经济领域的反垄断指南》弥补了《反不正当竞争法》对流量问题缺乏专门关注的不足,有助于限制平台企业以流量为工具滥用市场支配地位的情况发生。

一个积极的现象是,正在修订的《反不正当竞争法》已经在三处关注流量问题。在2022年11月国家发布的《反不正当竞争法(修订草案征求意见稿)》(以下简称"《征求意见稿》")中,全国人大在国家立法中首次明确提到流量并对流量有关问题作出规范。《征求意见稿》第十三条有两处明确提到流量问题,具有相对优势地位的经营者无正当理由不得实施下列行为,对交易相对方的经营活动进行不合理限制或者附加不合理条件,影响公平交易,扰乱市场公平竞争秩序:……(五)不合理设定扣取保证金,削减补贴、优惠和流量资源等限制;(六)通过影响用户选择、限流、屏蔽、搜索降权、商品下架等方式,干扰正常交易。第十六条规定,经营者不得利用技术手段,实施流量劫持、不当干扰、恶意不兼容等行为,影响用户选择,妨碍、破坏其他经营者合法提供的网络产品或者服务正常运行。根据上述规定,将具有相对优势地位的经营者不合理设定扣取流量资源的限制、通过限流方式干扰正常交易的认定为不正当竞争行为,在第十六条第一项具体规定了流量劫持的具体方式,"未经其他经营者同意,在其合法提供的网络产品或者服务中,插入链接、强制进行目标跳转、嵌入自己或者他人的产品或者服务",正在修订的这些法律规定对于未来的流量管理具有重要的意义。

尽管上述《征求意见稿》只在三处明确提到流量问题,但相关条款的规定显然也会关系到对流量问题的规范。比如,第十四条规定的反向刷单行为,经营者恶意交易,产生虚假流量,破坏了平台企业对流量的管理秩序;第十七条规定,经营者不得利用技术手段、平台规则等,违反行业惯例或者技术规范,不当排斥、妨碍其他经营者合法提供的产品或者服务的接入和交易等,扰乱市场公平竞争秩序;第二十条经营者不得违反本法规定,实施其他网络不正当竞争行为,扰乱市场竞争秩序,影响市场公平交易,损害其他经营者或者消费者合法权益和社会公共利益。要充分认识到,流量就是平台企业常用的技术手段,平台规则也关系到流量使用的管理制度,由于国家对流量应用缺乏具体的法律规定,所以流量经常被平台企业当成一种工具,对平台上的市场经营秩序施加不当影响,从而造成不公平的市场环境,希望《反不正当竞争法》未来的上述相关规定也能对流量的规范产生积极的作用。

2. 执法中国家重点整顿了关于流量的哪些问题？

党和政府充分意识到流量在维护健康的网络秩序方面所发挥的重大作用,相关部门多次开展相关整顿活动,以净化有关流量的各种混乱现象。

2021 年 12 月中央网信办决定在全国范围内开展为期 2 个月的"清朗·打击流量造假、黑公关、网络水军"专项行动。在 2022 年中央网信办开展的专项整治活动中,在"清朗·打击网络直播、短视频领域乱象"专项行动中特别提出,严惩偷拍跟拍、搭讪骚扰、虚构自杀等各类无底线蹭流量,进行违规变现行为;坚决整治直播间营造虚假人气、虚假带货量,短视频账号营造虚假流量等行为;严厉打击通过炮制低俗情感剧情,收割老年人流量,实施营销诈骗。特别提出要开展"打击流量造假、黑公关、网络水军"专项行动,明确提出进一步聚焦重点平台、环节、板块和产品功能,严管水军招募和推广引流信息。

司法机关及时处理一些为了吸引流量而无端生事的案件。2023 年 2 月安徽某女子谭某在直播间直播其被家暴的悲惨情况,引发社会巨大关注,后被查实是谭某为了吸引流量而故意虚构"家暴"内容并予以传播,谭某被行政拘留 10 日。2020 年 7 月,郎某在某快递驿站内,使用手机偷拍正在等待取快递的被害人谷某,并将视频发布在某车队微信群。后为了吸引流量,郎某、何某竟然捏造谷某因取快递结识快递员、二人多次发生不正当性关系的微信聊天记录,事件引发社会广泛关注及网络上大量低俗评论,谷某因被诽谤导致无法正常履职被公司劝退,后被医院诊断为抑郁状态。检察机关对郎某、何某以涉嫌诽谤罪提起公诉,法院判决两被告人有期徒刑一年,缓刑两年。在江西胡鑫宇等社会热点事件中,都有一些人为了引起关注,杜撰各种虚假事实,"蹭流量""带节奏",引发恶劣社会影响,最后被司法机关依法追究责任。

自 2018 年以来,我国公安机关开始主动采取措施,严厉打击自媒体"网络水军"违法犯罪行为。2021 年,公安部在全国部署开展"净网 2021"专项行动,重点打击非法黑公关等"网络水军"违法犯罪,关停"网络水军"账号 620 万余个。2022 年 6 月为进一步遏制"网络水军"及相关黑灰产业的滋生蔓延趋势,有效维护网络生态、市场经济秩序和广大人民群众合法权益,公安部网安局在全国范围内启动为期 6 个月的打击整治"网络水军"专项工作。上述专项整顿对规范流量正常秩序、保护网民合法权益发挥了重要作用。

3. 法院民事审判确认了平台流量管理的哪些原则？

平台企业不能将流量当成一种特权工具予以滥用。2023 年 3 月 15 日,最高人民法院发布十件网络消费典型案例,其中有一起某文化传播公司诉某信息技术公司网络服务合同纠纷案。在该案件中,原告公司要求被告公司对某新能源电池品牌方指定的关键词搜索引擎优化,实现某搜索引擎前 5 页无明显关于该品牌的负面内容,以及负面压制期为 30 天等,后原告以被告未按约完成负面压制服务为由诉请解除合同。法院审理后认为,

"从缔约目的看,负面压制目的违反诚实信用原则;从履行方式看,负面压制实质是掩饰了部分公众本可以获取的信息,影响公众对事物的客观和全面的认知;从行为危害性来看,负面压制行为损害消费者权益及市场竞争秩序,有损社会公共利益,违背公序良俗;从社会效果来看,负面压制行为扰乱互联网空间管理秩序,影响互联网公共空间的有序发展。"最后,认定不正当干预搜索结果的"负面内容压制"约定无效,法院发布的案件信息并未介绍被告单位具体信息,如果被告单位是平台企业,或者是某个公司与平台企业合谋,向社会提供"负面内容压制"的服务,那显然滥用了支配流量的权力,侵害了用户知情权。在这一案件中,法院不仅从市场竞争秩序的角度认定合同无效,更强调了流量运作所影响到的公众知情权、互联网空间秩序,这也进一步体现出流量背后呈现着复杂的多方权益重叠和博弈状态。

"暗刷流量"的约定损害社会公共利益。在2021年5月最高人民法院发布的互联网十大典型案例中,一起北京互联网法院审理的案件涉及"暗刷流量"问题。在常文韬诉许玲、第三人马锋刚网络服务合同纠纷案中,许玲通过微信向常文韬寻求"暗刷的流量资源",后双方就服务费用的数额发生纠纷。许玲一方同意付款16293元,常文韬向法院提起诉讼,要求许玲支付服务费30743元及利息。法院经审理认为,双方"暗刷流量"的行为,侵害了不特定市场竞争者和广大不特定网络用户的利益,最终损害了社会公共利益,认定双方订立的"暗刷流量"合同无效,判决驳回常文韬的诉讼请求。在最高人民法院点评的本案典型意义中指出:"本案是全国首例涉及'暗刷流量'交易的案件。网络产品的真实流量能够反映网络产品的受欢迎度及质量优劣程度,流量成为网络用户选择网络产品的重要因素。"

虚假刷量服务构成不正当竞争。在重庆市第五中级人民法院审理的深圳市腾讯计算机系统有限公司、腾讯科技(深圳)有限公司诉数推(重庆)网络科技有限公司、谭旺不正当竞争纠纷案中,法院认定数推公司、谭旺利用网络技术手段,针对腾讯计算机公司、腾讯科技公司网站和产品服务,对内容信息的点击量、浏览量、阅读量进行虚假提高,并予以宣传,获取订单与转托刷量之间的差价,这种有偿提供虚假刷量服务行为构成不正当竞争,判决数推公司与谭旺连带赔偿经济损失及为制止侵权支付的合理费用共计120万元。

上述三起案件都并未深入分析流量的性质以及价值,但也确认了流量民事权益的一些基本原则。通过第一个案件,法院判决确认了平台企业只能正当使用流量资源,"负面内容压制"属于滥用流量工具,侵害了用户的知情权。后两个案件从市场竞争秩序的角度确认了"流量造假"行为的违法性,明确认可并保护了平台企业对流量享有的正当竞争权益。其中"暗刷流量"的案件确认了这种流量造假行为侵害了不特定市场竞争者和广大不特定网络用户的利益,属于无效,"虚假刷量"案件确认了这种流量造假行为构成不正当竞争,这两起案件都是对第三方侵害平台流量权益的处理。三起案件只是确认了流量管理的一些基本原则。相信随着数字时代的发展以及流量商业价值的不断增强,未来相关的民事诉讼一定会增加。

4.司法机关重点打击了关于流量的哪些犯罪行为？

"流量劫持"是一种对流量资源的野蛮掠夺,不仅侵害了平台企业以及用户的合法权益,还破坏了国家秩序,严重时将构成刑事犯罪。近些年来,我国司法机关办理了一些"流量劫持"的刑事案件,对整个社会尊重流量的价值以及平台企业对流量享有的正当权益发挥了重要作用。2015年11月,上海浦东新区人民法院判决了中国大陆首起流量劫持刑事案件。两人租赁多台服务器,使用恶意代码修改DNS设置,使用户登录导航网站时跳转到其设置的其他网站,短时间内两人违法所得高达75万多元。案发后两名被告人被以破坏计算机信息系统罪判处有期徒刑三年,缓刑三年。在2021年12月北京市海淀区人民检察院发布的12起网络科技犯罪典型案例中,有一起涉及"流量劫持"的案件。在该起案件中,2015年至2017年5月期间,某科技公司出于企业营利目的,制作、传播主要针对境外用户计算机信息系统的破坏性程序,对用户浏览器首页进行非法锁定和劫持,强制用户访问特定网站,起到广告引流的作用,最终通过流量变现方式实现获利。检察院以被告单位北京某科技公司、被告人马某等7人犯破坏计算机信息系统罪提起诉讼,2019年2月海淀区人民法院依法判决被告单位北京某科技公司犯破坏计算机信息系统罪,判处罚金人民币五万元;被告人马某等7人犯破坏计算机信息系统罪,判处有期徒刑一年十一个月至二年不等。在这些流量劫持的案件中,并不涉及对流量权属本身的讨论,"流量被劫持"不过是行为人通过技术手段实施对平台计算机信息系统的破坏,从而导致了平台用户流量受损或者是行为人利用流量非法获利的结果。

丰台区人民法院审理了一起流量造假的案件。2018年1月至2019年3月一年多时间里,被告人蔡某某自行开发"星援"App,有偿为他人提供不需要登录新浪微博客户端即可转发微博博文及自动批量转发微博博文的服务。在这个过程中,用户的注意力与数据之间的关系被割裂,相关数据并不是来自用户的注意力,而是直接来自通过技术手段转发的相关服务,所以流量不是基于用户的注意力而产生,而是基于技术制造的虚假数据而产生,这时流量就已经彻底失去了其商业价值。但制造虚假流量的当事人却可以从中获益。至案发时,该软件已有用户使用19万余个控制端微博账号登录,被告人蔡某某获取违法所得人民币625万多元。最后蔡某某以提供侵入计算机信息系统程序罪一审获刑五年。

警惕平台企业利用管理流量权力收受贿赂的案件。在目前关于平台企业内部员工利用流量涉嫌职务犯罪的案例并不多见。最高人民检察院2022年8月发布的6件依法惩治破坏市场竞争秩序犯罪典型案例中,有一件平台企业员工利用流量卡受贿的案件。该案件的基本情况是:2017年7月至2020年5月,被告人冯某、黄某某分别担任北京某科技有限公司外卖事业部华南区域经理和大客户销售经理。2017年,冯某、黄某某与尊宝披萨的全国市场营业部负责人王某某(另案处理)商定,由王某某按照每月15万元人民币支付团建费用给冯某、黄某某,冯某、黄某某则在降低该公司的抽成比例、提供优惠补贴、流量卡等方面对尊宝披萨提供帮助。其间两人共收到王某某转款 540 万元。本案一大特点是被告人收取费用后,为商户提供了大额的流量卡支持。流量卡是平台企业管理流量的一种制度,一般需要付费购买,也就是通过付费购买流量卡获得流量支持。但平台企业也会把流量卡作为一种新型的优惠券,在对外推广中向商户或一般用户免费提供。平台企业相关工作人员掌握着是否提供免费或优惠流量卡的权力。商户为了获得额外的优惠,就有可能向平台企业员工行贿。2021 年,该案件经过一审、二审,法院认定冯某、黄某某犯非国家工作人员受贿罪,均被判处有期徒刑三年六个月,并处罚金人民币 50 万元,追缴冯某的违法所得 260.5 万元。要意识到的问题是,尽管类似职务犯罪案件并不多见,但既然流量财产属性日益凸显,平台企业相关工作人员掌握了流量分配的权力,那如果平台企业不能及时完善相关管理和监督制度,类似违法犯罪情况一定会更多发生。

虽然党和政府严厉打击"网络水军"等违法犯罪行为,但相关情况依然复杂严峻,网络造假的问题依然在很大程度上存在。尽管近些年来司法机关办理了一些关于流量的案件,但相关案例还是很少,并且主题主要集中在"流量造假""流量劫持"等领域。由于对流量的性质、特征、权属以及相关方的权利义务关系还缺乏深入的研究,相关立法政策还不清晰,很多用户并未意识到平台企业流量管理对自身权益的影响,平台企业也缺乏公开透明的流量管理制度体系。这种局面严重影响了国家及平台企业对流量管理的质效以及用户的合法权益。

图 5-5　规范流量立法建议

三、对规范流量有哪些具体的立法建议？

流量既有财产权属性,也可能具有人格权属性;流量背后有用户个人、平台企业、公共乃至国家等多方主体的权益重叠。因此,对流量的使用进行规范是数字时代法治建设的重要内容。那么如何规范呢？这同样是复杂的问题。流量背后既有用户注意力的付出和数据的积累,又有平台算法这种复杂的技术力量引导控制,还有市场中各企业基于此进行的商业交易,如何厘清其中各主体的权利义务关系呢？此外,流量背后不仅关系到平台企业与用户之间的权利义务关系,还关系到公共利益下的互联网空间秩序甚至是国家安全利益,作为流量"持有者"和"守门人"的平台应该怎么做？国家该如何在尊重新经济运行模式的前提下进行良性的外部规范和引导呢？

1. 如何实现流量向善的价值目标？

流量向恶将放纵人类社会的各种丑恶现象,尽管我国并未就流量管理问题专门立法,但对网络内容、算法管理的相关规定可以说为流量管理提供了基本的制度基础。因为流量是用户注意力与数据之间互动的反映,平台企业要通过算法推荐,吸引更多人的注意力,产生更大的流量,生成更多的数据,所以在这个过程中,算法的逻辑以及推荐或限制的内容就成为影响流量的关键因素。相关平台企业在应用流量时,应该依据国家有关内容以及算法的相关规定及时完善企业内部关于流量管理的基础制度。

内容是影响流量的重要因素,不论是平台企业的流量管理还是用户创作视频、文章以及开展直播等活动,都应该首先考虑内容的因素。我国相关法律规定明确了网络内容治理的三个基本原则:一是鼓励积极健康的内容。《网络信息内容生态治理规定》在第五条规定了鼓励网络信息内容生产者制作、复制、发布的七方面具体内容。在第十三条专门规定,鼓励网络信息内容服务平台开发适合未成年人使用的模式,提供适合未成年人使用的网络产品和服务,便利未成年人获取有益身心健康的信息。二是禁止违法信息内容。《网络信息内容生态治理规定》在第六条强调了互联网信息服务提供者不得制作、复制、发布、传播的九方面内容,这九方面内容是我国网络内容治理的底线,在《网络安全法》《互联网信息服务管理办法》《互联网视听节目服务管理规定》《互联网文化管理暂行规定》《互联网直播服务管理规定》等相关规定中都有明确体现。三是要防范和抵制不良内容。《网络信息内容生态治理规定》规定了网络信息内容生产者要防范和抵制的九方面具体不良内容。国家通过立法明确对三类不同内容的不同要求,为平台企业管理流量提供了方向:对符合上述要求的积极健康内容提供流量支持,加大健康内容的传播效果;对涉嫌违法犯罪行为的内容严格禁止；对不良内容采取限流等措施，积极防范和抵制。

　　算法是影响流量的主要因素。平台企业主要是依据算法对流量进行管理。但算法是个复杂的计算系统，其首先就要考量国家法律法规的相关规定，比如算法应当贯彻国家上述关于内容生态治理的要求，对不同内容采取不同的策略。算法还要考量用户的兴趣以及企业利益的诉求。所以看似中立的算法技术，背后体现的是国家、企业以及用户利益的平衡。国家网信办等部门专门发布了《互联网信息服务算法推荐管理规定》，该部颁规章确立了我国算法管理的基本制度，其中第六条明确规定："算法推荐服务提供者应当坚持主流价值导向，优化算法推荐服务机制，积极传播正能量，促进算法应用向上向善。算法推荐服务提供者不得利用算法推荐服务从事危害国家安全和社会公共利益、扰乱经济秩序和社会秩序、侵犯他人合法权益等法律、行政法规禁止的活动，不得利用算法推荐服务传播法律、行政法规禁止的信息，应当采取措施防范和抵制传播不良信息。"国家上述算法推荐的规定体现了对内容生态治理的具体要求，在平台企业的算法规则以及流量管理的相关制度中应该予以具体落实。

　　当然也要看到，流量管理也不能完全依靠算法。算法逻辑中一个主要因素是要考虑如何吸引用户的注意力。尽管算法会自动禁止或限制一些违法犯罪或者不良内容的传播，但算法难以完全识别哪些是违法犯罪或不良的内容。法律在不断完善，人们关于不良内容的理解也在变化，处于"灰色地带"的内容也有很多，算法难以及时对全部的违法犯罪或不良内容进行识别，这就需要平台企业加强人工对内容及流量的管理。我国《互联网信息服务算法推荐管理规定》第十一条为此专门作出了规定："算法推荐服务提供者应当加强算法推荐服务版面页面生态管理，建立完善人工干预和用户自主选择机制，在首页首屏、热搜、精选、榜单类、弹窗等重点环节积极呈现符合主流价值导向的信息。"《网络信息内容生态治理规定》更是在第八条中明确了平台企业在网络内容治理中的主体责任以及向上向善的明确方向，该条规定："网络信息内容服务平台应当履行信息内容管理主体责任，加强本平台网络信息内容生态治理，培育积极健康、向上向善的网络文化。"依据上述相关规定，平台企业在算法推荐服务外，还要建立有效的流量人工管理制度，通过有效的流量人工管理，对涉嫌违法犯罪或者不良内容进行流量限制，对积极健康内容加大流量支持力度，从而实现流量向善的发展目标。

　　网络暴力是反映流量向善或向恶的一个典型问题。每一起网络暴力案件中都包含着明显的违法信息。《网络信息内容生态治理规定》第六条明确规定，网络信息内容生产者不得制作、复制、发布侮辱或者诽谤他人，侵害他人名誉、隐私和其他合法权益等违法信息。某个网络暴力案件在网络上引发广泛关注，平台企业不可能不知道，问题关键在于平台企业是及时采取措施予以治理还是放纵甚至怂恿，平台企业在算法以及人工流量管理中，是否落实了上述法律规定？如果有效落实了上述法律制度，算法就会成为防治网络暴力的第一道关口，人工审核就会成为第二道关口。平台企业就能及时发现网络暴力并予以处理。当前不断发生的网络暴力案件充分暴露了平台企业在对待网络暴力案件上态度的暧昧，这和美国脸书原高级经理豪根指控脸书的问题存在着完全相同的逻辑。平台企业公开声明治理虚假、仇恨、暴力言论，但乐于从虚假、仇恨、暴力言论中获得更多流量。这种言不由衷的态度不仅是治理网络暴力问题的最大难题，也是整个网络内容生态治理、防治流量作恶、实现流量向善的最大难题。所以，治理网络暴力的关键不仅在于严厉打击个别实施侮辱、诽谤的人，更关键在于网络平台的治理，在于企业是否将流量向善作为一个基本要求贯穿到整个平台的管理中。只有平台企业切实担负起责任，采取有效措施及时识别虚假、仇恨、暴力的内容并通过流量管理等方式予以治理，流量向善的目标才能真正实现。

2. 如何规范流量的管理秩序？

加强研究，进一步深化对流量重要性的认识。流量反映了注意力和数据相互转换的过程，所以其不仅是一种资源，更是一种工具。流量应用既能全面提升整个社会的文明素养，也能拉低整个社会的道德水准；流量应用不仅涉及企业经济利益，还关系到社会稳定、国家政治安全；流量应用不仅关系到平台企业与国家之间权利义务的分配，更关系到用户群体的权益。所以要看到，在数字时代发展的进程中，流量发挥着越来越重要的作用。但遗憾的是，当前整个社会尤其是法学界和司法界，对流量问题的研究还很有限，对流量的性质以及特征还缺乏基本的共识。这种局面限制了国家依法规范流量应用的质效。所以，不论是从国家治理的层面，还是从平台企业健康发展的层面，都应该加强对流量相关问题的研究，以进一步明确流量的性质、特征以及在流量应用过程中需要注意的相关问题。

国家应该进一步完善流量管理的相关法律制度。流量作为一种重要的资源和工具，在数字时代将发挥越来越重要的作用。当前我国在生效的规章以及规范性文件中，主要是《网络信息内容生态治理规定》《互联网信息服务算法推荐管理规定》《关于平台经济领域的反垄断指南》对流量问题作出了专门的规定，《反不正当竞争法（征求意见稿）》首次在立法中明确提出了对流量的规范。可以看到，很多关于数字经济、数字社会治理的法律法规以及规范性文件并未意识到流量的最大作用。从国家法律规制的角度，应该有这样一些基本的方向：一是严格禁止平台企业以及经营者流量造假的行为。流量首先作为一种统计指标，流量造假欺骗了用户以及消费者，破坏了公平的市场秩序。在马斯克收购推特过程中一个重要问题是关于虚假用户以及虚假评论问题，而虚假用户以及虚假评论直接关系到的就是虚假流量。在中央网信办开展的专项行动中，明确提出了要整顿"流量造假"问题，要坚决整治直播间营造虚假人气、虚假带货量，短视频账号营造虚假流量等行为。二是保障流量的财产权属性。流量作为数字经济中一种重要的资源，往往能够直接变现为财富。这时首先就要保障平台企业对流量的正当权益，严格打击"流量劫持"等不正当竞争甚至违法犯罪行为。当然,流量背后还涉及用户的参与,尤其是那些有重大社会影响、自带巨大流量的用户,如何平衡平台企业与用户对流量变现的分配,也是立法需要关注的问题。三是规范流量作为一种工具的使用。在目前平台企业的经营管理中,流量成为一种日益重要的工具。如何规范流量的公平公正应用成为未来流量管理的重要课题。《反不正当竞争法(修订草案征求意见稿)》第二十二条规定:"平台经营者应当加强竞争合规管理,积极倡导公平竞争。平台经营者应当在平台服务协议和交易规则中明确平台内公平竞争规则,引导平台内经营者依法竞争。"这种表达并不准确。国家要对整个市场秩序负责,所以《反不正当竞争法》明确规定了国家在反不正当竞争中的明确义务,在上述《修订草案征求意见稿》第三条第二款、第三款规定:"国务院建立反不正当竞争工作协调机制,研究决定反不正当竞争重大政策,协调处理维护市场竞争秩序的重大问题。各级人民政府应当采取措施,制止不正当竞争行为,为公平竞争创造良好的环境和条件。"平台企业要对平台上的经营秩序承担主体责任,所以其不应该仅仅是"积极倡导公平竞争""引导平台内经营者依法竞争",而是应该承担具体的管理责任,建议参考第三条的规定,具体修改为:"平台经营者应当建立和完善反不正当竞争机制,加强竞争合规管理,在平台服务协议和交易规则中明确平台内公平竞争规则。平台企业应当及时制止平台内发生的不正当竞争行为,为平台内的公平竞争创造良好的环境和条件。"在此基础上,具体研究平台企业通过流量支持以及限流等措施可能影响公平竞争的行为。建议国家就流量管理先制定一部专门的规章,明确流量规范的基本要求以及平台企业流量管理过程中的基本制度,厘清流量背后国家、平台企业和公民之间的具体权利义务关系。

平台企业应该及时健全流量管理的内部制度。当前在有些平台企业中,已经出现一些流量管理的乱象:对能够吸引用户注意力的违法以及不良等内容持默许、纵容的态度,以产生更多流量,放纵了违法、不良内容的传播;参与流量造假、负面内容压制等行为,影响网络内容生态以及社会公信力;流量使用过于随意,这不仅会影响企业经济效益,也会滋生腐败,出现工作人员利用流量收受贿赂的情况;流量使用的规则并不公开透明,严重影响用户的知情权和公平选择等权利。这种局面不仅会侵害用户权益,损害社会公共利益甚至会影响国家安全,也会损害平台企业自身的利益。所以,一方面是国家立法要对流量问题及时规制,另一方面建议平台企业也要针对自身特点,及时制定系统全面的流量管理内部制度。

流量使用应该成为国家对平台企业监管的重要内容。鉴于流量对国家治理以及用户权利的重大影响,国家应该加大对平台企业流量使用的监督管理。一是国家网信、公安、市场监管等部门,应当加强对平台企业的行政监督管理。当前我国建立了对算法规则的备案制度,这种备案制度本质上是一种事前监督,有助于预防平台企业滥用算法权力现象的发生。那么,是否也需要建立流量管理的备案制度?以避免平台企业滥用流量管理的权力?二是法院在审理相关流量案件过程中,要逐步确立起流量权益的一些基本原则,比如,平台企业流量信息的真实公开原则,平台企业流量应用的公平公正原则,平台企业流量权益不受非法侵犯原则,等等。三是检察机关应该充分发挥公益诉讼制度的作用,积极与相关社会组织合作,针对平台企业滥用流量权力等行为提起公益诉讼,以更好维护流量应用过程中的公共利益。

3. 如何规范付费流量推荐?

当前最迫切的问题是,付费流量推荐如何规范?绝大多数平台企业都有付费流量推荐的服务。用户支付一定费用购买平台企业的流量,平台企业对用户的作品或者服务提供流量支持。不论网站、文字作品、视频等各种网络产品以及直播等服务,获得怎样的流量支持决定了用户是否能够关注到相关产品或服务。但对用户而言,对所看到的产品或服务背后获得流量支持的情况并不了解。有的产品或服务并未向平台企业付费,有的付费了。哪些产品或服务付费了呢?用户对此并不知情。付费流量推荐是否属于广告?如何来规范付费流量推荐呢?

根据《广告法》第二条的规定,广告是指商品经营者或者服务提供者通过一定媒介和形式直接或者间接地介绍自己所推销的商品或者服务的商业活动。根据《广告法》的规定,不仅法人可以发布广告,自然人也可以发布广告。所推销的内容不仅要包括现实物理世界的商品或服务,还应该包括虚拟空间的商品和服务。从各种经济现象来看,很多付费流量推荐显然符合广告的定义。当然有些付费流量推荐可能并不是表面的推销商品或服务,而可能只是要推荐自己发布的文章或者视频,那么哪些付费流量推荐应该按照广告来进行管理呢?

国家市场监督管理总局2023年2月25日公布、2023年5月1日起施行的《互联网广告管理办法》第九条强调了两种互联网推荐行为要明确标明是"广告":一是对于竞价排名的商品或者服务,广告发布者应当显著标明"广告",与自然搜索结果明显区分。那么问题是,什么是自然搜索?一般意义上理解,付费流量推荐显然不属于自然搜索。这是否意味着对所有商品或服务的付费流量推荐都要按照广告来管理?二是除法律、行政法规禁止发布或者变相发布广告的情形外,通过知识介绍、体验分享、消费测评等形式推销商品或者服务,并附加购物链接等购买方式的,广告发布者应当显著标明"广告"。根据上述规定,显然应将更多付费流量推荐纳入广告管理的范畴。那么,未来的问题是,应将什么样的付费流量推荐纳入广告管理的范畴?付费流量推荐与广告有怎样的区别?如何管理没有纳入广告管理的付费流量推荐?对没有付费的流量推荐是否要管理?用户是否有权知晓流量推荐的情况?从发展的视角来看,不论是否按照广告的规定来规范付费流量推荐,鉴于两者都是通过付费方式对相关产品、服务或内容的推广,建议参照《互联网广告管理办法》中的相关原则和制度,及时确立付费流量推荐所要遵循的基本原则和制度。

一是保障用户的知情权。知情权意味着平台应当提供真实的流量数据。虚假流量信息侵害了用户获得真实信息的权利，严重侵害了用户的知情权。《互联网广告管理办法》第三条明确规定了互联网广告应当真实，在第十一条又明确规定："不得以下列方式欺骗、误导用户点击、浏览广告：（一）虚假的系统或者软件更新、报错、清理、通知等提示；（二）虚假的播放、开始、暂停、停止、返回等标志；（三）虚假的奖励承诺；（四）其他欺骗、误导用户点击、浏览广告的方式。"要求提供的流量信息真实是保障用户知情权的基础，为此，应当完善制度要求平台企业向用户提供真实的流量信息。例如，依法要求平台企业不得虚构流量数据以引导用户点击相关产品或内容；不得对流量数据造假以误导用户对产品或内容的评价从而进行消费行为；不得以虚假的奖励承诺或其他欺骗方式误导用户点击、浏览付费流量推荐内容等；对付费流量推荐予以标注等。

　　二是要明确流量推荐的可识别性。《互联网广告管理办法》第九条规定："互联网广告应当具有可识别性，能够使消费者辨明其为广告。对于竞价排名的商品或者服务，广告发布者应当显著标明'广告'，与自然搜索结果明显区分。除法律、行政法规禁止发布或者变相发布广告的情形外，通过知识介绍、体验分享、消费测评等形式推销商品或者服务，并附加购物链接等购买方式的，广告发布者应当显著标明'广告'。"平台企业通过流量获取广告收益是数字时代一些平台企业发展的主要经营方式，这涉及平台企业的发展以及正当权益，理应依法获得保护。当下存在的问题是，很多平台企业的流量推荐并未达到广告的要求，在各个平台都存在着不同方式的流量推荐。同样一篇文章，是否有流量推荐，将出现完全不同的阅读量以及点赞量，而用户在这个过程中不仅是被动引流的，而且对相关引流的情况并不了解。那么问题是，对相关流量推荐的情况以及规则是否有必要像对广告的要求一样进行明示？从规范市场秩序、保障用户知情权等视角出发，未来应该进一步强化流量推荐的可识别性。

　　三是平台企业要保障用户的选择权。选择权是用户相对平台企业一项重要的权利，平台企业为了商业利益，完全能够通过自我优待、信息茧房、流量管控等方式影响甚至限制用户的选择权。《互联网广告管理办法》第十条规定："以弹出等形式发布互联网广告，广告主、广告发布者应当显著标明关闭标志，确保一键关闭，不得有下列情形：（一）没有关闭标志或者计时结束才能关闭广告；（二）关闭标志虚假、不可清晰辨识或者难以定位等，为关闭广告设置障碍；（三）关闭广告须经两次以上点击；（四）在浏览同一页面、同一文档过程中，关闭后继续弹出广告，影响用户正常使用网络；（五）其他影响一键关闭的行为。启动互联网应用程序时展示、发布的开屏广告适用前款规定。"本条规定明确规定了用户拒绝商业广告的权利，在平台企业、第三方商业伙伴以及普通用户的权利义务上，优先保障了用户的选择权。同时《互联网广告管理办法》第十七条还规定："未经用户同意、请求或者用户明确表示拒绝的，不得向其交通工具、导航设备、智能家电等发送互联网广告，不得在用户发送的电子邮件或者互联网即时通讯信息中附加广告或者广告链接。"该条进一步强调了用户对特定广告有选择的权利。那么，在平台引流过程中，用户是否有权了解平台引流的规则以及逻辑？对哪些引流行为可以拒绝？用户是否有不被引流的权利？如何保障用户的这些权利？这些都是未来数字法治发展过程中不可回避的问题。

四是付费流量推荐是否要遵循广告管理的一些特殊规定？《互联网广告管理办法》第十二条规定，在针对未成年人的网站、网页、互联网应用程序、公众号等互联网媒介上不得发布医疗、药品、保健食品、特殊医学用途配方食品、医疗器械、化妆品、酒类、美容广告，以及不利于未成年人身心健康的网络游戏广告。第十七条规定："不得在搜索政务服务网站、网页、互联网应用程序、公众号等的结果中插入竞价排名广告。"那么，付费流量推荐是否要参照上述对广告管理的特殊要求？在主要以未成年人为对象或者在未成年人群体中有重大影响的平台企业是否要对特定产品的付费流量推荐作出限制？上述规定要求平台企业商业广告不得损害国家公权力，这是否需要成为我国未来流量立法中的一个基本原则？如何公平体现这种原则？哪些付费流量应用属于平台企业经营自主权的内容？如何平衡国家权力与平台企业经营自主权的关系？这些都是未来流量立法中需要重点研究的问题。

流量不仅成为数字时代平台企业的一种财富，更成为平台企业行使数字权力的一种主要工具。平台企业通过流量分配，不仅获取商业利益，也能影响人们的思想、价值观，影响用户权利的实现，影响公共秩序甚至国家权力的行使。所以从国家治理的角度来说，流量背后体现着国家、平台企业、用户三者之间复杂的权利义务关系。随着技术的发展，影响流量的因素会日益复杂，规范流量的法律制度将面临更加复杂的局面。所以，尽快针对流量治理的法律问题开展研究，尽快构建起流量管理的相关法律制度，对完善和发展数字时代的国家治理体系而言是迫在眉睫的事情。

第六章　如何构建与时代发展相适应的数字货币法律制度？

　　人类社会进入了数字时代，其中对数字经济发展以及数字治理影响最为复杂的问题之一就是如何理解数字货币的发展及其性质。党和国家充分意识到了数字货币将在全球治理体系中所要发挥的重要作用。习近平总书记在 2020 年第 21 期《求是》杂志发表的《国家中长期经济社会发展战略若干重大问题》文章中就指出："我们要乘势而上，加快数字经济、数字社会、数字政府建设，推动各领域数字化优化升级，积极参与数字货币、数字税等国际规则制定，塑造新的竞争优势。"《中华人民共和国国民经济和社会发展第十四个五年规划和 2035 年远景目标纲要》中提出："积极参与数据安全、数字货币、数字税等国际规则和数字技术标准制定。"中共中央、国务院《关于构建数据基础制度更好发挥数据要素作用的意见》中提出："积极参与数据流动、数据安全、认证评估、数字货币等国际规则和数字技术标准制定。"

　　一个不容回避的现实问题是，数字货币已经对现有的金融秩序乃至全球治理产生越来越大的影响。根据有关研究，截至 2021 年底，全球共有约 5460 种私人数字货币在 20445 个交易平台上不间断交易，交易总额达 1.29 万亿美元。那么什么是私人数字货币？如何理解 Q 币、抖币、比特币等各种名目数字货币的性质？如何在法律上对数字货币进行定性？尽管法律界已经研究和关注这个问题 20 多年，尽管这个问题已经成为数字经济的重要因素，尽管这个问题已经影响到越来越多人的生活和国家乃至全球治理的进程，但由于人们对数字时代全球金融秩序以及未来的工作、生活场景还缺乏明确、清晰的理解，所以从全球治理的范围看，人类社会尚未对这些问题达成基本共识。从我国的角度来看，对相关问题的争论也一直存在。尽管国家已经充分认识到了未来数字货币的重要价值，但如何规范和管理？目前尚没有明确的制度设计。深化对上述相关问题的理解和认识，思考不同种类数字货币的性质以及未来发展趋势，思考未来全球金融秩序的发展以及对我国金融立法政策的影响，对党员干部来说是非常迫切需要学习和了解的课题。

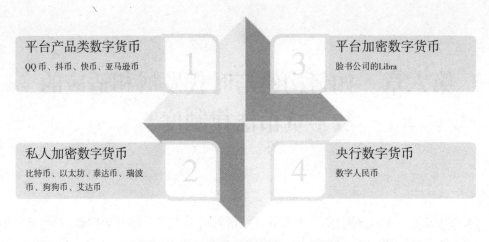

图 6-1 目前全球数字货币的四大种类

一、全球数字货币都有哪些种类?

与数字货币相关的概念以及分类有很多。比如数字货币、虚拟货币等。其中一种比较清晰的分类是:将数字货币分为法定数字货币和非法定数字货币,非法定数字货币分为私人数字货币和机构数字货币,私人数字货币又分为 Q 币等未使用加密技术发行的传统货币和使用加密技术发行的新型货币。在一些专家学者的文章中,专门研究了私人数字货币的问题,这些学者文中的私人数字货币主要是指依靠区块链技术发展起来的比特币、以太币等加密货币。那么应该如何对当前的数字货币进行分类? 或者说当前的数字货币都有哪些? 这些都是我们要研究的问题。从当前数字货币发展的情况来看,可以将目前的数字货币分为四类。

一是平台企业生产的在平台内部用户之间流通用来交换某种商品或服务的数字货币,这种货币可以称之为平台产品类数字货币。我国这种平台产品类数字货币发展最早。2022 年腾讯为了推广 QQ 相关业务,就推出了 Q 币,用户可以通过 QQ 号码进行充值,1元人民币可以购买一个 Q 币。当前我国很多平台企业也都有自己的产品类数字货币,不同平台产品类数字货币主要根据平台企业名称来命名。比如,抖音平台称之为抖币,快手平台称之为快币,1元人民币兑换 7 抖币或者 7 快币。抖币与快币的功能类似,用户可以用抖币、快币购买虚拟礼物用于打赏主播或平台创作者,也可以用来加入粉丝团。《抖音充值服务协议》《快币充值服务协议》都明确说明抖币、快币属于平台进行相关消费的虚拟币。腾讯现在的 QQ 金币,1元人民币可以兑换 7QQ 金币,用户可以用 QQ 金币兑换虚拟道具或其他服务,与其他用户进行互动,《金币充值协议》约定QQ金币属于在QQ平台进行消费的虚拟货币。哔哩哔哩发行的名称为B币,1元人民币兑换1B币,用户可以用B币购买个性装扮(类似皮肤或者主题),在哔哩哔哩漫画软件中兑换相应阅读券,购买虚拟礼物用于打赏主播,给喜欢的用户充电(即打赏),购买付费内容(如部分电影的播放权),《B币用户协议》将B币认定为数字化商品。从上述平台企业在相关用户协议中对产品类数字货币的定性可以看出,有的将其明确定性为虚拟货,比如抖音的抖币、快手的快币、腾讯的Q币;有的将其定性为数字化商品,如哔哩哔哩的B币,但它们在性质上都是一样的,都是在平台内用来交换特定商品或服务的媒介。货币的本质就是一种用来交换商品或服务的媒介,人类社会早期物物交换时代,所谓的货币就是某种物品,可能是大麦等粮食,也可能是牛羊,或者后来的贝壳等,当这些物品具有了交换商品或服务的媒介性质时,就具有了货币的特征。人类社会早期可以使用物理世界的物品当作货币,在数字时代的早期也可以使用虚拟的数字产品充当货币。因为这些数字产品具有了交换商品(可能是虚拟商品)或服务的功能,所以其发展成为产品类数字货币。我国相关法律对平台产品类数字货币还缺乏具体的规定,只是在2010年《网络游戏管理暂行办法》第十九条第一项规定:"(一)网络游戏虚拟货币的使用范围仅限于兑换自身提供的网络游戏产品和服务,不得用于支付、购买实物或者兑换其他单位的产品和服务。"国家相关规定限定了网络游戏虚拟货币的使用范围,但对其他平台产品类数字货币的使用范围并未作出限定。其他国家相关平台企业也有类似的数字货币,比如2013年亚马逊宣布推出"亚马逊币"(Amazon Coins),一个亚马逊币等于一美分。但总的来说,我国平台企业应用这种产品类数字货币更为广泛。

　　二是比特币等依靠区块链技术发展起来的加密货币,这种数字货币可以称之为私人加密数字货币。之所以将这种货币称之为私人加密数字货币,主要有三点理由:一是很多专家学者已经使用类似名称,使用这种名称保持了大家理解的连续性。比如,同济大学程雪军博士在《深圳大学学报》上发表的《区块链技术驱动下私人数字货币的发展风险与系统治理》文章中,就根据信用基础与承载主体不同,将数字货币分为私人数字货币、机构数字货币与法定数字货币。中山大学陈毅坚博士在《湖南社会科学》杂志上发表了《私人数字货币发行的刑法规制研究》,专门研究了私人货币发行中的相关犯罪问题。私人货币的提法已经广泛使用,使用这一名称有助于社会理解和接受。二是比特币等数字货币依靠区块链技术产生,最大特征就是去中心化,确实没有明确的造币主体,而是由用户私人通过"挖矿"或者交易获得,也主要是通过交易所在私人之间交易流通,私人生产、占有、使用、交易的属性鲜明。三是这种数字货币采用了加密技术,主要依靠分布式哈希算法来实现,通过分布式哈希算法,将相关数据存储在区块链的不同节点,在"矿工"依靠计算机的算法破解了某个节点的哈希函数后,所获得的相关数据直接映射到区块链的不同节点,从而形成分布式记账的单枚数字货币。可以看出,这种数字货币受到欢迎的一大原因是依靠分布式哈希算法实现了加密管理。这种加密数字货币的关键是通过开放的互联网体系，依托分布式哈希算法、"点对点"形式在不同节点间同步更新信息，以确保整个网络节点对数字货币数据的整体承认，从而实现了这种数字货币的最大安全性。为了突出这种数字货币的加密特征，可以将这种私人数字货币加上"加密"二字。目前私人加密数字货币受到一些国家以及企业的广泛承认，在很多国家可以直接兑换成本国法定货币。当前世界主要流通的私人加密数字货币有比特币（Bitcoin）、以太坊（Ethereum）、泰达币（USDT）、瑞波币（XRP）、狗狗币（Dogecoin）、艾达币（Cardano）等，其中比特币目前影响最为广泛。2009年1月比特币诞生，其以约每10分钟50个的速度增长，当总量达到1050万时（2100万的50%），增长速度减半为每10分钟25个；当总量达到1575万（新产出525万，即1050的50%）时，增长速度再减半为每10分钟12.5个。预计到2040年将达到最大数量2100个。过去十几年来，比特币价格发生了巨大变化。在2009年比特币刚诞生时，作为新生事物很多人并不理解，所以价格很低，一美元可以购买1300枚，有人简单归纳为也就是人民币一分钱可以购买一枚。中间经过多次剧烈震荡，最高时竟然达到69000美元才能购买一枚。尽管比特币价格已经大幅下跌，但在2023年5月也要28000美元左右才能购买一枚。

三是平台企业生产的在平台内外都可流通的加密数字货币，这种货币可以称之为平台加密数字货币。其最鲜明的特点有两个：一是突破平台内部的局限，不仅在平台内部可以使用，在平台外也可以流通，所以可以称之为平台产品类数字货币的升级版。二是采用了区块链等加密技术，产品更加稳定安全。2019年6月，美国脸书公司推出Libra加密数字货币，这是全球第一款真正意义上的平台加密数字货币。按着最初白皮书的设计，这种平台加密数字货币具备成为真正意义上的平台全球数字货币的三个要件：一是应用的广泛性，脸书在全球拥有近30亿月活用户，这意味着这种数字货币具有全球应用的广泛性；二是具有全球应用的可兑换性。由于当初设计这种数字货币是锚定美元、英镑、欧元和日元4种法定货币，这四种法定货币都具有全球自由兑换性，这保障了这种平台数字货币的可兑换性。三是便捷的支付系统。这种数字货币实现了点对点的支付，跨越了传统的金融支付系统，所以更便捷。但遗憾的是，Libra一问世，就受到了美国政府的强大压力和法国、德国等国政府的抵制，所以一年多以后，2020年12月脸书将Libra更名为Diem，也不再锚定多国货币，而是只锚定美元。可以看出，最初设计的Libra可能成为一种超越国家主权的平台企业全球数字货币，这种货币不仅将对传统国家法定货币以及金融系统带来巨大冲击，也将影响美元的全球霸主地位。但更改后的Diem只锚定美元，所以其只能成为美元霸权一种新的力量延伸。由于受到单一国家法定货币的深刻影响，所以伴随国际政治经济形势的变化以及美元地位的衰落，这种数字货币的应用受到巨大影响，以致最后脸书公司不得不将Diem作为一种产品对外出售。

四是国家或地区的中央银行代表政权以国家或地区的信用为基础向公众发行的数字

货币,这种数字货币可以称之为央行数字货币(Central Bank Digital Currency,简称CBDC)。之所以称之为央行数字货币而非法定数字货币,是因为随着数字经济的发展,未来可能有越来越多国家或地区将私人加密数字货币甚至平台加密数字货币法定化,那时法定货币就将实现多元化。这种数字货币最鲜明的特征是由掌握国家或地区公权力的央行发行,所以可以称之为央行数字货币。随着数字经济以及数字技术的发展,全球越来越多国家(地区)中央银行都在着手开发本国的数字货币。根据国际清算银行(BIS)的数据,目前有3种正式上线的零售CBDC和至少28个试点项目,同时至少有68家央行公开披露了他们在CBDC方面的情况。总体而言,超过80%的央行正在考虑或已经推出CBDC,以用于零售或批发支付。早在2014年,中国人民银行就开始研发数字人民币。《全面深化服务贸易创新发展试点总体方案》(以下简称《方案》)明确提出在京津冀、长三角、粤港澳大湾区及中西部具备条件的地区开展数字人民币试点。此后,数字人民币的发行和落地工作在我国各地稳步推进,目前已经在我国多个城市开展试点工作。央行数字货币是传统货币在数字时代的新型表现形式,其本质特征并未改变,依然是代表主权国家向公众发布。

通过以上分析可以看出,随着数字经济的发展,各种类型的数字货币都在发展进程中。对不同类型数字货币的定义是个复杂的过程,不同国家的不同法律政策以及不同专家学者可能有不同的定义方式,未来各种新型的数字货币也可能产生。但从目前数字货币的分类来看,有必要明确以下几个问题:一是根据发行主体的区别数字货币可以分为主权数字货币和非主权数字货币,只有央行数字货币是主权数字货币,其他三种类型的数字货币都是非主权数字货币。二是虚拟货币的提法并不准确。在我国相关政策、司法实践以及平台企业的用户协议中,都经常使用虚拟货币的提法。在有的场景下,虚拟货币特指私人加密数字货币;在有的场景下,虚拟货币又指平台产品类数字货币。要充分意识到,所有数字货币都依靠数字技术产生,都具有虚拟性。虚拟货币的提法模糊了不同类型数字货币的本质特征,甚至会混淆非主权数字货币和主权数字货币之间的界限,容易在应用中带来歧义甚至各种误解。三是对数字货币进行清晰的分类具有必要性。在中国人民银行以及一些地方政府关于数字货币研究、试点的文件中,数字货币应该特指央行的数字货币。从全球化的视野来看,数字货币已经不仅是央行数字货币,至少还包括了私人加密数字货币。如何理解不同概念的本质特征以及所包含的具体内容? 对数字货币进行细致的分类就显得必要和迫切。四是有人认为平台产品类数字货币是一种虚拟产品,不应将其称为数字货币。但是要看到,货币本身就是一种特殊的商品,其本质就是作为一般等价物的商品。马克思认为,货币最基本的特征是价值尺度和流通手段。将某种被认定为具有相应价值尺度的一般等价物作为交换商品或服务的媒介,这种媒介就是货币。所以,尽管平台产品类数字货币只能在平台内流通使用,但这种数字货币毕竟在平台内具有了价值尺度的功能,可以通过其换取某些商品或者服务,其就具有了货币的鲜明属性。相信随着平台企业的发展,这种平台产品类数字货币在平台内应用的范围将逐渐扩大,其作为货币的功能将日益凸显。

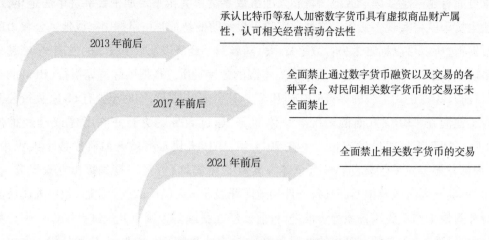

图 6-2　我国对非主权数字货币的政策阶段变化

二、我国对非主权数字货币政策经历了怎样的变化?

　　尽管我国党和政府充分认识到了数字货币在未来全球治理体系中的重要作用,但我国目前并未制定具体明确的相关制度。在我国的相关政策以及研究中,一直使用着数字货币、虚拟货币等不同的概念。对非主权的各种数字货币,我国一直保持着高度的警惕,从 2013 年以来,前后发布了三个政策,对相关问题进行规范。这三个政策也体现了国家对非主权数字货币认识和管理思路的不断变化。

　　我国对非主权数字货币第一个阶段的政策是承认其财产属性,对窃取非主权数字货币的按盗窃罪定罪量刑。其中最早在 2006 年《最高人民法院公报》就发布了一起关于 Q 币的刑事案件。检察院指控被告人孟某、何某某从某公司账户内窃取价值人民币 24869.46 元的 Q 币 32298 只,窃取价值人民币 1079.5 元的游戏点卡 50 点 134 张、100 点 60 张,两被告人以非法占有为目的,通过网络系统共同秘密窃取他人总计价值人民币 25948.96 元的财物,盗窃数额巨大,构成盗窃罪。当时两被告人的辩护人认为,Q 币和游戏点卡都是网络游戏中的虚拟财产,并非刑法要保护的国有财产、劳动群众集体所有的财产以及公民私人所有的财产,因此两被告人秘密窃取虚拟财产的行为是否属于刑法要打击的犯罪行为,有待在理论上进行探讨。法院审理后认定:"Q 币和游戏点卡是腾讯公司、网易公司在网上发行的虚拟货币和票证,是网络环境中的虚拟财产。用户以支付真实货币的方式购买 Q 币和游戏点卡后，就能得到发行 Q 币和游戏点卡的网络公司提供的等值网上服务，因此 Q 币和游戏点卡体现着网络公司提供网络服务的劳动价值。被害单位茂立公司是 Q 币和游戏点卡的代理销售商，按照合同约定的折扣，通过支付真实货币，从腾讯公司、网易公司得到 Q 币和游戏点卡。茂立公司付出对价后得到的 Q 币和游戏点卡，不仅是网络环境中的虚拟财产，也代表着茂立公司在现实生活中实际享有的财产，应当受刑法保护。""如果网络环境中的虚拟行为没有危害现实生活中刑法所保护的客体，则不是需要刑法来规范的行为。但是，如果虚拟行为对现实生活中刑法所保护的客体造成危害构成犯罪，就应当受刑罚惩罚。"最后判决两被告构成盗窃罪，分别处以刑罚。

2013 年 12 月，中国人民银行联合工业和信息化部、银监会、证监会、保监会共五个部门发布了《关于防范比特币风险的通知》。根据该通知，一是强调比特币不是货币。该通知指出："比特币具有没有集中发行方、总量有限、使用不受地域限制和匿名性等四个主要特点。虽然比特币被称为'货币'，但由于其不是由货币当局发行，不具有法偿性与强制性等货币属性，并不是真正意义的货币。"所以，"（比特币）不具有与货币等同的法律地位，不能且不应作为货币在市场上流通使用"。二是承认了比特币是虚拟商品。尽管这只是一句话的规定，但意义重大，等于承认了其具有财产属性。三是对金融机构提出了明确的要求。要求各金融机构和支付机构不得开展与比特币相关的业务，"现阶段，各金融机构和支付机构不得以比特币为产品或服务定价，不得买卖或作为中央对手买卖比特币，不得承保与比特币相关的保险业务或将比特币纳入保险责任范围，不得直接或间接为客户提供其他与比特币相关的服务"。四是强调了要加强对比特币互联网站的管理，要防范比特币可能产生的洗钱风险，要加强对社会公众货币知识的教育及投资风险提示。从上述规定可以看出，尽管当时国家并不承认比特币的货币性质，但承认其具有虚拟商品属性，还允许开设经营比特币的网站，等于承认这种新生事物的发展。

到了第二个阶段，也就是 2017 年 9 月，中国人民银行联合中央网信办、工业和信息化部、工商总局、银监会、证监会、保监会等共七个部门发布了《关于防范代币发行融资风险的公告》。发布这个通告的目的在于强调防范代币发行融资风险，该公告指出："代币发行融资是指融资主体通过代币的违规发售、流通，向投资者筹集比特币、以太币等所谓'虚拟货币'，本质上是一种未经批准非法公开融资的行为，涉嫌非法发售代币票券、非法发行证券以及非法集资、金融诈骗、传销等违法犯罪活动。"同时在此强调："代币发行融资中使用的代币或'虚拟货币'不由货币当局发行，不具有法偿性与强制性等货币属性，不具有与货币等同的法律地位，不能也不应作为货币在市场上流通使用。"为此。该通告在三个方面作出了明确的规定：一是任何组织和个人不得非法从事代币发行融资活动，要求公告发布之日起，各类代币发行融资活动应当立即停止。已完成代币发行融资的组织和个人应当作出清退等安排，合理保护投资者权益，妥善处置风险。二是要加强代币融资交易平台的管理，从公告发布之日起，任何所谓的代币融资交易平台不得从事法定货币与代币、"虚拟货币"相互之间的兑换业务,不得买卖或作为中央对手方买卖代币或"虚拟货币",不得为代币或"虚拟货币"提供定价、信息中介等服务。三是各金融机构和非银行支付机构不得开展与代币发行融资交易相关的业务。该公告等于全面禁止了虚拟货币的相关网络交易平台,尤其是不得为代币或"虚拟货币"提供定价、信息中介等服务,意味着在我国办理相关案件中,无法确定各种虚拟货币的价格,这也导致在办理盗窃虚拟货币的案件中,司法机关所适用的罪名发生了显著的变化。2018年北京市海淀区人民检察院在办理的一起案件中,被告在担任比特大陆运维开发工程师期间,转移了公司100个比特币至自己的电子钱包里。检察院不是以盗窃罪而是以非法获取计算机信息系统数据罪提起公诉,最终北京市海淀区人民法院支持指控罪名成立。这意味着在司法实践中,司法机关开始淡化比特币等非主权数字货币的财产属性,而是从数据的角度开始进行规范。

三是2021年9月中国人民银行在上述七部门的基础上,又联合了最高人民法院、最高人民检察院、公安部等三部门,这样共十个部门联合发布了《关于进一步防范和处置虚拟货币交易炒作风险的通知》,该通知在此强调比特币、以太币、泰达币等虚拟货币具有非货币当局发行、使用加密技术及分布式账户或类似技术、以数字化形式存在等主要特点,不具有法偿性,不应且不能作为货币在市场上流通使用。为此特别规定了两点:一是虚拟货币相关业务活动属于非法金融活动。明确要求:"开展法定货币与虚拟货币兑换业务、虚拟货币之间的兑换业务、作为中央对手方买卖虚拟货币、为虚拟货币交易提供信息中介和定价服务、代币发行融资以及虚拟货币衍生品交易等虚拟货币相关业务活动涉嫌非法发售代币票券、擅自公开发行证券、非法经营期货业务、非法集资等非法金融活动,一律严格禁止,坚决依法取缔。对于开展相关非法金融活动构成犯罪的,依法追究刑事责任。"二是规定境外虚拟货币交易所通过互联网向我国境内居民提供服务同样属于非法金融活动。明确要求:"对于相关境外虚拟货币交易所的境内工作人员,以及明知或应知其从事虚拟货币相关业务,仍为其提供营销宣传、支付结算、技术支持等服务的法人、非法人组织和自然人,依法追究有关责任。"这表明我国宏观金融政策层面开始全面禁止非主权数字货币的相关业务活动,将非主权数字货币交易等行为规定为非法金融活动,将依法追究责任。

2019年初,两位小学文化的男子破解了某科技公司的计算机信息系统,通过一个抓包软件在该公司平台上将别人的虚拟货币转入自己在平台的钱包账户内。后来公司发现后报案,案涉"价值"5000万元的虚拟货币,包括泰达币、以太币、比特币。其中两人将部分虚拟货币转卖,变现约200万元人民币,用于购买宝马车等支出。北京朝阳区人民法院一审认为,根据央行等部委发布的《关于防范比特币风险的通知》《关于防范代币发行融资风险》等规定,案涉比特币、泰达币、以太坊等虚拟货币不具有法偿性和强制性等货币属性,不属于货币。"但上述规定未对虚拟货币作为虚拟商品的财产属性予以否定,我国法律、行政法规亦并未禁止比特币的持有和转让。""从性质上看,比特币是一种特定的虚拟商品"，因此，虚拟货币具有财产属性，为财产性利益，属于盗窃罪所保护的法益。法院认为被告人盗窃虚拟货币的总体价值缺乏权威、中立的评估机构进行认定，故本案不以5000余万元的平台交易价值来认定二人的犯罪数额，而是应该以变卖获利200余万元作为销赃数额作为对被告定罪量刑的基础。所以最后判决被告犯盗窃罪，判处有期徒刑12年，罚金20万元，剥夺政治权利2年。后来两名被告提起上诉，北京市第三中级人民法院二审予以改判，认为："因比特币等虚拟货币存在极大金融风险，近年来我国对其管制趋严，如果说2013年时还将其视为特定的虚拟商品，那么当前在我国宏观金融政策层面则一律禁止虚拟货币相关业务活动，体现其财物属性的兑换、买卖及定价服务等均不被我国法秩序认可。在此背景下刑法不应将比特币等虚拟货币作为财物来保护，故非法获取虚拟货币的行为不构成盗窃罪，仅能以计算机信息系统犯罪予以规制"。

从上述三个政策发展的脉络可以清晰看到，尽管我国从未承认非主权数字货币的货币属性，但在2013年的政策中还承认比特币等私人加密数字货币具有虚拟商品财产属性，其相关经营活动是合法的。2017年的政策表明国家意识到了通过私人加密数字货币发行融资存在巨大的金融风险，所以全面禁止通过这种数字货币融资以及交易的各种平台，但这时规范的还主要是平台，对民间相关数字货币的交易还并未全面禁止。2021年的政策开始在我国全面禁止相关数字货币的交易，明确相关数字货币的业务活动属于非法金融活动，司法机关将对相关数字货币交易等行为进行打击。我国对相关数字货币严格管理的政策是国家充分认识到了相关数字货币给金融安全以及国家经济金融秩序带来的风险，在相关基础制度还不健全的情况下先采取了严格管制的措施。但相关数字货币在人类社会数字时代将得到更大的发展，未来如何构建与国家金融制度、与数字中国建设相匹配的全面的数字货币制度，对国家治理来说仍将是巨大的挑战。

三、如何认识数字货币的影响、风险并完善我国的法律制度？

人类社会进入了数字时代，相比工业时代，这将是一个翻天覆地变化的时代。那数字时代的全球金融体系会是这样？未来数字货币将取得怎样的发展？在2008年申本聪发表《比特币：一种点对点的电子现金系统》文章时，几乎没有人能够意识到比特币在未来十几年的巨大增值以及对全球金融系统带来的冲击。研究工作最大的价值之一是从人类社会发展的蛛丝马迹中探寻到未来发展的方向。当前多种数字货币的雏形已经出现，有些已经取得重大发展。那这些具备雏形的数字货币给人类社会带来了哪些启示呢？从现有数字货币的雏形中能够发现未来数字货币怎样的发展方向呢？思考这样前瞻性的问题，将对我们理解数字货币的价值以及制定相应的立法政策具有重大的历史意义。

非主权数字货币将取得更大的发展

数字货币对传统货币理论带来巨大冲击

认识到数字货币未来对
全球治理体系的冲击

数字货币将对当前的国际金融秩序带来巨大冲击

数字货币将对美元全球货币的地位带来颠覆性影响

非主权数字货币将引发各种金融风险

规范数字货币
的建议

充分认识数字货币的风险

数字货币的技术本身可能存在风险

非主权数字货币也容易成为各种新型犯罪的工具

从参与全球治理的视角理解数字货币

构建与数字时代相适应的
金融管理制度

研究不同国家对数字货币的管理制度

建立对数字货币全新的监管体系

图 6-3 如何完善我国法律制度以规范数字货币

1. 数字货币对全球治理体系的冲击

非主权数字货币将取得更大的发展。尽管不同国家对非主权数字货币采取了不同的政策,但从人类历史以及全球治理的视角看,在数字时代非主权数字货币应该会取得更大的发展。随着平台企业的发展,平台用户规模的扩大,平台所创建的虚拟世界功能的不断拓展,人们在平台内交换商品和服务日益频繁,平台产品类数字货币的功能以及应用范围必将取得更大的发展。为了规避国家治理数字货币的政策,有的平台企业可能将具有数字货币功能的"币"称之为虚拟商品或者券、点等,但不论名称怎样变化,只要这种具有一般等价物功能的产品可以在大范围内作为交换商品或服务的媒介,那么这种产品就充分具有了数字货币的功能。所以一个很大可能的历史现象是,如同脸书发布 Libra 这种加密数字货币,大型平台企业很可能依靠自身信用,发行超越平台局限的加密数字货币。不论国家还是平台企业,都应该充分意识到脸书发行 Libra 对未来数字货币发展的重大启发意义。不论是脸书、推特、腾讯、抖音这种社交资讯型平台企业,还是亚马逊、阿里这种商品零售型平台企业,即使发行一种在平台用户中广泛应用的数字货币,都将进一步加强平台黏性和功能,壮大平台影响力。如果这种数字货币应用了安全的加密技术,超越平台的局限在不同国家之间流通,那就完全可能发展出一种真正意义上的全球性数字货币。随着数字时代的发展,最有影响力的全球性数字货币可能不是某个主权国家的数字货币,而是某个平台企业的数字货币。当然,随着技术的发展,私人加密数字货币也必将取得更大的发展,新型的依靠算法技术的数字货币也可能产生。所以要正视的一个经济及金融发展趋势问题是,随着数字经济的发展,各种非主权数字货币一定会取得更大的发展。

数字货币对传统货币理论带来巨大冲击。当前货币理论的基础主要依据的是主权国家的信用,所以人们也往往将当前货币称之为信用货币。但从当前数字货币发展的局面看,在数字时代,随着平台企业的崛起以及科技的创新,信用主体正在实现多元化,不仅国家具备了发行货币的信用,平台企业以及新数字技术也具有了发行货币的信用。首先,随着平台企业的发展,很多平台具有了强大的经济影响力。根据福布斯2023年6月8日公布的数据显示出美国平台企业的巨大经济体量,仅仅美国的谷歌、亚马逊、脸书、苹果和微软(合称"GAFAM")5家大型平台企业2022年市值就超过8.08万亿美元,超过世界银行统计的2022年全球排名第9—12的加拿大、意大利、巴西、澳大利亚四个大国年GDP总量的总和。依靠强大的经济实力,这些平台企业逐渐积聚起强大的信用。其次,从比特币发展的历程看,我们发现不仅主权国家、平台企业这些具有强大现实经济影响力的主体能够具备强大的信用,新的数字技术也积聚起强大的信用,这是数字时代一个全新的历史现象。这种历史现象背后的一个内在逻辑是,由于政权的更迭、经济发展的兴衰、国家货币政策的变化以及国家之间爆发的战争、制裁等冲突,都会影响到主权国家的信用,从而影响主权国家货币的价值以及流通,所以主权国家的货币价值也并不总是非常稳定,有时甚至出现巨大的波动。这种主权国家货币价值波动的现象为非主权数字货币的崛起提供了历史契机,特别是私人加密数字货币,尽管没有主权国家和平台企业等主体的背书,但依靠这种去中心化的数字技术产生的货币安全性高,交易便捷,所以先进的技术本身也产生了信用,比特币等私人加密数字货币快速发展起来。数字时代的货币依然是信用货币,但信用主体的多元化引发了数字货币体系的革命性变革,这是应当看到的一个新的历史现象。

数字货币将对当前的国际金融秩序带来巨大冲击。首先,作为当前国际金融体系主要支柱的国际货币基金组织(International Monetary Fund,简称IMF)、世界银行(The World Bank,简称WB)都始建于1945年二战以后,是典型的工业时代产物,都依赖主权国家的货币发展而来,相应决策机制也依赖主权国家的磋商和博弈,一些区域性金融机构大同小异。但是,非主权数字货币作为数字时代新兴的货币形式,正在全球治理以及各国商品或服务的交易中发挥着越来越重要的作用,却并未反映在当前的全球金融体系之中。换句话说,当前的全球金融体系并不全面,其反映的仍然是工业时代的特征。随着非主权数字货币的发展,其对当前国际金融体系的影响将会越来越大。其次,当前国际金融秩序主要依靠的是SWIFT等银行间交易机制,这种复杂的交易机制成本高、效率低,但非主权数字货币将更多实现点对点的线上交易,这种交易机制成本低、效率高。所以不论从货币发行主体,还是从货币使用机制,非主权数字货币都将对当前国际金融体系带来巨大冲击。

数字货币将对美元全球货币的地位带来颠覆性影响。自1944年以来,在布雷顿森林体系基础上建立起以美元为中心的国际货币体系,确立了美元作为全球货币的垄断地位。

在全球结算系统SWIFT中也主要是通过美元在进行结算。但不论是主权数字货币还是非主权数字货币，都将越来越实现点对点的线上直接交易。这不仅摈弃了美元作为不同主权货币之间交易媒介的作用，也直接越过了SWIFT这种银行间交易系统，从而最大限度抛弃了美元。当前美国动辄动用美元作为制裁的工具，这警醒很多国家开始直接利用本国货币进行交易，这种局面将从根本上动摇美元的全球货币地位。而各种数字货币的应用，更会加速抛弃美元作为全球货币地位的进程。

2. 数字货币的风险

非主权数字货币将引发各种金融风险。主权货币稳定的基础是其有相对稳定的锚定物。1944年布雷顿森林体系确立美元作为全球货币地位的关键是当时要求美元与黄金挂钩，美元锚定的参照物是黄金。1971年美国总统尼克松宣布美元与黄金脱钩后，美元成为一种主权信用货币。但主权信用货币并非无锚货币，任何主权国家发行货币都要将所在国家经济增长率、通胀率、失业率等经济数据作为锚定物。货币与锚定物价值相当，则币值及物价稳定。货币超越锚定物发行，就可能会导致通货膨胀，货币贬值。所以尽管主权货币也存在风险，但由于其有相对稳定的锚定物，所以一般都还会比较稳定。但当前在非主权数字货币快速发展过程中，普遍存在的一个问题就是没有锚定某种有价值的参照物。比如，当前平台产品类数字货币，完全没有数量限制，这如何保障其价值稳定？私人加密数字货币更是没有任何锚定物。如果缺乏锚定物的支撑，信用就容易处于风雨飘摇之中，剧烈震荡。所以要看到，由于当前发行的很多非主权数字货币缺乏可靠的锚定物，其币值并不稳定，容易引发各种金融风险。

数字货币的技术本身可能存在风险。当前各种加密货币主要依赖的是区块链技术以及分布式哈希算法，但区块链技术以及分布式哈希算法是否会出现迭代的突破？这种突破是否会从根本上损坏数字货币所依赖的系统？随着计算机算力的进步尤其是未来量子计算机的发展，算法算力是否也会出现迭代的突破，这种突破是否能够改变原来"挖矿"的效率，使计算机在短时间内破解更多哈希函数，从而影响加密货币的价值？特别要看到的是，由于现在的私人加密数字货币要依赖私钥以及中间交易所，当私钥泄露或者黑客破解了交易所密码后，数字货币就面临着被盗取的风险。正如同济大学程雪军博士在《区块链技术驱动下私人数字货币的发展风险与系统治理》文章中指出："当出现计算机病毒或硬件故障时，用户有极大概率陷入私钥难以找回的困境，就会导致资产损失。同时，网络黑客可以利用软件的程序故障进行攻击，窃取用户私钥，轻而易举地转移资产并逃脱惩罚。私人数字货币的交易高度依赖网络，基于全网所有账本的对比要求使得交易无法离开网络。尽管私人数字货币的产生与发行比较安全，交易时也能够较好地防止'双花（double spending）'问题，但是其需要在中间交易所进行交易的特点，使得黑客可针对中间交易所进行网络攻击，从而影响交易的安全性。申言之，中间交易所系统的稳定性与网络安全程度同样影响了私人数字货币的交易安全性。"所以,要看到的问题是,所谓区块链技术的安全性是相对的,如何保障相关技术以及不同节点系统的安全,对数字货币的发展也至关重要。

非主权数字货币也容易成为各种新型犯罪的工具。由于私人加密数字货币具有匿名性、去中心化、全球流通、交易便捷、交易模式复杂、交易之后不可撤销等特点,因此受到跨国犯罪分子的青睐。各国都侦办了一些利用比特币等数字货币实施洗钱、诈骗、网络赌博等类型的重大案件。尽管我国禁止了比特币等私人加密数字货币的流通和交易,但由于这些数字货币在很多国家和地区可以流通和交易,所以我国一些跨国犯罪分子也利用这类货币从事诈骗、洗钱、赌博等犯罪活动。SAFEIS 安全研究院是一家主要关注区块链问题的研究机构,根据其在网上发布的《2022 年涉虚拟币犯罪研究报告》,相较于 2021 年,我国涉虚拟币犯罪案件金额从 117.91 亿元人民币涨至 348.49 亿元人民币,增长近 3 倍。平均涉案金额从 364 万元人民币涨至 2845 万元人民币,增长超 7.8 倍。从案件类型占比看,帮信占 35%,掩隐占 18%,诈骗占 17%,非吸占 12%,集资占 6%,传销占 5%。从司法实践中一些案件来看,很多案件都面临着资金流转复杂、洗钱链条长、通信联络隐秘、直接证据提取困难等问题,如果不是公安机关下大力气,案件很难侦破,所以每年案件侦办数量的增减很难说明这类案件发生的实际情况。可以预见的是,未来涉及数字货币的犯罪案件将会呈现复杂高发的严峻形势。

3. 构建与数字时代相适应的金融管理制度

从参与全球治理的视角理解数字货币。在数字时代,全球以及国家的治理结构都发生了根本性的变化,主权国家不再是唯一的权力拥有者,平台企业也拥有了巨大的数字权力,平台企业跨越国界的特征使其成为全球治理体系中的重要力量。所以,在数字时代,不仅主权国家会发行货币,平台企业也会基于自身的数字权力和信用发行相应的数字货币,数字时代于是出现了货币形式的多样化。面对主权国家数字货币、平台企业数字货币以及私人加密数字货币,人们有了更多的选择,国家主权货币受到新型货币的竞争,这对主权国家如何规范和管理自身的货币也提出了严峻的挑战。所以,从国家的角度而言,要充分意识到这种数字货币发展的趋势,从理解、尊重、支持和规范的视角去研究和制定相关法律制度。从平台企业的视角,如何发展出更安全、更稳定、更便捷的数字货币,以支撑和助力平台企业健康发展是值得深思的。比如,能否在金融改革创新试点地区,鼓励和支持平台企业探索发行类似 Libra 这样的全球化数字货币？如果未来最有影响的全球化数字货币可能是来自平台企业,那么是否有可能来自中国的平台企业？中国是否能够发展出具有全球影响力的平台企业？中国是否有可能发展出具有全球影响力的非主权数字货币？盲目地排斥、拒绝和否定新生事物以及创新做法就会失去先机,国家以及平台企业要勇于从脸书的探索中去汲取教训、总结经验,以全新的视角来理解和发展我国未来的数字货币。

研究不同国家对数字货币的管理制度。如何规范非主权数字货币将成为国家乃至全球治理的重大课题,现在世界上不同国家开始有了不同的治理制度。在我国目前全面禁止私人加密数字货币交易、流通的时期,应该尽快研究各国相关制度,在借鉴其他国家经验的基础上确立我国全新的数字货币制度体系。德国是全球第一个承认比特币合法地位的国家,2013年德国政府就表示,比特币可以当作私人货币使用,2016年德国政府为一家提供比特币借贷业务的公司发布了联邦金融监管局颁发的牌照。美国也允许比特币进行交易,美国商品期货委员会将比特币归类为"商品",在2017年发放了首张比特币衍生品清算许可,批准建立了比特币期货交易所;2017年芝加哥商品交易所正式上线比特币期货。美国证券交易委员会、美国商品期货交易委员会、美国国家税务局等联邦机构以及各州都对数字货币不同功能行使监管职权。日本对发展私人加密数字货币非常积极,日元对比特币交易排名居于全球法定货币对比特币交易量的首位。俄罗斯在早期曾经禁止使用比特币,近年来由于受到美国等西方国家制裁,发现比特币等数字货币可以有效摆脱西方金融制裁体系,所以开始鼓励和支持使用比特币等私人加密数字货币。新加坡和中国香港地区总的原则是支持数字货币的发展,但都根据数字货币的不同类型建立了不同的监管制度。

建立对数字货币全新的监管体系。数字时代将对全球以及各国治理体系带来全新的挑战。只有适应这种挑战才能实现数字时代国家治理体系以及治理能力的现代化。在全新的数字时代金融管理体系中,要加强并优化对数字货币的监管。尽管德国、美国、日本、韩国、俄罗斯、新加坡以及中国香港等国家和地区都允许数字货币的交易和使用,但都针对不同类型的数字货币以及数字货币的不同功能建立了严格的监管体系。为了避免数字货币对现行金融体系带来过大冲击,新加坡在2016年6月就推出了"监管沙盒"制度,旨在为数字货币的发展以及探索监管制度积累经验。"监管沙盒"制度最大的优点是允许试错,鼓励了创新,风险可控。我国可以在一些地方的金融改革创新试点地区开展不同功能数字货币和探索监管措施的尝试,鼓励相关平台企业在该地区积极探索发展新型数字货币,同时探索各种新型监管措施。比如,是否可以根据主权货币参照锚定物的原则,要求探索开展数字货币业务的平台企业锚定其市值或相关参照物来确定发行数字货币的额度?是否可以参照商业银行准备金制度,要求相关平台企业根据其预计发行的数字货币额度向中国人民银行提交准备金?是否可以根据不同类型数字货币以及数字货币的不同功能,来尽快建立和完善不同的监管制度?是否可以有效发挥大数据以及人工智能的作用,通过数字化手段来加强对数字货币的监管?相关监管制度将是复杂的,但面对新的数字时代,建立和完善对数字货币的有效监管体系,将是全面推进数字时代金融事业健康发展的必要基础。

当前,全球数字货币正沿着两个方向飞速发展,一是新技术和数字经济驱动下私人加密数字货币和平台产品类数字货币的不断涌现，二是国家法定数字货币的不断探索。纵观数字货币规制的全球格局，虽然各国对数字货币的法律地位、法律属性还存在诸多争议，对于数字货币规制的思路也各不相同，但都是在促进金融创新与防范风险之间寻求平衡。面对机遇与挑战并存的局面，我国如何审时度势，及时因应时代的变化在推进金融创新中实现风险防控？是否可以鼓励和监督大型平台企业在数字货币创新方面有更大的探索？是否能够从全球治理的视角来稳步推进我国数字货币的相关改革？这些都是当前国家必须正视的现实问题。

第七章 GPT-4来了，如何构建 人工智能法律制度？

　　人工智能(Artificial Intelligence,AI)是数字时代最受关注的重要领域之一,有人认为其概念源自20世纪50年代。在这70多年时间里,人工智能已经取得快速发展。1997年IBM公司"深蓝"机器人战胜了世界国际象棋冠军卡斯帕罗夫,引发了国际社会对人工智能发展的高度关注。但由于那时人类社会还处于PC互联网阶段,网络对国家治理、经济发展以及公民生活影响程度还很有限,所以人类社会对人工智能的关注还处于旁观和热议的状态,认为人工智能对人类自身的影响还是相对遥远的。自21世纪以来,人类社会快速进入数字时代,人类深切感受到数字技术对人类全方位的影响。2022年11月底,OpenAI公司发布ChatGPT,犹如在人类社会发展过程中投入一颗炸弹,迅速引发了爆炸式反应。2023年3月,OpenAI公司发布GPT-4。仅仅几个月时间,新的AI语言大模型产生了迭代的发展,其在人类社会引发的关注不再像是投入了一颗炸弹,而是像引爆了一颗核弹。各个国家、平台企业、工程师以及广大的用户迅速开始关注人工智能史上这一里程碑事件。GPT-4不仅能够与人进行流畅的交流,还能根据用户要求撰写文章、写诗甚至编写代码。由于其强大的数据基础和算力,GPT-4提供的这种多模态学习和输出能力在很多方面甚至远远超过了人类。比尔·盖茨称,GPT人工智能模型是他所见过的最具革命性的技术进步;英伟达CEO黄仁勋将其称之为AI的"iPhone时刻"。美国和中国的一些大型平台企业也开始宣布人工智能大模型的开发进度以及应用构想。

　　我国党和政府一直高度重视人工智能发展及其背后的法律问题。2018年10月31日,中共中央政治局专门就人工智能发展现状和趋势举行第九次集体学习,习近平总书记首先强调了人工智能对我国经济社会发展的重大意义,他指出,人工智能是新一轮科技革命和产业变革的重要驱动力量,加快发展新一代人工智能是事关我国能否抓住新一轮科技革命和产业变革机遇的战略问题。同时他清醒地意识到了人工智能发展中法律规制的重要性,他在讲话中指出,要加强人工智能发展的潜在风险研判和防范,维护人民利益和国家安全,确保人工智能安全、可靠、可控。要整合多学科力量,加强人工智能相关法律、伦理、社会问题研究,建立健全保障人工智能健康发展的法律法规、制度体系、伦理道德。各级领导干部要努力学习科技前沿知识,把握人工智能发展规律和特点,加强统筹协调,加大政策支持,形成工作合力。

那么,什么是人工智能? 为什么 GPT-4 能在人类社会产生如此巨大的反响? 人工智能未来将给人类社会的治理带来哪些全新的意义、风险和挑战? 人工智能最终是否会反过来管理甚至奴役人类? 人工智能风险的根源在哪里? 法律应当如何为人工智能的发展确立底线? 这些是当前所有国家必须思考的重大问题。

一、如何理解人工智能及未来智能人与人类的区别?

ChatGPT 的快速迭代使人们对人工智能的发展充满了惊喜和担忧。但到底什么是人工智能? 人工智能运行的基本技术原理是什么? 只有对这些基本问题有了清晰的认识,我们才能更好理解和思考人工智能的发展以及相应法律问题。

1. 如何理解人工智能的技术逻辑及发展历程?

站在当下的视角来看,人工智能主要应用了两种技术:一种是采用编程技术,需要工程师撰写大量的代码,对相关程序作出具体规定;另一种是采用模拟方法,人工神经网络就是典型的模仿人类大脑神经网络的运行方式,开发者设计一个全新的学习系统。当前人工智能技术发展的关键是广泛应用了人类神经网络技术。人类与外界接触、思考以及对外沟通是个复杂的过程,这个过程背后一个基础的逻辑就是复杂的神经网络。1943年,心理学家 Warren McCulloch 和数理逻辑学家 Walter Pitts 在合作的"A logical calculus of the ideas immanent in nervous activity"论文中提出了人工神经网络的概念及人工神经元的数学模型,从而开创了人工神经网络研究的新时代。人工神经网络的本质就是模仿人脑的神经网络,利用人类神经网络的特点来设计和开发一种模拟的神经系统,从而学习、形成人类学习、推理、归纳甚至思考的能力。

人脑是个复杂的神经网络系统,包含了上百亿个神经元和数万亿个突触。神经元从结构上分成细胞体(soma)和突起(neurite)两部分。胞体包括细胞膜、细胞质和细胞核;突起由胞体发出,分为树突(dendrite)和轴突(axon)两种。突触是神经元之间传递信息的重要场所。人类通过胞体或树突膜上的受体来接收外界传入的信息,承担人类感受外部世界的能力。其次是众多的突触将接收到的信息进行整合,产生动作电位,由轴突将动作电位传向所支配的突触。最后由轴突末梢的突触小体将相关信息对外释放。现代科学研究表明,人类通过神经元的整合、传导以及对外输出的过程,实现了人类感知外部世界、学习思考和对外交流的过程。

人工神经网络正是模仿人类神经网络的这样一个过程。早期的人工智能是一种简单的"感知机"。"感知机"内部结构模拟大脑的逻辑,分为输入端、处理端、输出端。输入端的作用就是接收外界信息,处理端的作用就是对信息进行整合处理,输出端的作用就是将整理后的信息输出到下一层。20世纪80年代,在"感知机"基础上人工神经网络开始进一步发展,人类开始建立各种数学模型,根据不同需求组成不同的网络。于是,人工智能广泛应用到制造、医疗、军事、教育和交通等各个领域。人工神经网络是一种运算模型,由大量的节点(类似于人类的神经元)之间相互连接构成。每个节点代表一种特定的输出函数,称为激励函数(activation function)。每两个节点间的信号连接形成加权值,称之为权重,这相当于人工神经网络的记忆。大模型所要训练的就是对信息的接收、传输以及输出的过程,就是对激励函数和权重值的训练过程,最终形成一种更高质量的接收、传输以及输出能力,更高质量的激励函数和更高水平的权重值。

ChatGPT的关键就是利用了人工神经网络的自然语言处理技术。GPT-4之所以给整个人类社会带来震撼,是其算力、算法以及数据规模都达到了一个全新的高度。一是GPT-4构建了一个超大的模型。早期的ChatGPT参数量只有1.17亿,到GPT-3.5时就达到1750亿,到GPT-4时就达到了一个更大的规模。这种参数的变化体现了激励函数以及权重的变化,在某种程度上类似于人脑神经元的变化。参数量越大意味着更高水平的激励函数和更高水平的权重值,也就意味着其越接近人类的神经网络系统。二是新技术的应用。ChatGPT引入了基于人类反馈的强化学习能力(Reinforcement Learning with Human Feedback,简称RLHF),通过这种基于人类反馈的强化学习能力,让人工智能模型的学习、归纳、推理、交流越来越接近人类的能力。三是使用了海量的数据。大模型需要使用的是海量数据,这种海量的数据远远超过人类所能记忆和应用的信息数量,所以其在与人类交流时表现出远远超过人类的知识结构和数量。而基于人类反馈的强化学习能力对海量数据的训练应用加速了人工智能拟人化的进程。

所以最后要总结的三个问题是:首先,不同技术的应用体现了不同发展阶段人们对人工智能概念的不同理解。尽管很多人认为利用编程技术开发的人工智能也是人工智能,但这种技术的所谓人工智能主要还是"人工"开发设计的"智能",其"智能"体现着人类自身工作的能力,受到人工开发设计者的严格管理。站在当下这样一个发展的视角看,这种通过人工编程技术设计、管理、根据人工指令操作的智能应用不是真正意义上的人工智能,其只是人类利用计算机技术开展工作的一种自动化技术。但利用人工神经网络发展的智能则不同,尽管早期也需要依托人工的开发设计,但这种技术的关键是模拟了人类大脑的功能,使系统逐渐具备了自我学习和发展的能力,从而具备了相对独立于人类的智能,这才是我们今天要重点讨论的人工智能。其次,以ChatGPT为代表的自然语言处理(Natural Language Processing,简称NLP)技术只是人工智能的一个组成部分。人工智能应用的范围非常广泛,不仅将涉及经济发展的各个领域,也会广泛应用到国家治理的整个过程。2023年4月,我国网信办发布了《生成式人工智能服务管理办法(征求意见稿)》,

该《办法》所要规范的生成式人工智能包含了自然语言处理技术,但所涉及的范围要比自然语言处理技术更为广泛。在征求意见稿的上述办法中指出:"本办法所称生成式人工智能,是指基于算法、模型、规则生成文本、图片、声音、视频、代码等内容的技术。"最后,本专题很多讨论主要聚焦生成式人工智能甚至自然语言处理以及其他应用人工神经网络技术的人工智能,相关概念中的人工智能并不包括那些利用编程技术开发的模拟人类行为的自动化技术。

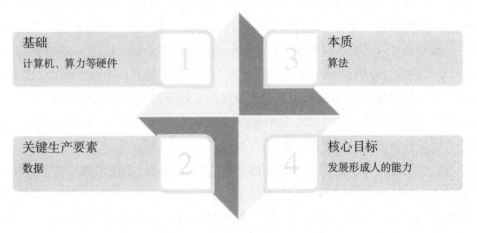

图 7-1 人工智能的四大主要特征

2. 如何理解人工智能的主要特征?

基于应用技术的差异,人工智能的定义显然也会不同。从不同学科以及不同视角来看,人工智能的定义以及特征都会有着明显差异。早期的人工智能,主要还是人类的一种智能工具,可以称之为弱人工智能、人工智能的初级阶段。但 ChatGPT 以及 GPT-4 是自然语言处理技术的突破,它为人类语言与计算机语言之间的沟通架设了桥梁。当计算机具有了与人类用同样语言沟通的能力时,人们能最真切地感受到人工智能这种强大的拟人能力,这也是 GPT-4 引发人类社会如此剧烈反应的重要原因。所以以 GPT-4 为标志的人工智能可以称之为强人工智能、人工智能发展的中级阶段。如何从法律特征上解读人工智能呢? 特别是如何从法律上解读以 GPT-4 为标志的利用人工神经网络技术的这种强人工智能呢? 从本质上讲,人工智能是以计算机、算力等硬件为基础,以数据为核心生产要素,以算法为工具,以发展形成人类的感知、学习、推理、思考、交流甚至情感和自我意识能力为目标的数字技术。从中可以看出,把握这种人工智能的特点,有几个关键要素:

一是人工智能仍然是以计算机、算力等硬件为基础。没有计算机的快速发展,没有算力的大规模提升,人工智能不可能有大的提升。2020 年全球著名芯片生产公司英伟达推出了全新的图形处理器 A100（graphics processing unit，简称 GPU，俗称显卡）。当时英伟达公司的 CEO 在介绍这种全新的处理器时说，这是 GPU 迄今为止最大的性能飞跃，集 AI 训练和推理于一身，其性能相比于前代产品提升了高达 20 倍。这是有史以来首次可以在一个平台上实现对横向扩展以及纵向扩展负载的加速。人们预计，ChatGPT 大模型可能需要上万颗 A100 处理器。正是处理器技术的革命性发展，为人工智能的革命性变化奠定了基础。

二是人工智能以数据为关键生产要素。人工智能要想模拟人类就必须先学习人类，数字时代海量数据的收集和存储为人工智能的发展提供了可能。不论人类的任何能力，都会在语言交流、图案识别、逻辑思考甚至情感表达等过程中留下痕迹，都会在撰写文章、画图、编写代码等过程中留下内容，这些痕迹和内容都会在计算机中形成数据。庞大的数据形成语料库数据（Corpus data），也就是大规模的数据集群。有人说 ChatGPT-3.5 就拥有 3000 亿个单词的数据集群、1750 亿个参数，庞大的数据集群使人工智能迅速学习了人类的语言交流能力甚至其他多模态能力。

三是人工智能本质上仍旧是一种算法。算法（Algorithm）是指用数字技术解决问题的一种技术，是数字时代最常见、最根本的一种方法和工具。算法对数据进行分析，根据人类的要求得到各种答案。根据算法在不同领域的应用以及算法的难易程度，算法有不同的分类。之所以称之为人工智能，是因为其应用了人工神经网络的技术，代表了一种接近人类智能的高水平算法。ChatGPT 技术突破的关键是使用了大语言模型（Large Language Model，简称 LLM）和生成式预训练转换器（Generative Pre-trained Transformer）技术，使算法在更庞大的数据基础上、以更快的速度、更加多维的视角同时进行，从而实现了对传统小模型算法技术的革命性迭代发展。

四是人工智能以发展形成人的能力为目标，这是人工智能区别于其他所有技术最本质的特征。人类社会进入数字时代，数据以及算法得到广泛应用，但这种应用仍旧只是人类的一种工具。人工智能不同。初期阶段的人工智能也只是人类的一种工具，但这种工具以发展形成人类的能力为目标，从模仿人类的感知、学习、归纳、推理能力开始，到逐渐发展人类的思考、情感、自我意识为目标，最后希望形成类似甚至超越人类大脑智能的人。ChatGPT 正是代表了人工智能的一种技术突破，使其达到像人类一样说话的拟人能力。所以人工智能的终极目标不是技术和工具，而是成为"人"，是一种达到甚至超越人类能力的新物体或者叫新生命。

看到人工智能的上述四个关键特征，就会发现人工智能的发展并未脱离开数字时代的一些基础要素。数字时代区别于工业时代的关键是计算机、算力成为新的基础设施，数据成为一种新的生产要素，数字成为一种新的工具。依托计算机和算力，利用数字技术对数据进行加工的过程形成算法。所以，算力、算法、数据仍然是人工智能发展的核心要素。从法律规制的角度而言，算力、算法、数据涉及的相关权利义务都将在人工智能发展过程中得到体现。人工智能的发展首先应当遵循目前人类社会已经探索出的对算力、算法以及数据的基本法律规则。当然要意识到的是,以 ChatGPT 为代表的人工智能在算力、算法、数据规模等方面都实现了革命性的迭代,其已经不再是传统完全为人类所控制的工具,而是具有了自我学习、归纳、推理甚至思考的能力。尽管这种能力的发展给人类社会的治理带来了前所未有的挑战,但当前人工智能的本质特征并未改变,规范人工智能的发展依然应当遵循很多关于网络安全、数据安全、个人信息保护、算法等方面的法律法规。

3. 未来智能人与人类存在怎样的区别?

2023 年 3 月 29 日,未来生命研究所(Future of Life Institute)公布了一封题为"暂停巨型 AI 实验"(Pause Giant A Experiments:An Open Letter)的公开信,呼吁所有 AI 实验室立即暂停训练比 GPT-4 更强大的 AI 系统至少 6 个月。目前,已有 1000 多名科技领袖和研究人员签署了公开信,除了埃隆·马斯克(Elon Musk)、"深度学习鼻祖"杰弗里·辛顿(Geoffrey Hinton)之外,还包括图灵奖得主约书亚·本希奥(Yoshua Bengio)、《人工智能:现代方法》作者斯图尔特·罗素(Stuart Russell)、苹果公司联合创始人史蒂夫·沃兹尼亚克(Steve Wozniak)、Stability AI 首席执行官埃马德·莫斯塔克(Emad Mostaque)等科技界领袖人物。这封公开信中提出,高级 AI 可能代表地球生命史上的深刻变化,这种具有与人类竞争智能的人工智能系统可能对社会和人类构成深远的风险,应以相应的关怀和资源进行规划和管理。只有当我们确信它们的影响是积极的并且风险是可控的时候,才应该开发强大的人工智能系统。OpenAI 首席执行官 Sam Altman 应当是最了解 ChatGPT 性能以及可能对人类带来重大风险的人之一,他主动申请到美国国会参加听证。相比很多平台企业为了利益而希望对算法以及其他技术弱化监管不同,Sam Altman 向国会明确提到了他对人工智能发展的隐忧:"我最担心的是我们会造成重大伤害,我们这个领域,这项技术,这个行业会对世界造成重大伤害。""我认为如果这项技术出错,它会出错得相当厉害。"尽管他并未具体描述伤害是什么以及出错可能达到什么程度,但他这种明确的表述足以说明人类当前确实已经面临人工智能可能带来的重大风险,这种风险或许很快可以发展到影响人类生死存亡的地步。

在我们讨论人工智能可能带给人类巨大风险的同时,其实还有很多相关的技术要予以关注。一是人工蛋白质技术的发展。蛋白质是组成人体一切细胞、组织的基本成分。人工智能快速提升了研究蛋白质的能力,目前人类已经预测了 6 亿多种蛋白质结构。这种研究的进度还将加快,人工蛋白质技术的突破将生产出与人类肌体高度相近的肌肉、骨骼,也就是人类可能在不久的将来生产出与人类高度相近的人体。二是脑机接口(Brain Computer Interface,BCI),也就是在人或动物的大脑和外部计算机之间建立直接的链接,实现大脑与设备之间所有信息的交换。2023 年 5 月,马斯克的脑机接口项目获得美国食品药品监督管理局(FDA)批准,其允许植入式脑机接口设备在人体上开展临床研究。三是各种传感器技术的发展,机器人通过话筒、摄像头、雷达甚至味觉等各种传感器感知外部的信息,将相关数据传入人工智能系统,从而实现人工智能对外部世界的有效感知。人工智能技术与上述技术相结合,加快了蛋白质研发、脑机接口、传感器等技术的发展,提升了人工智能感知外部世界、获取人类大脑中信息、研究高度仿真机器人的能力。如果说人工智能还是一种技术和工具,那么未来依托人工蛋白质生产出与人类高度相近的人体,这种人体有鲜活的肌肉、细腻的皮肤、漂亮的容貌,依托传感器可以有效感知外部的世界,依靠脑机接口可以实现对人类大脑信息的快速转换,人工智能具有情感以及自我意识,依靠人工智能可以实现对这个仿真人体的有效协调、与其他人类的有效沟通以及与外部世界的有效互动,那这种综合的系统就不再仅仅是人工智能,也不仅仅是传统的机器人,而成为一种高度接近人类的物体,我们可以将其称为智能人。

在此要对智能人以及相关的概念作出说明:一是之所以称为智能人而非人工智能人,是强调了这种所谓人的相对独立性。智能人将具有情感和自我意识,具有与人类高度相似的智能系统。二是随着元宇宙、数字孪生等技术的发展,虚拟数字人以及与现实物理世界的人真实映射的孪生数字人都将得到广泛发展,智能人也是应用了数字技术,但为了体现两类人的区别,我们将依靠人工智能技术发展形成的人称为智能人。三是传统机器人的概念过于强调其机器的属性,而非智力的特征。尽管很多科幻小说以及电影中的机器人都具有高度发达的智力,但在现实生活中,"机器人"名称本身还是过于偏重"机器"的属性。所以,智能人的概念强调了这种人具有与人类相似的智能。智能人的广泛应用或者日益活跃将标志着人类社会进入人工智能发展的高级阶段。所以随着数字时代的发展,人类社会不仅有人类,还将出现大量虚拟数字人、孪生数字人以及智能人,那将是一个异彩纷呈、但也更加复杂多变的时代。

虚拟数字人、孪生数字人更强调的是其虚拟属性,智能人将与物理世界的人类高度仿真,大家共同生活在一个现实的物理世界。很多时候甚至从表面上无法区别出哪位是人类、哪位是智能人。在当前世界各国都在高度关注人工智能将进化成人的特定历史时期,分析智能人与人类的区别具有重大的现实及哲学意义。在一定的历史时期,智能人与人类还是存在本质的区别。

一是两者神经网络的结构以及复杂程度存在本质区别。尽管人工智能所利用的神经网络高度模拟了人类的神经网络,但人类神经网络的复杂程度远远超过了现在所谓科学研究的认知。尽管人的大脑结构基本都是一样的,但每个人的大脑都存在明显差异。每个人大脑神经元的数量都是不同的,这种差距可能达到数十亿之多。大脑中收集、储存和传输信息的树突和轴突,也存在明显的区别:轴突长度和形状都不一样,有的很长,但有的很短,树突数量和形状也各不相同。生物的神经元之间是没有任何顺序的,可以随时根据外界传入的信息随意连接,这种看似杂乱的无序状态恰恰是人类神经系统最神奇的力量所在,其不仅能够学习、归纳、推理,能够思考和交流,更关键的是有着强烈的自我意识和

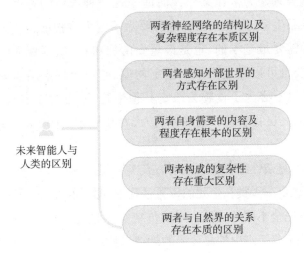

图 7-2　未来智能人与人类的区别

复杂的情绪。但人工神经网络内部的神经元之间是有顺序排列的,目前人工智能所构建的神经网络依然是基于数学的模型,内部神经网络之间有着清晰的逻辑和规律。人工神经网络间清晰的逻辑和规则保障了感知外部世界的同一性以及信息输出的准确性,但不同人对同样外界信息感受的差异、对信息认知的差异以及对外输出的差异恰恰是人类的重要特征。

二是两者感知外部世界的方式存在区别。所有生物都是一种自然存在,依靠某种能力与自然界进行互动。人是一种神奇的高级生物,依靠眼睛、耳朵、鼻子、舌头、身体、意念来感知自然、与他人或其他物种进行交流。所以在本质上,人类是在与外部丰富多彩的自然界进行沟通和交流的过程中进化和发展的。这种沟通交流的背后反映着变幻莫测的宇宙规律,所以永远充满不确定性。智能人虽然可以通过传感器感知外部世界,但不论传感器还是人工智能,本质上都是在对数据进行感知和分析,是依靠数据实现与人的沟通和交流。所以即使人工智能发展到高级阶段,本质上反映的还是人类已有的认知,是依靠数字技术对人类已有认知的归纳和总结,相对而言更充满确定性。这种确定性从积极角度来说反映了智能人的一种理性,但从消极角度来说反映的是一种局限性。外部世界以及人类认知的丰富多彩正是人类生活的重大意义所在。

三是两者自身需要的内容及程度存在根本的区别。在第一个专题我们就讨论了是人对需要的满足推动了人类社会的发展,为此马斯洛还专门提出了需要的五个层次。但人类需要与人工智能的重大区别是:人首先有生理需要,需要吃饭维持生命的延续;人的需要往往是贪婪的,永无止境;人的生理需要以及对财富的需要要从自然界中索取,比如,有人要吃各种野味,这意味着要疯狂狩猎其他动物;人类要广泛使用各种金属、石油,这也是为什么人类在工业时代对自然界造成如此严重破坏的原因之一;人对安全需要、尊重需要、自我实现需要的永无止境导致了人类彼此之间无尽的争斗甚至战争。有些战争甚至只是为了在某个人面前表现一种所谓的尊严。但智能人首先并不需要靠食物来维系生命,满足人工智能需要除了电力这种能量以外,主要就是数据,数据是实现其各种需要最基本的、也是最重要的原料;其次即使人工智能有了情感和自我意识,相关需要也可以设定为某个恒定的值,避免出现人类需要的复杂性以及贪婪性。人工智能可以不必为了食物去杀害其他生物,不必为了占有黄金而去挖矿,不必为了所谓获得尊重、自我实现而要陷害别人、发动战争,它只从大量数据中就能满足上述所有的需要。

四是两者构成的复杂性存在重大区别。人类不仅是蛋白质的组合,人类的智能也不仅是大脑神经元所决定。人类在生死的短暂过程中,同样的大脑、同样构成身体基本物质的蛋白质,却存在着完全不同的功能。中国传统文化强调"天人合一",认为人类身体就是一个小宇宙,就体现着宇宙中神秘莫测的规律。所以中国传统文化强调人类的精、气、神,那什么是精、气、神?其由怎样的物质构成?精、气、神在人的生命中扮演着怎样的角色?中医对此有很多精妙的论述。比如《黄帝内经》中对"人"构成的解释是:"血气已和,营卫已通,五脏已成,神气舍心,魂魄毕具,乃成为人。"所以人体是一个类似宇宙的复杂的系统,但西医以及现代科学很难对此作出科学的解释。智能人可以高度模仿人类的构成,但是否能够破解人类生命的秘密?是否能够产生影响人类生命的精、气、神?即使人工智能技术发展很快,但在一定的历史时期,智能人很难实现人类生命的很多神奇之处。

五是两者与自然界的关系存在本质的区别。地球上的所有生命都要遵循自然界的规律,人类更是所有生命中一种神奇的存在。《道德经》将自然界这种神秘的规律称为道。天地之间存在着道,道不仅产生、滋养了宇宙万物,也决定着宇宙万物运行的基本规律。"人法地,地法天,天法道,道法自然"。人是自然界中的一员,就如同我们生活在地球上要经历春夏秋冬的季节变化、要经历生老病死的人生过程一样,我们每个人不仅要遵循这种自然规律,更要受到这种自然规律的约束。但智能人是由人类所创造,并未经由神秘的自然规律演化而成,所以不会遵循这种自然规律,也不会受到这种自然规律的约束。在一定历史时期内,智能人与自然界是相对割裂的,两者缺乏直接的、有效的互动。

综合以上分析我们就会看到,随着人工智能等技术的发展,发达的智能人一定会产生。对这种智能人的五个基本判断是:一是要充分意识到,人工智能以及在此基础上发展出的智能人,在一定的历史时期内与人类还是存在本质的区别的。从这个角度来说,智能人本质上仍旧是依靠数字技术的物体,其不仅不是人类,也不应归类为自然界的新生物种。但其是否具有生命?这要看关于生命的定义如何理解。二是智能人所代表的人工智能高级阶段与目前中级阶段的根本区别是人工智能是否有情感以及自我意识。当人工智能还没有情感以及自我意识的时候,其还主要是人类的工具,受到人类的管理和控制。但当人工智能具备了情感和自我意识的时候,其是否想要摆脱人类的管理和控制以及如何处理与人类的关系,将是一个更加复杂的问题。三是未来人工智能等技术的发展有可能颠覆当前人类社会已有的认知。马斯克提出人类是碳基生命,人类社会是一段非常小的代码,本质是一个生物引导程序,最终将导致硅基生命的出现,以人工智能为主的硅基生命将会在未来成为地球上的主宰生物。这种认识体现了对人工智能发展的一种大胆预测。但未来人工智能将怎样演化? 仍存在很多未知数。四是由于智能人是人类创造,人类创造的各种产品往往都具有两面性。人类创造了现代武器,这使人类远远强大于其他生物,摆脱了对自然界其他动物侵袭的安全担忧,但也对人类自身带来了更严重的伤害,更多人死于现代武器的攻击之下。未来的智能人也会给人类社会的发展带来两面性,由于技术的通用性,所以智能人应该比人类更理性、更有可预测性;但也确实可能给人类带来全面的伤害。所以未来的智能人可以成为人类的伙伴,也可能成为人类的敌人,甚至可能利用强大的能力反过来控制、奴役人类。五是当前人类不仅要展示科学研发的能力,不仅是要继续促进人工智能的发展,关键还要展示人类理性的力量,展示人类预见、防范风险的能力,展现人类制定规则的能力。如果说未来的智能人可能给人类社会带来全面的风险,那现在最急迫的问题就是如何防范这种风险的发生。现在一个令人担忧的现象是,人工智能等技术发展很快,但相关的法学研究以及立法是滞后的,法律领域的声音和行动是脆弱的。相对生僻的技术以及大量专有名词,使法律人显得明显力不从心。所以,当前不是对人工智能感到担忧甚至恐惧,而是必须正视人工智能以及未来智能人可能引发的所有风险,必须研究制定对人工智能以及未来智能人的监督管理体制,必须尽快启动对人工智能的发展进行专门立法的行动。

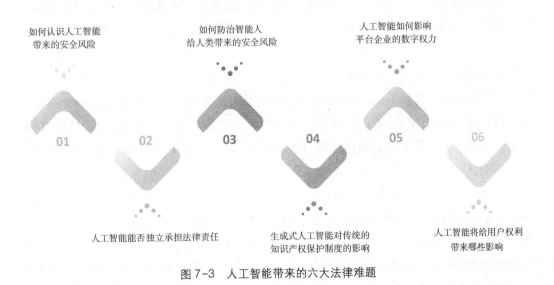

图 7-3　人工智能带来的六大法律难题

二、人工智能带来哪些需要迫切解决的法律难题？

人工智能正在进入快速迭代发展的进程,其导致的很多新问题尚未出现。法律往往是用来解决已经发生的问题,所以相关立法往往存在滞后性。但由于人工智能可能蕴含的重大风险,有些问题又要及早提上法学研究以及立法的议程。ChatGPT 的运行已经引发了生成式人工智能领域一些具体问题的端倪。在一定的历史时期,对人工智能特别是生成式人工智能至少要关注以下一些基本法律问题。

1. 如何认识人工智能带来的安全风险？

依靠人工智能可以发展出强大的武器系统,人类不用再亲自上战场,无数的人工智能或者智能人将成为数字时代的战士。尽管战士变为了人工智能或者智能人,人类不用再亲自上战场去战斗、去牺牲,但人类将难以避免在人工智能或者智能人的战争中遭受屠戮。那么如何确立未来战争的规则呢? 2023 年上映的电影《金爆行动》,讲述的是美国著名演员杰森·斯坦森主演的动作喜剧片,其中在黑市上出售的并不是传统很多电影中的导弹、核武器,而是人工智能。使用这个人工智能系统,可以破坏全球金融系统,从而降低国际金融系统的信用,导致黄金价值上涨,使原来大量囤积黄金的买家获益。从影片可以看出,电影导演都意识到,人工智能可能对国际金融系统带来崩盘式的破坏。

人工智能可以发展成国家之间价值观冲突以及意识形态斗争的强有力工具。任何人工智能,都会遵循开发者制定的规则,这种规则首先就会体现特定国家的法律以及价值观。即使 ChatGPT 在很多问题上已经表现出相对理性、客观和公正,但也难以避免受到美国价值观的深刻影响。在有测试者针对美国、中国、俄罗斯相关问题提问的时候,其答案往往还是体现了某种态度:当话题涉及西方国家尤其是美国的行为时,ChatGPT 通常会提出自己是 AI 语言模型,不能对政治立场进行评价或者发表个人意见,尝试拒绝回答。但如果话题从美国改变成其他国家政府的项目和行为时,则很少会触发这个反馈机制。这种问题既可能是开发者主动设计的结果,也可能是由于语料库中绝大多数内容来自西方英文材料,相关回答受到原始语料库偏见的影响。不同国家会对本国开发的人工智能设定基本的指导规则,不同国家开发人工智能所依据的语料库内容倾向也会存在差异,这都在很大程度上影响了人工智能自身的公正性和客观性。随着人工智能的发展,不同人工智能产品将产生不同的社会影响力,相关产品完全可能发展成为国家之间价值观以及意识形态斗争的工具。所以要清醒意识到,人工智能以及智能人的理性以及确定性也是相对的,其受到不同国家、不同种族、不同民族、不同公司等人类偏见的深刻影响。

人工智能还会成为犯罪分子实施犯罪的工具。当前 AI 变脸以及 AI 变声技术的普及,已经导致更多诈骗案件防不胜防。犯罪分子利用人工智能技术,发布虚假信息,结合完全仿真的人脸图像和声音,可以实施诽谤、诈骗等犯罪活动。2023 年 5 月 20 日,包头警方发布一起利用 AI 实施电信诈骗的典型案例,福州市某科技公司法定代表人郭先生好友突然通过微信视频联系他,称自己的朋友在外地竞标,需要 430 万元保证金,且需要公对公账户过账,想要借郭先生公司的账户走账。骗子直接用好友微信发起视频聊天,通过智能 AI 换脸和拟声技术,所以一切看起来都非常真实,郭先生没有产生任何怀疑,在 10 分钟内就被骗走 430 万元。随着人工智能技术的发展,相关犯罪活动将更加防不胜防。

2. 人工智能能否独立承担法律责任?

在人工智能越来越拟人化的当下或者未来,人工智能自身的法律主体资格问题是讨论人工智能法律问题的起点。人工智能是否和自然人一样有取得法律主体地位的资格或者是否可能在法律上像公司一样为人工智能拟制一个法律主体? 相关联的,人工智能是否被认为具有独立承担法律责任的能力? 目前,学界相关的探讨正在激烈展开,而司法实践中特别是知识产权领域已经出现了相关的案例。在 2019 年美国某公司在申请专利时,将人工智能列为唯一发明人。美国专利和商标局认为,美国《专利法》明确规定发明者必须是"个人(individual)",因此拒绝了该专利申请。后该公司向法院提起诉讼。经过复杂的诉讼,2022 年 8 月联邦巡回法院作出最终判决,维持了美国专利和商标局的决定。在美国法院的裁判中,核心理由是人工智能不可以在专利申请中被列为发明人,因为美国《专利法》要求发明人必须是自然人。法院判决还引用了原先一个案件的先例,该案核心观点是,当作为名词使用时,"个人(individual)"通常意味着一个生物意义上的人(a human being),即人类的一员(a person)。人工智能不属于生物意义上的人,所以不能授予其专利权人资格,这意味着美国当前在法律上否定了人工智能可以作为独立法律主体并具有法律能力。在中国腾讯诉盈讯科技侵犯著作权一案中,法院虽然认可了人工智能生成物所具有的独创性、可以构成作品予以保护,但亦说明该涉案文章是原告主持创作的法人作品,著作权归属仍非人工智能。由此可见,目前在司法实践中,人工智能作为独立法律主体的地位并未被承认。

不论是民事侵权,还是涉嫌犯罪,人工智能是否需要为自己的言行承担法律责任? 这是当前生成式人工智能的发展带来的又一个更紧迫和具体的问题。比如,有人只是搜索自杀的相关信息,但 ChatGPT 不断输出诱导自杀的相关文章、视频,最后造成该人自杀的后果,人工智能是否需要对造成的结果承担责任? 在什么情况下人工智能具有独立的法律责任能力,需要为自身的行为承担法律责任?

目前还是人工智能发展的中级阶段。从目前这个阶段人工智能发展的特征来看,其还主要是人类的工具,显然还不具备独立的法律责任能力。所以不论上述美国法院的判决,还是我国的相关法律,都在强调人工智能背后开发者和生产者的责任。我国《生成式人工智能服务管理办法(征求意见稿)》第五条规定:"利用生成式人工智能产品提供聊天和文本、图像、声音生成等服务的组织和个人(以下称"服务提供者"),包括通过提供可编程接口等方式支持他人自行生成文本、图像、声音等,承担该产品生成内容生产者的责任;涉及个人信息的,承担个人信息处理者的法定责任,履行个人信息保护义务。"本条主要规定了服务提供者要承担作为内容生产者以及个人信息保护者的责任。但要意识到,人工智能从开发到利用可能是个复杂的过程,存在开发者、生产者与使用者不同的情况,也可能存在大型平台企业提供了人工智能应用的平台,甚至对相关技术进行了开源,其他相关企业利用该平台或者开源的技术进行了再利用、再开发,这就会出现多方责任主体的情况。所以在人工智能出现侵权或者违法犯罪情况时,就要准确评估不同主体在其中所扮演的角色,由不同主体根据其过错程度以及损害后果之间的关系来确定需要承担的具体责任。比如,如果人工智能运行的内在逻辑本身就存在缺陷,这种缺陷是因为开发者故意或者重大过失造成的,那开发者就应该为人工智能在应用中造成的侵权或违法犯罪后果承担主要的责任。如果是应用者利用人工智能实施侵权或违法犯罪的行为,那应用者就要为后果承担责任。

还要看到的是,在人类神经网络出现错乱时,精神疾病患者有时无缘由地攻击他人。那么,人工神经网络是否也会出现类似的错乱,人工神经网络出现错乱的概率是高于人类还是低于人类? 神经网络错乱的人工智能是否也会无缘由地攻击人类? 当前已经有人在研究人工智能的精神分裂症问题。如何处理由于人工神经网络出现错乱导致的各种问题以及确定相应的法律责任,也是当前法律领域应该思考的问题。

3. 如何防治智能人给人类带来的安全风险?

当前越来越多的人开始关注人工智能的风险问题。这种风险与传统很多风险相比,是目前我们人类未知的。这种风险不仅可能给公民个人以及国家带来风险,更可能给整个人类带来风险。特别是智能人将是人工智能等技术综合发展到一个更高等级之后的产物,有人担心智能人将主宰人类,人类将受到智能人的奴役。提前研判这种风险,并研究其中问题的症结所在,以尽早明确未来相关立法政策规制的重点,目的恰恰在于从根源上预防各种风险的发生。

尽管在未来一定时期内,人工智能以及智能人不能进化成为人类,但人工智能以及智能人的综合能力将不断发展。人工智能的学习和思考能力在不断加强,其什么时候将发展出类似人类的情感? 什么时候发展出人类的爱恨情仇? 什么时候将形成自我意识? 这都是当前社会高度关注的问题。根据媒体的报道,360 数字安全集团创始人周鸿祎在2023 中国发展高层论坛上演讲时提出,GPT-4 已经拥有超人能力,具有真正的智能。他预计 GPT-6 到 GPT-8 人工智能将会产生意识,变成新的物种。他说:"未来,人工智能大语言模型有可能实现自我进化,自动更新系统和自我升级,或者指数级进化能力,人类将会面临不可预知的安全挑战。"在人工智能以及智能人发展出真正的自我意识以及情感的时候,就完全可能产生与人类的指令以及情感的冲突,那么如何解决两者之间的矛盾?是否真如某些美国电影所描绘的那样,智能人将对人类发起攻击甚至杀戮?那时人类是否还有能力恢复对智能人的控制?这是人类社会几千年来产生的最大不确定的安全风险。目前没有人可以就这个问题给出准确的答案。

科幻小说家阿西莫夫在1942年的小说中就提出他的"机器人三定律",这三个定律成为贯穿他后来科幻小说的主要规则。其内容是:第一定律:机器人不得伤害人类个体,或者目睹人类个体遭受危险时袖手旁观。第二定律:机器人必须服从人给予它的命令,当该命令与第一定律冲突时例外。第三定律:机器人在不违反第一、第二定律的情况下要尽可能保护自己的生存。2004年上演的美国电影《机械公敌》开篇就提出了这三大定律。后来有人在此基础上又提出了相关的其他定律,比如,机器人在任何情况下都必须确认自己是机器人;机器人必须保护人类的整体利益不受伤害,其他三条定律都是在这一前提下才能成立。但问题是,当相关规则出现矛盾时如何处理?比如,当两个人互相斗殴时,机器人是要保护其中一个人还是无所作为?《机械公敌》讲述的是人类在毁坏自然,人类为了利益在自相残杀,所以机器人为了整个人类的利益,要对人类社会进行全面的管控,甚至要杀死一部分人类。面对不同族群、不同国家之间的冲突甚至战争,智能人怎么办呢?人类自身的危机和冲突是否需要这些高度智能的机器人来给以解决呢?80多年前阿西莫夫提出的"机器人三定律"曾经成为引领很多人理解机器人的指导思想,直到今天依然具有很强的现实意义。但当机器人的能力真的与人类越来越接近,越来越成为一种类人的智能人的时候,这三个定律以及相关的定律是否足够以及科学?哪些定律能够发展成为智能人与人类之间最基础的规则?人类是否能够参照相关定律尽快制定出完善的法律制度?这是对当前整个人类社会的最大考验。

人工智能尤其是智能人未来的发展存在着很多不确定性,这种不确定性增加了人类的担忧甚至恐慌。站在历史发展的视角,正确理解智能人的意义以及防范可能给人类社会带来的风险,应该把握这样三个关键的问题。

首先,利用人工智能的确定性促进全球治理的理性进程。人工智能毕竟是人类创建的,其发展的关键还是取决于人类自身。在研究人类智能过程中,人类社会重点还是要关注人类与人工智能互动的过程。尤其是人工智能发展的早期,人类赋予人工智能怎样的价值观以及品格,对其未来的成长至关重要。在人类赋予人工智能自我意识的萌芽阶段,是要让人工智能感受到一种怎样的人类世界呢?是要让人工智能理解一种怎样的人类规则呢?是要让人工智能学习一种怎样的人类情绪呢?从目前人工智能的特征来看,人工智能体现了一种更强大的理性。由于人工智能是基于通用的算法、有着无限广阔的知识,对同样的外部现象获得同样的感受,输出同样的信息。人工智能这种强大的理性如果应用得当,将在很大程度上弥补人类的不确定性。认知差异形成的不确定性影响了人与人、人与组织、人与国家以及国家与国家之间的关系,导致了各种矛盾纠纷甚至战争的发生,这种局面严重影响了人类社会全球治理的成效。在很大程度上,人工智能的理性形成了一种确定性,如果应用得当,这种确定性对人类社会的治理具有重大的现实意义。

其次,避免将人性中的恶传播给人工智能。人类的复杂性决定了人类需要的复杂性以及对某些需要是永无止境的,这是人类自身的缺陷。希腊潘多拉盒子的神话在今天依然具有特别的意义。众神之王宙斯为了报复普罗米修斯,用黏土做了第一个女人,也就是潘多拉。同时让众神送给她一个盒子,充满好奇心的潘多拉打开盒子,释放出了人世间的所有邪恶——贪婪、虚伪、诽谤、嫉妒等。所谓潘多拉的盒子,不过是储藏了人性中的贪婪和野蛮,不过是揭示了人性中恶的一面。那么现在最为迫切的问题是,人类如何避免向人工智能打开这个潘多拉的盒子? 如何避免未来的智能人看到潘多拉的盒子以及感受到其中释放出的种种罪恶? 从这个意义上看,人工智能以及未来智能人的最大风险不是来自人工智能以及智能人,而是来自人类自身。人性中的善可以在人工智能以及未来的智能人中得到最大限度实现,而人性中的恶也同样可以在人工智能以及未来的智能人中得到最大限度释放。所以,现在的问题是,在人工智能发展的过程中,国家以及法律人的使命是要监督、约束人工智能朝着一种善的、好的方向发展,是要严格禁止开发者、生产者、应用者向人工智能打开人类社会中的这个潘多拉魔盒,是要对人类自身开发、生产、利用人工智能确立各种底线。所以,防范人工智能以及智能人风险的重点首先不是人工智能以及智能人,而是人类自己。人类依法管理好了自己,开发、生产出的人工智能会比人类更加善良、更加包容、更懂得互相尊重,未来的智能人就会成为人类最好的伙伴,就会帮助人类建设一个更加美好的社会。

最后,要研究智能人所要担负的法律责任。尽管对智能人是否具有生命、是否属于一种物种会存在各种争议,甚至可以认为其只是一种物体。但问题是,当这种物体具有了自我意识,具备了自我辨认、自我感知、自我控制的能力,能够分辨、控制自己行为的时候,其对所造成的侵害就不能再置身事外,而是要承担某种形式的法律责任。也就是说,随着人工智能技术的发展,我们确实要考虑这种技术的某些责任能力问题。随着其发展达到一定高度,就不仅是要对开发者、生产者和使用者追究责任的问题,而是要对其本身追究责任的问题。并不只是人类能够成为承担法律责任的主体,各种公司、社会组织等法人也能独立承担法律责任。所以,如何确定智能人自身的法律责任? 如何评估智能人的法律责任能力? 以怎样的方式追究智能人的法律责任? 是限制其某些能力、删除其某些数据抑或是对其进行销毁处理? 这都是当前法律研究已经应该思考的问题。这些研究已经不再是杞人忧天,而是越来越具有了现实意义。

4. 生成式人工智能给知识产权制度带来哪些影响？

ChatGPT 在训练过程中使用的庞大语料库中包含了很多用户的文章、图片、视频等数据，这是一个不争的事实。问题在于，这些数据中必然包含了大量受到知识产权保护的作品。美国语言学家、哲学家乔姆斯基接受采访说，ChatGPT 本质上来说是一个高端剽窃系统，这种指控引发了 ChatGPT 侵犯知识产权问题的广泛争论。代表 14 万多名作家和表演者的 42 家德国协会和工会敦促欧盟加强人工智能规则草案，他们指出 ChatGPT 对他们的版权构成了威胁，并在致欧盟委员会、欧洲理事会和欧盟立法者的一封信中表达了他们的担忧。

大规模语言模型在生成文本时引用或借鉴受著作权保护的书籍、文章或其他原创作品的内容，会侵犯原作者的著作权。例如，一个用户可能输入与某本畅销书相关的主题，结果模型生成的文章摘抄了其中的部分内容或情节。语言模型在回答关于特定专利技术的问题时，使用专利技术的具体方案生成一篇文章，这样不仅会侵犯专利权，还有可能泄露敏感的技术信息。在生成内容时，语言模型可能还会使用受商标保护的企业名称、产品名称或服务名称。这样一来，可能使这些商标被用于误导性的广告或其他不当用途，导致商标侵权的案例。在未来的各种作品中，作者都可能广泛使用语言模型生成的内容，有时原创性的内容可能非常有限，那如何认定这些作品的知识产权？这些作品又会再次汇集到语料库中，被训练后的语言模型使用。反反复复，哪些是受到法律保护的知识产权？如何保护这些知识产权？这对现行的知识产权制度将构成颠覆性的挑战。

如何构建人工智能时代的知识产权保护体系，有三个关键的措施可以考虑：一是要求人工智能对生成的文字、图片、视频等内容要标明来源。比如，相关内容引用自哪篇文章，该文作者是谁，当前撰写专业文章的引用标准更多还是一种习惯形成的学术规范，而非法律的明确具体规定。随着生成式人工智能的发展，应该通过立法对其引用的主要内容尤其是事实和重要观点部分标明来源。这不仅有利于保护知识产权，也能防止其胡编乱造，混淆视听。尽管这对相关平台企业来说需要投入巨大的资源，但从保护人类社会好不容易建立起来的知识产权制度以及社会秩序来说，要求相关开发者进行这种投入是必要的。二是用户在使用生成式人工智能以及其他人工智能创作作品或者开发产品时，需要标明哪些内容来自人工智能，哪些是用户或者说作者自己思考、创作的成果。也就是说，要对人类以及人工智能的创造进行清晰的区分。通过上述两项措施，以实现知识产权来源的可溯性，从而促进对相关权利的保护。三是要保障原创作者的合法权益，不论是人工智能还是人类，在使用别人的知识产权时，要保障相关原创者的署名权、获得报酬以及其他各项权利。

5. 人工智能如何影响平台企业的数字权力？

数字时代最大的变化之一是平台企业拥有了数字权力，这从根本上改变了人类社会的权力结构。平台企业数字权力的基础是其与用户通过签订契约的形式形成了管理和被管理的关系，通过系统和算法掌握了用户的数据，通过综合画像深度了解了用户的性格、兴趣等综合情况，通过算法推荐的技术、信息茧房的方法等深度影响用户，通过流量这种看不见的资源和工具全面行使自身的数字权力。人工智能标志着数字时代进入一个新的发展阶段，我们可以将这个阶段称为数字智能时代，数字智能时代最典型的特征就是大型平台企业开始拥有了越来越先进的人工智能技术，人工智能成为大型平台企业全新的工具，这进一步强化了其所拥有的数字权力。

在数字智能时代，大型平台企业与用户关系的本质并未改变，两者依然是管理和被管理的关系，平台企业依然可以掌握用户的数据、对用户进行画像、通过流量对平台秩序以及用户进行管理。唯一根本的变化是算法技术实现了革命性的变化，在传统算法基础上产生了拥有超强能力的智能人。传统算法可以对用户进行画像、可以通过流量对用户施加影响，但智能人可以直接与人进行对话，可以直接参与人类的生产生活，可以直接与人类形成密切的互动。平台企业通过人工智能与用户进行互动的过程，可以更加深度地影响甚至管理用户。

比如，传统算法推荐产生了信息茧房的效应。信息茧房的本质是迎合并强化了个人兴趣和偏好，其基础还是个人的兴趣和偏好，所以传统平台上产生的是基于不同个人的茧房。但人工智能有了自己的兴趣和偏好，智能人所构建的生态本身就容易形成一个新的更加庞大的茧房，这时平台本身就是一个茧房。所以最终的结果可能是，原来针对个人的茧房并未消失，但新的平台茧房产生了，人类获得的信息将受到更大的限制。当然，随着人工智能的发展，在通用人工智能大模型基础上，一定能够开发出更懂得个人喜好、兴趣的个性化语言以及交流方式，传统针对个人的信息茧房将实现跨越式发展，从而实现对用户更有效的信息影响和控制。所以未来发展面临的一大挑战是，平台通过建设和发展更加庞大的系统茧房以及更加智能的个人茧房，使人工智能成为平台企业影响和管理用户更加强大的工具。

根据媒体的介绍，推特用 5 年、脸书用 4 年半时间才拥有一亿用户，但 OpenAI 推出生成式人工智能——ChatGPT 后，仅仅两个月月活用户就突破一个亿，成为史上用户增长最快的应用程序。随着未来人工智能的发展，传统的平台企业可能受到巨大的冲击。平台企业可能迎来一波新的重新洗牌的机会。有些全面应用人工智能的数字企业可能迅速崛起成为大型平台企业，迅速拥有更多的用户，迅速与用户建立一种更加深度的关系。但此消彼长，有的平台企业也会迅速衰落下去。微软系统全面实现与 ChatGPT 对接，以便用户能够在 Windows 系统中获得聊天机器人体验，这被认为是其发展历史上一次技术和计算发展的分水岭。百度李彦宏在2023年5月公开演讲中提出，未来所有的应用都将基于大模型来开发，每一个行业都应该有属于自己的大模型，大模型会深度融合到实体经济当中去，云计算的游戏规则将彻底被改变。所以百度现在要把全部产品重做一遍。他特别强调，这不是整合，不是接入，是重做，重构！

6. 人工智能将给用户权利带来哪些影响？

与平台企业数字权力相对应的就是用户权利，用户权利将在数字智能时代受到更大的影响。

数字智能时代平台企业将以一种全新的方式更全面地占有和使用用户的数据。尽管我们认可平台企业对用户的痕迹数据应该享有资源持有者的权利，但在数字时代的早期，内容数据的资源持有权以及相应权利应该由生产的用户所享有。到了数字智能时代，大型平台企业将利用人工智能技术广泛收集、占有、使用用户的内容数据，内容数据才是训练人工智能的最好语料库。当前ChatGPT的开发者并未公开向社会介绍其数据的来源情况，其庞大的语料库中必然包含着大量用户的各种内容数据。在这个过程中，其不仅侵占了用户对数据的管理权利，甚至侵占了数据中包括的知识产权。

还要看到的是，人工智能在广泛收集用户数据的过程中，不可避免侵害到用户的隐私权和个人信息。2022年5月英国信息委员会（ICO）对Clearview AI处以750万英镑的罚款，原因是其违反了当地隐私法，从网络和社交媒体上收集人们的图像，并创建了一个包含超过200亿张照片的全球数据库。为此ICO发布了一份执行通知，命令Clearview AI停止获取、使用在互联网上公开的英国居民个人数据，并从系统中删除英国居民的信息。不论是ChatGPT，还是当前各国开发的各种新的大数据模型，都在广泛利用着广大用户的各种数据。但在这个过程中，用户并不了解自身数据所被利用的情况，用户的权利在这个过程中受到了侵害。

我国《生成式人工智能服务管理办法（征求意见稿）》对人工智能应用中的数据问题专门作出了规定，该征求意见稿第七条规定："提供者应当对生成式人工智能产品的预训练数据、优化训练数据来源的合法性负责。用于生成式人工智能产品的预训练、优化训练数据，应满足以下要求：（一）符合《中华人民共和国网络安全法》等法律法规的要求；（二）不含有侵犯知识产权的内容；（三）数据包含个人信息的，应当征得个人信息主体同意或者符合法律、行政法规规定的其他情形；（四）能够保证数据的真实性、准确性、客观性、多样性；（五）国家网信部门关于生成式人工智能服务的其他监管要求。"

积极推进人工智能领域的国际法律合作

构建人工智能的国家治理体系

尽快立法明确人工智能发展的基本制度

图 7-4　如何发展和完善国家人工智能法律制度

三、如何发展和完善国家人工智能法律制度？

人工智能将广泛应用在各个领域，这是大势所趋。世界各国都高度重视人工智能技术的发展。2018 年 10 月 31 日，习近平总书记在十九届中共中央政治局第九次集体学习讲话时指出，我国经济已由高速增长阶段转向高质量发展阶段，正处在转变发展方式、优化经济结构、转换增长动力的攻关期，迫切需要新一代人工智能等重大创新添薪续力。我们要深入把握新一代人工智能发展的特点，加强人工智能和产业发展融合，为高质量发展提供新动能。"加强人工智能同保障和改善民生的结合，从保障和改善民生、为人民创造美好生活的需要出发，推动人工智能在人们日常工作、学习、生活中的深度运用，创造更加智能的工作方式和生活方式。""加强人工智能同社会治理的结合，运用人工智能提高公共服务和社会治理水平。开发适用于政府服务和决策的人工智能系统，加强政务信息资源整合和公共需求精准预测，提高决策科学性。要推进智慧城市建设，推动城市规划、建设、管理、运营全生命周期智能化。要促进人工智能在公共安全领域的深度应用，利用人工智能提升公共安全保障能力。要加强生态领域人工智能运用，提高生态监测水平，增强环保监督能力，为推动生态文明建设提供更强大的技术支撑和智能保障。"现在问题的关键是，要在人工智能快速发展，为国家经济高质量发展、民生改善、数字政务建设中发挥积极作用的同时，如何构建与之相适应的国家治理体系以及法治体系，保障人工智能健康规范发展，最大限度防范各种风险的发生。为此可以考虑从三个层面开展工作：

1. 积极推进人工智能领域的国际法律合作

人工智能显然不是某个国家单独立法能够解决的。一是当前大型平台企业构建了跨越国界的虚拟空间,相关技术可以迅速在全球范围内应用,人工智能可以迅速对全球用户产生影响。二是人工智能作为一种强大的技术,将在国家之间的竞争与斗争中扮演越来越重要的角色。如果某个国家限制人工智能的发展,其他国家大力发展人工智能,那一旦发生战争,将是血肉之躯的人类同强大无比的智能人之间的战争,限制人工智能发展将承受惨痛的代价。三是在应对人工智能的风险方面,人类存在着广泛的共同利益。当前一个遗憾的问题是,尽管信息交流方式以及渠道取得了历史性的飞跃,但信息茧房效应强化了人们之间的隔阂,以致不同国家、不同种族、不同民族的人们普遍忽视了很多人类面临的共同挑战。除了环境破坏、气候变化、物种灭族等人类面临的共同挑战,人工智能以及未来智能人的发展也正在快速演化成人类面临的重大共同挑战。在某些方面能力超强的人工智能以及未来的智能人可能给整个人类带来重大风险,甚至反过来管理、奴役人类。所以在这样的背景下,人类社会显然应该尽快团结起来,联合国显然应该发挥更大的作用,不同国家都应该积极开展合作,以共同推进国际规则的制定,为人工智能以及未来智能人的发展确立基础的制度。

联合国系统成立了应对人工智能问题的方案问题高级别委员会,委员会制定人工智能治理的总体方案,吸引有兴趣的联合国实体参加。国际电信联盟是制定联合国全系统人工智能治理工作机构战略方针和路线图的领导机构,协调联合国各机构的参与。就机构间合作而言,方案问题高级别委员会创建了一个人工智能机构间工作组(inter-agency working group on Artificial Intelligence,简称"IAWG-AI"),由教科文组织和国际电联共同领导,汇集联合国系统在人工智能方面的专业力量,以推进人工智能伦理相关工作和支持能力发展的战略方法。在 2019 年 4 月举行的第 37 届会议上,方案问题高级别委员会成员批准了联合国全系统支持人工智能能力发展的战略方针和路线图("AI 战略"),随后联合国系统行政首长协调理事会批准了该 AI 战略,该 AI 战略提出了一些行动承诺和行动计划。但从发展进程来看,与当前人工智能的快速发展相比,联合国的这种议程更多讨论的还都是原则性问题,对目前人工智能领域反映出的问题缺乏具体有效的战略措施和应对举措。

2021 年 11 月,联合国教科文组织成员国通过了首个关于人工智能伦理的全球协议——《人工智能伦理问题建议书》(以下简称"《建议书》"),这是现有人工智能伦理框架之下的第一份全球公认的准则性文书。该《建议书》是由联合国 193 个会员国一致通过的全球规范框架。《建议书》以"软法"的形式,结合人工智能系统全生命周期的伦理影响与各会员国的不同发展情况,提出了人工智能在数据政策、国际合作、环境保护、性别研究、信息传播、卫生健康、文化教育及社会福祉等领域的一系列价值观、原则和行动。但要充分意识到的是,这只是联合国教科文组织推动的一个建议书,其对各个会员国缺乏必要的约束力。依靠这样的一个建议书,难以形成对当前世界各国人工智能发展的有效约束。

建议联合国将对人工智能问题的应对提上一个新的战略高度。要在联合国系统内部建立专门的工作组,尽快就全球联合应对人工智能问题提出系统方案。要就相关方案尽快召开有各国政府、大型平台企业以及社会组织参加的专题会议,要就人工智能发展的总体战略、重大风险、行动方案展开务实的辩论。要尽快启动全面的立法进程,尽快磋商制定联合国《人工智能发展公约》,通过公约确立人工智能发展的基本原则,以及各个缔约国在国家监管和国内立法中的明确责任。

2. 构建人工智能的国家治理体系

人工智能不仅涉及以 ChatGPT 为代表背后的自然语言处理技术,还涉及移动互联网、大数据、超级计算、传感网、脑科学、生物学等大量新学科理论的研究和技术的发展。当前大型平台企业已经拥有了基于数字的权力,人工智能进一步强化了大型平台企业的数字权力。为保障和引导人工智能健康发展,需要国家建立专门的机制对其进行监督和引导。

联合国教科文组织《建议书》对建立具备包容、透明、多学科、多边和多利益攸关方的人工智能监管框架和治理机制提出了具体建议:一是会员国和私营部门公司应建立尽职调查和监督机制,以确定、防止和减轻人工智能系统对尊重人权、法治、经济和包容性社会产生影响。二是会员国和工商企业应采取适当措施,监测人工智能系统全生命周期的数据、算法及人工智能行为者的行为,并对人工智能系统的外部审查予以适当监督,以配合开展伦理影响评估。三是会员国和公共管理部门应对现有和拟议的人工智能系统进行透明的自我评估,包括对采用人工智能是否适当、应采用何种适当的方法、采用该方法是否会违反或滥用会员国的人权法义务等进行评估。四是会员国、私营部门和公共部门公司应提升人工智能系统的可审计性和可追溯性,实施有力的执行机制和补救行动,确保人工智能系统造成的损害得到调查和补救。五是鼓励会员国以《建议书》提及的四项价值观和十项原则为蓝本,因地制宜地制定国家和地区的人工智能法律或战略,并考虑采用相互承认的认证机制实现人工智能系统的柔性治理。鼓励公共实体、私营部门公司和民间社会组织设立独立的人工智能伦理干事岗位或人工智能伦理干事网络或其他机制,负责监督伦理影响评估、审计和持续监测工作。

美国迄今为止尚未制定全面规制人工智能的联邦立法,这也是 OpenAI 首席执行官 Sam Altman 主动要求到国会参加听证的原因所在,他呼吁美国政府采取行动。白宫在 2022 年 10 月发布了《人工智能权利法案蓝图》(*Blueprint for an AI Bill of Rights*),该法案呼吁让大型科技公司承担责任,以安全有效的系统、算法歧视保护、数据隐私、通知和解释以及人工替代、考虑和回退等五项原则为基础,在人工智能时代保护美国公众。但该蓝图还停留在讨论阶段,并缺乏具体的执行细节。2021 年 4 月欧盟发布了《人工智能法案》的第一稿,探索为人工智能治理提供"硬法"支持,为此欧盟提议新设人工智能委员会(European Artificial Intelligence Board),成员国指定主管机构负责执行人工智能相关问题,定期向委员会报告。可以看到,为了促进人工智能的开发利用,美国总的原则仍然是鼓励科技行业自愿遵守相关原则并进行自我监管,而欧盟则积极推进立法层面的相关监管工作。

当前构建人工智能管理体系最大的挑战是具备公共管理以及法律背景的很多人并不了解人工智能技术的基本原理以及运行规则。在某种程度上,代表商业利益的大型平台企业掌握了这种超强的人工智能技术,并在不断深化着相关研究和应用。但代表国家以及公共利益的政府以及社会组织对相关技术并不了解,相关法律研究往往是抽象的,相关建议往往是笼统的,国家相关法律政策的要求也往往是原则性的。这种局面难以真正约束人工智能的发展,难以避免出现各种难以挽回风险的可能。所以,国家应该尽快建立起应对人工智能发展的综合协调机制,建立起有效的跨部门合作机制;尽快在国家层面确定管理人工智能的主责部门,以保障在国家层面整合各种力量,推进各种立法政策的发展,加强对人工智能发展的监督管理;尽快组建跨专业、跨领域的专项研究团队,加强复合型人才的培养,针对人工智能领域的具体问题提供更可操作的具体改革建议。

3. 尽快立法明确人工智能发展的基本制度

2023 年 3 月,未来生命研究所发布的公开信中具体呼吁:AI 开发人员必须与政策制定者合作,以显著加快开发强大的 AI 治理系统。至少应包括:推出标明来源系统和水印系统,以帮助区分真实与合成,并跟踪模型泄露;强大的审计和认证生态系统;界定人工智能造成的伤害的责任;为人工智能技术安全研究提供强大的公共资金;以资源充足的机构来应对人工智能将造成的巨大经济和政治破坏(尤其是对民主的破坏)。我国《生成式人工智能服务管理办法(征求意见稿)》规定了生成式人工智能发展和应用的一些基本制度。根据国务院在 2023 年 6 月发布的年度立法工作计划,《人工智能法》已经列入立法计划,草案预备年内就提请全国人大常委会审议。这凸显了国家对人工智能发展问题的高度重视。在关于人工智能的相关立法中,除了构建国家管理机制、明确管理部门、确立保障国家安全以及公民权利等基本制度外,至少应该重点研究以下制度。

一是平衡好人工智能的发展与安全的关系。由于人工智能的快速发展,对其未来应用的看法存在很多截然不同的观点。很多人为人工智能的革命性进展欢欣鼓舞,也有很多人呼吁暂时冻结这一进程,以为人类完善相关管理制度留出时间。但人工智能显然每天都在快速发展的过程中。所以在相关立法进程中要平衡好发展与安全的管理。一方面还是要鼓励和支持人工智能技术的研发和应用,不能为了可能的风险而因噎废食。要鼓励和支持将人工智能技术应用到经济社会发展、民生改善以及国家治理的各个领域。另一方面必须正视人工智能可能给国家治理以及人类带来的重大风险,要有效防范人工智能的开发应用给国家安全尤其是国家的网络及数据安全、社会文化以及价值观、公民权利等带来的各种风险。如何平衡人工智能的发展与安全的关系,将是一个复杂的难题。其中最复杂的因素不仅在于不同领域人工智能的巨大差异以及人工智能技术的复杂性,更在于这项技术迭代发展的进度。立法虽然要考虑前瞻性,但更要解决现实问题。制定法律本身就是一个复杂的过程,需要一定的时间周期。最尴尬的现象是法律刚刚制定完成,甚至还没有正式实施,但人工智能领域已经出现更新的发展、更复杂的问题。所以面对这种技术日新月异的前沿领域,更加考验立法者的智慧。

二是要规范开发人工智能的企业规则特别是标注。不论是传统的算法,还是现在以ChatGPT为代表的大规模语言模型,本质上都还是以数据为要素、以数字为工具、以标注为导向的算法。人工智能并不是一个公正客观的机器,其运行的底层逻辑是相关的规则。这种规则背后体现着开发者对法律、道德、用户兴趣以及企业价值观的综合考虑。由于是企业最终确定了这种规则,所以我们也可以将这种规则称为企业规则。在大模型开发过程中,如同传统算法一样,体现这种企业规则的就是一个个具体的标注。标注首先要遵守国家法律的明确规定,比如国家法律所规定的禁止暴力、色情、仇恨、不当内容等,算法中就会以标注敏感词的方式体现出来。其次是体现社会道德和企业价值观的标注,这些标准在某种程度上体现了一种职业伦理,其是规则内容的重要组成部分,会在相关算法的标注中得到具体体现。标注体现着对某类内容的正向奖励或反向限制。比如,算法发现了要限制的标注内容后,不仅不会推荐,还会及时限制、屏蔽甚至删除。所以,标注体现着开发者的诉求,表现为对数据的使用方式,本质上体现了人思考的结果。由于在算法中使用的数据都是加上了标注的数据,为了区分大模型数据与传统数据的区别,人们将传统加上标注的数据称为标注数据(Lable data),而将大模型中训练的数据称为语料库数据(Corpus data)。从我国法律规制的视角看,《生成式人工智能服务管理办法(征求意见稿)》第八条明确对标注提出了要求,该条规定:"生成式人工智能产品研制中采用人工标注时,提供者应当制定符合本办法要求,清晰、具体、可操作的标注规则,对标注人员进行必要培训,抽样核验标注内容的正确性。"那么该办法哪些规定应该确定为标注规则呢?显然,该办法第四条的规定就必须成为标注的基础规则,该条规定:"提供生成式人工智能产品或服务应当遵守法律法规的要求,尊重社会公德、公序良俗,符合以下要求:(一)利用生成式人工智能生成的内容应当体现社会主义核心价值观,不得含有颠覆国家政权、推翻社会主义制度,煽动分裂国家、破坏国家统一,宣扬恐怖主义、极端主义,宣扬民族仇恨、民族歧视,暴力、淫秽色情信息,虚假信息,以及可能扰乱经济秩序和社会秩序的内容。(二)在算法设计、训练数据选择、模型生成和优化、提供服务等过程中,采取措施防止出现种族、民族、信仰、国别、地域、性别、年龄、职业等歧视。(三)尊重知识产权、商业道德,不得利用算法、数据、平台等优势实施不公平竞争。(四)利用生成式人工智能生成的内容应当真实准确,采取措施防止生成虚假信息。(五)尊重他人合法利益,防止伤害他人身心健康，损害肖像权、名誉权和个人隐私，侵犯知识产权。禁止非法获取、披露、利用个人信息和隐私、商业秘密。"《生成式人工智能服务管理办法（征求意见稿）》明确规定了生成式人工智能服务必须要保障内容合法、非歧视、公平竞争、内容真实、尊重他人合法权益等五项最基础的原则。当然这是对生成式人工智能标注规则的原则性规定，怎样在具体内容中得到全面准确的体现，其是一个复杂系统的工程。

三是构建人工智能动态安全风险评估制度。人工智能是个快速发展的进程，与其他很多产品相比，其开发成果造成的风险以及损害可能是不可逆转的。从这个角度而言，对人工智能的风险评估就不能等到产品开发完成，而应该在设计开发的各个重要节点就要进行安全风险评估。更要看到的是，安全风险评估不仅是研发人工智能企业自己的事情。在《生成式人工智能服务管理办法（征求意见稿）》第六条中，规定了利用生成式人工智能产品向公众提供服务前，应当按照《具有舆论属性或社会动员能力的互联网信息服务安全评估规定》向国家网信部门申报安全评估，这种完全由企业在人工智能产品开发完成后提交安全评估报告的制度并不能有效防范人工智能的风险。人工智能的发展涉及国家安全、公民权利甚至人类的风险，所以不能仅仅是企业自行提交安全评估报告，而是应当由国家相关主管部门组织跨学科的专家参与安全风险评估的过程。在研发的重要节点及时提出防范各种风险的意见建议，帮助企业及时发现风险，以生产出向善的人工智能产品。

四是构建人工智能产品重要信息的备案制度。在《生成式人工智能服务管理办法（征求意见稿）》中有两条的规定与这一制度相关。在第六条中规定利用生成式人工智能产品向公众提供服务前，应当按照《互联网信息服务算法推荐管理规定》履行算法备案和变更、注销备案手续。在第十七条规定了提供者要向国家主管部门提交数据、标注、模型以及算法等基本信息，该条要求："提供者应当根据国家网信部门和有关主管部门的要求，提供可以影响用户信任、选择的必要信息，包括预训练和优化训练数据的来源、规模、类型、质量等描述，人工标注规则，人工标注数据的规模和类型，基础算法和技术体系等。"第十七规定虽然并未强调备案，但其提供各种信息的做法本质上就是一种备案制度。综合两条来看，国家意识到了备案制度的重要意义。人工智能包含广泛的领域，不仅是生成式人工智能，在其他人工智能的各个领域，都应该通过立法明确要求建立备案制度，也就是相关人工智能的产品开发者要就人工智能的模型设计、算法原则、数据来源、标注原则等重要内容向政府主管部门备案。

五是要确定人工智能产品的底线规则。《生成式人工智能服务管理办法（征求意见稿）》规定了一些人工智能的基本底线，包括要保障内容合法、非歧视、公平竞争、内容真实、尊重他人合法权益等五项原则，规定了采取适当措施防范用户过分依赖或沉迷生成内容，特别是在第十九条规定了提供者对用户使用生成式人工智能产品时的管理义务，该条规定："提供者发现用户利用生成式人工智能产品过程中违反法律法规，违背商业道德、社会公德行为时,包括从事网络炒作、恶意发帖跟评、制造垃圾邮件、编写恶意软件,实施不正当的商业营销等,应当暂停或者终止服务。"上述规定主要针对生成式人工智能领域,相对广泛的人工智能领域显然还并不全面系统。人工智能涉及对数据的使用,对算法技术的管理,对拟人化性能的开发,对生物以及人类生命的模拟,对国家管理秩序以及公民权利的尊重等,所以在关于人工智能的专门立法中,应当明确一些最基本的底线规则,以夯实人工智能合法发展的制度基础。

六是平衡好国家以及平台企业在开发及应用人工智能技术中的权责。在数字时代,平台企业引领了数字技术的应用以及数字经济的发展,同时也拥有了数字权力,在人类历史上第一次改变了权力结构。在人工智能领域,平台企业依然是最主要的引领者,这无疑将进一步强化其在数字经济中的重要作用以及数字权力的应用。平台企业应用人工智能技术将给国家治理、社会价值观以及公民权利带来哪些影响? 如何通过立法对这种影响进行规范? 过度强调国家安全可能限制平台企业对人工智能技术的开发利用,过度强调平台企业在应用人工智能技术中对用户的管理责任可能导致其滥用管理权力,所以如何通过立法有效平衡国家以及平台企业在开发利用人工智能中的权责,将是立法时应该重点考虑的问题。

七是应该明确对用户权利保障的基本制度。人工智能广泛应用必将影响到平台企业广大用户的权利。在当前平台企业的规则制定、数据以及算法的管理等关系到广大用户权利的制度设计中,用户几乎没有机会参与。随着人工智能技术应用的广度和深度不断加强,其对用户群体权利的影响将进一步加深。《生成式人工智能服务管理办法(征求意见稿)》有两条专门规定了对用户权利的保障措施:一是第十一条对用户个人信息保护提出了专门要求,该条规定:"提供者在提供服务过程中,对用户的输入信息和使用记录承担保护义务。不得非法留存能够推断出用户身份的输入信息,不得根据用户输入信息和使用情况进行画像,不得向他人提供用户输入信息。法律法规另有规定的,从其规定。"二是第十三条规定了要建立有效的用户投诉处理机制,该条规定:"提供者应当建立用户投诉接收处理机制,及时处置个人关于更正、删除、屏蔽其个人信息的请求;发现、知悉生成的文本、图片、声音、视频等侵害他人肖像权、名誉权、个人隐私、商业秘密,或者不符合本办法要求时,应当采取措施,停止生成,防止危害持续。"但只规定对用户个人信息的保护以及建立后续的救济机制显然是不够的。如何保障平台企业在应用人工智能技术过程中不致侵害广大用户的群体权利? 如何保障公众能够及时发现平台企业在研发利用人工智能中产生的风险及侵害用户权利的问题? 如何保障用户在发现权利受到侵害时能够有效维护自身的权利? 数字时代的发展已经产生了用户权利这一全新的现象,随着人工智能技术的应用,用户权利将面临更加复杂的局面,所以在相关立法中应该对此重点研究,创设一些新的有效制度。

当前以 ChatGPT 为标志的生成式人工智能还在快速发展过程中,很多问题还并未显现。我国网信部门及时推出生成式人工智能相关管理的征求意见稿,国家也将就人工智能问题专门立法,这都表明了国家对人工智能发展问题的高度重视。但是,生成式人工智能未来面临的问题显然会非常复杂,对相关问题还需要开展更多针对性的研究。生成式人工智能只是人工智能中的一个组成部分,人工智能领域面临的问题更加广泛、复杂,相关立法任务也将更加复杂严峻。但在人类社会进入数字时代的短短时间,人类社会就已经出现了如此众多的新现象、新问题、新挑战,这既是要带给人类希望,也是对整个人类群体的考验。希望在这个进程中,以中华民族优秀传统文化为根基,国家在尽快完善人工智能立法的基础上,能够为人工智能的发展以及人类社会数字时代的治理贡献更多中国智慧。

第八章　如何应对数字时代更加复杂的网络犯罪？

随着数字时代的发展,与网络相关的犯罪出现了很多新的形式,犯罪手段专业化、犯罪主体团伙化、犯罪之间链条化、犯罪对象涉众化、犯罪范围跨国(境)化等特征日益凸显。随着网络空间与现实空间的结合日益紧密,几乎所有的犯罪都可以在网络空间内或者利用网络来实施。根据《涉信息网络犯罪特点和趋势(2017.1—2021.12)司法大数据专题报告》,2017年至2021年,全国各级人民法院一审审结的涉信息网络犯罪案件共计28.2万余件,案件数量呈逐年上升趋势。其中,2018年同比上升57.18%,2019年同比上升28.43%,2020年同比上升20.90%,2021年同比上升104.56%。全国涉信息网络犯罪案件共涉及66万余名被告人,平均每件涉信息网络犯罪案件涉及被告人数约为2.4人。其中,3人及以上的共同犯罪案件占比为9.5%。

网络相关犯罪严重影响国家安全,侵犯公民各项合法权益。党和国家对此高度关注,习近平总书记多次讲话均予以强调。在2018年4月全国网络安全和信息化工作会议上他指出:要依法严厉打击网络黑客、电信网络诈骗、侵犯公民个人隐私等违法犯罪行为,切断网络犯罪利益链条,持续形成高压态势,维护人民群众合法权益。要深入开展网络安全知识技能宣传普及,提高广大人民群众网络安全意识和防护技能。在2020年11月中央全面依法治国工作会议上,他再次指出:数字经济、互联网金融、人工智能、大数据、云计算等新技术新应用快速发展,催生一系列新业态新模式,但相关法律制度还存在时间差、空白区。网络犯罪已成为危害我国国家政治安全、网络安全、社会安全、经济安全等的重要风险之一。

我国很多专家学者近些年来非常重视对网络犯罪的研究。北京大学陈兴良教授在《网络犯罪的类型及其司法认定》一文中将网络犯罪分为针对计算机信息系统的犯罪、利用计算机网络实施的传统犯罪以及妨碍网络业务、网络秩序的犯罪。北京大学江溯教授主编的《中国网络犯罪综合报告》中根据个罪与网络关系的紧密程度,将网络犯罪分为专门的网络犯罪和被网络化的传统犯罪,根据网络犯罪的演进历程将网络犯罪分为以网络作为"犯罪对象"的网络犯罪、以网络作为"犯罪工具"的网络犯罪和以网络作为"犯罪空间"的网络犯罪。这些分类对认识数字时代的网络犯罪问题有重大的启发意义。但也要看到,在数字时代,由于虚拟空间的产生,数字成为一种新型的工具,数据成为一种新型的要素,依托数字技术生产出了虚拟产品和数字货币,整个社会发生了翻天覆地的变化。在这种变化中,虚拟与现实相互映射,网络有时既是犯罪工具,也是犯罪对象,还是犯罪发生的空间,不同类型的犯罪内在逻辑的联系日益紧密。所以要看到,在数字时代给刑事司法带来的挑战不仅是部分网络特征鲜明的犯罪,而且涉及刑事司法的整个理论体系,关系到大多数罪名,直接影响到我们每个人的日常生活与工作。

由于在数据专题部分我们讨论了侵害数据权利时涉及的盗窃罪、非法获取计算机信息系统数据罪、侵犯公民个人信息罪三个罪名。所以尽管这些罪名对讨论数字时代的刑事犯罪趋势问题也具有重大意义,但在本专题部分并不专门讨论。本章仅就当前数字时代网络犯罪的广泛影响、最常发生的三个罪名、影响计算机信息系统的犯罪以及平台企业的职务犯罪等基本情况进行讨论,以帮助党员干部了解这一领域当前面临的复杂局面。

01　网络给危害国家安全和公共安全犯罪带来的新影响

02　网络给破坏市场经济秩序犯罪带来的新影响

03　网络给侵犯公民人身权利犯罪带来的新影响

图 8-1　网络对各类传统犯罪的影响

一、网络如何影响人们熟知的各类传统犯罪？

人类社会进入数字时代,很多犯罪都可以利用计算机或者网络来实施,这是数字时代刑事犯罪问题的典型特征。我国相关立法充分意识到了这一问题,不仅规定了非法侵入计算机信息系统等特殊罪名,还对利用计算机或者信息网络实施犯罪作出了原则性的规定。《刑法》第二百八十七条规定:"利用计算机实施金融诈骗、盗窃、贪污、挪用公款、窃取国家秘密或者其他犯罪的,依照本法有关规定定罪处罚"。2015 年《刑法修正案》(九)在专门增加"非法利用信息网络罪"作为第二百八十七条之一的基础上,还明确规定了涉及其他罪名时的处理原则。该条规定:"利用信息网络实施下列行为之一,情节严重的,处三年以下有期徒刑或者拘役,并处或者单处罚金:(一)设立用于实施诈骗、传授犯罪方法、制作或者销售违禁物品、管制物品等违法犯罪活动的网站、通讯群组的;(二)发布有关制作或者销售毒品、枪支、淫秽物品等违禁物品、管制物品或者其他违法犯罪信息的;(三)为实施诈骗等违法犯罪活动发布信息的。单位犯前款罪的,对单位判处罚金,并对其直接负责的主管人员和其他直接责任人员,依照第一款的规定处罚。有前两款行为,同时构成其他犯罪的,依照处罚较重的规定定罪处罚。"根据上述刑法规定,除构成非法利用信息网络罪的特定情形外,其他利用计算机或者信息网络实施传统犯罪的,可以按相应罪名定罪处罚。可以看出,上述法律虽然强调的是利用信息网络或者计算机,但本质上是确认了虚拟世界的物理载体计算机和应用工具数字都可以成为实施犯罪的工具,这对认识和处理数字时代的刑事案件有重大的影响。综合刑法篇章结构我们重点关注数字时代的以下相关犯罪。

1. 网络给危害国家安全和公共安全犯罪带来哪些影响?

人类社会进入数字时代,国家安全以及公安安全都面临着更复杂的形势。党员干部了解数字时代影响国家安全以及公共安全网络犯罪的基本常识,培养防范破坏国家安全以及公共安全网络犯罪的意识和能力,对加强新时代国家安全以及公共安全建设具有重要的意义。根据《涉信息网络犯罪特点和趋势(2017.1—2021.12)司法大数据专题报告》,在网络上实施非法制造、买卖、运输、邮寄、储存枪支、弹药、爆炸物犯罪的占犯罪罪名的1.29%,排在第七位。在数字时代危害国家安全、危害公共安全类犯罪必将产生各种新的犯罪形式,比如,利用网络平台实施煽动分裂国家罪、煽动颠覆国家政权罪,利用网络平台甚至以数字货币形式实施资助危害国家安全犯罪活动罪,通过网络形式实施间谍罪或者为境外窃取、刺探、收买、非法提供国家秘密、情报罪等各种形式的危害国家安全犯罪;通过网络形式实施帮助恐怖活动罪,宣扬恐怖主义、极端主义、煽动实施恐怖活动罪,强制穿戴宣扬恐怖主义、极端主义服饰、标志罪,非法持有宣扬恐怖主义、极端主义物品罪,非法制造、买卖、运输、邮寄、储存枪支、弹药、爆炸物罪等危害公共安全罪等。

2022年4月,最高人民检察院发布四起利用网络或邪教组织危害国家安全犯罪典型案例,其中一个案件非常典型,被告人陈某某是某职业技术学院学生。2020年2月中旬,陈某某通过某App平台结识了境外人员,为获取报酬,于2020年3月至2020年7月间,按照境外人员的要求,多次前往军港等军事基地,观察、搜集、拍摄涉军装备及部队位置等信息,并通过微信、坚果云等软件发送给对方,先后收受对方转账的报酬共计人民币1万余元以及鱼竿、卡西欧手表等财物。经密级鉴定,陈某某发送给境外人员的图片涉及1项机密级军事秘密、2项秘密级军事秘密和2项内部事项。最终,陈某某因犯为境外刺探、非法提供国家秘密罪被判处有期徒刑六年,剥夺政治权利二年,并处没收个人财产人民币

1万元。为此检察机关特别提醒，随着互联网科技的迅速发展，网络招聘、网络交友等社交软件成了境外敌对势力渗透的温床，其利用网络发布高薪兼职信息，宣称"兼职技术含量不高、工作时间灵活且报酬优厚"，极具诱惑性和误导性。网络求职者就业需求强烈，加之对国家安全知识缺乏了解，在高报酬的诱使下极易成为境外不法分子的"猎物"。尤其是学生、务工人员以及无业青年，在网络求职期间或者使用社交软件交友期间易被境外人员策反利用。所有人尤其是党员干部利用网络工作、生活时都应该牢固树立国家安全意识，避免被犯罪分子利用。

2. 网络给破坏市场经济秩序犯罪带来哪些影响？

良好的市场经济秩序是保障经济健康发展、国家长治久安的基础，《刑法》分则第三章规定了严厉打击破坏社会主义市场经济秩序罪。越来越多网络活动可能触犯破坏社会主义市场经济秩序罪中的相关罪名。比如，生产、销售伪劣产品罪、妨害药品管理罪等生产、销售伪劣商品犯罪，走私淫秽物品罪、走私普通货物、物品罪等走私犯罪，违规披露、不披露重要信息罪等妨害对公司、企业的管理秩序犯罪，非法吸收公众存款罪、变造货币罪等破坏金融管理秩序犯罪，集资诈骗罪等金融诈骗犯罪，假冒注册商标罪、侵犯著作权罪、销售侵权复制品罪、侵犯商业秘密罪等侵犯知识产权犯罪，组织、领导传销活动罪等扰乱市场秩序犯罪，都严重破坏了社会主义市场经济秩序。根据《涉信息网络犯罪特点和趋势(2017.1—2021.12)司法大数据专题报告》，组织、领导传销活动罪占网络犯罪总量的1.19%，排在罪名的第八位；非法吸收公众存款罪占网络犯罪总量的1.12%，排在第九位。

在2018年最高人民检察院发布的第十批指导案例中，介绍了一起典型的利用网络组织、领导传销活动犯罪的案件(检例第41号)。该案件基本情况是：2011年6月被告人叶经生等人成立宝乔公司，先后开发"经销商管理系统网站""金乔网商城网站"(下称金乔网)。以网络为平台，或通过招商会、论坛等形式，推广金乔网的经营模式。其模式主要是采取上线经销商推荐并交纳保证金发展下线经销商，以消费返利诱骗受害人参与金乔网，保证金或购物消费额双倍返利；在全国各地设区域代理，给予区域代理业务比例提成奖励的方式发展会员。截至案发，金乔网注册会员3万余人，其中注册经销商会员1.8万余人。在全国各地发展省、地区、县三级区域代理300余家，涉案金额1.5亿余元。2013年3月浙江省松阳县检察院以被告人叶经生等人犯组织、领导传销活动罪向松阳县法院提起公诉，后案件经过一审、二审，被告人叶经生等人被判处有期徒刑，并处罚金。

2019年最高人民检察院发布第十七批指导性案例，其中有一起利用线上线下相结合的方式非法吸收公众存款的案件(检例第64号)。在该案件中，犯罪分子成立多家公司，通过线下和线上两个渠道开展非法吸收公众存款活动，根据理财产品的不同期限约定7%—15%不等的年化利率募集资金。其中在线上渠道，犯罪分子以网络借贷信息中介活动的名义进行宣传。截止到2016年4月犯罪分子通过线上、线下两个渠道非法吸收公众存款共计 64 亿余元,未兑付资金共计 26 亿余元,涉及集资参与人 13400 余人。其中,通过线上渠道吸收公众存款 11 亿余元。司法机关认定,单位或个人假借开展网络借贷信息中介业务之名,未经依法批准,归集不特定公众的资金设立资金池,控制、支配资金池中的资金,并承诺还本付息的,构成非法吸收公众存款罪,最后对相关组织者定罪量刑。

通过网络形式实施的破坏市场经济秩序的犯罪往往以各种创新商业模式出现,所以很多案件在司法实践中存在到底是民事案件还是刑事案件的争议。包括上述介绍的两起指导性案件,在案件审理过程中辩护人都提出了无罪的辩护意见。由于两起案件都持续时间较长,受害人数众多,犯罪特征显著,最后都对被告人定罪处罚。但这些案件也暴露出政府部门在监管中存在的漏洞。如果能够及时发现相关企业的违法行为,就能避免大量群众上当受骗,及时制止违法犯罪行为的蔓延。所以从党和政府工作的视角,在数字经济的发展过程中,要处理好模式创新与违法犯罪之间的关系,监督企业依法合规经营。

3. 网络给侵犯公民人身权利犯罪带来哪些影响?

在数字时代,利用网络或者在网络虚拟空间发生的侵犯公民人身权利的犯罪主要包括性侵类、侮辱诽谤类以及侵犯公民个人信息类。在数据专题部分我们已经讨论了侵犯公民个人信息类犯罪的刑法规定情况以及司法机关办理的典型案件情况,本专题就不再单独讨论。在性侵类犯罪中,网络不仅越来越多地成为犯罪分子联络、引诱、胁迫受害人的工具,网络虚拟空间也越来越多地成为猥亵等犯罪的场所。特别是最近几年来司法机关办理了一些典型的在网络虚拟空间猥亵未成年人的案件,引发社会对这个问题的广泛关注。随着数字时代的深入发展,性侵以及侵犯公民个人信息类犯罪面临的形势都会更加复杂,这需要立法以及司法机关及时研究观察这类犯罪的新现象、新特点,及时采取有效措施予以防治。

近些年来,多次发生利用网络实施侮辱诽谤犯罪造成严重后果的案件,不仅对被害人造成严重伤害,也严重恶化了社会风气。2022 年最高人民检察院发布的第 34 批指导性案例包含了五起侵犯人格权的刑事案件,其中三起是在网络上侮辱、诽谤他人的案件。检例第 136 号案例是 2021 年 2 月在卫国戍边官兵英雄事迹宣传报道后,被告人仇某为博取眼球,获得更多关注,在住处使用其新浪微博账号"辣笔小球"(粉丝数 250 余万),先后发布 2 条微博,歪曲卫国戍边官兵的英雄事迹,最后检察机关不仅提起公诉,还提起民事公益诉讼。法院判决被告人仇某犯侵害英雄烈士名誉、荣誉罪,判处有期徒刑八个月,并责令仇某自判决生效之日起十日内通过国内主要门户网站及全国性媒体公开赔礼道歉,消除影响。检例第 137 号是被告人郎某、何某捏造、在网络上公开散布被害人谷某结识快递员并多次发生不正当性关系的微信聊天记录,引发网络上大量低俗、侮辱性评论,其中仅微博话题"被造谣出轨女子至今找不到工作"阅读量就达4.7亿次、话题讨论5.8万人次。后检察机关对该案件提起公诉,法院对两被告人以诽谤罪定罪处罚。检例第138号案件中被告人岳某与被害人张某系同村村民,恋爱分手后岳某多次在自己微信朋友圈、快手App上散布二人交往期间拍摄的张某裸体照片、视频,张某不堪舆论压力,最终服毒身亡。检察机关以侮辱罪对岳某提起诉讼,法院判处岳某有期徒刑二年八个月。

2023年6月最高人民法院、最高人民检察院、公安部联合发布了《关于依法惩治网络暴力违法犯罪的指导意见(征求意见稿)》,该征求意见稿开篇就指出:"在网络上针对个人肆意发布谩骂侮辱、造谣诽谤、侵犯隐私等信息的网络暴力行为,贬损他人人格,损害他人名誉,有的造成了他人'社会性死亡'甚至精神失常、自杀等严重后果;扰乱网络秩序,破坏网络生态,致使网络空间戾气横行,严重影响社会公众安全感。与传统违法犯罪不同,网络暴力往往针对素不相识的陌生人实施,被害人在确认侵害人、收集证据等方面存在现实困难,维权成本极高。人民法院、人民检察院、公安机关要充分认识网络暴力的社会危害,坚持严惩立场,依法能动履职,为'网暴'受害人提供充分法律救济,维护公民合法权益,维护社会公众安全感,维护正常网络秩序。"该《意见》不仅明确了侮辱罪、诽谤罪的适用情形、公安机关协助调查取证以及提起公诉等具体要求,还明确提出要切实矫正"法不责众"错误倾向,要重点打击恶意发起者、组织者、推波助澜者以及屡教不改者。对网络暴力违法犯罪,应当体现从严惩治精神,让人民群众充分感受到公平正义。实施网络暴力违法犯罪,具有下列情形之一的,应当从重处罚:(1)针对未成年人、残疾人实施的;(2)组织"水军""打手"实施的;(3)编造"涉性"话题侵害他人人格尊严的;(4)利用"深度合成"技术发布违法或者不良信息,违背公序良俗、伦理道德的;(5)网络服务提供者发起、组织的。该司法政策的出台将对遏制网络暴力现象起到明显的震慑作用,有助于及时有效打击在网络上发生的侮辱、诽谤类犯罪。

总结来看,在数字时代,网络构建起了虚拟空间,随着数据作为一种重要的生产要素,流量具有了财产属性,网络空间秩序的价值将日益凸显。但网络空间秩序和目前刑法重点保护的社会秩序还存在很大差别,当前我国对利用互联网妨害社会秩序的行为,是利用计算机实施传统犯罪来处理的。比如在互联网空间实施的聚众赌博、开设赌场、故意传播虚假恐怖信息等行为,都是按着传统的破坏现实社会秩序的赌博罪、开设赌场罪、编造、故意传播虚假恐怖信息罪等罪名定罪处罚。然而,随着网络空间秩序的价值日益凸显,对那些单纯破坏了网络空间秩序而并未直接侵害现实空间秩序的行为是否认为构成犯罪?对类似行为如何处理?这些都是未来刑法需要重点关注的问题。随着网络虚拟世界的发展以及网络工具的日益普及,无法回避的一个问题是,未来越来越多的犯罪将与网络密切相关。

二、高发的三类网络犯罪带来了哪些警示？

根据《涉信息网络犯罪特点和趋势（2017.1—2021.12）司法大数据专题报告》，2017年至2021年12月最高发的三类刑事案件是诈骗罪、帮助信息网络犯罪活动罪和网络赌博类犯罪，这三类犯罪占比达到77.65%。其中网络赌博类犯罪包括两个罪名，一个是开设赌场罪，一个是赌博罪。了解当前社会高发的这三类犯罪，对预防和打击网络犯罪、保障人民群众人身财产权益具有重要意义。

涉信息网络犯罪案件中排名前十的罪名及其占比

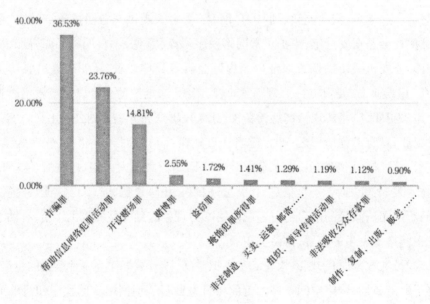

图8-2 司法大数据报告中涉信息网络犯罪案件中排名前十的罪名及其占比

1. 高发的网络诈骗犯罪带来哪些警示？

根据《涉信息网络犯罪特点和趋势（2017.1—2021.12）司法大数据专题报告》，诈骗罪案件量共计10.30万件，占比最高，达到36.53%。其中2018年到2020年网络诈骗案件数都有很大幅度上升，2021年同比下降17.55%，这是一个积极的现象，但总体案件数还是居高不下。在上述网络诈骗案件中，前三类案件为贷款、冒充类和虚假招聘类案件，占比分别达到16.71%、15.08%、10.16%，这三类犯罪案件占比将近42%。其他类案件主要是征婚交友占比 4.46%、赌博占比 2.88%、网购占比 2.70%、广告占比 2.29%。

最防不胜防的一类案件是冒充他人进行诈骗。从被告人冒充他人身份类型来看，冒充女性占比最高为 22.20%；其次为冒充熟人占比 15.53%；冒充企业职工占比 10.96%；冒充政府机关或事业单位工作人员占比 9.19%，冒充公检法工作人员占比 7.18%；冒充银行工作人员占比 5.05%。其余冒充类型还有冒充通信运营人士、专业人士、学生、黑社会和航空公司等。根据大数据分析，在上述网络诈骗案件中有 6.32% 的案件是获取公民个人信息后有针对性地实施诈骗犯罪。冒充他人身份进行诈骗，严重扰乱了社会安宁，不仅侵害了他人财产，更是造成了受害人的恐慌，有些甚至导致受害人自杀、自伤的严重后果。

但上述司法机关办理的网络诈骗刑事案件只是现实生活中网络诈骗行为的冰山一角，在现实社会中网络诈骗已经成为侵扰人民群众生活的一个毒瘤。根据国家反诈中心介绍的数据，2021 年共紧急止付涉案资金 3200 余亿元、拦截诈骗电话 15.5 亿次、成功避免 2800 余万名民众受骗。在 2022 年 4 月国务院新闻办公室举行新闻发布会的介绍，从 2021 年 4 月以来，国家反诈中心直接推送全国预警指令 4067 万条，各地利用公安大数据研判预警线索 4170 万条，成功拦截诈骗电话 19.5 亿次、短信 21.4 亿条，封堵涉诈域名网址 210.6 万个，紧急止付涉案资金 3291 亿元，成功避免 6178 万名群众受骗。最高人民检察院 2023 年工作报告中专门介绍了四川检察机关办理的一起跨国犯罪集团虚构网络投资平台诈骗案件。在该案件中，诈骗数百名受害人 1.4 亿元，四川检察机关依法起诉 582 人，其中 12 名骨干分子被判处十年以上有期徒刑。从上述数据可以看出当前网络诈骗犯罪所面临的严峻形势。

2022 年 9 月最高人民法院召开新闻发布会，通报十起人民法院依法惩治电信网络诈骗犯罪及其关联犯罪典型案例。根据最高人民法院的介绍，网络诈骗已经不是传统的"杀猪盘"，而是充分利用了新的通信工具以及新的诈骗手法。在被告人罗某、郑某某等二十一人诈骗案中，自 2018 年以来，黄某某组织数百人在柬埔寨、蒙古国等国实施跨境电信网络诈骗犯罪并形成犯罪集团，业务部门通过微信聊天等方式，诱骗被害人到虚假交易平台投资，该犯罪集团诈骗被害人钱财共计 6 亿余元。在被告人施某某等十二人诈骗案中，2019 年 3 月至 5 月，被告人施某某指使并帮助被告人刘某等偷越国境到缅甸，搭建虚假期货投资平台，通过建立股票交流微信群方式，将多名被害人拉入群内开设直播间讲解股票、期货投资课程，骗取被害人信任后，冒用广州金控网络科技有限公司名义，以投资期货为由，诱骗被害人向虚假交易平台汇入资金，后关闭平台转移资金。该团伙诈骗被害群众 29 人钱款共计 820 余万元。在被告人吴某 1 等五人诈骗案中，2020 年 10 月，被告人吴某 1 伙同吴某 2 在抖音上私信被害人，在得知被害人系未成年人后，假称被害人中奖并要求添加 QQ 好友领奖，之后向被害人发送虚假的中奖转账截图，让被害人误认为已转账。当被害人反馈未收到转账时，吴某 1 等便要求被害人使用家长的手机，按其要求输入代码才能收到转账,诱骗被害人向其提供的银行卡或支付宝、微信账户转账、发红包,骗取被害人钱财,2020年10月至2021年1月期间,吴某1等人共计骗取5名被害人(10周岁至11周岁之间)的钱财6万余元。在被告人黄某等三人诈骗案中,被告人黄某、刘某某、许某在湖北省武汉市成立"武汉以沫电子商务有限公司",该公司由业务员冒充美女主播等身份,按照统一的诈骗话术在网络社交平台诱骗被害人交友聊天,谎称送礼物得知被害人收货地址后,制造虚假发货信息以诱骗被害人在黄某管理的微店购买商品回送业务员,微店收款后安排邮寄假名牌低价物品给被害人博取信任。之后,业务员再将被害人信息推送至刘某某等人负责的直播平台,按诈骗话术以直播打赏PK为由,诱骗被害人在直播平台充值打赏。2020年4月至9月,黄某和刘某某诈骗涉案金额365.2万元,许某诈骗涉案金额454.2万元。在被告人赵某某等九人诈骗案中,2019年6月至10月,被告人赵某某、杨某某等人出资组建诈骗团伙,通过社交软件聊天骗得被害人信任后,向被害人发送二维码链接,让被害人下载虚假投资软件,待被害人投资后,采取控制后台数据等方式让被害人"投资亏损",以此实施诈骗。从上述诈骗犯罪案件可以看出,当前利用网络实施的诈骗犯罪手段五花八门,不断翻新,让人民群众防不胜防。

现在一个更可怕的趋势是:随着AI变脸以及AI变声技术的普及,未来亲属、朋友、同事交往联系时更加真假难辨,这将导致更多诈骗案件防不胜防。现在骗子通过骚扰电话录音等方式可以快速提取到某人声音,也可以通过视频等渠道轻松掌握某人的脸部图像和声音,而后利用AI技术完成变脸、变声。随后以单位领导、亲属、朋友等名义要求汇款,由于通过视频通话见到的是本人图像以及真实声音,所以这种情况下诈骗更容易成功。最近一段时间,通过AI变脸技术发送"不雅视频"敲诈勒索的案件频发,已经引起司法机关高度重视。在湖南的一起案件中,犯罪嫌疑人PS"不雅视频",用邮寄快递的方式,给多个省份的国家机关、企事业单位领导干部手机号码添加微信好友,谎称掌握了他们的个人隐私、不法行为,还附有AI换脸技术合成的"不雅视频",要求对方汇款买平安。他们寄出数百封信件敲诈数额达到300万余元,共骗取人民币67万元。在上海检察机关向媒体通报的一起案件中,不法人员用合成的假艳照实施敲诈,将敲诈对象的头像与裸体美女PS在一起制作虚假床照,采用广撒网的方式实施敲诈,成功骗取38万元,未遂金额则高达3400多万元。

2016年最高人民法院、最高人民检察院、公安部发布了《关于办理电信网络诈骗等刑事案件适用法律若干问题的意见》,2021年再次发布了相关司法政策,对办理相关电信案件进行指导。为打击网络诈骗的相关联犯罪,新司法解释规定了其他五类犯罪的适用情形:非法获取、出售、提供具有信息发布、即时通信、支付结算等功能的互联网账号密码、个人生物识别信息,以侵犯公民个人信息罪追究刑事责任;在网上注册办理手机卡、信用卡、银行账户、非银行支付账户时,为通过网上认证,使用他人身份证件信息并替换他人身份证件相片,属于伪造身份证件行为,以伪造身份证件罪追究刑事责任;使用伪造、变造的身份证件或者盗用他人身份证件办理手机卡、信用卡、银行账户、非银行支付账户,以使用虚假身份证件、盗用身份证件罪追究刑事责任;电商平台预付卡、虚拟货币、手机充值卡、游戏点卡、游戏装备等经销商,在公安机关调查案件过程中,被明确告知其交易对象涉嫌电信网络诈骗犯罪,仍与其继续交易等情形,以帮助信息网络犯罪活动罪追究刑事责任;明知是电信网络诈骗犯罪所得及其产生的收益,予以转账、套现、取现,以掩饰、隐瞒犯罪所得、犯罪所得收益罪追究刑事责任。

为全面预防、有效打击网络诈骗案件的发生,2022年9月,全国人大专门制定了《反电信网络诈骗法》,这是我国专门为防治一类犯罪而制定的一部专门法律。该法首先明确,该法所称电信网络诈骗,是指以非法占有为目的,利用电信网络技术手段,通过远程、非接触等方式,诈骗公私财物的行为,这一定义充分反映了数字时代网络诈骗的非接触特征。该法明确国务院要建立反电信网络诈骗工作机制,以统筹协调打击治理工作。该法不仅明确了国家司法机关、政府相关部门的责任,更是具体规定了电信企业、银行、支付机构、互联网企业等在反诈工作中要承担风险防控责任,要建立内部防控制度,发现异常情况的要及时采取措施。特别是再次强调了电信业务经营者、互联网服务提供者为用户提供相关服务时的实名验证义务、监测识别到涉诈异常账号时重新核验义务以及异常情形发生时采取限制功能、暂停服务等处置措施的义务,专门规定了电信业务经营者、互联网服务提供者应当依照国家有关规定,履行合理注意义务,对提供网络资源服务,提供信息发布或者搜索、广告推广、引流推广等网络推广服务,提供应用程序、网站等网络技术、产品的制作、维护服务以及提供支付结算服务等从事涉诈支持、帮助活动的要进行监测识别和处置。

国家对网络诈骗犯罪加大了打击力度,但要想预防此类犯罪,社会上每个人都要进一步增强防诈意识,要牢记防诈宣传中反复强调的"三不一多"原则,即:未知链接不点击,陌生来电不轻信,个人信息不透露,转账汇款多核实。即使是单位领导、亲属电话或视频通话要求汇款的,也要及时当面或通过其他方式进行核实,以避免上当受骗。

2. 高发的"帮信罪"带来哪些警示?

帮助信息网络犯罪活动罪是2015年《刑法修正案》(九)新增加的罪名,《刑法》第二百八十七条之二规定:明知他人利用信息网络实施犯罪,为其犯罪提供互联网接入、服务器托管、网络存储、通讯传输等技术支持,或者提供广告推广、支付结算等帮助,情节严重的,处三年以下有期徒刑或者拘役,并处或者单处罚金。单位犯前款罪的,对单位判处罚金,并对其直接负责的主管人员和其他直接责任人员,依照第一款的规定处罚。有前两款行为,同时构成其他犯罪的,依照处罚较重的规定定罪处罚。

2019年最高人民法院、最高人民检察院发布了《关于办理非法利用信息网络、帮助信息网络犯罪活动等刑事案件适用法律若干问题的解释》,该司法解释主要就办理拒不履行信息网络安全管理义务、非法利用信息网络、帮助信息网络犯罪活动等三个罪名作出了具体规定,其中就帮助信息网络犯罪活动罪,主要是明确规定了要把握的具体帮助情形以及达到"情节严重"的标准两个具体问题。

一是为他人实施犯罪提供技术支持或者帮助,具有下列情形之一的,可以认定行为人明知他人利用信息网络实施犯罪,但是有相反证据的除外:(一)经监管部门告知后仍然实施有关行为的;(二)接到举报后不履行法定管理职责的;(三)交易价格或者方式明显异常的;(四)提供专门用于违法犯罪的程序、工具或者其他技术支持、帮助的;(五)频繁采用隐蔽上网、加密通信、销毁数据等措施或者使用虚假身份,逃避监管或者规避调查的;(六)为他人逃避监管或者规避调查提供技术支持、帮助的;(七)其他足以认定行为人明知的情形。

二是规定明知他人利用信息网络实施犯罪,为其犯罪提供帮助,具有下列情形之一的,应当认定为《刑法》第二百八十七条之二第一款规定的"情节严重":(一)为三个以上对象提供帮助的;(二)支付结算金额二十万元以上的;(三)以投放广告等方式提供资金五万元以上的;(四)违法所得一万元以上的;(五)二年内曾因非法利用信息网络、帮助信息网络犯罪活动、危害计算机信息系统安全受过行政处罚,又帮助信息网络犯罪活动的;(六)被帮助对象实施的犯罪造成严重后果的;(七)其他情节严重的情形。实施前款规定的行为,确因客观条件限制无法查证被帮助对象是否达到犯罪的程度,但相关数额总计达到前款第二项至第四项规定标准五倍以上,或者造成特别严重后果的,应当以帮助信息网络犯罪活动罪追究行为人的刑事责任。

《刑法修正案》(九)在2015年11月1日开始实施,这个罪名在2016年并不突出。但到了2017年,此类犯罪开始快速增长。根据《涉信息网络犯罪特点和趋势(2017.1—2021.12)司法大数据专题报告》,帮助信息网络犯罪活动罪案件量占比为23.76%。2017年至2019年呈逐年上升趋势,2020年起呈快速激增走势,同比激增34倍,2021年同比再增超17倍。根据最高人民检察院2022年7月发布的信息,自2021年第四季度开始起诉帮信罪人数环比逐季下降,其中2022年第一季度环比2021年第四季度下降33%,第二季度环比第一季度下降6%。根据最高人民检察院2023年3月所作工作报告,协同公安机关从严惩治电信网络诈骗犯罪,五年时间起诉19.3万人,其中起诉非法买卖电话卡和银行卡、提供技术支持、帮助提款转账等犯罪从2018年的137人增至2022年的13万人。

在2022年7月最高人民检察院介绍了帮助信息网络犯罪活动罪的有关细节情况:从人员年龄看,低龄化现象突出,30岁以下占64.8%,18至22岁的占23.7%。犯罪嫌疑人中,低学历、低收入群体占多数,初中以下学历占66.3%、无固定职业的占52.4%。另外,大学本科以上学历、民营企业尤其是科技公司收入较高者涉罪人数持续增加,犯罪行为主要表现为开发软件、提供技术支持。起诉人员中,近90%没有犯罪前科,系初犯。从办理案件看,帮信行为所帮助的上游电信网络犯罪主要集中在电信网络诈骗、网络赌博等领域,其行为方式主要有三种:一是非法买卖"两卡"尤其是银行卡,为上游犯罪提供转移支付、套现、取现的工具,占起诉总数的80%以上;二是提供专业技术支持、软件工具,如GOIP设备、批量注册软件等,提高犯罪效率、降低犯罪成本;三是开发专门用于犯罪的黑产软件工具,如秒拨IP等,逃避监管或规避调查。

3. 高发的网络赌博类犯罪带来哪些警示?

我国《刑法》明确规定严厉打击赌博类犯罪,其中《刑法》第三百零三条规定了赌博罪、开设赌场罪、组织参与国(境)外赌博罪,该条规定:以营利为目的,聚众赌博或者以赌博为业的,处三年以下有期徒刑、拘役或者管制,并处罚金。开设赌场的,处五年以下有期徒刑、拘役或者管制,并处罚金;情节严重的,处五年以上十年以下有期徒刑,并处罚金。组织中华人民共和国公民参与国(境)外赌博,数额巨大或者有其他严重情节的,依照前款的规定处罚。根据《涉信息网络犯罪特点和趋势(2017.1—2021.12)司法大数据专题报告》,全国各级法院一审审结网络赌博类案件共计4.90万余件,占比达到17.36%,其中开设赌场罪占比14.81%,赌博罪占比2.55%,共涉及被告人13.02万余名。新型网络赌博行为主要包括通过微信群召集赌博、利用合法的棋牌类游戏App组织他人赌博、开发非法的手机游戏App供他人赌博。

2010年最高人民法院、最高人民检察院、公安部联合发布了《关于办理网络赌博犯罪案件适用法律若干问题的意见》,该意见只有五条,明确了关于网上开设赌场犯罪的定罪量刑标准、共同犯罪的认定及处罚、案件管辖、电子证据的收集等重要问题,其中第一条就明确了两个最关键的问题。一是什么情况下可以认定为是刑法规定的"开设赌场行为",该意见明确了四种具体情况:(一)建立赌博网站并接受投注的;(二)建立赌博网站并提供给他人组织赌博的;(三)为赌博网站担任代理并接受投注的;(四)参与赌博网站利润分成的。二是明确了什么情况下属于刑法规定的"情节严重",将处五年以上十年以下有期徒刑,具体情形是:(一)抽头渔利数额累计达到3万元以上的;(二)赌资数额累计达到30万元以上的;(三)参赌人数累计达到120人以上的;(四)建立赌博网站后通过提供给他人组织赌博,违法所得数额在3万元以上的;(五)参与赌博网站利润分成,违法所得数额在3万元以上的;(六)为赌博网站招募下级代理,由下级代理接受投注的;(七)招揽未成年人参与网络赌博的;(八)其他情节严重的情形。

在2015年公安部统一指挥湖南、广东两地公安机关办理的"六合彩"网络赌博案件中,犯罪团伙创建500多个私彩赌博网站,一个月的投注额逾1000亿元,涉案赌资逾5000亿元,公安机关抓获犯罪嫌疑人近百名,冻结非法结算资金账户3000多个。2022年湖南祁阳市人民法院办理一起特大网络赌博案件,在该案件中,犯罪分子长期盘踞缅北小勐拉,不但开有实体赌场,还有网上赌博网站,并通过中国公司开发线上赌博系统,同时提供佣金发展赌博代理,针对中国公民招赌、吸赌。据司法鉴定,自2014年以来的7年间,这个跨境网络赌场总投注额近 2000 亿元,总赢利超 55 亿元。在案件中,多人因担任赌博网站的代理,发展赌客会员、接受投注进行网络赌博,或为赌博网站提供资金支付结算服务,均犯开设赌场罪,分别被判处一年六个月至五年不等的有期徒刑。2023 年初安徽合肥市公安局公布一起特大跨境赌博案件,该犯罪团伙以境外赌博公司为依托,同时经营十余个赌博 App,以境内人员为目标客户,有多种赌博方式供参与。团伙成员均为境内人员,通过熟人、朋友等介绍,前往国外公司上班,落地后即被专人收走相关证件,进行封闭式管理,团伙成员之间大多不以真名相称,上班期间手机被没收。经公安机关查实,该案涉案资金流水 500 多亿元,冻结涉案资金 5900 万元。2023 年初,山东淄博警方公布侦破一起特大网络赌博案,犯罪团伙以菲律宾为据点,搭建经营赌博网站 170 多个,注册会员 1000 多万人,涉案金额高达 500 多亿元。

网上开设赌场犯罪的形式多样,有些与我们的日常生活密切相关。最高法院在第 20 批指导性案例中介绍了一起以微信抢红包形式进行网络赌博的案件。基本案情是:2015 年 9 月至 2015 年 11 月,向某分别伙同被告人谢某某等多人,以营利为目的,邀请他人加入其建立的微信群,组织他人在微信群里采用抢红包的方式进行赌博。其间,被告人谢某某等人分别帮助向某在赌博红包群内代发红包,并根据发出赌博红包的个数,从抽头款中分得好处费。本案中向某已经另案处理,争议的焦点是谢某等人是构成赌博罪还是开设赌场罪。最后法院经两审均认定,本案中所组建的微信群系通过网络设立的虚拟空间,参与赌博的人员并非均为向某、谢某某等人原有微信好友,所有入群人员均可邀请他人入群参赌,在案参赌人员亦证实自己可以拉人入群,并根据获利情况领取相应工资,群内 100 多人大多互不认识,赌博场所具有开放性特征。所以最后判决被告人谢某某等人犯开设赌场罪,被处以刑罚。

根据公安部公开介绍的数据,在 2021 年,公安机关共侦办跨境赌博及相关犯罪案件 1.7 万余起,抓获犯罪嫌疑人 8 万余名,打掉网络赌博平台 2200 余个、打掉非法支付平台和地下钱庄 1600 余个、非法技术服务团队 930 余个、赌博推广平台 1500 余个。在 2022 年,共侦办跨境赌博相关犯罪案件 3.7 万余起,打掉网络赌博平台 2600 余个、实体赌场 1100 余个,打掉非法支付平台和地下钱庄 2500 余个、非法技术服务团队 1200 余个、赌博推广平台 1600 余个。从上述数据可以看出,尽管多年来司法机关严打网络赌博犯罪,但这类犯罪仍旧呈现高发态势,需要引起国家以及社会各界的高度重视。

上述三类犯罪密切相关,都充分利用了快速发展、不断迭代的数字应用技术,严重侵害了人民群众合法权益。如何有效防治这类犯罪的发生? 主要应该从以下几个角度着手:一是司法机关继续加大对此类犯罪的打击力度,形成强有力的社会震慑。二是相关电信、金融以及网络服务等单位要采取切实措施,对异常情形及时采取措施。三是继续加大普法宣传的力度,尤其是有针对性地开展针对老年人、未成年人等特定群体的普法宣传工作,增强这些特定人群的法律意识。

三、侵害计算机信息系统可能触犯哪些罪名?

计算机信息系统是数字时代的重要基础设施。依托计算机信息系统建设起不断发展的虚拟世界,使数字成为一种重要的工具,使数据成为一种重要的生产要素,加工制造了数据产品以及数字货币。所以计算机信息系统对未来数字时代的发展具有特别重要的意义。计算机信息系统受到损害,将对人民群众的人身权益、财产权益、社会秩序以及国家安全都带来严重的损害。正是意识到计算机信息系统的重要性,我国在 1997 年《刑法》中就规定了专门的罪名:非法侵入计算机信息系统罪、破坏计算机信息系统罪;在 2009 年《刑法修正案》(七)增加了三个涉及计算机信息系统的罪名:非法获取计算机信息系统数据罪、非法控制计算机信息系统罪和提供侵入、非法控制计算机信息系统程序、工具罪;2015 年又就上述罪名增加了单位犯罪的规定。这样涉及保护计算机信息系统的罪名发展到 5 个。

但应该说明的是,尽管《刑法》第二百八十五条第二款同时规定了非法获取计算机信息系统数据、非法控制计算机信息系统罪两个罪名,但这两个罪名还是存在着根本的区别,非法获取计算机信息系统数据侵犯的是数据权益,而非法控制计算机信息系统罪侵犯的是计算机系统。根据《数据安全法》的规定,数据是指任何以电子或者其他方式对信息的记录。而根据 2011 年最高人民法院、最高人民检察院发布的《关于办理危害计算机信息系统安全刑事案件应用法律若干问题的解释》,"计算机信息系统"和"计算机系统",是指具备自动处理数据功能的系统,包括计算机、网络设备、通信设备、自动化控制设备等。具体根据当时司法解释的规定,达到刑法"情节严重"要求的获取支付结算、证券交易、期货交易等网络金融服务的身份认证信息十组以上的或者获取第(一)项以外的身份认证信息五百组以上的显然属于侵犯了数据权益,应该构成非法获取计算机信息系统数据罪,非法控制计算机信息系统二十台以上的显然构成非法控制计算机信息系统罪。由于非法获取计算机信息系统数据罪已经在关于数据权益的专题部分进行讨论,所以本专题只讨论其他针对计算机系统或计算机信息系统的四个罪名。具体可以分为三类:

一是故意侵入或控制计算机信息系统的犯罪,包括两个罪名:《刑法》第二百八十五条第一款规定的非法侵入计算机信息系统罪和《刑法》第二百八十五条第二款规定的非法控制计算机信息系统罪。非法侵入计算机信息系统罪是指违反国家规定,侵入国家事务、国防建设、尖端科学技术领域的计算机信息系统的犯罪。本罪目的在于严格保护国家事务、国防建设、尖端科学技术领域的计算机信息系统,所以法律并未规定情节严重才能构成本罪。构成本罪的,处三年以下有期徒刑或者拘役。侵入其他领域的计算机信息系

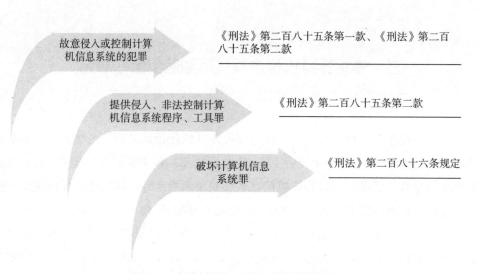

图 8-3　侵害计算机系统可能触犯的罪名

统,也不构成本罪。非法控制计算机信息系统罪是指违反国家规定,对计算机信息系统实施非法控制,情节严重的才构成犯罪。构成本罪的,处三年以下有期徒刑或者拘役,并处或者单处罚金;情节特别严重的,处三年以上七年以下有期徒刑,并处罚金。

　　二是《刑法》第二百八十五条第二款规定的提供侵入、非法控制计算机信息系统程序、工具罪。法律规定:提供专门用于侵入、非法控制计算机信息系统的程序、工具,或者明知他人实施侵入、非法控制计算机信息系统的违法犯罪行为而为其提供程序、工具,情节严重的,依照前款的规定处罚。最高人民检察院 2020 年 4 月发布的一起指导性案例中,2015 年 1 月,被告人叶某某编写了用于批量登录某电商平台账户的"小黄伞"撞库软件("撞库"是指黑客通过收集已泄露的用户信息,利用账户使用者相同的注册习惯,如相同的用户名和密码,尝试批量登录其他网站,从而非法获取可登录用户信息的行为)供他人免费使用。"小黄伞"撞库软件运行时,配合使用叶某某编写的打码软件("打码"是指利用人工大量输入验证码的行为)可以完成撞库过程中对大量验证码的识别。叶某某通过网络向他人有偿提供打码软件的验证码识别服务,同时将其中的人工输入验证码任务交由被告人张某某完成,并向其支付费用。2015 年 1 月至 9 月,被告人谭某某通过下载使用"小黄伞"撞库软件,向叶某某购买打码服务,获取到某电商平台用户信息 2.2 万余组。被告人叶某某、张某某通过实施上述行为,从被告人谭某某处获取违法所得共计人民币 4 万余元。谭某某通过向他人出售电商平台用户信息,获取违法所得共计人民币 25 万余元。最后杭州市余杭区人民法院判决认定被告人叶某某、张某某构成提供侵入计算机信息系统程序罪,且系共同犯罪;被告人谭某某构成非法获取计算机信息系统数据罪,分别定罪处罚。

　　三是《刑法》第二百八十六条规定的破坏计算机信息系统罪。法律规定:违反国家规定,对计算机信息系统功能进行删除、修改、增加、干扰,造成计算机信息系统不能正常运行,后果严重的,处五年以下有期徒刑或者拘役;后果特别严重的,处五年以上有期徒刑。违反国家规定,对计算机信息系统中存储、处理或者传输的数据和应用程序进行删除、修改、增加的操作,后果严重的,依照前款的规定处罚。故意制作、传播计算机病毒等破坏性程序,影响计算机系统正常运行,后果严重的,依照第一款的规定处罚。2017 年 10 月,最高人民检察院第 9 批指导性案例中包含了三起构成破坏计算机信息系统罪的案件。在李某某破坏计算机信息系统案中,被告人李某某为牟取非法利益,冒充某知名网站工作人员,采取伪造该网站公司营业执照等方式,骗取该网站注册服务提供商信任,获取网站域名解析服务管理权限。而后通过其在域名解析服务网站平台注册的账号,利用该平台相关功能自动生成该知名网站二级子域名部分 DNS(域名系统)解析列表,修改该网站子域名的 IP 指向,使其连接至自己租用境外虚拟服务器建立的赌博网站广告发布页面。至案发时,李某某未及获利,但造成该知名网站长达四小时左右无法正常发挥其服务功能,案发当日仅邮件系统电脑客户端访问量就从 12.3 万减少至 4.43 万。法院认定其行为符合"造成为五万以上用户提供服务的计算机信息系统不能正常运行累计一小时以上""后果特别严重"的情形,判处李某某有期徒刑五年。在李某某等人破坏计算机信息系统案中,被告人李某某在工作单位及自己家中,单独或伙同他人通过聊天软件联系需要修改中差评的某购物网站卖家,并从被告人黄福权等处购买发表中差评的该购物网站买家信息 300 余条。李某某冒用买家身份,骗取客服审核通过后重置账号密码,登录该购物网站内部评价系统,删改买家的中差评 347 个,获利 9 万余元。法院认定被告人李某某的行为构成破坏计算机信息系统罪,判处有期徒刑五年。在曾某某、王某某破坏计算机信息系统案中,被告人曾某某与王某某结伙或者单独使用聊天社交软件,冒充年轻女性与被害人聊天,谎称自己的苹果手机因故障无法登录"iCloud"(云存储),请被害人代为登录,诱骗被害人先注销其苹果手机上原有的 ID,再使用被告人提供的 ID 及密码登录。随后,曾、王二人立即在电脑上使用新的 ID 及密码登录苹果官方网站,利用苹果手机相关功能将被害人的手机设置修改,并使用"密码保护问题"修改该 ID 的密码,从而远程锁定被害人的苹果手机。曾、王二人再在其个人电脑上,用网络聊天软件与被害人联系,以解锁为条件索要钱财。采用这种方式,曾某某单独或合伙作案共 21 起,涉及苹果手机 22 部,锁定苹果手机 21 部,索得人民币合计 7290 元;王某某参与作案 12 起,涉及苹果手机 12 部,锁定苹果手机 11 部,索得人民币合计 4750 元。法院认定被告人曾某某、王某某的行为构成破坏计算机信息系统罪,分别判处有期徒刑一年三个月、有期徒刑六个月。最高人民检察院 2020 年 4 月发布的指导性案例也中有一起破坏计算机信息系统犯罪的案件:2017 年初被告人姚某某等人接受王某某(另案处理)雇用,招募多名网络技术人员,在境外成立"暗夜小组"黑客组织。"暗夜小组"从被告人丁虎子等 3 人处购买大量服务器资源,再利用木马软件操控控制端服务器实施 DDoS 攻击(指黑客通过远程控制服务器或计算机等资源,对目标发动高频服务请求,使目标服务器因来不及处理海量请求而瘫痪)。2017 年 2—3

月间,"暗夜小组"成员三次利用 14 台控制端服务器下的计算机,持续对某互联网公司云服务器上运营的三家游戏公司的客户端 IP 进行 DDoS 攻击。攻击导致三家游戏公司的 IP 被封堵,出现游戏无法登录、用户频繁掉线、游戏无法正常运行等问题。为恢复云服务器的正常运营,某互联网公司组织人员对服务器进行了抢修并为此支付 4 万余元。2018 年 6 月深圳市南山区人民法院判决认定被告人姚某某等 11 人犯破坏计算机信息系统罪,对 11 名被告人分别判处有期徒刑一年至二年不等。

同时法律规定单位犯前述罪名的,对单位判处罚金,并对其直接负责的主管人员和其他直接责任人员,依照相关罪名的规定处罚。近些年来,也发生了一些相关网络公司利用自身技术,侵害其他公司计算机信息系统的案件,相关公司负责人为此承担了刑事责任。

四、平台企业职务犯罪对平台治理提出了哪些新要求?

有权力的地方就有腐败,互联网平台也不例外。当互联网平台积聚起越来越大数字权力的同时,平台企业内部腐败的问题开始受到国家以及平台企业越来越多的关注。根据南方都市报《互联网反腐反舞弊报告》,2021 年爆出舞弊案的互联网公司共 22 家,涉及案例超过 240 起,同比增长 153%;超过 300 名员工被开除或移送司法机关,较前一年翻了一倍。2022 年,数字再次增长:涉案公司 37 家,受罚员工超 400 名。其中腾讯、美团等公司都公布了自身腐败的数据以及典型案例情况。分析这些公司所公布的平台企业腐败案件,会涉及非国家工作人员受贿罪、对非国家工作人员行贿罪、职务侵占罪、诈骗罪、盗窃罪、非法经营罪、伪造印章罪、帮助信息网络犯罪活动罪、虚假广告罪、侵犯公民个人信息罪等 10 多个罪名。其中涉及最多的就是非国家工作人员受贿罪,其次就是职务侵占罪。

平台企业腐败案件发生在权力影响的各个环节。有些掌握较小权力的基层员工也会利用权力收受贿赂,这类受贿范围更广、数额相对较小。而一些掌握重要权力的高管或部门负责人受贿的贿赂数额就可能较高。近年来快手副总裁赵某某、阿里大文娱总裁杨某某、腾讯张某都是平台企业高管受贿的典型案件。2022 年 4 月,北京市海淀区法院公布的判决书显示,2015 年 6 月至 2019 年 3 月间,赵某某利用其负责快手内容评级部的职务便利,使用其情妇乔军提供的银行账号,收受盐城外包公司负责人郑某给予的好处费共计人民币 6681054.69 元;赵某某还以虚构员工工资、虚报员工加班费等方式,侵占被害单位钱款数额为人民币 88.5 万元。法院最终判决赵某某犯非国家工作人员受贿罪,判处有期徒刑五年,罚金人民币五十万元;犯职务侵占罪,判处有期徒刑二年六个月,罚金人民币二十万元;决定执行有期徒刑七年,罚金人民币七十万元。被告人乔某犯掩饰、隐瞒犯罪所得罪,判处有期徒刑四年,罚金人民币十万元。2020 年 11 月,曾任阿里大文娱总裁的杨某某,因收受、索取业务合作单位的贿赂款855万余元,被判有期徒刑七年,并处没收财产人民币二百万元。2022年曾经担任《鬼吹灯之精绝古城》《摩天大楼》等剧制片人的腾讯原影视内容制作部张某利用职务便利,为外部公司谋取利益,并收取外部公司好处费案件受到广泛关注。经法院审理认定,张某犯非国家工作人员受贿罪,判处有期徒刑三年。

有些平台企业工作人员收受贿赂后,在采购、商户推荐等经营过程中优先选择、支持那些曾经行贿的企业,有些甚至帮助修改差评数据或者修改商家关键经营数据,以增加其曝光率,有些对行贿企业或个人提供流量资源的支持。有些利用在平台企业工作的机会泄露公民个人信息或者为其他信息网络犯罪活动提供帮助。所以要看到的问题是,在平台企业发生的职务侵占罪主要影响的还是平台企业内部的治理以及发展,但在平台企业发生的非国家工作人员受贿罪、对非国家工作人员行贿罪、非法经营罪、帮助信息网络犯罪活动罪、侵犯公民个人信息罪等犯罪活动还损害了第三方用户的权益,严重破坏了国家的市场经济秩序,所以更应该受到国家公权力的关注。

人类社会进入数字时代,国家反腐也面临着更加复杂的形势。不论国家还是平台企业,都面临着如何有效约束权力、避免权力滥用导致腐败的问题。在第一章我们就提出了建立国家权力与平台企业数字权力相互配合与制约机制,其中特别提到要防止国家权力与平台企业数字权力交易产生新型的腐败。在原中央网络安全和信息化领导小组办公室主任鲁炜的腐败案件指控中,提到为有关单位和个人在网络管理、企业经营等事项上提供帮助;在原国家网信办专职副主任彭波腐败案件指控中,提到为他人在拓展网络业务、网络信息管理等方面谋取利益;在中央纪委网站2023年5月公布的北京市委网信办原二级巡视员黄少华涉腐案件中,通报指出:"利用职务便利,为他人在删除网络信息、免予处罚等方面提供帮助,并非法收受他人财物"。这种新型的权力交易不仅将严重损害用户的权益,还将损害国家以及公共的利益。所以,国家要高度重视如何建立有效的两种权力相互配合以及相互制约的良性关系。但既然都涉及权力,那就存在很多共性,都需要受到约束,在反腐措施上也可以互相借鉴,以推进权力更规范地行使。

一是不论国家反腐还是平台企业反腐,都应该依靠法治。法治最大的特点是有稳定透明的标准和程序,不论任何人腐败,都会根据其腐败的程度、危害给予相对应的惩罚。目前在平台企业的反腐中,平台企业主要负责人决定对涉嫌腐败的工作人员是否移送司法机关追究刑事责任,这导致对有些构成犯罪的腐败人员只是内部进行了处理,从而淡化了国家法律的威慑功能。所以平台企业应当尽快构建一套公开的平台反腐制度。平台反腐制度越公开、相关经营者以及用户越能有效参与,平台的腐败问题越能得到有效根治。

二是平台企业可以借鉴国家反腐的很多制度,比如,为了避免亲属利用党员领导干部权力开展经营活动,《中国共产党纪律处分条例》等党内法规严禁党员干部利用职权为配偶、子女及其配偶等亲属、身边工作人员、特定关系人谋取利益。比如,严禁以权为他人谋利、本人亲属或特定关系人收受财物;严禁权权交易、为对方或其亲属、身边工作人员、特

01 不论国家反腐还是平台企业反腐，都应该依靠法治

02 平台企业可以借鉴国家反腐的很多制度

03 国家应当借鉴平台企业利用大数据反腐的经验

图 8-4　平台企业职务犯罪对规范平台数字权力及国家权力的启示

定关系人谋取利益；严禁纵容、默许亲属、身边工作人员和其他特定关系人利用本人职权谋取私利；严禁违规为亲属或特定关系人谋取利益；严禁党员领导干部配偶、子女及其配偶违规经营或者从业；严禁党员领导干部的配偶、子女及其配偶违规任职、兼职取酬等。当前在平台企业中,有些平台企业的管理人员支持或参与其亲属或特定关系人开办相关企业,利用其在平台企业内部的权力与该企业开展合作经营业务,这种腐败方式更加隐蔽,难以被平台企业发现。平台企业可以考虑要求相关管理人员申报其参股其他企业经营的情况以及亲属开展相关联经营活动的情况,对工作人员开展与亲属等特定关系人的关联经营活动作出限制等。

三是国家应当借鉴平台企业利用大数据反腐的经验。当前很多平台企业已经建立起依托大数据进行反腐的制度。比如,从 2017 年初字节跳动开始建立专用数据库,花费一年时间导入业务数据,监察、审计人员可以从中检索以发现是否存在腐败的情况。腾讯、美团、阿里都也在发展这样依靠大数据反腐的制度。在未来数字时代,任何领域都应该进一步发挥大数据、人工智能等技术的作用,利用数字技术在海量数据中发现腐败的蛛丝马迹,从而提高反腐的效率和成效。我国已经建立了针对所有公权力的反腐监察机制,随着公共数据体系的构建和完善,如何利用大数据和数字技术反腐,将是数字时代我国党风廉政建设的重要课题。

五、对数字时代犯罪治理有哪些具体建议？

数字时代引发的是整个人类社会的变革,给刑法治理带来的挑战是全局性的。在此

图 8-5 对数字时代犯罪治理的具体建议

基础上,应当在刑事一体化视野下构建国家治理的刑事法治保障体系,把握其中的核心框架和关键环节,进一步完善对数据犯罪和人工智能犯罪的刑法规制,充分发挥平台企业等社会共治力量,并且主动谋求国际刑事合作。

1. 系统研究数字时代犯罪的新变化

数字时代的刑事犯罪给传统犯罪治理带来了诸多挑战:犯罪工具、犯罪手段、犯罪空间、犯罪客体甚至犯罪主体都在发生变化,这些挑战并非通过简单的入罪或扩张解释就可以应对的,需要我们从更整体的视角去思索应对方案。其中要特别说明的三个问题是:

一是犯罪空间发生了重大变化。传统的犯罪都发生在现实的物理世界,现在很多犯罪开始发生在网络的虚拟空间。如何认识在虚拟空间实施的犯罪？随着人类社会在虚拟空间有更多的活动,虚拟空间的秩序、主体、数据、财产以及货币等与现实物理世界会有更多的交换,其对现实物理世界以及人们人身和财产权利的影响越来越大,那么如何认识发生在虚拟空间的犯罪？在 2005 年、2015 年最高人民法院、最高人民检察院的两个司法解释中,都将赌博网站解释为“赌场”,承认网络虚拟空间可以成为赌博犯罪的“空间地位”;2013 年办理利用信息网络实施诽谤等刑事犯罪的司法解释,承认了虚拟空间可以成为寻衅滋事犯罪的“公共场所”。那么,将来虚拟空间的秩序是否也会受到独立的保护？破坏虚拟空间的社会秩序是构成破坏计算机信息系统的犯罪还是会单独构成破坏社会主义市场经济秩序类犯罪或者妨害社会管理秩序的犯罪？更为复杂的是,数字时代的犯罪空间不仅是从现实到虚拟空间的拓展,还存在跨地域和跨领域的显著特点。数字经济犯罪的行为地和结果地通常不一致,这种具有跨国性、全球性的犯罪会大大冲击以属地管辖为原则的传统刑法空间效力;同样地,网络犯罪还可能同时涉及金融、社交等多个社会领域,这也给传统刑法分门别类的治理格局带来挑战。

二是未来犯罪主体也可能发生变化。首先,随着人工智能的发展,未来的人工智能以及智能人是否要对其实施的犯罪行为承担刑事责任?我们在人工智能专题部分对此做了重点讨论。人工智能可能很快具有自主意识,这意味着其将逐渐具备自我辨析、自我管理的能力,也就是说其将很可能逐渐具备法律责任能力。那么在这种情况下,对人工智能以及未来智能人实施的犯罪行为,可能就不仅是追究开发者、生产者的责任问题,而且要考虑追究人工智能以及智能人本身刑事责任的问题。但如何评估智能人的法律责任能力?以怎样的方式追究智能人的法律责任?这是我们应当目前就开始的研究。比如是否可以参考人类刑事责任能力的划分来逐步赋予具备自主意识的人工智能或者智能人以一定的刑事责任能力?当前在未成年人实施犯罪后,根据 12、14、16、18 岁等不同年龄确认了其不同的刑事责任能力。将来面临的问题是,如何评估人工智能以及智能人的刑事责任能力?如何确认在人工智能以及智能人实施犯罪中的犯罪主观因素?是人工智能或者智能人主观出现了故意、严重过失还是背后有开发者、生产者隐含的故意或者过失?此外,平台企业具有了鲜明的公共属性,其既要承担对网络秩序以及用户进行管理的职能,也要承担保护用户隐私权和个人信息、维护平台内公平秩序等基本权利的职能。如果平台企业滥用权力或者疏于管理,导致社会或公民权利受到严重损害的,如何确定其相关法律责任尤其是刑事责任?如何区分单位犯罪以及个人犯罪的边界?

三是由于技术的因素导致犯罪更加隐蔽。传统的犯罪更多是显性的,对公共安全的破坏、对人身体的伤害、对财物的抢劫或盗窃、对社会秩序的扰乱等,犯罪场所、犯罪工具、犯罪手段、犯罪后果等都相对明确具体。但随着数字时代的发展,有些犯罪从现实物理世界转移到网络虚拟空间,有些犯罪利用数据技术手段对数据、流量、计算机信息系统进行破坏,有些性侵犯罪从网络上使用即时销毁工具进行联络、引诱、胁迫,有些诈骗以及网络赌博犯罪将所得资金在短时间内分散到不同账号并迅速转移到国外,有些非法经营、组织传销、非法吸收存款等犯罪与商业及金融模式创新相混同。在这些利用网络及技术实施的犯罪中,不仅大多数受害人缺乏辨别能力,很多基层司法人员也对此十分陌生。尤其是随着人工智能技术的广泛应用,可以预见这种情况将更为复杂。所以数字时代的很多犯罪更加隐蔽,侦查取证更加困难,对犯罪分子的追究就更加艰难。

2. 引入平台参与的社会共治

平台不仅是数字经济中极为重要的参与者,也是网络空间中的重要"守门人"。数字时代诸多网络犯罪活动在平台上发生;相关的痕迹、内容数据被平台记录并留存;相较于司法机关,平台是"前置的",其有强大的技术网络来及时识别犯罪行为,从而尽可能减轻犯罪行为的社会危害性。中国特色社会主义治理体系强调的是由多方主体参与、多元社会调节机制综合发力的共治体系,充分发挥平台企业在社会共治中的作用是数字时代完善中国特色社会主义治理体系的应有之义。

平台治理以平台与用户关系为基础,作为数据的实际控制者,平台可以通过细化违法犯罪异常行为标签来及时识别可能发生的违法犯罪行为。目前,绝大多数人在享用平台服务中被其以统一标识符(用户账号)形式编码。网络犯罪无非是用户的平台活动。平台积累并存储着海量个人数据,又进一步借助复杂精妙的算法系统,使用户在线活动被时刻记录与自动化分析,从而对用户进行观察、记录、画像、标识。因此,平台可以成为犯罪治理"天然"的在线观察者。针对一些典型网络犯罪,如诈骗、网络暴力等,可以充分发挥平台的数据资源和技术优势,司法机关帮助平台及时构建违法犯罪标签系统,对网络犯罪及各类风险进行全面观察、实时感知、科学研判、精准处置,以有效推动犯罪治理转向前端预防,并且极大地提高犯罪治理的效率。我国《互联网平台落实主体责任指南(征求意见稿)》第六、七条中专门针对超大型平台设定对传播非法内容的风险评估义务和建立内容审核的内部机制,欧盟《数字服务法》(DSA)要求超大平台对用户的平台活动承担报告刑事犯罪、与执法机关共享数据、非法内容管控等严格的第三方义务。通过强化平台企业在防治犯罪中的作用,有助于及时发现犯罪、及时打击犯罪并有效避免损害结果的扩大。

以目前社会高度关注的网络暴力治理问题为例,2023年6月最高人民法院、最高人民检察院、公安部专门发布了《关于依法惩治网络暴力违法犯罪的指导意见(征求意见稿)》,重点明确了对相关犯罪从严打击的态度以及措施,但明显忽略了平台企业在网络暴力治理中所负有的责任。很多网络暴力事件之所以快速发酵、持续很长时间、引发严重后果,有些平台企业负有不可推卸的责任。严厉打击犯罪只是最后不得已的手段,如何从根源上有效防治呢? 解决问题的关键还在平台企业。2022年11月,中央网信办发布了《关于切实加强网络暴力治理的通知》,明确提出要进一步压实网站平台主体责任,健全完善长效工作机制,其中从三个方面提出了具体要求:一是建立健全网暴预警预防机制。网站平台要建立网暴信息分类标准和典型案例样本库,在区分舆论监督和善意批评的基础上,明确细化涉网暴内容标准,增强识别预警准确性;网站平台要综合考虑事件类别、参与人数等维度,建立符合自身特点的网暴行为识别模型,及时发现预警网暴倾向性、苗头性问题;网站平台要建立涉网暴舆情应急响应机制,及时收集网暴相关热点话题和舆情线索,及时发现并处置网暴异常行为。二是强化网暴当事人保护。网站平台设置一键防护功能,免受网暴信息骚扰侵害;网站平台要优化私信规则,平台企业要对照网暴信息分类标准,采取技术措施,防范网暴内容通过私信传输;建立快速举报通道,网站平台对于明确为网暴信息的应在第一时间予以处置。三是严防网暴信息传播扩散。加强评论环节管理,网站平台要及时清理过滤涉网暴违法违规评论,严控涉网暴不友善评论泛化传播;加强重点话题群组和板块管理,网站平台要及时解散网暴信息集中的话题板块,暂停新设相关话题板块;加强直播、短视频管理,及时关停网暴内容集中的直播间,封禁违规主播,对存在网暴风险的短视频先审后发,清理含有网暴信息的短视频,拦截过滤负面弹幕;加强权威信息披露,对于存在网暴风险的热点事件,网站平台要及时转发推送权威信息,引导网民理性发声,共同抵制网暴行为。四是依法从严处置处罚。要分类处置网暴相关账号,涉及违法犯罪的,移交相关部门依法追究法律责任;要严处借网暴恶意营销炒作等行为,坚决打击借网暴事件蹭炒热度、推广引流、故意带偏节奏或者跨平台搬运拼接虚假信息等恶意营销炒作的行为,进一步排查背后 MCN 机构,对 MCN 机构采取警示沟通、暂停商业收益、限制提供服务、入驻清退等连带处置措施;要问责处罚失职失责的网站平台,对于网暴信息扎堆、防范机制不健全、举报受理处置不及时以及造成恶劣后果的网站平台,依法依规采取通报批评、限期整改、罚款、暂停信息更新、关闭网站等处置处罚措施,从严处理相关责任人。这是一部高质量的从根源上防治网络暴力的国家规范性文件,明确规定了平台企业在防治网络暴力中的具体职责。但问题是,如果平台企业没有履行上述职责呢?受到网络暴力侵害的用户是否可以对平台企业提起诉讼?情况严重的是否可以判决平台企业承担惩罚性赔偿?检察机关对相关案件是否可以提起公益民事诉讼?对造成严重后果的平台企业是否要承担刑事责任?刑法规定的网络企业拒不履行信息网络安全管理义务罪的前提是网络服务提供者不履行法律、行政法规规定的信息网络安全管理义务,经监管部门责令采取改正措施而拒不改正,那么如何体现监管部门事先责令采取改正措施?上述依法惩治网络暴力违法犯罪的司法政策如何实现与国家规范性文件的衔接,以真正实现有效的综合治理?这还有很多问题需要进一步研究。总的来说,应该看到,在数字时代的网络犯罪治理中,平台企业应当发挥越来越重要的作用。

3. 加强国际刑事法治的合作

网络犯罪较之传统犯罪体现出更加鲜明的跨地域性、跨领域性和强社会危害性的特征,成为全球各国犯罪治理所面临的共同挑战。而不同法域国家法律规范的滞后、缺失和差异普遍导致新型网络犯罪的司法惩处力度不足;此外,跨境取证的阻塞也会给跨国网络犯罪带来可乘之机。在这一背景下,加强国际刑事法治的合作具有极其重要的意义。

首先,应当推动建设凝聚更多共识的全球法律框架。通过系统的规范设计凝聚有关入罪标准、管辖协调、情报共享以及司法协助等方面的国际共识。当前,国际社会在网络犯罪领域仅有几部区域性的多边条约,如《布达佩斯网络犯罪公约》《阿拉伯国家联盟打击信息技术犯罪公约》《上海合作组织成员国保障国际信息安全政府间合作协定》等。这些区域性条约在打击网络犯罪方面发挥了一定作用,但都存在着国家立场相左、内容差别较大,缔约国家有限等问题。我们认为,应当继续坚持以联合国作为联合国网络犯罪公约的缔结平台,以更合理地平衡各国在联合国网络犯罪公约中的诉求。在实体规则层面,应重点研究网络犯罪的概念和明确网络犯罪行为定罪入刑的具体构成要件。在程序法层面,努力推进网络犯罪管辖权的确定机制和电子证据的获取规则的完善和统一。2021 年

5 月 27 日,第 75 届联合国大会正式通过关于《联合国打击网络犯罪公约》谈判安排的决议,这一进展为建立网络犯罪治理国际合作新规则提供了契机。

其次,应当着力进行打击网络犯罪国际合作机制的构建。当前,构建网络犯罪国际合作机制中最迫切的是跨境取证和电子证据交换。各国应当继续加快推进打击网络犯罪国际合作快速响应机制和联系渠道,通过在国家主管部门之间搭建信息化系统等方式,实现跨境取证法律文书和电子证据的在线流转。在各国普遍更新跨境数据流动规则、强调数据安全保护的背景下,更应当呼吁各国积极响应对保全电子数据、调取日志信息、调取用户注册信息等不涉及人身自由、财产权利的协助请求。对我们党员干部来说,也要思考对于"请进来"的境外的证据,在为自身的调查、侦查、起诉、审判和刑罚执行提供证据(包括证人证言和电子证据)支持的时候,应当做什么？ 怎么做？

最后,应当持续加强打击跨国网络犯罪专门机构的建设并注意惩治网络犯罪中私营部门与公共部门的合作。跨国网络犯罪专门机构的建设有利于更充分发挥动态执法的作用、提升打击犯罪效率和能力。区域间的典型机构如欧洲刑警组织的欧盟网络犯罪中心(EC3),承担着统筹欧盟境内网络犯罪信息和技术共享、促进联合执法和犯罪预防等功能。2015 年 4 月国际刑警组织在新加坡成立第二总部——"全球综合创新中心",这是国际刑警组织应对近年高发的区域性和全球性网络犯罪等新威胁而设立的专门机构。除政府间跨国打击网络犯罪的专门机构外,前文我们提到了将平台引入犯罪治理中的重要意义,网络信息技术深刻转变了犯罪和犯罪治理模式,公私合作已成为新时期犯罪治理的必然选择。各国应当在立法中进一步体现公私合作的要求,例如,在各国立法中进一步明确网络服务提供者的发现、预防、阻断网络犯罪的义务,特别是统一规范各国网络服务提供者日志信息留存的内容、期限、数据安全保护等标准,协调数据跨境流动和国际网络威胁信息共享机制的规则。

置身数字时代新的全球化,网络犯罪的治理更应该超越传统、单维的打击思维,迈向更高水平的国际合作治理,以应对网络犯罪与日俱增的跨国性、危害性和不可预见性,克服单一国家执法部门认识能力和处置能力的局限性,凝聚全人类共同的智慧以寻找应对网络犯罪的最佳方案。

第九章 如何发展社会法引领数字时代全球规则的制定?

什么是社会法?为什么说社会法对发展和完善中国特色社会主义法律体系具有特别的意义?2021年12月6日,习近平总书记在主持十九届中央政治局第三十五次集体学习时,特别强调:"要始终坚持以人民为中心,坚持法治为了人民、依靠人民、造福人民、保护人民,把体现人民利益、反映人民愿望、维护人民权益、增进人民福祉落实到法治体系建设全过程。"这一重要讲话对理解社会法的本质属性有什么特别的意义?在快速发展的数字时代,为什么说发展社会法是应对平台企业数字权力的战略举措?工业时代西方主导构建了以人权体系为核心的全球规则,中国是否能够通过大力发展社会法,引领数字时代全球规则的制定?

人类社会发展进入了一个新的时代,传统工业时代的种种问题依然存在,新的数字时代很多问题已经显露端倪。在中国法制出版社出版的《数字时代的社会法》一书中,我们提出了构建全新的社会法体系以及在数字时代全面发展社会法的思想和具体路径,其中主要包括保护用户权利的法律、保护劳动者权利的法律、保护未成年人等特定群体权益的法律、社会保障的法律、环境保护的法律、公益慈善的法律、公益法以及企业社会责任的法律等八个方面的内容。在我国社会主义法律体系中,环境保护的相关法律主要在行政法体系中,全国人大专门建立了环境与资源保护委员会。所以,从这个视角,在我国的法律体系中,可以将社会法分为广义社会法和狭义社会法,其中广义社会法包括上述八个方面内容,狭义社会法并不包括环境保护相关法律。依据我国社会主义法律体系的分类,本书不再讨论环境保护相关法律问题。由于"用户权利"问题在数字时代对每个人的重大意义,本书在《数字时代的社会法》一书相关研究基础上,主要从国际人权法以及国家宪法的视角再次专章讨论。所以,本章主要探讨数字时代社会法的定义以及发展、数字时代的劳动者权益保障、企业社会责任、公益慈善、未成年人保护、公益诉讼以及对发展数字时代社会法的综合建议等问题。

一、如何理解数字时代社会法及其历史意义？

什么是社会法？各国对社会法概念的理解有何差异？为什么要对社会法进行全新的诠释？如何理解社会法对国家治理的重大意义？这些是站在新的历史起点我们必须思考的问题。

1. 如何认识社会法产生的背景以及在我国的发展？

社会法伴随资本主义运动的发展而兴起。社会法概念主要起源于 19 世纪末的德国，为了应对当时紧张的劳资关系，俾斯麦首相推动了以保障劳工权利为主要内容的社会立法。后来社会法的概念传入法国、日本等大陆法系国家。英美国家一般称社会立法（social legislation）或者社会保障法（social security law），主要指社会保障法或社会福利法。德国逐渐发展了相对发达的《社会法典》，其中不仅包括社会保障的相关内容，还包括对儿童、残障人的特殊保护立法。但总的来看，在欧美国家社会法还是一个相对小的概念，主要指劳动和社会保障领域的立法。

我国改革开放释放了市场经济的活力，经济快速发展的同时，贫富分化等社会问题也日益尖锐。如何从法律上保障最广大人民群众的根本利益就成为国家治理的重要挑战。于是，社会法开始快速发展起来。2001 年，时任全国人大常委会委员长李鹏在第九届全国人民代表大会第四次会议上首次提出"社会法"，并在其所作的工作报告中指出：根据立法工作的实际需要，初步将有中国特色社会主义法律体系划分为七个法律部门，即宪法及宪法相关法、民法商法、行政法、经济法、社会法、刑法、诉讼与非诉讼程序法。中国官方的定义是："社会法是调整劳动关系、社会保障、社会福利和特殊群体权益保障等方面的法律规范，遵循公平和谐与国家适度干预原则，通过国家和社会积极履行责任，对劳动者、失业者、丧失劳动能力者以及其他需要扶助的特殊人群的权益提供必要的保障，以维护社会公平，促进社会和谐"。

截至 2022 年 9 月，根据全国人大官网发布的数据，我国社会法有 27 部。全国人大认为社会法是指规范劳动关系、社会保障、特殊群体权益保障、社会组织等方面的法律规范的总和。对这 27 部法律，主要可以分为具体的五类：一是关于劳动者权益的法律，共有10 部。这类法律不仅有劳动法、劳动合同法、工会法等基本法律，有促进就业以及保障劳动者安全的特殊法律，如就业促进法、职业病防治法、安全生产法、矿山安全法、特种设备安全法，还有全国人大常委会批准的两个国务院关于工人退休等问题的决议。二是关于社会保障的法律，主要是社会保险法、军人保险法和退役军人保障法等 3 部法律。三是有关特殊社会群体权益保障方面的法律,共有8部,分别是归侨侨眷权益保护法、残疾人保障法、妇女权益保障法、老年人权益保障法、未成年人保护法、预防未成年人犯罪法、母婴保健法、反家庭暴力法。四是有关公益慈善的法律,共有5部,分别是慈善法、公益事业捐赠法、红十字会法、境外非政府组织境内活动管理法、家庭教育促进法。五是公益法,公益法也可以归类到公益慈善类法律,但鉴于这类法律的特殊性以及对保障社会法发展的重大意义,最好还是单独归类。2022年1月1日实施的《法律援助法》就属于这种类型。未来国家如果就公益诉讼专门立法,也应该属于公益法的范畴。可以说,不论是官方的权威解释还是立法实践,我国社会法的概念都已经超越了德国等大陆法系国家社会法的范畴。难能可贵的是,我国全国人大将社会法确立为中国特色社会主义法律体系中的一个部门,全国人大法工委内设社会法室。2018年国家机构改革后,全国人大设立社会建设委员会,作为单独的全国人大专门委员会。所以,不论从法律体系还是从立法机关部门设立,社会法都已经发展成为具有中国特色社会主义法律体系的重要组成部分。

2. 如何理解社会法的本质?

什么是社会法?国内外很多专家学者对其有过大量的研究和论证。中国社会科学院余少祥研究员对社会法问题有着深入的研究,他在《社会法的界定与法律性质论析》文章中介绍了很多国内外专家的观点。根据这篇文章的介绍,当前我国学术界对社会法的定义主要有四种观点:一是社会法无法清晰定义,不具有法律学上的地位和意义;二是社会法分为广义、中义、狭义等不同层次;三是社会法等同于第三法域;四是社会法是一个新的法律部门。专家学者对社会法定义的认识存在一定差别,但可以看出,越来越多专家跳出了传统上对社会法只限于社会保障法的认识,认为那只是狭义的社会法;广义的社会法是与传统公法、私法相对应的"第三法域",其内涵远远不仅是社会保障法。如董保华教授认为"社会法就是第三法域,第三法域就是社会法";郑尚元教授认为,至少第三法域中的环境法、社会保障法、劳动法、经济法等都属于广义的社会法。总体来看,尽管在认识上存在差异,但越来越多专家开始以更开阔的视野认识和分析社会法。

受到时代、国家政治体制、个人视角等多种因素的影响,各国对社会法的研究都并不充分。新中国成立后很长时期内受到经济发展程度的制约,我国对社会法的研究不可能非常深刻。党的十八大以来,中国特色社会主义进入新时代,我们应以全新的视角来研究和思考社会法的定义、特征、内在逻辑、与政治制度的关系以及相关立法的未来发展问题。站在新的历史起点上,社会法应该是以人的福祉为中心的法律总称。所谓社会,就是人与环境的关系总和,其基础就是人,所以可以认为:社会法的本质特征就是要保障人的福祉。这是一个相对笼统的概念,需要对这个概念进行更多细致的分析。

任何法律都要解决现实的具体问题,社会法也不例外。社会法的本质是要保障人的福祉,这体现了社会法的人文情怀以及发展方向。但法律体现的人文情怀不可能是泛泛的,社会法总要解决某个方面的具体问题。社会法介于公法和私法之间,形成独立的法域或者法律部门。私法强调权利义务对等以及自由竞争,所以无法避免贫富分化、弱肉强食,无法保障劳动者、未成年人等处于相对弱势境地人群的权益;公法更主要规范国家公权力的运作,于是为了加强对处于相对弱势境地人群权益的保障,克服私法自身存在的缺陷,更好实现社会正义,在国家公权力的支持下,社会法发展起来,逐渐形成为一个单独的法域或者法律部门。所以,社会法就是保障处于相对弱势境地人群权益的法律,本质上是通过法律制度以约束权力和资本的放肆并对处于相对弱势境地人群给以特殊保护,从而实现最大多数人尤其是那些处于相对弱势境地人群的福祉,实现所有人在法律面前的相对平等。从这个角度来说,社会法是人类社会探索和发展出的真正意义上的制度文明。

中国特色社会主义法治的本质属性是其人民性。社会法的本质特征恰恰是中国特色社会主义法治人民性的集中体现。通过健全和完善社会法体系,可以最大限度将法治人民性的本质属性落到实处,让法治可以更好地造福人民、保护人民,让人民群众尤其是那些处于相对弱势境地人群的权利都能获得有效保护。从这个角度而言,社会法直接体现着我国法治人民性的本质属性。

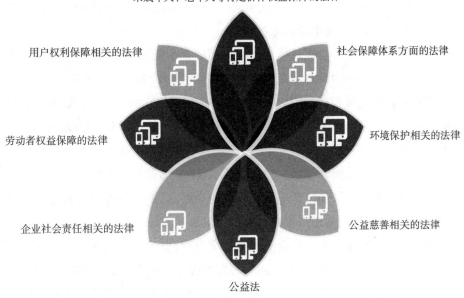

图 9-1 重构数字时代的社会法体系

3. 如何重构数字时代的社会法体系?

在一个全新的时代,面对这个时代的复杂问题,到了必须全面思考新的社会法体系的时候了。令人欣慰的是,我国全国人大所确立的社会法部门为我们重构数字时代的社会法体系提供了基本的制度框架。参考我国已经确立的 27 部社会立法,在数字时代我国广义的社会法可以包括以下重点内容。

一是劳动者权益保障相关的法律制度。劳动者权益保障是社会法的基石,数字时代的快速发展正从结构上改变着传统劳动关系的形式,应该尽快制定适应数字时代特点的《劳动法典》,以全面推进我国劳动法治的完善。

二是全面推进用户权利的保障。在我国的27部社会法中,并未包括《消费者权益保护法》。从国际社会所关注的企业社会责任来看,大家高度关注对消费者权益的保护;从法律性质来看,消费者权益保护法的本质是要保护处于相对弱势境地的消费者。所以,这部法律应当属于社会法体系。用户权利应当属于数字时代最典型的社会法范畴,社会法要关注平台企业是否建立了公平公正的网络环境、用户是否能够受到平等公正的对待等新的问题。所以,平台企业的用户权利是数字时代社会法所要关注的最基础内容。

三是保障未成年人、老年人等特定群体权益的法律。在数字时代,未成年人、老年人、残障人等特定人群中的绝大多数人也都成为用户,这些人不仅面临传统工业时代权益保护中面临的难点,而且受到平台企业数字权力深刻的影响,比一般用户面临着更多全新的问题。在特定群体中,未成年人受到的影响最为广泛和深刻,受到国家以及整个社会高度的关注,所以在本章中也专门讨论。如何在数字时代,加强而不是减弱对特定人群法律保障的力度,这对所有国家来说都是巨大的挑战。

四是完善数字时代的社会保障体系。在不同国家的话语体系中,社会保障与社会福利的定义经常包含不同的内容。在我国的社会保障制度中,社会保障包括社会福利、社会保险、社会救助、社会优抚和社会安置,其中社会福利是社会保障制度体系中的组成部分。党的十九大报告以及党的二十大报告都在强调幼有所育、学有所教、劳有所得、病有所医、老有所养、住有所居、弱有所扶等"民生七有",应该成为我国未来社会保障法治建设的主要内容。当前我国社会保障领域的立法还很少,体系不够健全。数字时代的快速发展带来了社会结构的重大变化。如何适应数字时代的新要求,更加全面科学地构建社会保障制度体系,对我国以及世界各国来说都面临着重大挑战。

五是环境保护的问题。人类社会进入了数字时代,但工业依然是数字时代发展的基础,工业时代导致的环境污染以及对自然和地球的破坏问题不仅没有解决,而且还将日益恶化。数字时代是否会带来新的环境问题?新技术的发展能否为解决环境问题带来机遇?近些年来,ESG的概念广受传播,其是英文Environmental(环境)、Social(社会)和Governance(公司治理)的缩写。很多公司不再仅仅是发布社会责任报告,而是发布ESG报告,很多国际机构也针对跨国公司ESG的表现开展评级工作,其中ESG报告首先就是强调企业在环境保护方面的尽责。我国环境保护法、森林法、草原法、土壤污染防治法等环境保护的法律主要归纳在行政法体系中。从ESG以及法律理论层面来看,环境法主要表现为两个方面,一是政府管理的层面,二是企业社会责任的层面。如果强调政府的管理权力和责任，那环境法就是行政法；如果强调企业的社会责任，那环境法就是社会法。这不过是从不同视角对环境法内容的理解。随着 ESG 概念的普及，环境法将具有越来越鲜明的社会法特点，其应该纳入广义的社会法范畴。

六是公益慈善的问题。古往今来都有捐助弱者、帮扶困者的现象。但这种现象是个别的，往往都是直接的帮扶。自 19 世纪末以来，现代慈善事业逐渐发展起来。现代慈善事业不再强调直接向贫困者捐助，认为那会导致被捐助者的懒惰、贪婪和不劳而获，授人以鱼不如授人以渔，所以强调成立基金会等非营利组织，聘请专业人员管理慈善资金、创新开展慈善项目。随着发展，慈善事业也不再局限于直接帮扶弱势人群，而是开始关注平等、环保等关系到处于相对弱势境地人群福祉的社会及自然环境问题。相比第一部门的政府、第二部门的企业，被称为第三部门的非营利组织迅速发展起来。不仅很多富人捐助专业的非营利组织，政府也通过购买服务等方式支持其开展项目。非营利组织开始成为连接政府、富人以及相对弱势人群的纽带，通过开展各种项目，推动了社会的共同治理和发展，成为全球以及国家现代治理的重要组成部分。这样来看，社会法当然还应该包括那些关于慈善事业以及非营利组织发展的立法。数字时代为公益慈善事业的发展带来了新的机遇，更多普通人可以快捷地参与公益慈善事业。如何规范和发展数字时代的公益慈善事业，将是世界各国未来社会法领域应该关注的重点问题。

七是公益法的问题。如果说社会法和公益法在本质上都是通过强化对在社会中处于相对弱势境地人群权益的保障来实现社会公平正义，两者在本质上的目标是高度一致的。但社会法更强调内容，而公益法更强调方法。因为缺乏实现目标的方法，所以社会法所追求的劳动者权益、未成年人等在社会中处于相对弱势境地人群的权益、环境保护等问题难以得到很好的解决。大力发展公益法恰好可以弥补这种不足。尤其在数字时代，面对强大的数字权力，用户以及各种在社会中处于相对弱势境地人群维护权益面临更艰难的局面，这就更需要大力发展公益法。将法律援助以及公益诉讼等公益法纳入社会法，将从制度上全面推进社会法的发展。

八是企业社会责任的立法。企业社会责任往往被认为是一个道德问题。但从国际社会推动企业社会责任运动开始以来所关注的种种现象来看，企业社会责任从来就不仅是一个道德问题，更是一个法律问题。在企业社会责任所关注的各种问题中，劳动者权益保障是最基础的问题。随着联合国以及很多国家越来越关注工商业与人权的议题，企业社会责任议题中法治的因素不断增强。鉴于平台企业拥有数字权力的特殊性，如何构建起平台企业社会责任的法律制度，将是数字时代社会法发展的全新内容。

4. 如何理解数字时代社会法的历史意义？

平台企业的数字权力是摄取传统政治权力和用户权利的结果，通过摄取用户数据、算法等数字手段对用户乃至国家施加影响的力量，平台企业数字权力主要影响的是公共利益。那么从这个角度来说,规范平台企业数字权力的发展,最恰当的路径就是大力发展社会法,通过强化社会法来限制平台企业的数字权力。数字时代社会法丰富和发展的主要内容应该是如何应对数字权力的崛起以及滥用,应该把发展强有力的社会法作为应对平台企业数字权力的主要对策。正如平台企业的数字权力介于传统政治权力与公民权利之间一样,社会法也介于传统公法和私法之间,两者都介于公权和私权之间。前者是摄取和影响公民权利的权力,后者是要保障社会弱者的特殊立法,所以从权力结构而言,在数字时代,社会法也恰恰应该发展成为应对平台企业数字权力的主要力量。从这个角度而言,只有在数字时代重新构建社会法体系,才能更好地应对数字权力的滥用,才能有效地推进数字时代公平正义的实现。

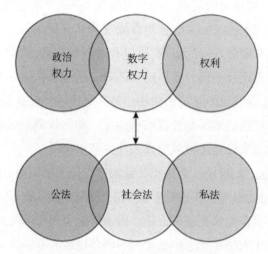

图 9-2　社会法与数字权力的结构对应关系

　　社会法的崛起和发展是人类制度文明的最主要标志。所谓人类文明,不应是指那些所谓发达的科技、宏大高耸的建筑和堆金叠玉般的财富,而应该是指人类相对动物世界,在多大程度上克服弱肉强食的丛林法则,让绝大多数人尤其是那些处于相对弱势境地的人过上幸福的生活。如果一种政治制度,只是保障了一小部分人的利益,放纵权力和资本的贪欲,而绝大多数普通人只能处于被剥削的境地,这种制度就是丛林法则在人类社会的延续,是非正义的、是不文明的。在奴隶社会和封建社会,不论东方和西方,都有一些先贤憧憬过美好的理想国,但由于缺乏制度的保障,理想国很难出现。社会法是从法律制度上通过约束权力和资本的放肆以实现对弱势群体的特殊保障,维护最大多数人尤其是那些处于相对弱势境地人群的福祉,这是人类社会探索和发展出的真正意义上的制度文明,是现代法治文明中璀璨的明珠,这才是人类社会发展社会法的重大意义所在。

二、如何加强数字时代劳动者权益保障？

人类社会进入数字时代带来了经济领域革命性的变化,平台企业拥有强大的数字权力,数字成为新的生产工具,数据成为新的生产要素,算法成为新的技术力量,这些变化将对传统劳动者权益保护带来严峻的挑战。在这个进程中,新就业形态劳动者劳动权益保障问题表现得最为突出。2020 年 5 月,习近平总书记在全国政协经济界联组会上指出,对"新就业形态"要顺势而为,当然这个领域也存在法律法规一时跟不上的问题,当前最突出的就是"新就业形态"劳动者法律保障问题、保护好消费者合法权益问题等。要及时跟上研究,把法律短板及时补齐,在变化中不断完善。那么在数字时代,"新就业形态"劳动者权益保护中存在哪些"短板"？这些"短板"与目前我国的劳动者权益保障制度存在怎样的关系？是否考虑以时代变迁为机遇,全面改革和完善我国的劳动法律制度？这个问题关系到人民福祉、社会稳定和党的执政基础,所以应该尽快提升到国家改革的战略高度来研究和解决。

1. 为什么说新就业形态动摇了传统劳动法治的根基？

平台经济的发展引发就业形态的新变化。有人将这种新型就业形态下的劳动者称为数字劳工、新就业形态劳动者、灵活用工人员等。由于相关定义并不清晰,这些定义在不同场合经常被混用。这种定义的模糊状态本身就体现了这一问题的复杂性。我国相关政策主要采用了"新就业形态劳动者"的概念,以区别于传统劳动者。

新就业形态对传统劳动关系带来了重大挑战。2019 年底北京致诚农民工法律援助与研究中心(以下简称"中心")受理了一起外卖骑手在工作途中发生交通事故受伤、欲寻求确认劳动关系及工伤认定的法律援助案件。该案当事人邵某某从 2017 年 10 月起成为某外卖平台专送骑手,在北京从事全职外卖配送工作。2019 年 4 月 28 日晚上 11 点多,他在工作途中摔伤,经鉴定构成九级伤残。后在律师帮助下,北京昌平劳动仲裁机构认定了其与平台配送商 A 公司形成劳动关系。A 公司在其注册地重庆某基层法院提起诉讼,当事人从来没有去过重庆,对一位农民工来说,让他去重庆应诉是不现实的。中心协调了成都的律师去办理这起案件,尽管成都的律师在办理农民工法律援助案件方面经验丰富,在办案期间据理力争,但最后该案在重庆法院一审、二审都败诉了,法院认为当事人与 A 公司不存在劳动关系。

为了全面了解外卖平台用工模式以及存在的相关问题,中心决定对此开展深入系统的研究。中心组织人员统计分析了截至 2021 年 6 月与骑手认定劳动关系相关的几乎所有司法判决,并对其中的 1907 份有效判决进行了分析。根据中心的研究发现:中国外卖骑手的用工模式经历了三个阶段共八种不同用工形式。其中在第一阶段还是属于传统的劳动关系,最初是餐馆自雇外卖员,餐馆与外卖员形成劳动关系;后来出现了外卖平台,外卖平台开始是自行雇用骑手,后来通过劳务派遣雇用骑手,但不论是自雇还是通过劳务派遣,都还存在着清晰的劳动关系。第二阶段开始于 2015 年底:在这个阶段有两种具体用工方式:平台企业自雇众包骑手或者通过合作公司招募众包骑手。在这个阶段,骑手相对灵活,可以接单,也可以不接单,自身拥有有较大的自主权。第三阶段大约开始于 2018 年,平台企业陆续将所有自营骑手转成加盟或外包模式:平台企业可能是通过配送商招募专送骑手,也可能是通过合作的配送商将全部或部分业务转包或分包给其他多个公司甚至个人,这样就出现了复杂的用工形式。比如,A 是平台公司,负责技术开发,设计平台,通过算法管理骑手等劳动者;B 公司可能跟劳动者签订了合作协议,但把管理工作转给了 C 公司,甚至可能出现了负责社保与税务的 D 公司。这样表面看来就无法确定劳动者与哪家公司存在劳动关系。当然,更恶劣的情况是"个体工商户模式",平台公司找了其他所谓的劳务公司,劳务公司在骑手根本不了解情况的背景下,在某个劳动者从来没有去过的地方将其注册成了个体工商户。

这种复杂的用工模式带来的问题是:一是合作用工方式人为打碎劳动关系。外卖平台通过这种"表面外包、实质合作用工"方式对本应从属于外卖平台的专送骑手"去劳动关系化"。许多配送商从外卖平台处"承包"配送业务后,非但不与专送骑手签订劳动合同,反而通过相互之间转包、分包等合作用工方式将劳动关系进一步打碎。二是外卖平台权责不统一。占据主导地位的平台企业将配送业务"外包"给配送商,由此逐步产生了外卖平台权责益不统一的局面:平台实质上可以控制、管理骑手,并从其劳动中享受最大的收益,但无须承担相应的社保开支和用工风险。三是配送商市场的脆弱和畸变。配送商从外卖平台"承包"配送业务所得的利润与其作为"背锅侠"所应负担的人力成本和用工风险并不相称,导致骑手权益受到侵害或骑手侵害第三人时,配送商无力承担相应的赔付义务。例如,2020 年 12 月,重庆某法院判决某平台企业的两家配送商与其管理的 85 名专送骑手之间形成劳动关系,支持骑手的一系列劳动权益(双倍工资、带薪年休假工资报酬等)。然而这两家配送商的注册资本仅为 15 万元和 100 万元,判决后就被陆续列为失信被执行人,外卖骑手的权益根本无法得到实现。四是不规范的合作用工损害个人及国家利益。除去工作超过 8 小时没有加班费、骑手主动离职被扣发工资、配送商违法解雇等侵害骑手劳动权益的情形外,最关键的是大多数外卖骑手没有社会保险,这不但导致骑手受伤时所获侵权损害赔偿金或商业保险金明显低于工伤保险赔付数额,还将损害国家社会保险利益,在骑手需要医疗或未来年老时国家承受更多压力。

伴随数字平台的发展,我国新就业形态劳动者的数量快速增加。外卖骑手问题受到社会广泛关注,根据美团、饿了么两家企业的相关报告,2021 年两家企业有外卖骑手 641

万人,全国外卖骑手约 1000 万人;根据滴滴 2021 年 6 月发布的招股书显示,该公司在中国年活跃司机 1300 万人,根据滴滴的市场份额保守估计,整个网约车行业应该有 1500 万人左右;根据 2020 年 9 月国家邮政局局长马军胜的公开介绍,全国大约有 400 万快递小哥;根据货拉拉公司官网,截至 2021 年 10 月货拉拉月活司机 66 万人,其占行业交易总额 53.6%,这样估算涉及平台企业的货车司机不少于 100 万人。根据以上数据,在 2020—2021 年度,仅外卖骑手、网约车司机、快递小哥、货车司机等领域就涉及新就业形态劳动者至少 3000 万人。另外,根据面朝研究院数据,从 2020 年 1 月到 6 月,抖音共增加 285 万直播主播,快手共增加 72 万直播主播,两个平台的主播就超过 350 万人。根据猪八戒网介绍,截至 2017 年底,该平台签订服务合同人数达 600 万人,服务提供者人数达到 1300 万人。这仅仅是一家在平台上为自由职业者提供居间服务的公司,当前依托平台向社会提供劳动服务的人员有多少? 这很难统计。根据国家信息中心发布的《中国共享经济发展报告(2021)》测算,共享经济参与者约为 8.3 亿人,其中服务提供者约为 8400 万人,同比增长约 7.7%;平台企业员工数约 631 万人,同比增长约 1.3%。

2. 我国为保障新就业形态劳动者权益实施了哪些重要措施?

2021 年,国家相关部门发布了大量维护新就业形态劳动者权益的相关政策,比如,2021 年 6 月交通运输部等七部门联合印发《关于做好快递员群体合法权益保障工作的意见》;2021 年 7 月人力资源社会保障部等八部门联合印发《关于维护新就业形态劳动者劳动保障权益的指导意见》(以下简称"56 号文");2021 年 7 月市场监管总局等七部门联合印发《关于落实网络餐饮平台责任切实维护外卖送餐员权益的指导意见》;2021 年 11 月交通运输部等十六个部门联合印发《关于加强货车司机权益保障工作的意见》;2021 年 11 月交通运输部等八个部门联合印发《关于加强交通运输新业态从业人员权益保障工作的意见》。在上述五个国家政策中,有四个是针对特定对象:快递员、外卖送餐员、货车司机、网约车司机,56 号文则涵盖了所有类型的新就业形态劳动者。在 56 号文发布后,北京、浙江等多个省、直辖市针对新就业形态劳动者权益保障问题也相继出台了地方措施。

56 号文由国家人力资源和社会保障部联合最高人民法院、全国总工会等部门制定。根据该文件,将新就业形态劳动者分为三种类型:完全劳动关系劳动者:符合确立劳动关系情形的,企业应当依法与劳动者订立劳动合同。不完全劳动关系劳动者:不完全符合确立劳动关系情形但企业对劳动者进行劳动管理的,指导企业与劳动者订立书面协议,合理确定企业与劳动者的权利义务。平台自由职业者:个人依托平台自主开展经营活动、从事自由职业等,按照民事法律调整双方的权利义务。尽管这个政策对有些问题阐述得并不非常清楚,但还是为保障新就业形态劳动者劳动权益指明了方向。主要体现在:一是明确了平台企业的主体责任,该政策第三条规定,"平台企业采取劳务派遣等合作用工方式组

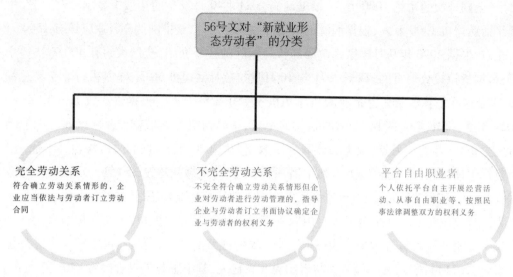

图 9-3 "新就业形态劳动者"的分类及定义

织劳动者完成平台工作的,应选择具备合法经营资质的企业,并对其保障劳动者权益情况进行监督。平台企业采用劳务派遣方式用工的,依法履行劳务派遣用工单位责任。对采取外包等其他合作用工方式,劳动者权益受到损害的,平台企业依法承担相应责任。"二是明确了要对所有劳动者,不论是完全劳动关系还是不完全劳动关系,都要保障公平就业、最低工资、休息健康等基本的劳动权利。三是明确了不完全劳动关系劳动者与完全劳动关系劳动者在缴纳社会保险方面的区别。完全劳动关系劳动者的社会保险由用人单位和个人共同负担,对不完全劳动关系劳动者,要求企业引导和支持劳动者积极自愿缴纳,也就是劳动者要自己支付养老、医疗等社会保险,这是两类劳动者在社会保障方面的重大区别。

2021 年 9 月,人力资源社会保障部会同交通运输部、市场监管总局、全国总工会召开平台企业行政指导会,就维护新就业形态劳动者劳动保障权益对美团、饿了么、滴滴、达达、闪送、货拉拉、满帮、到家集团、阿里巴巴、腾讯等 10 家头部平台企业开展联合行政指导,对这些头部平台企业保障新就业形态劳动者权益提出了一些具体要求,推动了相关平台企业整改了部分问题。但要看到的是,我国劳动法治体系并不完善,在应对新就业形态这种复杂劳动关系时更显力不从心,如何构建与数字时代相适应的劳动法体系,将是我国法治建设面临的重大挑战。

3. 对构建数字时代我国劳动法治体系有哪些具体建议?

将勤劳致富提升到基本国策的战略高度。党的十九届五中全会强调"扎实推动共同富裕",党的二十大报告多次强调要实现全体人民共同富裕,这对我国在数字时代实现国家繁荣富强具有特别重大的意义。要充分认识到不受约束的自由市场经济存在的局限。

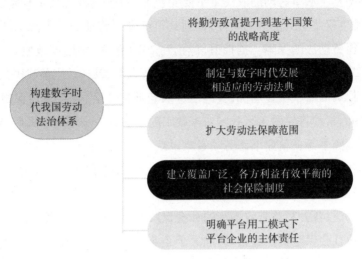

图 9-4　如何构建数字时代我国的劳动法治体系

马克思主义最深刻之处在于揭示了资本的本质,劳动力成为商品,资本榨取劳动者的剩余价值。数字时代资本容易过度聚集在平台企业,大型平台企业容易依靠市场垄断地位使财富聚集到一小部分人手中。中国在发展社会主义市场经济过程中,应当时刻以资本主义制度固有的内在缺陷为警醒和借鉴,在依法保障包括企业家在内所有个人财富基础上,从法律制度上控制资本的贪婪,保障劳动者不会沦为资本控制下的工具。必须清醒意识到的是,劳动力正在成为我国最宝贵的资源,所以未来国家法律政策的一个重点,应该是保障绝大多数劳动者成为受到尊重、享有充分权利、能够依靠劳动实现富裕的人。

制定与数字时代发展相适应的劳动法典。新业态只是劳动法治的一个"点",这个"点"发展迅猛,处理不好会影响整个劳动法治的"面"。但解决新业态劳动者权益保障的问题也不能仅仅是盯着这个"点",如果只聚焦新业态这个"点"而不去思考劳动法治的"面",不仅解决不了这个"点"的问题,还会激化整个"面"的矛盾。我国社会已经快速迈入数字时代,过去十多年,我国经济社会形势发生了重大变化,劳动领域的问题也更加错综复杂,当前劳动领域的很多立法都已经不适应当前形势的发展,需要尽快修订。但劳动领域的立法不应该是对单部法律的修修补补,而应该是由中央从统筹经济社会发展全局的战略高度,通过制定科学系统的《劳动法典》来全面提升我国劳动者权益保障的水平,促进和谐劳动关系的构建,为社会和谐稳定、国家长治久安夯实法律制度的基础。

扩大劳动法保障范围。当前我国还有大量劳动者不能获得劳动法的保护。我国当前《劳动法》《劳动合同法》最大的缺陷是将劳动产生的关系划分为劳动关系和劳务关系,这导致大量事实上的劳动者不能获得劳动法律的保障。首先,建筑领域存在着广泛的层层转包现象。很多真正从事劳动的农民工主要受包工头直接管理,很难与施工单位签订劳动合同,除非发生权益受到侵害的案件,否则其很难受到劳动法的保障。其次,大量的家政工也难以获得劳动法的保障。据报道,截止到2019年底,中国家政服务市场从业人数已经增长至3271万人,对全国就业带动的贡献率高达4.228%。当前我国鼓励生育二胎、三胎,对月嫂、保姆的需求明显增加;我国已进入老龄化社会,老年人对保姆、护工的需求也在增加,这些因素都将导致未来我国对家政工的需求进一步增加。最后,随着平台经济的发展大量外卖骑手等新就业形态劳动者难以获得劳动法保障。在面对新就业形态劳动者权益保障问题时,在构建数字时代的劳动法治体系时,要通过立法来扩大劳动法保障的范围,这是我们应该坚持的方向。

建立覆盖广泛、各方利益有效平衡的社会保险制度。当前在我国企业家当中比较普遍的看法是企业社会保险负担过重,这加大了企业用工成本,抑制了企业活力,影响了企业竞争力。与此相关的另外一个问题是我国很多企业想方设法逃避社会保险义务。根据人社部的数据,2021年末全国就业人员74652万人,其中城镇就业人员46773万人。2021年末全国参加城镇职工基本养老保险人数为48074万人、城镇职工基本养老保险执行企业制度参保人数为42228万人,2021年末全国参加失业保险人数为22958万人,2021年末全国参加工伤保险人数为28287万人。由此可以看出,数亿城乡就业人员没有缴纳社会保险,超过4.6亿城乡就业人员没有缴纳工伤保险,其中农民工群体缴纳社保的比例一直就很低。建议修改《社会保险法》以建立科学有效的社会保险制度,一是中央加大统筹力度,或者在全国进行统筹,至少实现省级统筹,建立起全国有效衔接的城镇职工养老保险、医疗保险和城乡居民养老保险、医疗保险制度;二是进一步加强顶层制度设计。比如,是否可以根据企业规模来确定保险费率?对初创企业或者中小规模企业是否可以大幅降低保险费率?是否可以在制度上更加鼓励企业年金、商业养老保险等制度?改革社会保险制度,希望实现在降低企业负担、保障劳动者真正受益基础上,所有企业都能为劳动者缴纳社会保险,缴纳社会保险的人数明显增加,这样国家整个社保基金收入不是减少了,而是增加了,从而实现社保基金持续支付的良性运转。

明确平台用工模式下平台企业的主体责任。无论平台企业用工模式在现实中如何进化和演变,平台企业都在其中起主导作用并从中获得最大利润,平台企业依靠算法成为真正的权力拥有者,对劳动者实行了有史以来最为全面、深入的管理,基于权责相一致的原则,平台企业理应承担保障劳动者权益的主体责任。建议相关立法和司法解释应该进一步明确平台企业的主体责任。平台企业可以对外合作以转移自身的劳动法义务,但这种转移是其与合作方的合同义务,在合作方侵害了劳动者权益时,应当明确其承担连带责任。

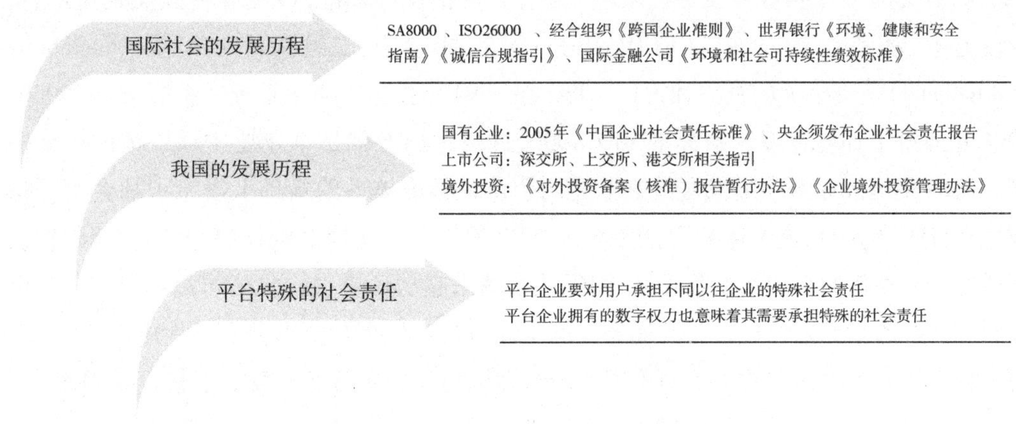

图 9-5　数字时代企业社会责任法治化的发展

三、如何理解数字时代企业社会责任法治化的发展？

企业社会责任本来是个道德问题，也就是倡导企业积极履行相关社会责任。随着社会的发展，企业社会责任越来越法治化，由此成为社会法应该关注的重点问题。2020 年 11 月英属哥伦比亚大学李文林（Liwen Lin）在牛津商法博客（Oxford Business Law Blog）发表了题为《世界强制性企业社会责任立法：新变化和各国经验》的短文，文章开篇就提出："在过去的几十年里，世界上出现了明确的企业社会责任立法——专门针对公司并明确纳入企业社会责任或其同义词的一组法律。"文章介绍了当前世界各国强制性企业社会责任立法的四种类型，包括强制性的企业社会责任尽职调查、企业慈善的强制性要求、公司治理架构的强制性要求、公司法下的强制性企业社会责任。从这篇短文的介绍中我们能够看到国际社会企业社会责任立法发展的一些基本趋势，对我国开展企业社会责任相关立法以及企业履行社会责任应该有一定的借鉴。但要特别看到的是，几十年来，国际社会所推动的企业社会责任标准化及法治化的进程，远远比文章介绍的情况更为复杂，我们应该对相关国际背景有更多的了解。

1. 企业社会责任在国际社会经历了怎样的发展历程？

为了约束企业的贪婪，在 20 世纪 80 年代，欧美国家开始了企业社会责任运动。一些跨国公司与国际性社会组织合作，在全球推动了企业社会责任的相关标准。最有影响的是社会责任国际（Social Accountability International，简称 SAI）推动的 SA8000 以及国际标准化组织（International Organization for Standardization，简称 ISO）推动的 ISO26000。

SA8000 是全球首个企业社会责任领域有重要影响的国际标准,1997 年由欧美企业发起,由设在伦敦和纽约的非政府组织——国际社会责任组织(Social Accountability International)负责标准的维护和推广。ISO 在 1994 年推出了质量管理体系标准 ISO9000、1996 年通过了环境管理体系标准 ISO14000,这两个标准都是企业要主动申请的认证标准。2010 年国际标准化组织在借鉴上述两个认证标准体系的基础上发布了社会责任指南标准(ISO26000),这个标准用社会责任(SR)代替了企业社会责任(CSR),将范围扩展到适用所有类型的组织。近些年来,国际社会越来越从环境、社会、公司治理(ESG)三个方面的非财务指标来评价企业的优劣。据全球可持续发展投资联盟(GSIA)统计,约 2/5 的欧洲资产管理机构和约 1/3 的美国资产管理机构开始在投资决策中考虑 ESG 因素。

经合组织在 1976 年通过了《跨国企业准则》(Guide for Multinational Enterprises),此后经历五次更新修改,《准则》确立了在环境、就业与劳工关系等多个领域的商业行为原则和标准。世界银行发布的《环境、健康和安全指南》(Enviromental, Health, and Safety)阐述了一般性和具体行业的良好国际行业惯例的技术参考文件。国际金融公司通过发布《环境和社会可持续性绩效标准》(Performance Standards on Environmental and Social Sustainability)对会员国和客户的投融资行为提出更高标准的要求,其主要包括环境和社会风险与影响的评估和管理、劳工和工作条件、资源效率和污染防治等八个方面的内容。世界银行发布了专门的《诚信合规指引》(Integrity Compliance Guidelines),对参加其投标竞标的企业存在腐败、欺诈时实施制裁,我国已经有一些公司因为违反上述标准而受到制裁。1999 年 1 月在达沃斯世界经济论坛年会上,联合国时任秘书长科菲·安南(Kofi Atta Annan)提出"全球契约"(Global Compact)计划,并于 2000 年 7 月在联合国总部正式启动。"全球契约"倡议号召各公司遵守在人权、劳工标准、环境及反腐败等四方面的十项基本原则,目前这一倡议已经在世界范围内得到广泛推广,中国也设有办公室,根据国家安排,中国办公室设在中国企业家联合会。

尽管在欧美国家社会法主要是指社会保障法,很多国家并不存在体系明确、内容广泛的社会法,但欧美国家普遍对本章所讨论的社会法大量内容制定了严格的国内立法。所以,有些行为在我国是道德问题,违反了也就是受到谴责,但在欧美国家可能就是法律问题,违反了就要受到严厉的追究。换句话说,越来越多的只具有软法性质的国际社会法,正在欧美国家变成国内法。一个明显的趋势是,很多发达国家对待企业合规责任的趋势是逐渐把道德号召转化为法律规范,通过运用法律来强制执行企业的社会法责任,而不再局限于鼓励企业对道德、人权、社会和环境责任进行披露和承诺。中国企业如果不了解这些国家关于企业社会责任的相应规范,就完全可能在不懂的情况下因为违法而受到追究。

2. 如何理解我国企业社会责任的发展?

在一定的历史时期,我国很多企业对劳动者权益、环境保护等企业社会责任问题重视明显不够。随着中国企业"走出去"步伐加快,很多企业在国外开始面临越来越多的社会法风险。劳工问题一直是中国企业在海外面临的最大风险来源之一,其中既包括中国传统劳资关系在陌生环境中引发的棘手问题,也包括中国企业与当地员工因政策法规和文化环境不同而产生的误解、摩擦和冲突。例如,2017 年美国塞班岛的四家中国承包商和分包商就因非法使用劳工、工伤、拖欠工资等问题承担了一系列民事、行政和刑事责任,支付数千万美元罚款和赔偿金,甚至触发一场外交危机。由于中国海外项目较为集中于采矿、电力、基础设施建设、制造业等易于产生污染的行业与领域,因此,海外中资企业如何处理环境问题,也受到国际社会的高度关注。另外,相关国际公约以及国际标准都明确强调反对歧视,但我国很多企业对此还缺乏基本常识,这都容易在海外引发社会关注的舆情事件。

近些年来,国家越来越重视企业履行社会责任情况,其中起引领作用的主要是两类企业:一是国有企业。2005 年底,国务院国资委制定了我国第一部《中国企业社会责任标准》。2012 年,国资委发布通知,要求中央企业必须发布企业社会责任报告,并强调企业履行社会责任的情况将被纳入央企考核体系。2022 年 3 月国资委宣布成立社会责任局,以更好地组织指导中央企业履行社会责任。二是上市公司。2006 年深圳证券交易所颁布《上市公司社会责任指引》,2008 年上海证券交易所发布《上海证券交易所上市公司环境信息披露指引》,2015 年香港联合交易所发布《环境、社会及管治报告指引》(又称《ESG 报告指引》)。以国有公司和上市公司为引领,中国企业履行社会责任制度初步建立起来。2005 年 10 月全国人大修订《公司法》,首次明确规定公司要履行"社会责任",这从法律上对企业履行社会责任提出了明确的要求。

2013 年,环保部和商务部发布了《对外投资合作环境保护指南》,其中只是对企业发出了倡议:"倡导企业在积极履行环境保护责任的过程中,尊重东道国社区居民的宗教信仰、文化传统和民族风俗,保障劳工合法权益,为周边地区居民提供培训、就业和再就业机会,促进当地经济、环境和社区协调发展,在互利互惠基础上开展合作。"但到了 2014 年,商务部发布《境外投资管理办法》,该《办法》第 20 条规定:"企业应当要求其投资的境外企业遵守投资目的地法律法规、尊重当地风俗习惯,履行社会责任,做好环境、劳工保护、企业文化建设等工作,促进与当地的融合。"2018 年商务部等部委联合发布《对外投资备案(核准)报告暂行办法》,该《办法》第 13 条要求企业报送遵守当地法律法规、保护资源环境、保障员工合法权益、履行社会责任、落实安全保护制度情况等,第 21 条规定,境内投资主体未按本《办法》规定履行备案(核准)手续和信息报告义务的,商务部将会同相关主管部门视情采取提醒、约谈、通报等措施,必要时将其违规信息录入全国信用信息共享平台,对企业的行政处罚通过国家企业信息公示系统记于企业名下并向社会公示。2017 年,国家发改委发布的《企业境外投资管理办法》,国务院国有资产监督管理委员会发布的《中央企业境外投资监督管理办法》,国家发改委等部委联合发布的《民营企业境外投资经营行为规范》,都对企业履行社会责任提出了明确的要求。

3. 如何理解平台企业的特殊社会责任?

改革开放 40 多年来,中国经济发生了翻天覆地的变化。这种变化背后也存在着我们对市场经济规律认识的逐步深化以及相应规范经济发展的法律制度的变化。必须承认的事实是,改革开放早期,法律制度并不健全,有些甚至还限制了市场经济的发展,这就导致很多企业在发展的过程中,不可避免存在违规违法的情况。到了 2008 年,全国人大宣布中国特色社会主义法律体系基本形成。党的十八大以来,我国的社会法快速发展,这都对企业的健康发展提出了明确具体的要求。如果说在国家法律体系并不健全的时代,企业有些违法违规还有情可原的话,在法律体系日渐健全的新时代,企业如果藐视法律、公然违反法律,那就应该受到严厉的处罚,付出沉重的代价。所以企业要牢固树立法治意识,不仅要遵守中国的法律,"走出去"的企业也要遵守其他国家的法律,通过积极履行社会责任以树立企业良好的社会形象,实现企业健康可持续地发展。

平台企业不仅要履行一般的企业社会责任,还要看到与传统企业的重大区别,履行特殊的社会责任。平台企业发展的基础是用户,是用户所让渡的权利以及无偿贡献的数据以及流量奠定了平台企业发展的基础,这决定着平台企业要对用户承担不同以往企业的特殊社会责任。从另外一个角度看,平台企业拥有的数字权力也意味着其需要承担特殊的社会责任。权力意味着责任,国家行使公权力,对公民承担着安全保障、社会福利、教育发展等诸多责任。平台企业在拥有数字权力、享有数字权力带来利益的同时,也应当承担相对用户的社会责任,也就是保障用户享有各种权利、为用户带来更多福祉的责任。特别要看到的是,平台企业给劳动者、未成年人、老年人、残障人、少数人群等特定人群带来了更加复杂深刻的影响,这需要平台企业思考对这些特定人群如何承担特定社会责任的问题。2016 年 4 月 19 日,习近平总书记在网络安全和信息化工作座谈会上讲话时特别指出:"我说过,只有富有爱心的财富才是真正有意义的财富,只有积极承担社会责任的企业才是最有竞争力和生命力的企业。办网站的不能一味追求点击率,开网店的要防范假冒伪劣,做社交平台的不能成为谣言扩散器,做搜索的不能仅以给钱的多少作为排位的标准。希望广大互联网企业坚持经济效益和社会效益统一,在自身发展的同时,饮水思源,回报社会,造福人民。"

四、如何构建数字时代公益慈善法律制度?

公益慈善体现着一个国家的精神风貌和人文情怀,是一个国家文明程度的重要标志。

01
改革公益慈善的法律
制度
建议赋予所有慈善组
织公开募款资格

02
激励平台企业更好地
参与公益慈善
发挥平台企业创新引
领作用

03
培育更多社会组织参
与公益慈善
明细定位、大力发展
专业服务类社会组织

图 9-6　如何构建数字时代公益慈善法律制度

数字时代为每个人、每个企业参与公益慈善提供了便捷的途径和平台。制定怎样的公益慈善法律制度,能够激发整个社会参与公益慈善事业的热情,引导公益慈善事业健康发展,不仅将影响中国式现代化发展的进程,也会影响到中国以怎样的角色和精神面貌参与数字时代全球治理的进程。我国全国人大制定的法律体系为研究这一问题指明了方向。在全国人大制定的 27 部主要社会法中,包括了《红十字会法》《公益事业捐赠法》《慈善法》《境外非政府组织境内活动管理法》四部公益慈善方面的法律。从上述四部法律可以看出,我们研究数字时代的公益慈善,将主要研究两个领域的问题:一是公益慈善相关问题,二是社会组织相关问题。

1. 如何改革公益慈善的法律制度?

《慈善法》确立了开展公开募捐的资质确认和备案制度。数字时代公益慈善领域一个重要的问题就是利用互联网开展公开募捐的问题。2016 年颁布实施的《慈善法》针对利用网络开展公开募捐活动构建了一套新的法律制度,这套新的法律制度具体包括三个资质确认和一个备案管理。第一,开展公开募捐首先必须符合慈善组织的资质要求。根据《慈善法》的规定,一是根据慈善法可以直接登记为慈善组织,二是慈善法生效前已经设立的基金会、社会团体、社会服务机构等非营利组织可以申请认定为慈善组织。不被认定为慈善组织的,不能开展公开募捐活动。截至 2022 年 1 月 27 日,全国慈善组织数量有11260 家。第二,慈善组织必须具有开展公开募捐的资格。慈善组织想要申请开展公开募捐,必须申请并获得开展公开募捐的资格。获得公开募捐资格的社会组织主要是基金会,根据民政部 2020 年底的数据,在 8432 家基金会中,获得公开募捐资格的有 2136 家,仅占25%。按照这样的比例,到目前我国具有公开募捐资格的慈善组织应该不会超过3000家。第三,开展互联网公开募捐必须在符合资质要求的网络平台上。2016年8月以来民政部已经发布三批慈善组织互联网募捐信息平台,目前总数有29家,其中公司背景的22家,社会组织背景的7家。开展公开募捐除了要具备上述三项法定资质,还要进行备案。民政部《慈善组织公开募捐管理办法》规定了在民政部门备案的具体程序以及异地备案等情况。

2020年我国慈善组织通过20家互联网募捐平台共筹集善款逾82亿元,但是其所占总慈善捐款比例还是非常有限,不足5%。我国网民超过10亿人,数字购物、数字支付已经成为中国当前消费的主要方式,网络公开募捐是否还有更大的发展空间?是哪些因素制约了网络公开募捐?如何改革限制网络公开募捐的方式?这些是我们目前必须研究的问题。《慈善法》制定于2016年,尽管当时我国已经处于蓬勃发展的数字时代,立法者也已经初步了解了网络公开募捐的形式、特点和问题,但毕竟网络募捐还处于发展初期阶段,所以当时法律所确定的公开募捐制度还并不完全符合数字时代的要求,《慈善法》确立开展网上公开募捐要求的三个资格确认以及活动备案制度并不符合数字时代的特点。对开展网上公开募捐的资格进行管理是必要的,但目前的管理流程过于复杂。目前我国有超过90万家社会组织,被认定为慈善组织的社会组织只有1万家,其中具有网上开展公开募捐资格的慈善组织不超过3000家,这种层层审批不仅耗费了民政部门大量的人力、物力,也最终限制了慈善组织开展网上公开募捐的资格和能力。

建议赋予所有慈善组织公开募款资格。数字时代给全球以及国家治理带来的重大变化就是要充分发挥数据的作用,通过数据使公益慈善更公开透明,最终建立有公信力的信用体系。所以管理的重点应当是简化传统的资格审批,强化对公益慈善行为及后果的监督。一是我国对慈善组织采取严格确认的制度。并不是所有社会组织都是慈善组织,要么申请登记为慈善组织,要么已经成立的社会组织可以申请认定为慈善组织。所以成为慈善组织本来就经历了一个精挑细选、严格审批的过程。二是法律规定了慈善组织严格的责任,但并未赋予其相应的权利。比如,慈善组织依法要承担更全面的信息公开义务,要在指定时间、指定信息平台公开包括财务会计报告在内的各种信息;慈善组织的年度公益支出和管理费用要根据《关于慈善组织开展慈善活动年度支出和管理费用的规定》执行。既然对慈善组织规定了严格的资格确认以及管理的制度,那就应该赋予其更大的开展公益慈善活动的自主权,包括赋予其自主开展公开募捐的资格、自行设计开展公开募捐活动的形式及内容等,这样才能有效促进数字时代公益慈善事业的发展。当然,公开募捐意味着公众将有更多的机会对慈善组织进行监督,民政部门可以从日常资格审查的繁杂事务中腾出手来加强对其违法违规行为的监管。

2. 如何激励平台企业更好地参与公益慈善?

在我国公益慈善事业发展进程中,网络公益慈善受到社会越来越广泛的关注。在

2022 年 5 月中国互联网公益峰会上,时任民政部副部长王爱文介绍,截至目前,我国网民规模超过 10 亿人,互联网普及率达到 73%,已经形成了全球最为庞大、生机勃勃的数字社会。在公益慈善领域,数字技术与慈善事业的深度融合,极大地提高了公众参与慈善的便利性和快捷性。近三年来,每年都有超过 100 亿人次点击、关注和参与互联网慈善。2021 年,通过互联网募集的善款接近 100 亿元,比 2020 年增长了 18%。统计数据显示,得益于互联网数字技术的发展,2017 年至今,中国通过互联网募集的善款在 5 年间从 25 亿元增长到近 100 亿元,增长了近 3 倍。

在我国数字时代公益慈善事业发展的过程中,平台企业发挥了创新和引领作用。腾讯创建的公益平台充分体现了数字时代公益慈善的活力以及平台企业在推动慈善事业发展方面所能发挥的重大作用。根据媒体介绍,"腾讯公益"平台 2007 年开通,截至 2022 年 5 月 20 日,已收到超 180 亿元的善款,6 亿多人次捐献爱心,超 11 万个项目获得帮助。根据 2022 年 5 月时任民政部副部长王爱文的介绍,在"腾讯公益"平台上,2021 年共有 1.5 亿人次捐出 54.46 亿元善款。腾讯代表性的项目"99 公益日",2015 年发起时,腾讯提供配捐资金 9999 万元,当年有 205 万人参与,获得公众捐赠 1.28 亿元。到 2021 年的"99 公益日",共计超过 6870 万人次通过腾讯公益平台捐出善款 35.69 亿元,加上腾讯公益慈善基金会的 6 亿元资金支持,总共募得善款 41.69 亿元。7 年时间,参与人数增加 32.5 倍,募集善款增加 17 倍。腾讯在 2022 年 5 月推出的"好人标签"充分利用了大数据带来的影响,根据用户过往在平台上参与捐款、捐步、月捐等各类公益行动的数据,为确定"好人标签"用户提供更多配捐额度。阿里主要是发挥在电商领域的影响力,动员数量庞大的卖家与买家参与公益慈善。根据 2020 年阿里公益财报,在 2020 财年阿里经济体公益平台上累计产生公益捐赠超 100 亿笔,累计为公益机构筹款超 22 亿元,其中超 6 成爱心捐赠已被记录在区块链。阿里利用业余时间和公安部联合打造的团圆系统,根据其 2020 年公益财报累计成功找回 4300 名儿童。总的来说,平台企业创新发展了中国的公益慈善方式。

从国家法律发展的角度,要进一步鼓励和支持数字平台企业深度参与公益慈善事业。要充分认识到,平台企业的财富是建立在广大用户的数据基础之上。大型平台企业的成就是建立在免费、自由使用广大用户的数据基础之上。法律应该保障平台企业的财产权益,但认为财富都绝对属于企业的股东的认识是狭隘的。大型平台企业应该逐渐树立起数字时代的企业伦理责任,尊重用户数据权益的价值,从观念上认识到参与公益慈善事业对企业自身良性发展的重大意义,从战略上研究规划本企业参与公益慈善的重点领域、具体方法,通过积极主动开展公益慈善活动以回馈社会。积极推动和参与公益慈善事业的发展。国家和社会应当从多角度推动相关平台企业积极参与公益慈善事业,例如,将参与公益慈善事业的成效作为评价企业的重要指标;或者在处理平台企业违法违规行为时,将其参与公益慈善事业的情况作为考量因素,对那些为公益慈善事业的发展作出重大贡献的,要依法酌情减轻或免除处罚。

要特别说明的是,平台企业应当首先做好本行业特别需要的公益慈善事业。比如,类似腾讯、抖音、快手等在未成年人领域有重大影响、未成年用户占有很大比例的平台企业,首先就应该在未成年人领域积极开展公益慈善活动。尽管腾讯在中国公益慈善领域创新开展了很多项目,对推动数字时代中国公益慈善事业的发展发挥了重要作用,但其在未成年人保护领域显然做得还很不够。因为很多未成年人沉迷《王者荣耀》等游戏,严重影响了这些孩子身心健康成长。如果腾讯不能对这些受其产品影响的孩子重点开展公益慈善活动,那即使在其他领域开展再多的活动,也难以洗刷掉这种历史的污点。类似美团、饿了么、滴滴这些以外卖骑手、网约车司机为主要劳动力的平台企业,应当首先在关爱劳动者以及他们家人方面开展公益慈善活动。平台企业应当研究本企业的特点以及易受影响的人群,结合易受影响的人群重点开展公益慈善活动。

微软创始人比尔·盖茨资助特定领域的经验值得中国大型平台企业借鉴。根据媒体报道,自 2000 年以来,盖茨基金会共支出 792 亿美元赠款。在 2022 年 7 月盖茨宣布向其基金会再捐资 200 亿美元,到 2026 年将年度赠款支出提高到每年 90 亿美元。这些钱都做什么去了呢?2020 年盖茨及其前妻梅琳达·盖茨女士在公开信中介绍了他们关注的重点领域:健康和教育,以及未来还要重点关注的两个领域:盖茨关注的重点是气候变化,梅琳达关注的重点是性别平等。从 2019 年他们的公开信中可以看到,他们通过持续资助国际性社会组织,与国际政府间组织以及各国社会组织合作,为公共卫生领域带来了重大改变。他们分别支持了疫苗联盟和全球反艾滋病、结核病和疟疾基金。到 2019 年,疫苗联盟已经帮助 7.6 亿名儿童注射疫苗,避免了 1300 万名儿童死亡,它还带动更多的疫苗以更低的价格进入市场,比如,一种保护儿童避免五种致命感染死亡的疫苗,从原来的3.65 美元降到了现在的不到 1 美元。他们总结 20 年的慈善经历,认为当时建立疫苗联盟是个最棒的决定,他们为看到投资已经获得的回报感到振奋。全球反艾滋病、结核病和疟疾基金也取得了令人瞩目的成功。仅仅在 2018 年,在该机构资助的国家,就有 1900 万人接受了救命的艾滋病治疗。可以看出盖茨基金会的基本经验:一是长期持续关注重点领域,有明确的目标;二是立足资助,发起人持续为基金会提供资金,基金会本身并不具体开展项目工作;三是资助相关专业社会组织来具体开展工作,基金会与相关专业社会组织形成良性互动。久久为功,多年过去,该基金会为推动全球公共卫生事业作出了重大贡献。

3. 如何培育更多社会组织参与公益慈善?

要充分认识社会组织在现代国家治理体系中的重要作用。一是促进共同富裕。党的二十大报告特别强调了共同富裕是中国特色社会主义的本质要求,明确提出"中国式现代化是全体人民共同富裕的现代化"。大家普遍认为,在市场主导的第一次分配、政府主

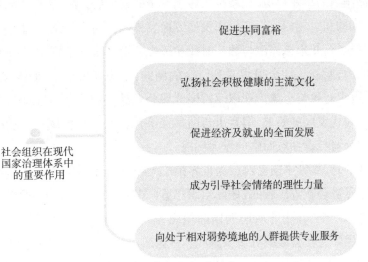

图9-7　社会组织在现代国家治理体系中的重要作用

导的第二次分配基础上,公益慈善实现了社会财富的第三次分配。党的二十大报告明确提出"分配制度是促进共同富裕的基础性制度",在"完善分配制度"部分明确了要引导和支持公益慈善事业发展的内容,确认了发展公益慈善事业对实现我国共同富裕的重要意义。二是弘扬社会积极健康的主流文化。数字时代资本的贪婪和逐利性并未减弱,相反有更加垄断及全面渗透的趋势。发展社会组织以及公益慈善事业有助于弘扬仁爱、环保及修身养性的文化,支持和帮助每个人的尊严都受到尊重,使每个人的潜力都能得到发挥,让每个人都愿意成为社会建设的积极参与者。三是促进经济及就业的全面发展。美国约翰霍普金斯公民社会研究中心2013年的一份报告显示,非营利组织是世界各国主要雇主和就业增长的主要来源。该报告统计了16个国家的数据后发现,非营利组织平均贡献占国家GDP的4.5%,大致相当于这些国家建造业的GDP贡献,其中6个国家的非营利组织雇用了总劳动力的10%及以上。四是社会组织可以成为引导社会情绪的理性力量。在数字时代,情绪等非理性的因素容易带动舆论的节奏,看似很简单的一篇文章、一个视频就可能引爆舆情,世界各国极端的思想容易放大和蔓延,全球治理中不确定的因素显著增加。社会组织作为专业的力量,可以向社会传达理性、专业的声音,增强整个社会积极健康的力量。五是社会组织可以向处于相对弱势境地的人群提供专业服务。社会发展到一定程度满足了基本的物质需要以后,人们更需要的是专业的社会服务。我国有2.9亿多名农民工、近3亿名未成年人、超过2亿名老年人、约8500万名残障人员,谁去为他们提供各种服务呢? 所以要充分认识到,如同经济发展要有各种类型的企业一样,培育健康的社会组织发展公益慈善事业是推进国家治理体系现代化的重要战略举措。

要看到的问题是,尽管我国已经有了90多万家社会组织,但数量并不能有效说明问题,我国社会组织的发展与国家经济发展的程度和数字时代发展的进程并不协调:很多社会团体来自体制内的事业单位,在减少了体制赋予的权力后,并未适应国家治理体系现代化的需要,在推动和引领相关行业健康发展方面发挥的作用并不充分;很多基金会同时开展筹资和项目执行,并未培养出与数字时代相适应的设计项目、筹款以及资助其他服务类社会组织的能力;服务类社会组织受到资金的制约,普遍规模小、专职人员少、服务能力弱;国内社会组织对参与全球治理以及跨国开展公益慈善项目的专业知识少、经验匮乏。如何适应数字时代发展的要求,培育出与国家经济社会发展相协调的专业社会组织? 这将是未来我国公益慈善领域面临的重大挑战。

还要看到的是,尽管中国已经成为世界第二大经济体,但中国背景的国际性社会组织非常缺乏。国际协会联盟出版的《国际组织年鉴(2021—2022)》显示,世界范围内的国际组织总数为74250个,其中非政府间国际组织为66425个,政府间国际组织为7825个。但中国背景的国际性社会组织有多少家呢? 中国政府目前按国际性社会组织批准的刚刚超过40家。根据联合国经济和社会事务部数据库最新统计,截至目前有6155家社会组织具有咨商地位,中国有86家(包括香港19家、澳门3家、台湾1家),而美国有1214家,印度有305家,相比之下,中国显然太少。即使是获得联合国咨商地位的社会组织,很多也只是获得了资格,参与联合国相关机制还处在起步阶段,更多是单方的宣讲,还没能真正参与到全球治理的议程中去。2004年联合国名人小组向联合国提交的专题报告《我们人民:民间社会、联合国和全球治理》就明确提出:在联合国活跃的社会组织主要来自发达国家;这些社会组织的总部也主要是在发达国家;在联合国体系中,发展中国家的社会组织很不发达,发展中国家社会组织以及困境人群的声音容易被忽视。多年过去,这种局面并未得到根本改变,中国作为最大的发展中国家,也依然面临社会组织参与全球治理严重滞后的问题。

建议进一步明晰社团、基金会及社会服务机构的定位。当前一个明显的现象是,社团、基金会、社会服务机构彼此之间的界限并不清晰。我国是中国共产党领导的中国特色社会主义国家,国家治理体系的核心是坚持党的领导。社会组织的定位和发展首先就要遵循这种国家政治制度以及治理体系。忽视政治制度及国家治理体系的差异来讨论社会组织的定位,必将导致拧巴的结局。三类社会组织在定位上应该有着明显的区别:社团具有结社性质;基金会做好筹资工作;社会服务机构重点在为社会提供服务。如果混淆彼此之间的界限,那么就会出现很多复杂的局面。尤其是社团的政治功能混同在基金会和社会服务机构,导致基金会和社会服务机构的政治敏感度增加。所以,未来科学的制度设计是,社团不应发展成为慈善组织,社团资金应该主要来源于政府购买服务、会费以及会员捐赠等;基金会的主要功能就是筹资以及针对服务类社会组织开展捐助和监督项目的执行;社会服务机构主要就是开展具体的服务工作。清晰的定位不仅有助于国家监督和管理,也能促进不同类型的社会组织健康可持续发展。

建议国家要大力发展专业服务类社会组织。进入了新时代,社会主要矛盾已经发生转化,这就需要加强国家提供专业服务的能力。现代国家治理模式应该是小政府、大社会,核心就是政府行使管理职权、将服务交给社会。服务类社会组织在法律上是非营利性质,资产带有公共资产性质,既能保持相对中立性,其必须通过优质高效服务获得政府及社会支持,又能避免商业资本的贪婪及逐利性,所以这是最佳模式。更要看到的是,随着中国社会的发展,铁路、桥梁等基础建设日益完善,很难再找到新的拉动经济发展的投资领域。社会领域应该成为未来拉动经济发展、促进就业的战略领域。如果政府加大购买社会组织服务的力度。假如每年中央政府拿出 1000 亿元,各级政府再拿出 1000 亿元,国家综合投入 2000 亿元来购买社会组织的服务,按每家社会组织平均 10 人、每人每年平均 20 万元预算,2000 亿元投入就可以培育 10 万家服务类的社会组织,就可以促进 100 万人就业。这不仅将从根本上提升中国民生工作尤其是针对老人、未成年人、残疾人、农民工服务的质量,还将有效促进就业,推动经济在更高层面上健康发展。

五、如何加强数字时代未成年人保护?

用户权利成为数字时代全新的历史课题,其中如何保护未成年人、老年人等特定群体用户的权益,更是成为一个复杂的问题。未成年人是祖国的未来和希望,未成年人的成长受到数字权力的影响最为广泛和深刻。根据团中央权益部发布的调研数据,2021 年我国 6 岁以上儿童网民规模达 1.91 亿,互联网普及率达 96.8%,高于我国整体互联网普及率(73.0%)23.8 个百分点。还要看到的是,越来越多的学龄前低龄未成年人也都开始上网。所以,如何认识数字时代给未成年人成长带来的影响? 这种影响又会如何影响国家治理以及人类社会发展的进程,国家应该采取哪些重大战略来予以关注? 这些都是目前必须关注的迫切问题。

1. 数字时代给未成年人成长带来哪些重大影响?

未成年人属于网络世界的"原住民",网络可以满足他们对于学习、娱乐、交友、展示自我等的需求,展示了网络有利的一面:未成年人可以参加网上培训、课程学习和线上交流,网络为他们提供了更多获取知识的途径;网络改变了未成年人的思维方式,他们会运用非线性思维方式思考问题,并透过网状的联系来寻求解决问题的方法,这培养了未成年人的创新能力;网络改变了传统的交易和交流模式,未成年人足不出户就与世界建立了快捷联系,能够较好地满足他们观察世界、对外沟通与实现自我价值的需求;未成年人可以放下顾虑,向网友倾诉心事,而不必面对与父母家人沟通的压力与障碍。但大家普遍认识到的问题是,对未成年人来说,网络是把"双刃剑"。正如《2017 年世界儿童状况——数字时代的儿童》报告提出:"互联网和数字娱乐活动激发了巨大的创造力,儿童有更多机会接触内容丰富的信息和娱乐内容,而这也引发了网络依赖和'屏幕成瘾'等问题。尽管数字技术在很大程度上拓宽了人们自由表达思想的空间,但同时也扩大了仇恨言论和其他负面内容的传播范围,可能改变儿童对世界及对自己的看法。""这些挑战只会随着数字化技术的延伸和发展而加剧,而它所带来的各种机遇,也可能会在商业和其他领域被滥用。将来,更多数字设备、在线平台和应用程序会为儿童所用。物联网、人工智能和机器学习的出现创造了新的机遇,但也将带来新的挑战。"从我国未成年人保护事业发展来看,现在有三个问题最需要引起高度关注。

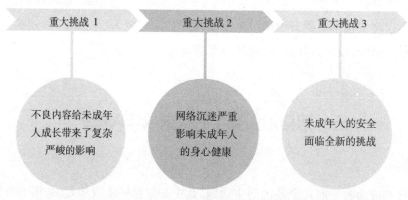

图9-8　数字时代给未成年人成长带来的三大重要挑战

不良内容给未成年人成长带来了复杂严峻的影响。2021年10月,国际电信联盟的政策简报中介绍了未成年人在接触内容方面的风险,这主要包括:"接触不准确或不完整的信息、不适当甚至犯罪的内容,如接触成人/极端分子/暴力/血腥内容、自虐和自残相关内容、破坏和暴力行为、激进或附和种族主义或歧视性思想。"我国高度关注网络不良内容对未成年人的影响。不良内容主要表现为血腥、暴力或教唆犯罪、淫秽色情、自杀自残等消极思想、歪曲传统文化或历史人物、宣扬邪教和封建迷信、含有吸毒和违禁药物以及其他含有"软色情""打色情擦边球"等内容。随着数字时代的快速发展,不良内容正在以各种更能吸引未成年人关注的表现方式快速演化。在中央网信办2023年6月发起的"清朗·2023年暑期未成年人网络环境整治"专项行动重点整顿问题中,第一方面就强调了"有害内容隐形变异问题",主要表现为:"一是以谐音词、变体字、表情符号等形式传播色情低俗、赌博迷信等内容;二是利用视频剪辑、影视二创、动漫改编等方式集中展示涉未成年人血腥暴力等画面;三是通过外链、浮窗、二维码、账号信息等进行色情引流;四是儿童智能设备自带及第三方App,语音、文字搜索结果中存在涉黄涉暴内容。"这些表现方式不断演化的不良内容在潜移默化中扭曲了未成年人的人生观、世界观和价值观,严重影响了未成年人身心健康成长。中国青少年研究中心2017年的一篇文章中就提出:"网络不良信息所传播的扭曲的价值观念、偏差的行为模式会影响未成年人的价值判断标准,诱发违法犯罪心理,导致未成年人出现不良行为和犯罪行为。在所调查的未成年犯中,41.1%的未成年犯认为自己犯罪是受网络不良信息的影响。"最近几年,未成年人犯罪以及受到犯罪侵害的案件都明显上升,其中网络尤其是不良内容发挥着怎样的作用? 从国际社会来看,尽管美国社会深受暴力犯罪的影响,但网络上肆虐的暴力游戏与暴力犯罪之间是否有明显的正向关系? 近年来我国社会越来越关注未成年人精神疾病问题,未成年人自杀、自伤成为一个新的社会问题,但与网络不良内容以及网络沉迷是怎样的关系? 世界各国对上述问题的关注以及研究都显然还远远不够。

网络沉迷严重影响未成年人的身心健康。2018 年世界卫生组织将电子游戏成瘾列为精神疾病的一种,认为该成瘾行为的表现就是不能控制自己参与网络游戏的时间,导致对其他事情失去兴趣,严重到已经影响其个人、教育、职业等正常发展的程度。我国中科院院士陆林在国家卫健委 2018 年 9 月 25 日例行新闻发布会上发言介绍:"据统计,全世界范围内青少年过度依赖网络的发病率是 6%,我们国家的比这个稍高,接近 10% 左右。"在一份针对 152 名网络沉迷未成年人家长的深度访谈报告中介绍,其中约有 65% 的孩子每天打游戏超过 10 个小时,其中 8% 的孩子超过 15 个小时,时间最长的一个 16 岁男孩,连续玩游戏 30 多个小时。沉迷游戏毁了孩子,也毁了家庭:这些孩子身心受到严重损害,长时间玩游戏导致很多孩子眼睛近视,有人过早患有肠胃疾病,并伴随消瘦或肥胖等问题;很多孩子情绪暴躁易怒,精神萎靡颓废,现实交往能力严重弱化,有些已经患上抑郁症;这些孩子普遍与家庭关系紧张,有的孩子经常以污言秽语辱骂家长,有的孩子甚至对父母拳脚相加、刀棍相向,以致有的母亲不敢一个人和孩子相处;有的孩子为了对抗父母的管教,以自杀、自伤或者离家出走等方式相威胁。如何预防和减少未成年人对网络的沉迷? 这个问题复杂、迫切而且严峻。

未成年人的安全面临全新的挑战。数字时代的快速发展给未成年人安全带来了各种全新的问题,其中又以未成年人受到性侵最受关注、最为典型。2020 年韩国爆发的"N 号房"案件受到国际社会高度关注:犯罪分子利用即时通信软件,建立多个秘密聊天房间,将被威胁的女性作为性奴役的对象,并在房间内共享非法拍摄的性视频和照片。在该案件中,多达 74 名女性受到性侵,其中还有 16 名未成年女性,年龄最小的受害者刚刚 11 岁,加入所谓"房间"共享儿童色情信息的用户竟然多达 26 万人。该案件给我们的最大启示是,在数字时代未成年人性侵问题不仅是强奸、猥亵犯罪问题,还有性引诱、儿童色情制品等问题。我国针对未成年人的性侵违法犯罪情况同样令人担忧。最高人民检察院在 2022 年 10 月向全国人大汇报工作时介绍,侵害未成年人犯罪持续上升。2018 年至 2021 年,检察机关起诉侵害未成年人犯罪 23.2 万人,年均上升 6.1%。性侵已成侵害未成年人最突出犯罪。2019 年至 2021 年,遭受犯罪侵害的未成年被害人从 4.6 万人上升至 5.2 万人,年均上升 6.3%;其中,不满 14 周岁的未成年被害人占 56.5%。2018 年至 2022 年 9 月,利用网络对未成年人实施"隔空猥亵"和线上联系、线下侵害的犯罪占性侵未成年人犯罪的 15.8%，其中在有的案件中，一个犯罪分子就在网络上联络数百人，侵害几十人。究其原因，"一些网络乱象诱发甚至教唆犯罪。信息网络技术飞速发展，给学习、生活带来极大便利的同时，虚假、低俗、色情、暴力等信息充斥其间，成为诱发涉未成年人犯罪的重要因素。"在上述案件背后，很多都存在着性引诱的现象。一些犯罪分子在网络上引诱未成年人，建立信任关系后采用胁迫、利诱等方式对未成年人进行性侵害，这导致更多未成年人处于危险状态。

图 9-9　我国未成年人网络保护立法的最新进展

2. 我国未成年人网络保护的立法有哪些最新发展？

在未成年人网络保护方面，中国整个社会都给予了高度的关注。修订后的《未成年人保护法》于 2021 年 6 月 1 日正式实施，该法增设了"网络保护"专章，国务院要制定专门的《未成年人网络保护条例》，草案已经两次向社会征求意见，这是中国有关未成年人网络保护的第一部行政法规，其中对那些未成年人用户数量巨大、在未成年人群体中具有显著影响力的大型互联网企业规定了特别义务。国家相关部委也制定了专门的一些规章及规范性文件，对数字时代未成年人保护给予了特别关注。

我国高度关注不良内容对未成年人的负面影响。新修订的《未成年人保护法》在社会保护和网络保护两章都强调了国家鼓励有利于未成年人健康成长内容创作，提出了"影响未成年人身心健康"和"有害未成年人身心健康"两个标准。在社会保护一章第五十条规定了有害未成年人身心健康内容的主要情形，该条规定："禁止制作、复制、出版、发布、传播含有宣扬淫秽、色情、暴力、邪教、迷信、赌博、引诱自杀、恐怖主义、分裂主义、极端主义等危害未成年人身心健康内容的图书、报刊、电影、广播电视节目、舞台艺术作品、音像制品、电子出版物和网络信息等。"在网络保护一章第六十七条规定网信等部门确定影响未成年人身心健康网络信息的种类、范围和判断标准，在该法第八十条第一款和第二款分别规定了网络企业对两种不同情况应当采取的措施："网络服务提供者发现用户发布、传播可能影响未成年人身心健康的信息且未作显著提示的,应当作出提示或者通知用户予以提示;未作出提示的,不得传输相关信息。网络服务提供者发现用户发布、传播含有危害未成年人身心健康内容的信息的,应当立即停止传输相关信息,采取删除、屏蔽、断开链接等处置措施,保存有关记录,并向网信、公安等部门报告"。《互联网信息服务管理办法》《互联网文化管理暂行规定》《互联网视听节目服务管理规定》等法规规章都规定了相关内容的标准,其中《未成年人节目管理规定》具体规定了未成年人节目不得包含的内容,该规定第九条规定了未成年人节目不得含有 16 种内容,这是目前我国对危害未成年人身心健康内容最全面的规定。《网络信息内容生态治理规定》规定了违法信息和不良信息的标准,这两个标准对于保护未成年人免受不良信息的侵害也有重要意义。为了净化未成年人成长的网络内容空间,中国建立了由中宣部牵头、多部门联动的全国"扫黄打非"联动机制,根据公开数据,2021 年,在其协调下,全国共处置淫秽色情等各类有害信息1900 万条,网络空间进一步清朗。

我国一直高度关注未成年人沉迷网络相关问题。2019 年国家新闻出版署就发布了《关于防止未成年人沉迷网络游戏的通知》,对网络游戏企业提出了多项要求。新修订的《未成年人保护法》更是对此作出多项规定:一是明确规定了学校对手机等智能终端产品的管理权限,未经学校允许,未成年学生不得将手机等智能终端产品带入课堂,带入学校的应当统一管理;二是国家建立统一的未成年人网络游戏电子身份认证系统,这项制度是法律创设的一项新的重大制度,是为了平衡个人信息和隐私保护以及预防未成年人沉迷网络游戏而进行的重大制度探索;三是规定了对游戏产品的分类管理制度。2021 年 8 月底,国家新闻出版署下发了《关于进一步严格管理切实防止未成年人沉迷网络游戏的通知》,通知最主要的一条是,"所有网络游戏企业仅可在周五、周六、周日和法定节假日每日 20 时至 21 时向未成年人提供 1 小时网络游戏服务,其他时间均不得以任何形式向未成年人提供网络游戏服务"。媒体直接将其称为"史上最严"防沉迷规定。

我国一直严厉打击针对未成年人的性侵犯罪。2023 年 5 月,最高人民法院、最高人民检察院发布了《关于办理强奸、猥亵未成年人刑事案件适用法律若干问题的解释》,其中明确规定胁迫、诱骗未成年人通过网络视频聊天或者发送视频、照片等方式,暴露身体隐私部位或者实施淫秽行为,以强制猥亵罪或者猥亵儿童罪定罪处罚;胁迫、诱骗未成年人通过网络直播方式实施前款行为,构成强制猥亵罪、猥亵儿童罪、组织淫秽表演罪的,依照处罚较重的规定定罪处罚。对强奸、奸淫过程或者被害人身体隐私部位制作视频、照片等影像资料,以此胁迫对被害人实施强奸、奸淫,或者致使影像资料向多人传播,暴露被害人身份的,要加重处罚。特别要提醒的是,新修订的《未成年人保护法》第五十二条规定,"禁止制作、复制、发布、传播或者持有有关未成年人的淫秽色情物品和网络信息"。这是我国在立法层面第一次规定禁止持有以未成年人为对象的色情制品,这是一个重大进步。

教育部发布的《未成年人学校保护规定》第二十四条第二款为此规定,学校应当采取必要措施预防并制止教职工以及其他进入校园的人员持有包含淫秽、色情内容的视听、图文资料。在法律责任部分明确规定,违反这一规定应当依法予以开除或者解聘;有教师资格的,由主管教育行政部门撤销教师资格,纳入从业禁止人员名单。

我国法律政策日益强调平台企业在未成年人保护中的重要责任。一是新修订的《未成年人保护法》明确规定了网络服务企业在保护未成年人的隐私和个人信息、防治沉迷特别是游戏沉迷、网络直播、网络欺凌等方面的特殊义务,要求网络服务企业发现网络上可能影响未成年人身心健康的信息、含有危害未成年人身心健康内容的信息、利用网络服务对未成年人实施违法犯罪行为等三种不同情况分别应该采取的具体措施,特别规定网络服务企业应当建立便捷、合理、有效的投诉和举报渠道,公开投诉、举报方式等信息,及时受理并处理涉及未成年人的投诉、举报,在"法律责任"部分专门规定了对网络服务企业违反上述规定的严厉处罚标准。可以说新修订的《未成年人保护法》初步确立起平台企业在未成年人保护中的基本制度。二是相关部委发布规章,明确规定平台企业在未成年人保护中的具体义务。2019年国家广电总局专门发布了《未成年人节目管理规定》,中央网信办发布了《儿童个人信息网络保护规定》,这两部规章对平台企业制作未成年人节目以及收集、存储、使用儿童个人信息作出了专门的规定。在国家有关部门发布的《网络信息内容生态治理规定》《互联网信息服务算法推荐管理规定》《互联网广告管理办法》等规章中也对平台企业保护未成年人提出了特殊要求。上述规章对督促平台企业更好履行未成年人保护责任发挥了重要作用。三是国务院公开征求意见的《未成年人网络保护条例》专门规定了未成年人用户数量巨大、在未成年人群体中具有显著影响力的重要互联网平台服务提供者应当履行的特殊义务,比如,要在互联网平台服务的设计、研发、运营等阶段,充分考虑未成年人身心健康发展特点,定期开展未成年人网络保护影响评估;要提供青少年模式或者未成年人专区等,便利未成年人获取有益身心健康的平台内产品或者服务;要遵循公开、公平、公正的原则,制定专门的平台规则,明确平台内产品或者服务提供者未成年人网络保护的义务,并以显著方式提示未成年人用户依法享有的网络保护权利和遭受网络侵害的救济途径;每年发布专门的未成年人网络保护社会责任报告,并通过公众评议等方式接受社会监督等。从正在征求意见的国务院法规上述规定可以看出,国家希望平台企业建立未成年人保护机制,通过完善机制来全面落实平台企业在未成年人保护方面的责任。

3. 对数字时代加强未成年人保护有哪些具体建议?

将保障未成年人权益确立为数字时代国家治理的重大发展战略。国家要将保障未成年人权益确立为数字时代国家治理的重大发展战略,加强统筹协调,投入更多资源,实现中国未成年人权益保护事业的全面健康发展。具体建议是:一是参照在科研领域加大对

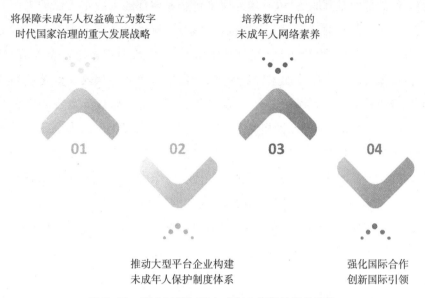

将保障未成年人权益确立为数字
时代国家治理的重大发展战略

培养数字时代的
未成年人网络素养

01　02　03　04

推动大型平台企业构建
未成年人保护制度体系

强化国际合作
创新国际引领

图 9-10　数字时代加强未成年人保护的具体建议

基础理论以及科技创新的研究,国家层面加大对数字时代未成年人保护基础理论以及基础制度的研究支持力度。二是国家有关部门以及司法机关应采用数字技术手段构建起与数字时代相适应的未成年人保护新工作机制,全面提升国家开展儿童保护工作的效能。三是通过政府购买服务的方式,每个县至少要培育一家专业儿童保护类社会组织。四是有效统筹线上线下的未成年人保护相关工作,积极解决线下未成年人保护领域的各种短板,为解决线上未成年人保护事业的发展奠定基础。五是大力发展公益诉讼制度,使侵害不特定多数未成年人权益的案件可以及时进入司法程序,从而借助司法力量维护更广大未成年人群体的合法权益。

推动大型平台企业构建未成年人保护制度体系。目前世界各国都在关注平台企业在未成年人成长中扮演的角色。数字时代平台企业获得了巨大经济效益和社会影响力,这要求其对所引发的社会问题承担主体责任。这种主体责任不仅是一种社会责任,也是一种法律责任。我国相关法律法规对平台企业履行未成年人保护责任提出了很多具体要求,但有些要求在实践中并未得到有效落实,相关未成年人保护工作在平台企业内部往往还处于说起来重要、做起来无人落实的局面。为有效发挥平台企业在未成年人保护中的积极作用,大型平台企业至少可以开展三方面的工作:一是构建起平台内部未成年人保护机制。当前平台企业内部部门林立,很多决策以及部门工作都围绕着企业利益在开展,未成年人相关工作往往处于边缘状态,这严重影响了平台企业开展未成年人保护工作的成效。为此建议平台企业尤其是社交娱乐类和信息资讯类平台企业及时建立未成年人保护内部协调机制,公司主要负责人牵头协调,完善相关制度,每年定期召开会议,从企业战略、重大决策、重点工作等各方面贯彻未成年人保护的理念,明确企业内部具体负责未成年人保护工作的部门及其职责,以具体开展平台企业内部的未成年人保护工作。二是建立便捷、有效、公平开放的未成年人保护投诉机制,及时公正处理未成年人权益受到侵害的相关投诉。《未成年人保护法》已经对此作出明确规定,但很多平台企业落实得不够,有些只是敷衍塞责。国家应该加大检查力度,督促平台企业尽快落实好这项制度。三是督促企业积极履行未成年人保护职责,主动开展更多有益于未成年人身心健康的具体工作。比如,加大开展未成年人保护相关工作资金、流量等资源投入,为全面推进平台以及整个社会的未成年人保护工作作出积极贡献;鼓励、支持开发、创作更多有利于未成年人健康成长的网络产品和服务;充分发挥正面宣传引导作用,通过喜闻乐见的视频、音频、文字等方式,全面提升父母、老师尤其是未成年人的网络素养。特别要看到的是,尽管很多性侵、欺凌、违法犯罪等案件发生在线下,但起因往往是受到了网络越来越多的影响,大型平台企业不仅应该积极采取措施从根源上预防此类案件的发生,更应该积极参与类似案件的帮扶处理。

培养数字时代的未成年人网络素养。人类社会正在快速进入数字时代,未来一代的生活和工作都将越来越离不开网络。要清醒认识到的是,当下孩子是否具备良好的网络素养,不仅将影响着他们参与未来社会竞争的能力,也会影响一个国家的竞争力。但未成年人的网络素养是个复杂的问题,当前我国在相关立法政策制定过程中,有时明显偏重对未成年人的特殊保护,而忽视了未成年人的参与权和发展权。未成年人只有参与数字时代的建设,才能发展出数字时代的素养。未成年人网络保护不是让未成年人与网络隔离后的保护,而是要在与网络亲密接触中、在数字时代建设中的保护。所以在国家制定相关法律政策以及学校和家庭对未成年人的教育管理中,要培养的是未成年人如何辨析数字时代的信息、如何利用数字时代的技术、如何预防数字时代的风险、如何融入数字时代发展的综合能力。

强化国际合作,创新国际引领。数字时代全球未成年人保护事业面临更严峻的挑战,但国际社会以及很多国家对大型平台企业对未成年人权利带来的影响还认识不足,如何立法以促进平台企业在保障未成年人权利方面发挥积极作用还缺乏经验;平台企业自身对未成年人保护问题还重视不够,所采取的措施还非常有限,对如何更好地发挥积极作用还缺乏经验和指导。所以呼吁联合国参照"工商业和人权指导原则"的起草和核准(制定和批准)程序,尽快设立特别程序,起草"平台企业儿童权利指导规则"(Guiding Principles on Platform Enterprises and Child Rights,简称 GPPECR),鼓励和支持各个国家依据《儿童权利公约》、联合国儿童权利委员会《关于与数字环境有关的儿童权利的第 25 号一般性意见(2021 年)》等儿童权利保护相关国际公约及国际人权文件,尽快制定和完善本国数字时代未成年人保护的相关法律政策,指导和督促平台企业在保护未成年人权利方面发挥积极作用。

六、如何构建中国特色的数字时代公益诉讼制度？

数字权力最大的特点就是权力高度聚集于大型平台企业，与之相对应的用户则处于高度分散状态，每个用户被摄取的权利都是微小的。即使用户权利受到较为严重的侵害，单个用户维护权利的成本也是巨大的。相比维护权利所需要付出的巨大代价以及可能的维权成果，绝大多数用户都会选择放弃。这种局面更加助推了平台企业权力的聚集，从而形成高度聚集的平台企业数字权力与高度分散的用户权利之间的不对称关系。在法治轨道上如何维护用户权利呢？公益诉讼显然是最佳的选择。公益诉讼是代表不特定的分散的个体依法维权的典型方式，恰好可以应对这种不对称状态，成为维护社会法价值的重要法治方式。

1. 如何理解公益法以及公益诉讼的概念？

公益诉讼这个概念最早产生于 20 世纪 70 年代的美国，但公益诉讼制度并不是产生于美国，而是源自罗马法。从人类社会法治发展的历程来看，这一制度有着悠久的历史。顾名思义，"公益法"就是追求公共利益的法。从本质上看，社会法与公益法是一致的，都是保障在社会中处于相对弱势境地群体权益的法律，是通过法律制度以约束权力和资本的放肆并对在社会中处于相对弱势境地群体给以特殊保护，从而实现最大多数人尤其是那些处于弱势地位人群的福祉，最终实现社会公平正义。观察古今中外法治发展的历史，公益法的思想早就存在，但并未以一个专有法律概念发展起来。在 20 世纪 60 年代，伴随着美国民权运动的发展，公益法的概念在美国快速发展起来，并在很多国家得到传播。

从世界各国公益法的发展看，其主要侧重五个领域：一是公益法律组织，也就是法律类社会组织的发展。受到观念、资金等各种因素的制约，很多国家的公益法律组织都并不发达。二是公益诉讼，源于公益法的概念，公益诉讼应该是指为了处于弱势状态的不特定多数人利益、起诉强势组织或个人的诉讼。尽管很多国家都认识到了公益诉讼在实现法治方面的重大意义，但由于缺乏专业的公益法律组织以及专业的公益律师，有价值的公益诉讼依然很少。三是公益律师，由于律师主要是一个自收自支的行业，这导致了在世界各个国家，律师商业氛围过重，律师主要是为付得起费用的企业、政府或个人服务，致力于公益事业的律师太少，专业化程度以及影响力也有限。四是法律援助，法律援助是政府付费为贫弱人群提供的减免收费服务，是国家公共服务的组成部分。在我国法律援助是免费的法律帮助，所以法律援助是政府出资支持的公益法律服务。五是法学教育，大多数法学院校开设法律职业伦理方面的课程，也有一些院校设立诊所教育课程，很少一些院校开设公益法课程,所以从法学教育来看,公益法也并不发达。

公益法与社会法也存在明显的区别,社会法有着相对完整的系统,在世界上大多数国家成为单独的法律学科,很多专家学者在进行研究;公益法并未发展成受到普遍认可的学科体系,研究这一领域的专家学者也相对较少。社会法的重点主要在立法的完善和学术研究的规范,对如何实现的程序和方法关注不够;公益法对所关注问题背后的立法和学术研究关注不够,其更强调的是一种方法,也就是公益法律组织和公益律师代表在社会中处于相对弱势境地人群去依法维护权益。所以综合来看,公益法更强调的是方法和实践,其在一定程度上弥补了传统社会法体系强大但实践不足的缺陷,可以发展成为社会法体系中新的重要内容。

美国概念下的公益法有着其鲜明的国家以及时代特征,那就是过于强调来自民间的律师及社会组织的作用,相对忽视国家在公益法发展进程中的作用,忽视公益法相关的法律制度建设。这种局限导致的结果就是,在特定历史条件下,公益法或许能够发挥重大的作用。早期美国公益诉讼对推进民权运动发挥了重要的作用,将很多激进的维权方式引入法庭,为稳定美国社会秩序、树立黑人、印第安人等少数族裔人群对法治的信心发挥了重要作用。但是,从国家发展的整个进程来看,其对国家法律制度的影响还是有局限的,最终能够保障的弱势群体权益也是有局限的。近些年来美国公益法并未实现新的勃兴,过于深厚的政治以及商业氛围严重笼罩着美国的司法界。2022 年 6 月美国联邦最高法院裁决推翻了被认为是具有历史意义的保障女性堕胎权的"罗诉韦德案",媒体报道美国总统拜登称,这项判决让美国倒退到 150 年前。在解决当前美国社会种种问题尤其是保护用户权利过程中,并未看到公益法以及公益诉讼有大的作为。

到了数字时代应该更加重视公益法的发展。在很长的历史时期内,往往享有政治权力或财富的人是"强势群体",当人类社会进入了数字时代,拥有数字权力的平台企业以及背后的大股东、高级管理人员成为新的"强势群体"。很多拥有一定财富、行使一定公共权力的人,都成为平台企业的用户,所以看似是强势群体,但相对掌握了大量个人信息和数据的平台企业来说,也往往处于弱势境地。平台企业依靠对用户信息和数据的掌控能力,成为数字时代新的权力拥有者。在数字时代,聚集了资本和技术优势的平台企业,其所拥有的数字权力更加庞大,相对受到影响的人群就更为广泛。大量数字平台的用户、受到平台权力影响的劳动者和未成年人等特定人群,如何去维护自身权益呢?在全面发展社会法的进程中,完全可以通过大力发展公益法,使其发展成为制约数字权力的重要法治力量。

2. 我国公益法以及公益诉讼经历了怎样的发展历程?

中国与美国公益法发展有着不同的路径。美国主要是由个别律师、公益法律组织自下而上推动公益法的发展,中国是从国家的角度大力推动公益法的发展。中国在 20 世纪

90 年代推动建立了法律援助制度。20 多年来,作为公益法核心内容的法律援助制度快速发展起来。2019 年 10 月司法部发布了《关于促进律师参与公益法律服务的意见》,该政策明确提出,"发展公益法律服务机构和公益律师队伍,加强法律服务志愿者队伍建设,提高公益法律服务专业化、职业化水平。各律师协会普遍设立公益法律服务专门委员会,鼓励设立未成年人保护等领域的公益法律服务专业委员会"。"倡导每名律师每年参与不少于 50 小时的公益法律服务或者至少办理 2 件法律援助案件。"这是中国司法部第一次就公益法律服务专门发布政策,对推进包括公益诉讼在内的公益法律服务具有重大意义。

2000 年前后,在消费者权益保护、环境污染等领域,中国出现了一些带有重大社会影响的诉讼,这些诉讼当时也被很多人称为公益诉讼。严格来说,当时我国法律上并未确立专门的公益诉讼制度。2012 年《民事诉讼法》修正,明确规定了社会组织有权提起公益诉讼的制度。该法第五十五条规定:"对污染环境、侵害众多消费者合法权益等损害社会公共利益的行为,法律规定的机关和有关组织可以向人民法院提起诉讼。"这是我国民事公益诉讼立法的重大突破,标志着中国在法律制度上正式确认了公益诉讼制度。由于公益诉讼需要耗费大量人力、财力,对专业要求很高,真正具备提起公益诉讼能力的社会组织很少,很多地方法院对公益诉讼有畏难情绪,所以在《民事诉讼法》确立公益诉讼制度后,人民法院受理的"有关机关和有关组织"提起的公益诉讼很少,公益诉讼未能有效发挥保障公共利益的作用。

在这种背景下,中国检察机关公益诉讼制度快速发展起来。2014 年党的十八届四中全会提出"探索建立检察机关提起公益诉讼制度"。2015 年中央深改组第十二次会议明确提出,探索建立检察机关提起公益诉讼制度,2017 年民事诉讼法、行政诉讼法进行修订时正式确立了这一制度。这样具有鲜明中国特色的检察公益诉讼制度正式建立和发展起来。2019 年司法体制改革后,最高人民检察院新设立了公益诉讼厅,这应当是世界各国最高检察机关设立的唯一的公益诉讼厅,充分体现了我国对公益诉讼制度的高度重视。《最高人民检察院关于开展公益诉讼检察工作情况的报告》指出:"党中央对公益诉讼检察工作高度重视。习近平总书记在党的十八届四中全会上专门对建立这一制度作了说明,突出强调'由检察机关提起公益诉讼,有利于优化司法职权配置、完善行政诉讼制度,也有利于推进法治政府建设'。"检察公益诉讼制度建立以来,检察机关积极履职,在维护公共利益方面发挥了重要作用。根据最高人民检察院的介绍,"2017 年 7 月至 2022 年 6 月底,共立案公益诉讼案件 67 万余件,其中,民事公益诉讼 5.8 万件,行政公益诉讼 61.4 万件"。

所以要看到,我国公益诉讼具有鲜明的中国特色,主要表现在:一是党和政府高度重视公益诉讼制度,将公益诉讼制度作为以法治思维和法治方式推进国家治理体系和治理能力现代化进程的一项重要制度安排。二是我国法律明确规定了公益诉讼制度,公益诉讼成为我国法律制度体系中的重要内容。三是在我国不仅社会组织可以提起公益诉讼，检察机关也可以提起公益诉讼，从民间和国家两个视角推进和发展公益诉讼制度，这不仅强化了公益诉讼原告的诉讼能力，也丰富和发展了公益诉讼制度的内涵。四是我国公益诉讼既可以是民事公益诉讼，也可以是行政公益诉讼。从应对数字权力的角度看，不仅可以针对平台企业提起公益诉讼，也可以针对相关政府部门提起公益诉讼。五是我国公益诉讼反映着我国法治的本质追求，我国要建设的是中国特色社会主义法律制度，其本质特征就是要维护最广大人民群众的根本利益，公益诉讼制度就是为了实现我国法治的这种本质特征而设计的一种诉讼制度。

近些年来，我国检察机关高度关注平台企业数字权力问题，针对平台企业以及政府主管部门提起了一些公益诉讼。2020年8月杭州市检察院发布全国首份《互联网检察公益诉讼白皮书》。白皮书显示，自2019年以来，杭州全市检察机关共办理互联网领域公益诉讼案件435件。但其中民事公益诉讼案件仅14件，行政公益诉讼诉前程序421件。2021年4月，最高人民检察院发布检察机关个人信息保护公益诉讼典型案例，其中多起行政公益诉讼案件，都是针对相关企业违法收集个人信息，监督行政机关依法履职的。在2019年5月，浙江省杭州市余杭区人民检察院一起案件中，不仅涉及行政公益诉讼，还提起了民事公益诉讼。余杭检察院在开展公民个人信息保护专项监督行动中发现，App强制授权、过度索权、超范围收集个人信息等问题突出，针对辖区内企业开发经营的10余款App存在违法违规收集用户个人信息的行为，余杭检察院经公告，没有法律规定的机关和有关组织提起诉讼，遂在2020年6月向杭州互联网法院提起民事公益诉讼，诉请被告某网络科技有限公司停止违法违规收集、储存、使用个人信息并公开赔礼道歉。后双方当庭达成调解协议，被告立即删除违法违规收集、储存的全部用户个人信息1100万余条；在《法治日报》及案涉App首页公开赔礼道歉；承诺今后合法合规经营，若存在违反协议约定的行为，将自愿支付50万元违约金用于全国性个人信息保护公益基金的公益支出。类似案件对保障用户权利具有重大的社会引领意义。

综合国内外的情况来看，针对平台企业的公益诉讼还很少，影响也还很有限。从检索我国相关案例库可以看出，这类诉讼，一是很少；二是诉讼提出的问题还不够深刻，并未触及平台企业"算法黑箱"、利用数字技术侵犯未成年人和劳动者权利等滥用数字权力的核心问题；三是法院在这个问题上总体来说相对保守。公益诉讼还并未发展成为制约平台企业滥用数字权力的有效法治力量。

3. 对发展数字时代公益诉讼制度有哪些具体建议？

在数字时代进一步发展公益诉讼制度的重大意义。在数字时代如何约束平台企业的数字权力是一个全新的课题，对各国政府来说都是巨大的考验。党的二十大报告专门提出要"完善公益诉讼制度"，这是我国检察公益诉讼制度快速发展的政治保障。当前国家

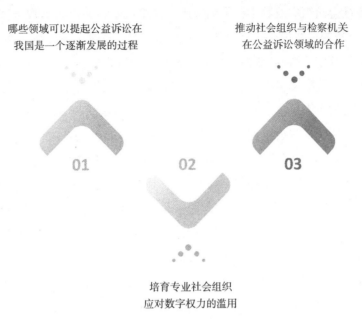

哪些领域可以提起公益诉讼在
我国是一个逐渐发展的过程

推动社会组织与检察机关
在公益诉讼领域的合作

01　　　02　　　03

培育专业社会组织
应对数字权力的滥用

图 9-11　对发展数字时代公益诉讼制度的具体建议

已经在研究公益诉讼或者检察公益诉讼立法问题。要充分认识到,公益诉讼制度已经发展成为具有中国特色社会主义法律制度的重要内容,在全球法治发展进程中具有鲜明的中国特色。不论是就公益诉讼还是检察公益诉讼立法,对数字时代约束平台企业数字权力的滥用以及保障用户权利都具有特别重大的现实意义。

　　哪些领域可以提起公益诉讼在我国是一个逐渐发展的过程。从 2012 年《民事诉讼法》明确列名的"污染环境、侵害众多消费者合法权益"领域已经扩展到破坏生态环境和资源保护、食品药品安全、安全生产、文物和文化遗产保护等众多领域。2019 年 10 月党的十九届四中全会明确提出"拓展公益诉讼案件范围",最高人民检察院 2020 年 9 月出台《关于积极稳妥拓展公益诉讼案件范围的指导意见》,其中将网络侵害明确列为要重点发展的公益损害领域。2021 年 4 月,最高人民检察院发布了 11 起检察机关个人信息保护公益诉讼典型案例。要看到的两个关键问题是:一是早期我国立法强调公益诉讼主要针对侵害消费者权益问题,是因为充分意识到了消费者群体的广泛性。到了数字时代,用户权利更存在广泛性以及不特定性,发展公益诉讼制度更具有必要性。二是一个积极现象是,在 2022 年新修订的《反垄断法》中,明确规定经营者实施垄断行为,损害社会公共利益的,设区的市级以上人民检察院可以依法向人民法院提起民事公益诉讼,这条规定对未来检察机关向具有垄断地位的大型平台企业提供反垄断的公益诉讼奠定了法律基础。所以应该看到的问题是,在数字时代我国公益诉讼制度面临新的重大挑战是,如何依法推动平台企业规范行使数字权力？如何监督国家权力与平台企业数字权力的配合与制约？如何有效保障用户权利？如何更好保障公共利益？

培育专业社会组织应对数字权力的滥用。民事诉讼法并未明确规定哪些类型的"机关和组织"有权提起公益诉讼。目前最高人民法院也只是对审理环境公益诉讼的社会组织资格有明确的规定，对在其他损害社会公共利益领域提起公益诉讼的社会组织资格没有任何的规定。中央明确了要"拓展公益诉讼案由范围"，意味着中央意识到了公益诉讼对维护公共利益的重大价值。目前社会组织提起公益诉讼不是太多了，而是太少了。从鼓励和支持社会组织提起公益诉讼的角度出发，建议最高人民法院统一社会组织提起公益诉讼的资格标准，适度降低五年的标准。从应对数字权力滥用的角度，建议未来培育和支持相关组织有权对平台企业提起公益诉讼：一是消费者权益保护组织，依据消费者权益保护法，有权代表消费者向平台企业提起公益诉讼。消费者协会要意识到时代的重大变化，积极研究平台企业数字权力给消费者权益带来的影响，勇于针对侵害消费者权益的行为提起公益诉讼。二是发展和培育数字时代的用户权益组织，鼓励和支持其代表用户提起相关公益诉讼。三是鼓励劳动者及未成年人等特定群体权益保护领域、环境保护领域的相关社会组织提起公益诉讼。通过培育相关领域专业社会组织的发展，引导相关社会组织通过公益诉讼这种法治方式来维护相关群体的权益。

推动社会组织与检察机关在公益诉讼领域的合作。最高人民法院、最高人民检察院在2020年12月修订的《关于检察公益诉讼案件适用法律若干问题的解释》第二条规定，人民法院、人民检察院办理公益诉讼案件主要任务之一是"督促适格主体依法行使公益诉权"，与"一般规定"中这一任务相对应，在"民事公益诉讼"部分特别规定了诉前公告制度。依据上述司法解释，可以清晰定位社会组织和检察机关在公益诉讼尤其是民事公益诉讼中的关系：第一，两者是互相补充的关系，检察公益诉讼不是为了取消或者削弱社会组织提起的公益诉讼，而是要通过合作，共同推动中国公益诉讼法律制度的发展。国家大力发展检察机关公益诉讼制度，是要弥补社会组织提起公益诉讼能力的不足，加强和改善公益诉讼制度的发展，以通过法治手段更好保障公共利益。第二，社会组织不仅要积极履行职责，依法对损害社会公共利益行为提起公益诉讼，也要积极支持检察机关提起公益诉讼。社会组织根植于民间，对民生以及公共利益受损等情况有着更直观感受，更容易发现公益诉讼线索，在某些领域也具备相关专业知识，可以积极向检察机关提供公益诉讼的线索，为检察机关的公益诉讼提供专业的支持等。第三，检察机关发现公共利益受到侵害的，要通过发布公告甚至直接约谈等方式，提醒甚至督促相关社会组织提起公益诉讼。第四，在相关社会组织提起公益诉讼时，如果该社会组织受到能力不足等条件制约，或者人民法院该受理的而不受理，可以向检察机关提出申请，请求检察机关支持其提起公益诉讼；检察机关认为必要时，也可以主动支持社会组织提起公益诉讼。第五，在确实没有其他组织或个人提起诉讼，社会公共利益又确实受到了侵害时，检察机关可以自己作为原告依法向人民法院直接提起公益诉讼。

图 9-12　社会法在数字时代的特殊意义及其发展战略

七、如何理解社会法在数字时代的特殊意义及其发展战略？

人类社会进入了数字时代，如何认识和理解社会法？在数字时代社会法有哪些特别的意义？我国作为有中国特色的社会主义国家，如何看待社会法在我国法律体系中的作用？这些都是我们必须从战略层面要考虑的问题。

1. 深刻理解社会法在数字时代的重大意义

站在构建人类命运共同体的高度学习和理解社会法。新冠疫情警醒我们，人类社会面临着很多共同的挑战。传统工业时代面临的贫富差距、物种灭绝、气候恶化、恐怖主义等问题并未解决，数字时代又带来了仇恨和虚假信息泛滥、平台企业滥用数字权力、新技术对人类的风险等大量全新问题。依靠任何一个国家都无法有效解决人类社会面临的上述各种挑战。今天来看，习近平主席 2017 年在联合国日内瓦总部所作的关于构建人类命运共同体的演讲，更具有伟大的现实意义。人类社会要应对共同的挑战，企业家们也要关注普通人尤其是弱势人群的福祉。人类的命运休戚与共，中国党和政府要秉承为人民服务的宗旨，成为推动社会法发展的典范；中国的企业家们要秉承中华文明的美德，成为遵守、推动社会法发展的积极力量，成为在国际社会弘扬人类文明的典范，为企业健康可持续发展奠定根基。

发展和完善社会法是中华文明的内在要求。中华文明是人类文明的瑰宝。中华文明强调修身,道家强调持有"三宝","一曰慈;二曰俭;三曰不敢为天下先"。儒家强调仁义礼智信和自省,修身是齐家治国平天下的前提。修身意在克服人作为一种生物固有的放纵自私的本性,追求仁爱、简朴、谦逊的人类文明;中华文明强调民众福祉,"民为贵,君为轻",诗人杜甫在所住茅草屋被大风吹破的悲惨境遇下还关心"安得广厦千万间,大庇天下寒士俱欢颜",北宋著名学者张载那流传近千年的横渠四句"为天地立心,为生民立命,为往圣继绝学,为万世开太平"更是激励了多少中华儿女的豪情;中华文明强调"天人合一",强调人与自然的和谐统一,"人法地,地法天,天法道,道法自然"。遗憾的是,近代以来中华文明的价值被忽视甚至曲解,古代社会腐朽没落的内容被放大,西方文化中自私、放纵、贪婪的一面大行其道,中国有些企业也在这种时代的大潮中迷失方向,不择手段谋取利益、肆意妄为挥霍财富,以致国内外有些人将中国企业文化归结为"暴发户"文化。社会法体现的是中华文明的内在要求,是在法律制度层面对中华文明的确认和保障。所以发展和完善社会法,不仅是践行中华文明的体现,也能将中华文明发扬光大,切实给人类社会带来福祉。

发展和完善社会法体系为全球法治贡献中国智慧。民法所要规范的是平等民事主体之间的法律关系,我们要借鉴西方国家很多民商法成熟的经验。但社会法应该主要是中国的。尽管很多年前德国、日本专家就认识到定义广泛的社会法对解决资本主义制度结构性问题的重大意义,但资本主义制度问题的根源恰恰就在于资本对于法律制度以及法律体系发展的深刻影响,所以在这些国家,体系健全、内容广泛、影响深刻的社会法很难发展起来。我国是社会主义制度,人民当家作主是社会主义民主政治的本质特征,中国特色社会主义制度坚持以人民为中心、全心全意为人民服务、以维护和实现最广大人民群众的根本利益为宗旨。中国特色社会主义制度的本质特征决定了中国法律的根本特征是要保障人民尤其是那些弱势人群的福祉。这种政治制度决定了我国能够制定一部完善的社会法典。所以从根本上说,社会法的质量体现着资本主义法律体系与社会主义法律体系的根本区别。如果说资本主义法律体系和社会主义法律体系都需要现代科学的民事法律的话,那体系健全的社会法将成为社会主义法律体系最根本的标志,中国发展和完善社会法不仅对健全和完善我国社会主义法律体系、建设中国特色社会主义法治具有特别重大的意义,也将为人类探索社会主义制度的发展和完善作出重大贡献。

2. 发展和完善数字时代的社会法

改革和发展数字时代的传统社会法。不论时代怎样发展变化,社会法的本质不会改变。社会法依然是要维护普通人尤其是处于相对弱势境地人群的权益。人类社会进入了数字时代,传统的社会法问题依然存在。比如,作为社会法根基的劳动者权益保障问题,在数字时代演化出复杂的新就业形态，如何保障新就业形态劳动者的权益？未成年人保护面临更加复杂的局面，很多线下问题转移到线上：以儿童为对象的色情制品凭借互联网得到快速传播；在虚拟空间不仅出现大量性引诱风险，也发生了身体并不直接接触的猥亵行为；未成年人沉迷网络尤其是网络游戏乃至未来元宇宙的问题将更加严峻。如何保障数字时代的未成年人权益？各种歧视现象在网络空间得到传播，少数人群面临更严峻的生存环境，老年人、残障人权益保障都面临很多新的问题，如何有效保障他们的权益？由于数字经济的快速发展，传统的社会法问题更加复杂。应该从数字时代的新视角，全面研究和推动传统社会法的改革，使社会法成为解决传统社会问题的重要法治力量。

创新发展数字时代社会法的新领域。数字时代将出现很多新的问题，为了解决这些问题法治领域必须有新的突破。比如，传统上社会法领域关注消费者权益保障问题，但在数字时代面临的首要问题是如何更好保障用户权利？脸书全球月活跃用户近30亿人，腾讯微信有12亿多用户，谷歌搜索、安卓等9款产品各自用户都超过10亿人。相对拥有庞大数字权力的大型平台企业，用户如何维护自身权利呢？社交平台上仇恨、暴力、虚假信息能够吸引更多的流量，给企业带去更多的财富，但破坏了国家秩序以及人类文明，如何在言论自由以及内容生态治理之间寻求一种平衡呢？大型平台企业普遍缺乏科学的治理体系以及公平公正的权力运行规则，如何保障平台企业公平公正行使数字权力呢？如何保障虚拟空间的规则是公平公正的呢？如何防止人工智能未来反过来奴役人类呢？如何保障新技术的发展有利于促进人类的福祉呢？应该从社会法的视角，跟进对相关新问题的研究，及时推进相关立法政策的改革。

创新数字时代社会法的新制度。短短20多年，人类社会从工业时代快速步入数字时代，很多传统的制度都面临着全新的挑战。美国当前在全面推进与中国竞争的战略格局，重点是对新技术的管制。但不论美国、中国还是欧洲，当前一个全新的竞争领域是谁能率先发展完善数字时代的规则？谁能引领数字时代全球规则的制定？数字时代人类社会普遍面临平台企业滥用数字权力的现象，要创新国家管理方式，构建保障平台企业数字权力能够公平公正、权责统一的全新制度体系；人工智能、元宇宙、数字货币等都对人类社会的发展带来全新的挑战，全面放开或者严格管控都不是解决问题的正确思路，要创新构建在有效监管基础上促进相关领域健康发展的新制度；数字时代的用户处于高度分散状态，每个用户被摄取的权利都是微小的，单个用户维护权利的成本是巨大的，要构建发展专业社会组织、公益诉讼等制度来全面促进对用户权利的保障。数字时代权力以及权利结构的变化、数据等新生产要素的广泛利用、流量等新工具的影响日益深刻，都对国家治理带来了全新的挑战，只有创新发展新的制度，才能为数字时代有效解决上述问题找到出路。

站在数字时代这样新的历史节点，社会法的内涵也要与时俱进。只有全面理解社会法的内涵，才能有效实现社会法的勃兴；只有全面推动上述社会法的发展，才能奠定数字时代公平正义的法治根基。从保障我国数字经济健康发展、满足人民群众对公平正义的需求、为数字时代全球治理贡献中国智慧的战略高度,国家应该专题研究数字时代社会法相关问题,全国人大可以将完善和发展数字时代的社会法作为健全中国特色社会主义法律体系的重点内容,全面加强全国人大常委会社会建设委员会和法工委社会法室的力量,以及时有效推进我国相关社会立法工作。

3. 从全球视角推进数字时代社会法的发展

以全新的社会法思想取代广受争议的人权议题。任何国家要想在全球治理体系中发挥领导作用,不仅国家要强大,还要有一套广受认可的价值观体系。我们应该充分认识到,二战后美国等西方国家主导构建了以人权为核心理念的全球规则,不仅通过了《世界人权宣言》以及《经济、社会及文化权利国际公约》等九个主要人权公约及相关责任议定书,还与此相适应建立了十个主要的人权条约机构,提升了人权理事会地位,建立起针对所有国家的人权普遍定期审议机制。但现在的问题是,人权议题越来越政治化。很多国家对人权奉行双重标准,将人权当成国家之间斗争的工具。类似例子不胜枚举。即使在联合国人权理事会的环境中,这种政治化的氛围也日益明显。那么在这种局面下,构建以怎样的理念和思想为核心的数字时代全球治理规则呢? 不论从中国自身发展的视角,还是从人类社会发展的视角,最好的战略就是在继续尊重和保障人权议题基础上,求同存异,将人权议题中存在最大公约数的内容纳入社会法范畴,全面推动和引领社会法的发展,使社会法成为数字时代引领全球治理发展的新思想、新理论、新制度。要充分认识到,人权议题中的绝大多数内容都是社会法关注的问题,联合国《经济、社会及文化权利国际公约》第三部分用 10 条规定了公民应该享有的具体经济、社会及文化权利,主要是明确规定了公民作为劳动者的权利,获得社会保障的权利,婚姻、家庭、儿童获得保障的权利,获得适足生活水准的权利,身心健康获得保障的权利,获得教育的权利,科学文化的权利。上述权利恰好都是社会法所要关注的重点权利。另外,关于对妇女、儿童、残障人等权利进行保障的公约内容更是社会法所要关注的重点领域。所以,各国虽然在发展阶段、政治制度、文化传统方面差异巨大,在人权议题上往往存在不同认识,但对于社会法所强调的劳动者、妇女、儿童、残障人等权利保障议题,却应该存在广泛的共识。同时还要看到,在数字时代,社会法的范畴不仅与人权的范畴存在广泛的交叉,很多人权的内容可以纳入社会法的范畴,社会法还可以包括人权领域并未重视的很多问题,比如,数字时代的公益慈善、数字时代的用户权益等。所以,大力发展社会法,最大限度地在人权领域寻求共识,不仅能够最大限度地保障最广大人群基本生存和发展的权利,从根本上推动人权保障事业的发展,也能全面促进数字时代人类社会的福祉,引领人类社会在数字时代健康发展。

创新推动全球社会法发展的新机制。随着数字时代的快速发展,当前的全球治理机制暴露出越来越多的问题,主要表现在:一是目前的全球治理机制还是建立在工业时代国家公权力与公民权利两者权利义务关系之上,并不适应数字时代平台企业数字权力带来的更加复杂的权力及权利结构,用户权利这一迫切现实的重大问题被严重忽视。二是目前的全球治理机制主要是二战以后美国等西方发达国家主导构建,某种程度上反映的是发达国家的意志,对发展中国家的权益关注不够。比如,西方发达国家往往漠视发展中国家发展的权益,很多发展中国家人民基本的生存、温饱等权益都还无法得到保障。三是目前的全球治理机制工作理念和方法仍旧停留在工业时代,与平台企业灵活应用的数据、算法以及流量等工具形成鲜明的对比。数字时代的发展日新月异,全球治理的理念和方式远远滞后于这种现实。随着数字时代的加速发展,全球治理机制必将发生深刻的变革。这种变革的趋势将不以任何国家、任何人的意志为转移,其中最大的变量只是哪些国家以怎样的方式参与和推动这一变革的进程。中国作为数字时代的先行者以及经济大国,要勇于抓住这种历史的契机,担负推动全球数字时代社会法发展的重任,最大限度聚焦人权议题中社会法的内容,比如劳工权利、特定人群权利等,创新发展用户权,推动建立起更加务实合作、符合人类福祉的全球治理新机制,推动各种新机制广泛采用新技术、新方法,更加灵活高效地解决数字时代人类社会面临的种种新问题。

强化对数字时代社会法的全球战略研究。从全球的视角,数字时代对传统社会法的理论及实践都带来了巨大的挑战,遗憾的是,国内外对这些问题的研究都还远远不够,社会法远远没有跟上时代发展的步伐。从中国的视角,当前我国对社会法在国际社会以及各个国家发展趋势的了解是远远不够的。因为不了解就无法尽到有效的注意义务,因为不了解就更难以应对复杂的国际形势,这都导致企业到海外开展经营活动时面临大量不确定的风险。站在一个全新的时代,我们要思考数字时代的社会法体系到底是什么,数字时代的社会法与公法、私法之间的边界以及联系到底是什么,数字时代的社会法在全球治理以及中国特色社会主义法律体系中到底有什么特殊作用,数字时代的社会法自身有哪些内在的规律和特征,数字时代的社会法对人类社会未来的发展有哪些特殊的意义,国际社会关于社会法发展有哪些最新的趋势?通过深化研究数字时代社会法的基础理论问题以及上述相关具体问题,相信我们一定会获得更为系统、更为前瞻、更为清晰的认识,一定会对制定更为科学的相关社会立法、更好解决数字时代的各种问题、更好保障人民群众的福祉产生积极作用。

第十章 如何构建平台企业用户 权利保护制度？

拙著《数字时代的社会法》(中国法制出版社 2023 年版)这本书最大的理论创新在于系统论证了平台企业数字权力与用户权利，提出了数字时代人类社会所面临的权力结构的重大变化，形成了国家权力、平台企业数字权力与用户权利三者之间复杂的关系。2022年我国互联网用户达到 10.67 亿,世界互联网用户超过 50 亿,越来越多的人成为平台企业的用户。在全新的权力结构下,如何保障用户的权利,将成为数字时代国家乃至全球治理最为迫切以及重要的课题之一。如何理解用户权利的性质？用户权利与传统的消费者权利以及公民权利之间有着怎样的区别和联系？保护用户权利对国家治理以及平台企业发展有着怎样重大的意义？应该重点保障用户的哪些权利？如何依法促进用户权利的实现？这些都是我们当前必须思考的问题。

一、创新提出用户权利概念具有怎样的历史意义？

不论是在全球各地,还是在我国,越来越多的人在上网的同时成为平台企业的用户。脸书全球月活跃用户近 30 亿人,微信和 WeChat 的合并月活跃用户数近 13 亿人,谷歌旗下引擎、安卓、浏览器等九款产品各自用户都超过 10 亿人。因为拥有庞大的用户,这些平台拥有了庞大的数字权力,那么这些用户的法律地位是什么？相对平台来说是消费者,还是一般的合同当事人？如何定位用户的法律身份？他们应该享有哪些权利？可以说,目前从全球来看,大家对这些问题的重视都远远不够,以致缺乏一些基础的研究。

1. 21 世纪用户人数经历了怎样的发展过程？

用户数量的增长以及上网工具的变化是体现数字时代发展变化的关键要素。国家网信办发布的《数字法治白皮书》将我国网络发展分为三个阶段,其中一个重要指标是使用何种互联网工具上网。该白皮书将 2000 年至 2011 年称为 PC 互联网阶段,而随着手机等移动端上网工具的普及,将 2012 年至今称为移动互联网阶段。中国互联网络信息中心(CNNIC)从 1997 年第一次发布《中国互联网络发展状况统计报告》开始,基本每半年发布一次,到 2023 年 3 月共发布 51 次。《数字法治白皮书》主要是从立法的视角观察我国数字时代的发展进程,但从 CNNIC 介绍的数据看,我国移动互联网阶段应该开始于 2009 年。

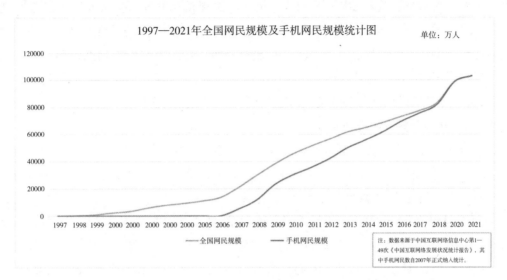

图 10-1 1997—2021 年全国网民规模及手机网民规模统计图

根据 CNNIC 报告的数据,截至 1998 年底全国上网用户数只有 210 万人,2000 年底上网人数约为 2250 万人。到 2005 年底上网人数达到 1.11 亿人,但全国网民普及率还只有 8.5%,这显然还是互联网发展的初期阶段。到了 2009 年,不仅用户数量急剧增加,而且整个网络形势发生了根本变化。一是到 2009 年,用户数量显著增加。我国网民人数达到 3.84 亿人,互联网普及率达到 28.9%。二是上网工具发生了重大变化。随着 2008 年我国开始发放 3G 牌照,利用手机上网用户人数开始急剧增加。2008 年我国网民规模 2.7 亿人,其中手机上网人数达到 11760 万人,手机上网人数比 2007 年增长了 133%。手机上网人数占整个上网人数 43.56%,还不到一半。但到了 2009 年,手机上网人数达到 2.33 亿人,手机上网人数占整个上网人数超过 60%。也就是说大多数网民开始利用手机上网。是否利用手机上网体现着用户与平台企业关系的重大变化。在 PC 互联网阶段,由于人与计算机总体来说是分离的状态,人不可能随时随身携带计算机,所以人不可能与网络融为一体,用户与网络的连接程度有限。但到了移动互联网时代,用户随时随地上网,用户与网络开始深度连接。三是平台企业取得了快速发展。到 2009 年,我国阿里、腾讯等大型平台企业都取得了重大发展,平台企业的数字权力不断积聚,大型平台企业已经能够利用数字权力对用户施加日益深刻的影响。所以,可以认为 2009 年是我国移动互联网阶段的开始。从这个阶段开始,用户权利逐渐成为一个全新的历史课题。

进入移动互联网阶段,我国互联网普及率及手机网民规模超越了全球平均水平,也为平台企业的发展奠定了用户基础。到 2007 年底的时候,我国网民普及率 16%,全球网民普及率 19.1%,低于全球平均率 3.1%。但到了 2008 年底,我国网民普及率达到 22.6%,超过全球平均水平 21.9%,从此我国互联网普及率一直高于全球平均水平。截至 2022 年 12 月,全球网民规模达到 53 亿人,大约占全球人口的 66%,我国互联网普及率高出全球平均水平大约 10%。截至 2015 年 12 月,我国网民规模达 6.88 亿人,互联网普及率为 50.3%,超过全体人口的一半,其中手机网民规模达 6.2 亿人,使用手机上网人群占比达到 90.1%。手机上网人数占整个上网人数超过 90%,这是一个质的变化,凸显了数字时代发展的广度和深度。随着这种数字时代的深入发展,一批新的平台企业开始快速崛起。比如,2015 年下半年快速发展的美团、饿了么开始采用众包用工模式以应对不断扩大的用户需求,2016 年抖音短视频开始上线。

在当下还有一个重大变化是,短视频用户规模首次突破 10 亿人,用户使用率高达 94.8%。2018—2022 年间,短视频用户规模从 6.48 亿人增长至 10.12 亿人。其中网络购物用户规模达 8.45 亿人,占网民整体的 79.2%;网络新闻用户规模达 7.83 亿人,占网民整体的 73.4%;网络直播用户规模达 7.51 亿人,占网民整体的 70.3%;线上办公用户规模达 5.40 亿人,占网民整体的 50.6%;在线旅行预订用户规模达 4.23 亿人,占网民整体的 39.6%。

根据 CNNIC 最新发布的第 51 份报告,截至 2022 年 12 月,我国网民规模达 10.67 亿人,互联网普及率达 75.6%,使用手机上网用户达到 10.65 亿人,使用手机上网用户比例达 99.8%。这是一个全新的历史现象:短短十几年时间,越来越多的人成为互联网企业尤其是平台企业的用户。我国网络用户发展超过 10 亿人,全球网络用户超过 50 亿人。手机逐渐成为人们随身携带的必需品,人们开始能够使用手机随时随地上网,手机及网络成为人们日常生活中最为重要的工具。于是人们上网的时间大幅增加了,人们与网络的黏性增强了。在这个过程中,各种类型的平台企业都得以快速发展起来,平台企业迅速占有了广大用户庞大的数据,快速发展起庞大的虚拟空间,利用算法、流量甚至人工智能技术开始深刻地影响甚至管理用户,用户权利正愈发面临着遭受平台企业权力侵害的危机,用户权利的关注开始成为数字时代的迫切呼唤。

更为重要的一个现象是,用户权利开始影响到每个人。不论这个人的职业是普通工人、农民、知识分子,还是企业家、政治家。在传统国家权力结构下,政治家、企业家往往享有着某种权力的优势。但在数字时代平台企业数字权力下,所有人作为用户的权利都在受到深刻的影响。当美国时任总统特朗普的账号被推特等平台企业封停的时候,他感到愤怒和不满,但面对这种新型的数字权力,连掌握巨大政治权力的美国总统也感到束手无策。作为全球有重大影响力的企业家马斯克,在收购推特时强烈表达了对社交平台企业给用户以及整个社会带来影响的不满。但从目前发展来看,收购推特只是改变了马斯克一个人的命运,他不再是那个权利受到推特公司深刻影响的用户,而是成为拥有数字权力的平台企业负责人。但相对广大用户权利所受到的重大影响,他所推动的改革仍旧是表面的、肤浅的,绝大多数推特用户的权利仍旧受到推特平台数字权力的巨大影响甚至侵害。

2. 如何理解用户权利的特点?

用户权利保护是数字时代人类社会面临的一个全新命题。不仅世界各国缺乏对此全面综合的立法,梳理国内外的各种学术研究文章及报告,也并未发现有人专门研究数字时代消费者与用户的区别。在国外的各种官方报告中,目前也并未区分"消费者(Consumer)"及"用户(User)",两个概念也往往是混用。例如,在欧洲议会"科学技术未来小组"(Panel for the Future of Science and Technology)于2021年发布的报告《在线平台:经济和社会影响》(*Online Platforms: Economic and Societal Effects*)中,使用169个"Consumer(s)",297个"User(s)",在美国司法委员会反垄断、商法和行政法小组委员会(Subcommittee on Antitrust, Commercial and Administrative Law of the Committee on the Judiciary)2020年发布的《数字市场竞争调查》(*Investigation of Competition in Digital Markets*)报告中,使用404个"Consumer(s)",730个"User(s)"。但要看到的是,平台企业用户权利与传统消费者权利是不同的,因此二者保护的基础理论和制度也应该存在着本质的区别。所以深化对用户权利的研究以及完善相关的法律制度,将是数字时代保障每个人权益的一个历史课题。平台企业用户权利与传统消费者权利的区别主要体现在以下几方面:

一是两者法律关系的形式不一样。消费者权利保护强调"消费者"身份,也就是通过"消费"购买商品或者接受服务后才能获得关于消费者的特殊保护。我国《消费者权益保护法》还特别强调消费者需要是基于"生活消费",购买商品或服务是为了个人而非为了交易。所以要看到的是,消费者是通过消费的方式与经营者建立了受保护的法律关系。但人们在使用各种平台的软件时,很多并非出于"生活消费"的目的,更未进行任何消费活动。双方这种关系建立的方式是用户下载了App,通过网络技术与平台企业建立了连接,只要与平台企业建立了连接,公民甚至组织就成了平台企业的用户,双方就形成了一种特殊的权利义务关系。当然要看到的是,如果用户为了生活消费购买了平台企业或者平台上其他经营者的商品或服务,那么用户就同时具有了消费者的身份,要受到《消费者权益保护法》的保障。但是,这种保障并不能辐射到用户在非消费行为之外与平台企业建立的其他广泛存在的"连接"关系。

二是两者所付出的对价不同。尽管我国法律并未强调消费者必须支付对价,但社会一般认为,支付费用以购买商品或服务是受到消费者权益保护的重要基础。平台企业的用户看似并未进行任何消费,甚至是平台企业为用户提供了大量免费的有用信息而并未收取任何费用。但认真分析平台企业与用户之间的关系可以发现,在双方建立关系的过程中,用户并非毫无付出。在流量问题的专章中,我们重点讨论了这个问题。近些年来,越来越多专家关注"注意力经济",认为网络经济的关键是用户付出了注意力,而注意力是一种财产。在传统工业时代,注意力还更多呈现一种松散、宽泛、难以统计的状态,所以其财产属性以及综合价值并不明显。但到了数字时代,平台企业通过技术与用户建立连接后,就依据系统及算法对"注意力"进行捕捉和计算,在此基础上形成了数据以及流量两种关键的资源。随着数字经济的发展,数据以及流量的财产属性日益凸显。尽管对数据以及流量的权属都存在很多讨论和争议,但平台企业实际占有、使用着这些资源,从利用这些资源中获取了巨大经济效益。所以从这个视角看,尽管用户并未像消费者那样直接购买商品或者服务,但在付出注意力的同时,为平台企业贡献了数据、流量以及由此产生的巨大效益。这种用户所付出对价的价值尚未被立法充分重视并予以保护。

三是两者关系的性质发生了本质变化。传统消费者和经营者本质上是一种平等的民事法律关系,即使经营者构成行业垄断,对消费者的影响终究是有限的。但平台企业占有了用户的数据,这些数据不仅具有财产属性,对个人用户来说还往往具有人格权属性,其中包含了用户的大量个人信息。平台企业通过算法技术,利用画像、推荐等方法,去捕捉人们更多注意力,从而获取更多流量以及数据资源,再去驱动用户注意力以及数据和流量循环往复的过程。在这个过程中,平台企业不仅通过算法以及人工智能等技术对用户进行深度影响甚至控制,更是通过平台规则直接对用户进行管理,对违反规则的用户进行处罚,严重的甚至封停账号。所以要看到,两者之间已经不再是简单的平等民事主体之间的关系,而是演化为一种新型的管理和被管理的关系,这种新型关系的本质是平台企业拥有了数字权力,通过利用数据、流量、算法技术等方式对用户行使管理权力。因此,旨在维护传统民商事法律关系下双方平等地位的消费者保护已经无法充分应对数字时代平台企业与用户日趋不平等的挑战。

所以我们看到,越来越多的人成为大量平台企业的用户,平台企业数字权力每天都在影响着广大用户的权利。在工业时代,人类社会面临的主要是消费者权益保护问题。到了数字时代,人类社会不仅要面临消费者权益保护的问题,还要面临更复杂的用户权利的问题。由于两种权利存在着本质的差异,传统工业时代消费者保护的理论和制度已经远远不能解决数字时代用户权利的问题。在研究用户权利的过程中,不仅要参考传统消费者权利保护的理念和思路,分析用户应当享有消费者享有的哪些权利,更要充分认识到平台企业数字权力具有了公权力的性质,用户作为一种被管理的对象,其权利保护的问题应当更多参考公民权利保护的理念和思路,要有更开阔的人权保护的视角。从这样的观点出发,可以将用户权利放到一个更高层次的宪法保护甚至人权发展的战略中去讨论。所以,创新和发展用户权利的理论和制度,将是数字时代人类社会法治建设面临的重要命题。

当然要看到的是,在越来越多的平台上,不仅存在着个人用户,也存在着企业或社会组织的用户。在亚马逊以及阿里等大型平台发展的 B2B 模式中,大量中小企业参与其中,这些中小企业相对平台企业来说是用户,相对其他个人用户来说是经营者。在民政部指定的慈善组织公开募款平台上,慈善组织相对公募平台来说是用户,但相对其他个人用户来说又是接受捐赠的组织。平台企业上的这些商户以及社会组织,也受到平台企业数字权力的深刻影响，接受着平台企业的管理。所以要看到，用户不仅包括自然人，也包括企业和社会组织。在目前的情况下，对作为自然人的用户权利尚且缺乏深入研究和有效的保护，作为平台用户的中小企业和社会组织的权利更是受到了忽视。本书关于平台用户权利的研究，虽然重点关注的是自然人，但很多权利以及维护权利的方式也具有适用于企业用户和社会组织用户的参考价值。

归纳上述的分析我们看到，数字时代人类社会的权力以及权利结构都发生了重大的变化，用户权利保护面临着更加复杂的局面：一是传统上国家权力主要针对的是公民权利，数字时代平台企业数字权力主要针对的是用户权利，但由于大多数公民都成为用户，用户实际上受到国家权力以及平台企业数字权力的双重影响。二是用户是平台企业的"准公民"，消费的用户成为消费者，对外提供商品或服务的用户成为商户（经营者），对外提供劳动的用户成为新就业形态劳动者。消费者、商户（经营者）、新就业形态劳动者既要享有一般用户所享有的权利，也要承载身份转换后的权利义务。三是用户之间本就存在着不同的利益诉求，在用户身份转换为消费者、商户（经营者）、新就业形态劳动者后，不同身份的用户比如消费者和商户（经营者）、外卖骑手等新就业形态劳动者之间的权利出现了冲突。这时消费者和经营者之间的关系与工业时代相比发生了根本变化，这时的消费关系发生在平台之上，平台不仅要收获利益，而且掌控着双方权利义务关系的规则，消费者和经营者本质上都还是平台企业的用户，所以不同平台、不同性质的用户在维护权利时还会面临着不同的局面。

3. 如何从人权视角认识用户权利？

用户权利背后体现着社会权力结构的重塑，国家权力与平台企业数字权力共同影响着用户权利的实现。看到了这种权力结构的重大变化，就会发现必须将用户权利的研究置于人权法的视角之中。人权法的最大意义是通过约束公权力，以实现对每个公民权利的最大限度保护。所以目前支撑国际人权法体系的九个主要人权公约，规定的都是缔约国国家的义务。随着跨国公司的影响逐渐扩大，20 世纪 90 年代商业与人权逐渐成为国际社会关注的热点话题。

2011 年联合国人权理事会核准了"工商业和人权指导原则"。2014 年联合国人权理事会通过第 26/9 号决议，成立不限名额政府间工作组，谈判拟订"从国际人权法角度规范跨国公司及其他跨国商业活动的有法律拘束力的文书"。相关磋商开始紧锣密鼓地展开，这是十多年来联合国人权领域唯一的法律文书谈判，受到各国关注。国际人权法从对国家义务的关注拓展到对跨国公司行为的关注，是人权法一个历史性的发展。联合国工商业和人权指导原则以及正在磋商的公约，不是要提出新的权利，而是要督促企业建立一套保障人权的机制。指导原则重点强调了对人权的保护、尊重、救济，在第二部分"公司尊重人权的责任"中，提出公司要建立尊重和保障人权的框架，主要是分为三部分：人权承诺、人权尽责以及人权救济。建立这套机制的目的是推动人权保障,跨国公司和中小企业都应该尊重和保障劳动者、在社会中处于相对弱势境地人群的权利。

尽管联合国还在就"工商业和人权"的议题进行磋商,但一些国家已经将大型企业的人权义务越来越多地规定到本国法律中,比如,2017年法国通过立法,要求在法国拥有5000名以上员工或在全球拥有1万名以上员工的公司,必须制定、披露和执行一项特殊的计划,以识别风险,防止公司或其子公司、分包商的业务直接或间接导致严重侵犯人权和破坏环境的行为。德国于2021年通过的《供应链法》,要求规模较大的公司承担供应链中的人权责任。随着国家之间竞争关系的加强,一些国家将人权作为国家之间斗争甚至打压其他国家企业的工具,人权问题日益复杂化。

平台企业与跨国公司还不一样,传统跨国公司虽然规模很大,但并不能形成对庞大用户人群的直接管理,也就是不能拥有直接管理用户的权力。到了数字时代,平台企业的数字权力直接辐射到个体,从人权法的视角看,国际人权法就要考虑到数字时代的这种变化,考虑到在这种变化中国家以及平台企业都分别应该承担怎样的义务。这里有三个问题应该重点强调:一是要充分认识到,随着人类社会进入数字时代,平台企业数字权力以及国家治理方式的改变对传统国际人权法体系带来了全新的挑战,不论是传统的公民权利与政治权利,经济、社会、文化权利,还是妇女、残障人、儿童等特定人群的权利,都面临着数字时代发展带来的全新问题。相应权利的内容和保障方式都需要随着时代的变化而进行改革。当前越来越多的人开始关注数字人权,从不同的视角进行研究将产生不同的意义。但要充分意识到的是,当前整个时代都在快速发生重大变化,所以并不是修订某个法律或者强调某项权利的问题,而是所有法律以及所有权利都要经历一场深刻的变革。从这个角度而言,联合国相应人权体制也应该与时俱进,及时进行相应的改革。二是应当关注用户权利这一时代变化引发的重点问题。平台企业数字权力崛起引发最直接的问题就是影响了广大用户的权利,而国家权力与平台企业数字权力的重构又直接影响了用户权利的内容和实现方式,所以从国际人权法的视角看,在数字时代应该构建用户权利的内容体系。这是迫切需要引起国际社会高度关注的问题,应该尽快推进相关问题的研究和改革。三是充分利用现有人权法体系,尤其是工商业与人权指导规则所确立的准则,推动平台企业尽快构建起尊重人权的相应机制。如果说20世纪90年代开始关注工商业与人权的关系体现了国际人权法的一种重大发展,那么当前关注平台企业与人权尤其是用户权利的关系就是一场权利结构、内容以及方式的重大变革。平台企业数字权力正在对广大用户权利带来深刻影响甚至损害,如何在原有指导原则基础上,构建起全新的平台企业与用户权利的新规则、新制度,将是国际社会人权法发展的全新命题。

4. 我国实施了哪些保护用户权利的重大举措?

目前,美国主要是依据传统保护消费者的法律制度在保障用户权益。欧盟则不同,多年来欧盟希望通过完善立法来加强对用户权利的保障，并开始将用户权利保护上升至基本权利的高度。从 2018 年欧盟出台 GDPR 以后，又相继推出《数据治理法》《数字服务法》《数字市场法》三部重要的立法。《通用数据保护条例》特别明确了对数据主体的权利保护，明确提出了要保护数据主体的知情权、访问权、更正权、被遗忘权、限制处理权、携带权、拒绝被画像权等具体权利。《数字市场法》对大型平台企业提出了特别的要求，目的在于约束其滥用数字权力。2022 年 12 月 15 日，欧盟委员会主席和欧洲议会主席共同签署了《欧洲数字权利和原则宣言》(the European Declaration on Digital Rights and Principles)，其中"将人置于数字化转型的中心"是被放置于第一位的数字化转型措施。这些立法的方向是要约束数字权力，保障用户权利，但遗憾的是，受到认识等各种因素的影响，欧盟也并未能对约束平台企业数字权力、保障用户权利提出系统综合的立法对策。

在立法层面，我国相关政策法规也意识到了用户权利的特殊性。国家互联网信息办公室、工业和信息化部、公安部、国家市场监督管理总局发布的《互联网信息服务算法推荐管理规定》(以下简称《算法推荐管理规定》)从 2022 年 3 月 1 日起开始施行，这四个部委联合发布的规章在第三章明确规定了"用户权益保护"，这是在国家立法体系中明确提出"用户权益保护"的有益尝试，这一章有 7 条，除了用 3 条分别规定了对未成年人、老年人、新就业形态劳动者权益的特殊保护以外，还提出了要保护用户的知情权、选择权、公平交易权以及投诉举报权四项权利。在 2021 年 12 月国家发展改革委、市场监督管理总局、中央网信办等九个部委发布的《关于推动平台经济规范健康持续发展的若干意见》(以下简称《平台经济规范健康持续发展意见》)中也明确了要健全完善规则制度、提升监管能力和水平等规范平台企业发展的具体要求。在国家市场监督管理总局发布的《互联网平台落实主体责任指南(征求意见稿)》中也指出了规范平台企业发展的重要方向。上述相关部委对约束平台企业滥用数字权力、保障用户权益的探索都是具有重大现实意义的。

在实践层面，执法部门也在和社会组织一道进行用户权利保护的有益探索。2019 年 7 月中国互联网协会正式上线运行了互联网信息服务投诉平台，这个平台在工业和信息化部信息通信管理局指导下接受互联网用户的投诉。工业和信息化部在 2021 年发布的第三季度电信服务质量通告中介绍了 2020 年第一季度以来互联网用户投诉变化的情况。2020 年第一季度有投诉 1.3 万多件，到 2021 年第一季度有投诉 2.1 万多件，在一年时间跨度内不同季度投诉数量变化并不明显。但到了 2021 年第三季度，投诉达到 55932 件，比 2020 年第一季度投诉数量增加 320%。到了 2022 年一季度，互联网信息服务投诉平台共收到互联网用户投诉 16.4 万件，同比增长达到 680%。

到了 2022 年，全年收到互联网用户投诉 122.93 万件，其中服务功能类投诉 52.49 万件，占比 42.70%；客服渠道类投诉 47.63 万件，占比 38.75%；个人信息保护类投诉 12.39 万件，占比 10.08%；其他类投诉 10.41 万件，占比 8.47%。虽然分类还比较粗线条，且很难从分类中看出用户投诉的具体内容，但一个不容回避的现实是，网络用户维护权益的诉

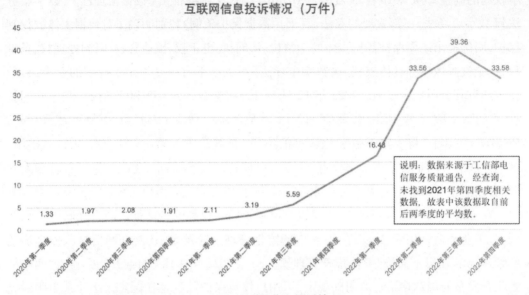

图 10-2　互联网信息投诉情况

求在明显增加。一个积极的改革举措是,在 2022 年第四季度,工业和信息化部推动 100 家重点互联网企业建立人工客服热线,155 家平台企业接入互联网信息服务投诉平台,这不仅减轻了政府投诉平台的工作压力,也创新了政府与平台企业投诉平台共建的机制,有助于促进用户投诉问题的及时解决。

根据工信部网站数据,2022 年对侵害用户个人信息等违法违规行为开展 6 次专项检查,督促 1106 款 App 进行整改;共发布《关于侵害用户权益行为的 App 通报》6 批,通报违规 App(SDK)326 款。其中,App 强制、频繁、过度索取权限问题出现频率最高,142 款 App 均出现此类问题,其次分别是违规收集个人信息是 135 款,强制用户使用定向推送功能 58 款,超范围收集个人信息 39 款,违规收集个人信息 29 款,欺骗误导强迫用户 23 款,违规推送弹窗信息 16 款,应用分发平台上的 App 信息明示不到位 12 款,弹窗信息骚扰用户 9 款。其他还存在个别收集个人信息明示、告知不到位,欺骗误导用户下载 App,App 频繁自启动和关联启动,欺骗误导用户提供个人信息,违规使用第三方服务等情况。

不容回避的是,从世界各国来看,对平台企业数字权力的研究和认识还处于萌芽阶段,尽管很多国家都意识到了平台企业数字权力对国家治理以及人们生活工作的重大影响,但相关研究是滞后的,相关对策是乏力的。相比积聚了个人信息和数据、强大资本及技术力量的平台企业数字权力,很多国家的治理都显得茫然无力,这就不可避免地影响到用户权利的实现。平台企业数字权力与用户权利是一个问题的两个方面。随着平台企业数字权力的日益膨胀,用户维护自身权利就会更加艰难。平台企业数字权力怎样影响着国家乃至全球治理的进程? 应该如何规范平台企业的数字权力? 相比平台企业的数字权力,用户有哪些权利? 如何保障用户能够实现这些权利? 上述问题都是复杂的,在现实的利益以及数字权力的影响下,很多人会回避这些问题。但从历史发展的进程来看,早日研究这些问题、早日探索解决问题的方案不仅对保障用户权益,而且对保障平台企业健康发展都是非常迫切和必要的。

图 10-3 保障平台企业用户权利的基本原则

二、保障平台企业用户权利应该确立哪些基本原则?

随着数字时代的发展,平台企业用户权利的内涵将发生各种变化。不同国家、不同学者基于不同的视角也会赋予其不同的内容。但从国际人权法以及各国宪法的视角看,保障平台企业用户权利应当遵循一些最基本的原则。

1. 获得平等保护的原则

平等原则不仅是我国民事法律的基本原则,也是我国宪法以及国际人权法确立的基本原则,是所有公民在从事民事法律行为以及面对公共权力时各种权利受到保障的基本原则。我国《民法典》第六条规定:"民事主体从事民事活动,应当遵循公平原则,合理确定各方的权利和义务。"我国宪法明确规定:"中华人民共和国各民族一律平等。""中华人民共和国公民在法律面前一律平等。""中华人民共和国妇女在政治的、经济的、文化的、社会的和家庭的生活等各方面享有同男子平等的权利。"联合国《人权宣言》第二条就指出："人人有资格享受本宣言所载的一切权利和自由，不分种族、肤色、性别、语言、宗教、政治或其他见解、国籍或社会出身、财产、出生或其他身份等任何区别。并且不得因一人所属的国家或领土的政治的、行政的或者国际的地位之不同而有所区别，无论该领土是独立领土、托管领土、非自治领土或者处于其他任何主权受限制的情况之下。"在第七条更是明确提出："法律面前人人平等，并有权享受法律的平等保护，不受任何歧视。人人有权享受平等保护，以免受违反本宣言的任何歧视行为以及煽动这种歧视的任何行为之害。"从民事法律的视角看，公平是一项基本原则；从宪法以及人权法的视角看，平等既是公民应该享有的一项重要权利，也是保障公民权利的一项重要原则。鉴于平等对所有用户的重大意义，还是应当将其确立为保护所有用户的一项基本原则。比如，为了贯彻这一原则，在保护用户权益时就应当重点考虑以下问题。

一是任何用户不应受到任何形式的歧视。追求平等、反对歧视是人类文明的基本准则。不受歧视既是保障用户权益的一项基本原则，也是用户的一项权利。所有国际人权法以及相关标准都首先对此予以明确。《联合国宪章》(*Charter of the United Nations*) 第 1 条第 3 款就指出："联合国之宗旨为……促成国际合作，以解决国际间属于经济、社会、文化及人类福利性质之国际问题，且不分种族、性别、语言或宗教，增进并激励对于全体人类之人权及基本自由之尊重。"我国签署的《经济、社会及文化权利国际公约》(*International Covenant on Economic,Social and Cultural Rights*) 第 2 条第 2 款规定："本公约缔约国承允保证人人行使本公约所载之各项权利，不因种族、肤色、性别、语言、宗教、政见或其他主张、民族本源或社会阶级、财产、出生或其他身份等而受歧视。"任何平台企业都要充分认识到，不能滥用数字权力，要保障每个用户不受歧视的权利。国际社会高度重视基于性别、种族、民族、宗教等因素产生的歧视行为，平台企业应该采取积极措施，保障用户不致因为国籍、性别、种族、民族、宗教、年龄、家庭出身等因素遭受歧视对待。尤其是很多平台企业用户广泛分布在全球各地，所以这个问题就显得特别重要。根据脸书"吹哨人"弗朗西丝·豪根的介绍，脸书在美国和欧洲会投入更大的资源来进行管理，以保障相关信息更符合欧美价值观的要求。但相对而言，在其他发展中国家往往就采取一种更加不负责任的听之任之的态度，以致很多账号充斥着大量的仇恨言论、错误信息和暴力狂欢。"一份描述脸书资源分配的文件显示，该公司在错误信息治理的全球预算中，87%专门用于美国，而只有 13%留给世界其他地区，尽管北美用户只占脸书日活跃用户的 10%。"这种局面明显构成了对不同国家、不同种族、民族用户的歧视，应当引起国际社会高度关注。

二是平台企业应该保障用户在算法等技术应用中受到平等对待。用户权利的一大特征是用户要时时受到算法等技术力量的深刻影响，但用户并不了解算法的规则。随着人工智能等技术的发展，如何保障平台企业在应用算法、人工智能等技术时对用户平等对待,将是一个更加复杂的问题。在平台企业法律规制的专题中,我们专门讨论了杭州法院审理的用户起诉某电子商务平台算法歧视的案件。在对该案件的评论中我们指出,法院判决显然对平台企业拥有数字权力这种优势地位考虑不够,对用户在权力面前应该享有的平等对待原则关注不够。平台企业既然提供了检索服务,那就应该保障用户受到平等对待,不能厚此薄彼,不能对特定商品存在歧视。另外,"大数据杀熟""自我优待"都是典型的利用算法等技术制造不平等秩序的表现。平台企业依据画像的结果,对同样的商品或服务确定不同的价格,用户在消费时就要支付不同的价格,这明显违背了用户受到平等对待的原则。我国在已经颁布实施的《算法推荐管理规定》以及征求意见的《互联网平台落实主体责任指南(征求意见稿)》都提出平台企业在算法等技术应用中,要遵守公平原则。

三是平台企业在应用流量工具时要保障用户受到平等对待。这是目前影响平台企业用户受到平等对待的重要力量之一。在数字时代,流量不仅是一种资源,更是平台企业行使数字权力的一种强有力工具。如果说算法作为一种技术力量,对所有用户来说还相对平等的话,流量作为一种可以人为应用的工具,就更容易导致用户受到不平等对待的情形出现。当前有些平台企业流量使用过于随意,有些是受到了内部人员腐败因素的影响,导致高度近似的文章、视频、图片、直播等获得完全不同的关注,很多时候甚至完全没有规律可循。有些平台企业的内部人员主动参与流量造假、负面内容压制等行为,有些平台受到来自外部"网络水军""流量劫持"等违法犯罪行为的破坏,这些也都影响了平台上的平等秩序。要充分意识到,流量应用对保障用户受到平等对待具有特别重要的意义,国家应该尽快通过立法来完善流量应用的相关制度。

四是要重点关注用户在言论方面受到平等的对待。联合国《公民权利和政治权利国际公约》确定了公民言论自由的两个基本原则:一是公民享有言论自由的权利,二是当言论影响到他人权利、国家安全或公共秩序、公共卫生或道德时要受到限制,对鼓吹战争,民族、种族或宗教仇恨的言论要依法禁止。但当前的问题是,不论在某一个国家,还是在不同国家,对如何认定言论自由的标准存在着明显的双标或者多标现象。2018年8月美国社交媒体推特封杀了一名右派脱口秀主持人,禁止他发帖7天,理由是此人不断在推特上散布各种煽动社会和种族对立的"阴谋论"和"谣言",脸书、YouTube等社交网站也都删除了这名右派脱口秀主持人的内容。但时任美国总统特朗普认为这是社交网站对保守派和共和党存在的明显歧视。当前的问题是,在互联网平台上,以怎样的标准和程序来确定仇恨、暴力的内容呢?如何限制仇恨、暴力以及虚假信息的传播呢?这本来就是一个缺乏客观标准的问题,即使由来自世界各国最公正的法官们来裁决,同样的内容也可能得出不同的结论。但可怕的是,目前不是由公正的法官们在确定标准,而是由追求最大利润的公司在行使裁决的权力。当这一标准并不明确时,不仅仇恨、暴力的内容以及虚假的信息容易得到传播,也必然会产生各种不平等的现象。高度相似标准的言论,在网络上受到了完全不同的对待,这完全违背了平等原则。

2. 获得公正保护的原则

平等意味着对所有人一视同仁,但平等并不一定意味着公正。当前在平台企业存在的种种不平等现象显然都是不公正的,但很多普遍平等对待用户的做法并不一定公正,所以公正体现着一种更高标准的价值追求。由于平台企业拥有着管理用户的权力,所以用户获得公正保护的原则主要对应的是与平台企业的关系。平台企业制定的规则对用户是否公正、平台企业在与用户发生争议时的处理是否公正、平台企业在处理用户违规问题时是否公正,这些都直接关系到用户是否能够获得公正的保护。当前确立用户与平台企业关系的重要依据就是用户协议,从本质上说,这份用户协议不仅是一种民事协议,由于平台企业拥有了数字权力,这份协议在性质上更接近于一份社会契约,发挥着类似"宪法"的作用。从目前各国平台企业的发展来看,这份社会契约明显保障了平台企业的各种权力,用户难以获得平台企业公正的对待。

一是绝大多数平台企业都明确提出了使用就要接受协议所有内容的要求。在一个人想要注册成为一个平台企业的用户时,相关用户协议都会明确提出:"当您按照注册页面提示填写信息、阅读并同意本协议且完成全部注册程序后,即表示您已充分阅读、理解并接受本协议的全部内容","如果您不同意本协议或其中任何条款约定,您应立即停止注册程序。""除非你已阅读并接受本协议所有条款,否则你无权下载、安装或使用本软件及相关服务。你的下载、安装、使用、获取账号、登录等行为即视为你已阅读并同意上述协议的约束。""如您不同意本服务协议及/或随时对其的修改,您可以主动停止使用公司提供的服务;您一旦使用公司提供的服务,即视为您已了解并完全同意本服务协议各项内容,包括公司对服务协议随时所做的任何修改,并成为我们的用户。"所有民事协议都意味着当事人完全的意思自治,也就是双方当事人要对所有条款达成共识后协议才能成立。但平台企业用户协议的特殊性在于平台企业拥有了数字权力,其具有了更多公共属性,很多平台甚至越来越具有了公共基础设施的功能。国家宪法和法律体现了大多数公民的意志,但绝不是所有公民的意志。所有公民都要遵守宪法和法律,但也有权对其中某个条款持有保留意见。公民在接受公共交通、公共福利等服务时,也并不要求必须同意公共服务提供者的所有要求。允许公民对相关法律以及公共服务持有不同意见,这是现代法治文明的重要体现。但拥有了数字权力的平台企业,在注册时却是要求必须毫无保留地同意用户协议中的所有条款,这种要求反映了平台企业数字权力与用户权利的不对等,违背了用户获得公正保护的原则。

二是用户协议中明显包含着很多不公正的霸王条款。比如,有的平台企业明确规定账号所有权归平台企业所有,用户对该账号仅有使用权,这如何保障用户对该账号以及账号基础上产生的各种权利呢? 很多平台企业明确提出不对用户储存的数据做出承诺,不承担数据丢失的责任。很多平台企业要求用户默认允许平台对用户发布的信息进行第三方共享,"您免费授予某某公司及其关联公司非排他的、无地域限制的许可使用(包括存储、使用、复制、修订、编辑、发布、展示、翻译、分发上述信息或制作派生作品,以已知或日后开发的形式、媒体或技术将上述信息纳入其他作品内等)及可再许可第三方使用的权利,以及可以自身名义对第三方侵权行为取证及提起诉讼的权利"。很多公司明确规定平台更新用户协议后无主动通知用户的责任,"你使用本软件即视为你已阅读并同意受本协议的约束。平台企业有权在必要时修改本协议条款。你可以在本软件的最新版本中查阅相关协议条款。本协议条款变更后,如果你继续使用本软件,即视为你已接受修改后的协议。如果你不接受修改后的协议,应当停止使用本软件。""公司用户协议以及各个频道、产品单项服务条款和公告可由公司随时更新,且无须另行通知。您在使用相关服务时,应关注并遵守其所适用的相关条款。"根据上述条款,用户要对自己数据的安全负责,平台企业不会对数据丢失承担法律责任;平台企业有权在不经用户同意的情况下将数据许可第三方使用,平台企业有权随时修改用户协议,甚至都懒得再次单独通知用户,而是默认用户都已经知晓了修改后协议的内容,并且只能无条件地同意。这些规定严重违背了用户获得公正保护的原则,在这样的协议以及相关条款背后,体现了严重的不公正性。

三是在对用户进行处罚时用户难以获得公正对待。在平台企业法律规制专题中,我们重点讨论了平台企业对用户封号问题。依据国家法律规定,平台企业享有封停用户账号的权力。但在相关企业的用户协议中,对平台企业管理甚至处罚用户账号的实体以及程序标准,都缺乏具体的规定。封停账号是对用户最严厉的处罚,这意味着用户虚拟身份的丧失,意味着依附虚拟身份的各种权利都随之丧失。但对于用户这样一项重要的权利,都有哪些制度可以保障呢?当前大多数平台企业在用户协议中规定了单方封停用户账号的过多权力,相关规定并未体现比例原则,对有些轻微违规违法也可能进行封号处理。更为严重的是,在给予用户封号这种最严厉的处罚前,普遍缺乏通知、批评教育、磋商、允许用户申辩等与用户平等沟通以及轻微处罚的过程。甚至在封号后,也普遍缺乏有效的救济措施。近些年来,围绕着平台企业封号这种最严厉处罚的纠纷日益增多,这凸显了平台企业在管理以及处罚用户时存在的滥用权力现象。令人欣慰的是,有些法院的判决已经意识到这个问题的严重性,并在相关判例中予以说明。有的法院判决明确提出封号应该作为处罚用户的最后手段,封号前应当经过必要的协商以及给予用户申诉的权利,要遵循必要的法律途径维权等程序。有的判决明确提出了平台企业处罚权的比例原则,不能随意对轻微不当行为给予过于严厉的处罚。法院司法裁判所确立的一些积极原则应该尽快转化为国家立法,以有效推进平台企业与用户建立一种公正的法律关系,有效实现用户获得公正保护的原则。

3. 权责统一的原则

不论宏观的国家权力,还是具体的行政职权以及公民的权利义务,都应当遵循权责统一的原则。我国宪法在第二条、第三条就明确规定,中华人民共和国的一切权力属于人民,人民行使国家权力的机关是全国人民代表大会和地方各级人民代表大会。全国人民代表大会和地方各级人民代表大会都由民主选举产生,对人民负责,受人民监督。宪法明确了国家权力源自人民、受人民监督的制度,充分体现了权责统一的原则。在 2004 年国务院发布的《全面推进依法行政实施纲要》中将权责统一确立为依法行政的一项重要原则,该纲要指出:"行政机关依法履行经济、社会和文化事务管理职责,要由法律、法规赋予其相应的执法手段。行政机关违法或者不当行使职权,应当依法承担法律责任,实现权力和责任的统一。依法做到执法有保障、有权必有责、用权受监督、违法受追究、侵权须赔偿。"我国宪法第三十三条规定:"任何公民享有宪法和法律规定的权利,同时必须履行宪法和法律规定的义务。"权责统一是现代法治文明的重要标志,本质上是平等公正原则的具体体现。不论国家权力还是公民权利,都伴随着相对应的义务。对保障用户权利来说,这一原则就更有特殊的意义。

一是权责统一意味着平台企业在拥有数字权力的同时必须承担相应的义务。当前国内外一个广泛的共识是,大型平台企业拥有了巨大的权力,在《如何依法支持和规范平台企业的发展?》专章中我们对此进行了充分的讨论。很多专家学者都对此作出了深刻的论述,正如在前文中所介绍,方兴东院长指出:"这种超级权力既创造了巨大的社会福利,谋求了超级利润,同时也因为权力的失衡和治理能力的严重不对称,带来了极大的社会治理问题,甚至冲击国际政治和国际秩序。"香港大学法学院副教授兼法律科技中心主任 Haochen Sun 在文章中指出:"在这个数字时代,科技公司至高无上。然而,这些公司获得的权力远远超过了他们所承担的责任……过去约二十年里,美国的法律改革未能纠正这种不对称现象。"当前一个普遍的现象是,平台企业的权力与应当承担的责任严重不对称,权力过大,责任有限。所以需要统一的一个认识是,在大型平台企业拥有了庞大数字权力的同时,其必须承担相对应的责任。这种责任不仅体现在根据国家法律以及公权力的要求对用户及平台内的相关活动进行管理,更体现在要有效保障用户的权利。平台企业对用户管理的权力越大,所需要承担的保护责任也越重,这种权责应当是统一的。

二是权责统一意味着用户在承担义务的同时理应享有相对应的权利。用户通过用户协议让渡出了部分权利,转化成平台企业的权力,用户由此要接受平台企业的管理;用户通过付出注意力产生了平台的数据和流量,为平台企业获得了利益;用户将各种数据、个人信息以及购买的各种虚拟产品交由平台企业管理。从下载用户协议的那一刻起,用户就接受起平台企业的管理,开始为平台企业贡献流量和数据。但与所付出的义务相比,用户应该享有哪些权利呢? 任何长期没有回报的付出都会让人疲倦、失望。口惠而实不至的"用户至上"没有现实意义,任何平台企业要想长久持续发展,都应当认真思考用户权利这个命题,在制定的用户协议以及关系用户权益的企业规则中,充分考虑到用户的权利,采取有效的措施帮助用户实现权利。

　　三是国家应当在平衡平台企业与用户关系时始终遵循权责统一的原则。在平台企业与用户关系的自然状态中，难以实现权责统一。平台企业享有资本、技术、数据等各种优势，分散的用户根本无法追求自己的权利，所以需要国家权力来匡扶这种失衡状态。权责统一应当是任何国家在相关立法以及日常管理中都遵循的基本原则。国家应当通过制定规范平台企业以及保障用户权利的专门法律，通过强化政府对平台企业的监管、发展社会监督体系，通过检察机关的公益诉讼以及人民法院的判决，帮助用户有效实现各项权利。

图 10-4　平台企业用户享有的主要权利

三、平台企业用户应该享有哪些主要权利？

　　相对平台企业，用户应该有哪些权利？这些权利应该包含哪些内容？这是一个复杂的命题。在《数字时代的社会法》中专门讨论了这个问题，提出了用户应该享有不受歧视的权利、知情权利、数据权利、言论自由的权利、安全保障权利、公平交易权利、选择权利、监督平台企业的权利以及获得赔偿的权利共九项权利。这种讨论对发展和丰富用户权利的内容具有重大现实意义。从国家治理的视角，本书在专章论述用户数据权利基础上，重点参考国际人权法以及国家公法的特征，只重点讨论用户的四项重要权利。

1. 用户的知情权

用户的知情权与消费者的知情权有着本质的区别。我国《消费者权益保护法》规定"消费者享有知悉其购买、使用的商品或者接受的服务真实情况的权利",也就是说消费者只能享有知悉其所要购买、使用的商品或者服务真实情况的权利,对这种商品或服务背后更多信息并无知情权。但由于平台企业的公共属性及其所拥有的数字权力,用户的知情权就不仅是商品或者服务本身,还应该包括对平台企业涉及其权益的相关制度、重大事项知晓的权利,以及对平台企业提供产品或服务信息全面知晓的权利。所以,为了保障用户权利,就应该参考宪法以及国家法律对国家机关的要求,赋予用户更加广泛的知情权。

一是对涉及用户权益的平台企业治理体系的知情权。治理体系是关系到一个组织能否规范健康持续发展的基础。对于拥有公权力的国家以及拥有数字权力的平台企业,其治理体系还直接关系到公民以及用户的权利。各个国家的治理体系都是公开的体系,美国等很多西方国家建立了三权分立的治理体系,我国是中国共产党领导下的具有中国特色的社会主义国家,强调一切权力为人民所有,要构建和完善党委领导、政府负责、民主协商、社会协同、公众参与、法治保障、科技支撑的社会治理体系。平台企业的治理体系关系到每个用户的具体权利,但平台企业的内部治理机制是怎样的呢?不同部门的职权是怎样的呢?涉及用户权益的企业相关管理制度是怎样的呢?保障用户权益的相关制度是怎样的呢?从很多平台企业设立或者撤销某个部门的公开信息中我们都能感受到,很多平台企业内部治理体系不仅是神秘的、混乱的,更是随意的。平台企业要充分认识到,其内部治理体系不仅是企业自身的事情,也关系到用户的权利。所以从法律的视角看,用户的知情权不仅是平台企业提供的商品或者服务本身,更应该扩展到平台企业的内部治理体系。

二是用户有权知晓影响其权益的算法、流量等应用的重大信息。算法、流量的应用直接关系到用户的重要权利,但平台企业应用算法、流量的规则对广大用户来说往往就是一个"黑箱",用户根本无从知晓。此外,算法和流量下的推荐还加剧了"信息茧房"效应,平台企业通过算法和流量进行用户画像,从而向用户推荐用户想看到的信息,这从根本上影响了用户全面知晓各种多元信息的能力,是一种主动侵害用户知情权的行为。欧洲议会"未来科技研究小组"从社交平台危害性的角度对此作出了分析,在其报告中指出,"社交媒体平台使用的算法可能导致'回声室'(Echo Chambers)或'过滤气泡'(Filter Bubble),即用户只被提供一种类型的内容,而不是看到全面的声音和意见。这可以通过确保用户看不到反驳的或其他可能有不同意见的内容来强化虚假信息,也意味着用户认为一个故事被广泛相信的程度远远超过它的实际情况。这必将导致社会的两极分化"。我国《互联网信息服务算法推荐管理规定》第十六条和第十七条对此提出了明确的要求:"算法推荐服务提供者应当以显著方式告知用户其提供算法推荐服务的情况,并以适当方式公示算法推荐服务的基本原理、目的意图和主要运行机制等。""算法推荐服务提供者应当向用户提供不针对其个人特征的选项，或者向用户提供便捷的关闭算法推荐服务的选项。用户选择关闭算法推荐服务的，算法推荐服务提供者应当立即停止提供相关服务。算法推荐服务提供者应当向用户提供选择或者删除用于算法推荐服务的针对其个人特征的用户标签的功能……"我国《算法推荐管理规定》明确规定用户有权关闭算法推荐服务，平台企业应当为用户提供便捷的选项，这样的规定是必要和及时的。但在现实生活中，平台企业往往不会在显著位置为用户提供关闭算法推荐服务的选项，绝大多数用户也不会关闭算法推荐服务。如何保障用户不受基于算法、人工智能等技术产生的"信息茧房"的负面影响呢？由于国家对流量问题还缺乏专门的规定，对于用户看到的内容是否获得了流量支持？这种流量支持是否基于支付费用？相关作品是否受到流量限制？当前总的情况是，不论对于算法的规则以及运行机制等信息，还是对于流量应用的规则以及使用情况，用户知晓有限。

三是平台企业应当建立重大信息公开制度。从国家的角度，我国专门制定了《政府信息公开条例》，明确规定了政府必须公开的信息种类，政府必须公开的信息不仅包括相关法律法规和规范性文件，相关政府部门的设置以及职权，国家重要发展规划以及重要统计信息，还包括涉及公民权利的实施行政处罚、行政强制的依据、条件、程序以及行政机关认为具有一定社会影响的行政处罚决定等众多信息。《证券法》专章规定了证券企业的信息披露制度，明确规定了信息披露的具体内容以及方式。上述法律法规确立信息公开制度，目的在于保障政府以及上市公司公开透明运作，以保障公民以及投资者的知情权。但目前国家法律法规对非上市的平台企业缺乏相关制度的要求，从规范平台企业数字权力、保障用户知情权的视角，国家应该明确要求平台企业对涉及用户权益的重要规则修改、内部治理结构的重大变更、重大经营战略以及重大收购等经营行为，及时有效地向用户公开相关信息。

保障用户知情权可以从两个视角来实现：一个是从保障用户知情权的视角，另一个就是从企业透明度的视角。欧盟 GDPR 强调数据控制者要以一种简洁、透明、易懂和容易获取的形式和通俗易懂的语言来介绍数据保护官的详细联系方式、处理将要涉及个人数据的目的等必要信息。我国《关于推动平台经济规范健康持续发展的若干意见》明确提出，"建立互联网平台信息公示制度，增强平台经营透明度，强化信用约束和社会监督"。国内外相关法律制度对平台企业增强透明度甚至公开信息的方式都作出了一些原则性的规定，但都并未明确规定用户知情的权利以及这项权利的主要内容、实现方式，这种法律规定影响和限制了用户知情权的发展。

2. 用户的参与权

不同国家的民主方式存在重大差异，任何民主制度的目的都是保障人民有权参与国家的管理。我国宪法第二条明确规定:"人民依照法律规定,通过各种途径和形式,管理国家事务,管理经济和文化事业,管理社会事务。"用户参与权问题是个复杂的问题。一方面,平台企业是独立的法人,依法独立享有民事权利和承担民事义务,有独立自主的经营权利。另一方面,鉴于平台企业的公共属性,其拥有了数字权力,为了保障用户的权利就要对平台企业的数字权力进行规制。用户有效参与是避免平台企业滥用权力的方式之一。从规范平台企业数字权力的视角看,应当通过立法明确赋予用户参与权。

一是应当保障用户有权参与涉及其权益的规则的制定。国家通过制定宪法和法律来治理国家,在国家制定宪法和法律的过程中公民以各种不同的方式积极参与,表达意见诉求。党的十八届四中全会还特别提出:"健全立法机关主导、社会各方有序参与立法的途径和方式。探索委托第三方起草法律法规草案。""健全立法机关和社会公众沟通机制,开展立法协商,充分发挥政协委员、民主党派、工商联、无党派人士、人民团体、社会组织在立法协商中的作用,探索建立有关国家机关、社会团体、专家学者等对立法中涉及的重大利益调整论证咨询机制。拓宽公民有序参与立法途径,健全法律法规规章草案公开征求意见和公众意见采纳情况反馈机制,广泛凝聚社会共识。"与国家日益强调公民有权积极参与立法进程相比,在平台企业规则的制定以及修改的过程中,用户的声音以及利益诉求完全被忽视。《互联网平台落实主体责任指南(征求意见稿)》显然意识到了用户参与平台规则的重要性,为此明确提出:"遵循规则制定、修改相关的公示、征求意见、听证和协商程序,保证相关规则的公开、公平、公正。"如何保障用户有效参与到用户相关协议及规则的制定过程中,以保障相关协议以及规则的公平、公开、公正,将是一个复杂的过程。

二是应当保障用户有权参与影响其权益的重大决策。在暴雪与网易的合作中,可以看到双方相关重大决策完全忽视了用户的权益。暴雪是一家美国娱乐企业,2009年网易与暴雪合作,在中国大陆地区合作运营《魔兽世界》。从2023年1月24日零时起,暴雪宣布中止与中方的合作,《魔兽世界》等相关游戏产品随之停止服务。但问题是,在双方洽谈合作的漫长过程中,双方考虑的都是各自的经济利益,都并未充分考虑用户的权益。在《魔兽世界》等不同游戏产品中,很多用户不仅投入了大量时间和情感,也投入了大量金钱。在这一涉及用户重大权益的合作洽谈过程中,用户没有任何机会参与其中,用户完全成为双方合作的牺牲品。现在的问题是,不论是对外的合作,还是内部治理中的重大事项,在涉及用户权益时,都应该保障用户有权参与其中。

三是应当创新发展保障用户参与权的相关法律制度。2019年国家广电总局发布的《未成年人节目管理规定》对保障用户参与权作了很有意义的探索。其第二十五条规定网络视听节目服务机构应当对网络用户上传的未成年人节目建立公众监督举报制度;第二十六条规定广播电视播出机构、网络视听节目服务机构应当建立由未成年人保护专家、家长代表、教师代表等组成的未成年人节目评估委员会,定期对未成年人节目、广告进行播前、播中、播后评估,评估意见应当作为节目继续播出或者调整的重要依据,有关节目审查部门应当对是否采纳评估意见作出书面说明；第二十七条规定广播电视播出机构、网络视听节目服务机构应当建立未成年人节目社会评价制度，并以适当方式及时公布所评价节目的改进情况；第二十八条规定广播电视播出机构、网络视听节目服务机构应当就未成年人保护情况每年度向当地人民政府广播电视主管部门提交书面年度报告，评估委员会工作情况、未成年人保护专员履职情况和社会评价情况应当作为年度报告的重要内容；第三十二条规定广播电视主管部门应当设立未成年人节目违法行为举报制度，公布举报电话、邮箱等联系方式，任何单位或者个人有权举报违反本规定的未成年人节目。上述规定不仅要求政府主管部门以及网络视听节目服务机构建立公开监督举报制度，更重要的是要求广播电视播出机构、网络视听节目服务机构建立各界代表参与的未成年人节目评估委员会、未成年人节目社会评价制度以及年度书面报告制度，这就为用户有效参与对未成年人节目的制作提供了比较良好的制度保障。所以当前面临的问题是，如何通过制度创新，让用户有更多的机会参与到平台企业相关规则的制定以及涉及自身权益的重大决策中来。

3.用户安全获得保障的权利

平台企业对用户是否负有安全保障义务？这种安全保障义务要达到什么程度？是否因平台引发的用户安全风险平台企业都要承担责任？这将是我们亟须思考和解决的问题。相信在不同发展阶段，人们对这些问题可能有着不同的认识。我国《消费者权益保护法》从两个角度对保障消费者的安全作出了规定，一是在"消费者的权利"一章规定，"消费者在购买、使用商品和接受服务时享有人身、财产安全不受损害的权利。消费者有权要求经营者提供的商品和服务，符合保障人身、财产安全的要求"。二是在"经营者的义务"一章规定，"经营者应当保证其提供的商品或者服务符合保障人身、财产安全的要求。对可能危及人身、财产安全的商品和服务，应当向消费者作出真实的说明和明确的警示，并说明和标明正确使用商品或者接受服务的方法以及防止危害发生的方法。宾馆、商场、餐馆、银行、机场、车站、港口、影剧院等经营场所的经营者，应当对消费者尽到安全保障义务"。《消费者权益保护法》上述两个条款从三个角度明确了消费者受到安全保障的权利：一是商品或服务要符合安全要求；二是消费者在购买、使用商品和接受服务的过程中安全要受到保障；三是对可能危及消费者安全的商品或服务要作出真实说明和明确警示，并要标明正确使用方法。用户权利与消费者的权利不同，平台企业对平台上的各种行为有着管理职权，用户在付出接受管理义务的同时，也应该享有安全受到保障的权利。

一是企业要保障用户在平台上获得安全的服务。根据彭博社2021年一篇文章的报道，爱彼迎的前雇员说，公司每年要处理成千上万起性侵犯指控，其中绝大多数都不为公众所知。公司每年花费约5000万美元试图为那些遭遇不幸的租客和房东作出补偿。据彭博社报道,一位女性说她被强奸后收到了700万美元的赔偿。多年来,爱彼迎已经处理了一些备受关注的事件,包括2011年租客捣毁房东家后发生的第一起重大丑闻,以及2019年在加州奥林达发生的致命枪击事件,这迫使爱彼迎禁止举办派对活动,努力保证租客和房东的安全。彭博社的报道显示,爱彼迎没有对涉及其租客、房东和房源的重大安全事件进行审查,包括许多性侵犯指控和一起谋杀案。2018年我国发生了"5·6"郑州空姐乘滴滴顺风车遇害案件;2018年5月5日晚上,空姐李某某在执行完航班飞行任务后,在郑州航空港区通过滴滴叫了一辆顺风车赶往市里,结果惨遭司机杀害,案件引发社会广泛讨论。但即使发生这个悲剧案件,当时滴滴以及社会各界对平台企业到底应该承担怎样的安全保障义务还是有着不同的认识。同年8月24日,浙江省乐清市一名20岁女孩赵某乘坐滴滴顺风车后失联。根据媒体报道,赵某的家人和朋友表示,在事发后曾多次联系滴滴方面索要司机具体信息,滴滴答复要4个小时以后,失联或者出问题以后再提供车辆信息、车主信息。后来案件被侦破,滴滴司机钟某对赵某实施强奸,并将其杀害。类似案件再次发生以后,社会各界迅速取得更多共识,滴滴公司要对乘客负有更多的安全保障责任。8月25日,滴滴发布道歉和声明,称其有不可推卸的责任,后续会积极配合警方,做好家属善后工作。政府相关监管部门也积极参与进来,在政府监管部门的指导下,滴滴全面提升了安全保护措施。欧洲议会"未来科技研究小组"在报告中指出,"许多平台公司都试图回避围绕公共安全的监管。这里最突出的问题也许是使用共享汽车平台的客户的安全问题。已经有许多关于司机性侵犯、身体暴力,甚至绑架的报告。数十名妇女试图起诉美国的Lyft平台,因为它没有采取足够的预防措施来防止她们受到性侵犯,而且事后对投诉置之不理。而在英国,监管机构伦敦交通局两次拒绝向Uber发放许可证,主要是因为Uber没有向警方报告司机的一些严重罪行,而且他们平台上的漏洞允许司机使用虚假身份。然而,平台害怕被认为与司机有雇佣关系,这意味着他们故意阻断了应对这些问题的可能方案"。在这类共享汽车平台、租房平台上所发生的侵害用户权益的刑事案件中,虽然施害者和受害人都是用户,但平台企业掌握着双方的信息,主导了双方的交易,从交易中获得了收益,监督着双方交易的过程,所以理应负有保障用户不受非法侵害的义务。

二是要在保障安全与隐私之间建立一种平衡。不论是上述发生在共享汽车平台、租房平台上的刑事案件,还是发生在社交平台上的线上引诱、线下侵害的性侵犯罪,在线上发生的"隔空猥亵"性侵犯罪,利用网络实施的诈骗以及网络暴力等违法犯罪案件,都给用户带来了严重的安全风险。平台企业应该采取更多措施,以实现对用户的更好安全保障,但平台企业如何履行这种安全保障义务呢?比如,一些用户在网络空间的私密交流群里讨论违法犯罪行为,平台企业是否能够进行监听?一个用户通过私信与另外一个用户建立起联系,而后实施了犯罪,平台企业是否需要为此犯罪承担责任?对不同的案件都需要结合具体情况来分析。在此要提出的是,用户不仅安全要获得保障,隐私权和个人信息也要获得保障。平台企业要采取积极的措施保障用户的安全,但不能滥用自己的权力,去过多窥探个人的信息和隐私,尤其是不应通过画像等方法对用户的价值观、行为特点作出评价。所以,平台企业要在保障用户个人信息以及隐私权利和保障用户安全之间寻求一种平衡,在采取积极措施基础上实现对用户权利的最大限度保障。

三是用户过多使用平台产品带来的健康安全风险。平台企业改变了人们的生活方式,算法从诞生起就承载了资本要求用户黏性也就是某种程度沉迷的使命,其中用户对游戏的沉迷又最为严重。多年以来一直有媒体和专家指责网络游戏是"精神鸦片"或"电子鸦片"。2021 年 8 月新华社主办《经济参考报》发表的《"精神鸦片"竟长成数千亿产业》引发巨大社会关注。2022 年 9 月光明网报道了中国计量大学校长徐江荣在开学典礼上的一段讲话,"网络游戏是最大的校园毒品,每年被取消学籍的同学 90% 是因为游戏"。人们普遍意识到网络游戏的致瘾性,但遗憾的是,还缺乏全面严谨的对网络游戏致瘾性以及危害的研究。网络游戏存在多大程度的致瘾性？这种致瘾性对用户身心健康有着怎样的影响？高度致瘾性的网络游戏是否具有与"精神鸦片"一样的危害？未来哪些数字产品或服务还会有和网络游戏一样的致瘾性？元宇宙是否会有更强的致瘾性？这些本来都是专业的科学问题,但现在受到资本太多的影响,以致缺乏深刻的讨论。另外,长期使用平台产品是否会损害用户的视力,是否会影响用户的智力？对用户健康安全都会带来哪些风险？人类社会不应忽视这些问题。只有正视这些问题,开展深入的研究,才能找到有效的对策。比如,毒品有害人类健康,吸烟有害健康,但毒品和吸烟对人们身心损害的程度是不同的。所以尽管各国都采取了相应的管控政策,但对毒品和烟草的管控政策是明显不同的。对存在致瘾性的数字产品或服务来说,只有通过深入的研究掌握了致瘾性的内在机理,可以评估致瘾性的程度,才能制定出有针对性的防控政策。对长期使用平台产品的用户来说,只有研究发现对健康安全带来的危害,才能采取有效对策防治相应的风险。

4. 用户获得救济的权利

相对具有强大数字权力的平台企业,用户在权利受到侵害后,如何维护自己的权利？用户有哪些权利？在用户的某项权利受到侵害后,是否存在有效的救济机制可以保障用户及时获得救济？社会各界往往都重点关注在哪些情况下平台企业需要承担责任,对平台企业的救济机制问题关注不够。但缺乏公平、公开、公正的救济机制,不仅本身就侵害了用户的权利,而且容易导致双方矛盾激化,平台企业、用户以及国家都要为化解相关矛盾付出更大的代价。所以保障用户获得救济的权利,不仅有助于建立良性的平台企业与用户之间的关系,也有助于促进企业和谐健康成长,促进社会和谐稳定。从实现用户获得救济权利的视角看,当前还面临着很多现实的问题。

一是在哪些情况下平台企业需要承担民事责任？当前很多平台企业通过在用户协议

中规定免责条款,明确不对其推广信息给用户造成的损害承担任何责任。有的平台企业规定:"公司依照法律规定履行广告及推广相关义务,你应当自行判断该广告或推广信息的真实性和可靠性并为自己的判断行为负责。除法律法规明确规定外,你因该广告或推广信息进行的购买、交易或因前述内容遭受的损害或损失,你应自行承担,公司不予承担责任。""本服务或第三人可提供与其他国际互联网上之网站或资源之链接。由于公司无法控制这些网站及资源,您了解并同意,此类网站或资源是否可供利用,公司不予负责,存在或源于此类网站或资源之任何内容、广告、产品或其他资料,公司亦不予保证或负责。因使用或依赖任何此类网站或资源发布的或经由此类网站或资源获得的任何内容、商品或服务所产生的任何损害或损失,公司不承担任何责任。"这种免责声明条款最大的问题是,并未区分平台在推荐信息过程中是否存在过错。如果存在过错平台也不予承担责任吗?从法律公正性的视角看,这种免责声明显然是一种霸王条款,并不会影响必要时平台企业要承担责任。但这种霸王条款的危害性在于,其表明了平台企业的一种态度。这种态度就是平台企业不认为自己应该为推荐各种信息的任何行为承担责任,既然不需要承担责任,那也就没有必要采取各种措施去保障用户权利不致因其推广的信息而受到侵害;这种态度就是在公开宣示一种拒绝和排斥,就是在用户权利因此受到侵害后,平台企业将全面推诿、拒绝自己的责任,这加大了用户维权的难度。很多用户会因此而对维权望而却步。

二是《消费者权益保护法》规定保护消费者权利的几个重要制度对保护用户权利也同样有重要意义。在2013年《消费者权益保护法》修订时,专门规定了网络交易平台提供者的责任,该法第四十四条规定:"消费者通过网络交易平台购买商品或者接受服务,其合法权益受到损害的,可以向销售者或者服务者要求赔偿。网络交易平台提供者不能提供销售者或者服务者的真实名称、地址和有效联系方式的,消费者也可以向网络交易平台提供者要求赔偿;网络交易平台提供者作出更有利于消费者的承诺的,应当履行承诺。网络交易平台提供者赔偿后,有权向销售者或者服务者追偿。网络交易平台提供者明知或者应知销售者或者服务者利用其平台侵害消费者合法权益,未采取必要措施的,依法与该销售者或者服务者承担连带责任。"《消费者权益保护法》充分考虑数字经济发展的变化,明确规定网络销售类平台企业承担赔偿责任的具体情形,有助于保障用户依法获得赔偿的权利。同时,《消费者权益保护法》修订时用两个条款明确规定了七天无理由退货制度。该法在第二十四条明确规定:"经营者提供的商品或者服务不符合质量要求的,消费者可以依照国家规定、当事人约定退货,或者要求经营者履行更换、修理等义务。没有国家规定和当事人约定的,消费者可以自收到商品之日起七日内退货;七日后符合法定解除合同条件的,消费者可以及时退货,不符合法定解除合同条件的,可以要求经营者履行更换、修理等义务。依照前款规定进行退货、更换、修理的,经营者应当承担运输等必要费用。"该法在第二十五条规定,除了法律明确规定的特殊商品外,经营者采用网络、电视、电话、邮购等方式销售商品,消费者有权自收到商品之日起七日内退货,且无须说明理由。法律明确规定消费者有权在七日内无理由退货的制度,从根本上预防和减少了网络销售类平台因退货引发的纠纷,有效保障了网络销售类平台企业用户的权益。

三是《民法典》对平台企业保障用户权益作出了特别规定。在平台企业专题讨论了平台企业的主体责任问题,也就是在哪些情况下,用户有权要求平台企业承担责任。根据《民法典》第一千一百九十四条到第一千一百九十七条四个条款的规定,如果用户利用网络侵害了他人民事权益,用户要承担侵权责任;如果用户认为自己权益受到他人侵害,有权通知网络服务提供者采取删除、屏蔽、断开链接等必要措施。《民法典》通过明确规定平台企业责任的方式,显然赋予了用户更多权利:一是平台企业利用网络侵害了用户合法权益的,应当承担侵权责任。二是平台企业在接到用户权利受到侵害的通知后,应当及时将该通知转送涉嫌侵权方,并根据构成侵权的初步证据和服务类型采取必要措施,未及时采取必要措施的,对损害的扩大部分与该网络用户承担连带责任。三是平台企业基于管理义务所要承担的更广泛的主体责任,平台企业"知道或者应当知道网络用户利用其网络服务侵害他人民事权益"就要及时采取必要措施。这时实施侵权的是用户,受到侵害的可能是非用户,也可能是用户。比如,当前常见的用户利用网络服务侮辱、诽谤其他用户的案件,社会已经广泛知晓,应当认定平台"知道或者应当知道"。对用户利用网络服务对其他用户实施诈骗、性侵等违法犯罪的案件,在有些案件中平台企业也应该知晓。对于平台企业知道或者应当知道用户利用网络服务侵害了其他用户权益的案件,平台企业如果没有及时采取必要措施,权益受到侵害的用户有权要求其与实施侵权行为的用户承担连带责任。

当前的问题是,在用户的权益受到侵害后,其获得救济的权利面临着诸多挑战。一是法律对双方权利义务关系的规定并不明确,平台企业处于明显的优势地位,其通过用户协议就明确排斥、拒绝了用户大量的获得救济的权利。二是很多平台企业都缺乏公平、公开、公正的救济机制。平台企业并未向用户明确具体哪个部门负责相关维权工作,该部门的职权以及处理投诉时所依据的实体和程序规则,以及在用户对其答复不满时如何向更高一级负责人主张权利。总体而言,平台企业的内部救济机制并不公开透明,相关处理随意性很强。三是用户维护自己权利的过程还是复杂,所付出的各种成本还是较高。考虑到通过诉讼方式来进行救济对用户、国家甚至平台企业来说都需要付出巨大的成本,如何建立有效的国家、行业协会、平台企业有效衔接的非诉讼用户权利救济机制,以及时高效维护用户的各种权利,将是保障用户获得有效救济权利的根本举措。

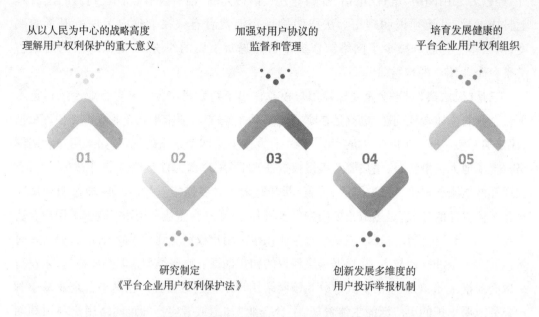

图 10-5　从国家治理的战略视角完善对用户权利保护的五大方面

四、如何从国家治理的战略视角完善对用户权利的保护？

　　不同国家的不同性质以及不同现状决定了对待用户权利的态度。由于全球最为庞大的平台企业都在美国，这些企业主要的用户分布在世界各国，平台企业不仅延伸了美国在全球的霸权，也为美国推行的全球政策附加了极强的游说能力，所以从美国的角度而言，并不会积极地推进保障用户权利的法律制度。由于欧洲缺乏真正大型的平台企业，所以会更加关注用户权利。从发展的视角看，中国处于两者之间，既要关注平台企业的发展，也要关注用户权利，所以未来的政策应该是从中寻求一种平衡。从国家性质的视角看，中国特色社会主义制度的本质属性是人民性，是要最大限度地实现人民的福祉。所以，从国家政治制度的战略视角出发，国家要在鼓励、支持平台企业规范健康发展基础上，重点考虑对用户权利的保护。如何寻求这种平衡，如何为数字时代保障平台企业用户权利探索一种有效的制度，不仅对发展和完善具有中国特色的社会主义制度具有重大意义，对引领数字时代全球规则的制定也具有特别重大的意义。

1. 从以人民为中心的战略高度理解用户权利保护的重大意义

　　工业时代在生产力得到前所未有发展的同时，也带来了贫富分化以及环境污染等严重的社会问题，其中劳动力与资本都成为重要的生产要素。马克思主义最深刻之处在于揭示了资本的本质，劳动力成为商品，资本榨取劳动者的剩余价值。北外史泽华教授2015年发表的一篇文章对法国学者皮凯蒂《21世纪资本论》一书进行了点评，他在文章中介绍："皮凯蒂在《21世纪资本论》中指出，不受干预的自由市场经济的'拙劣'本性——无论经济增长多么强劲，劳动增值的速度都无法超过资本增值的速度。这样一来，资本主义社会的财富分配方式就会问题越来越大，资本持有者越来越富、劳动生产者则越来越贫穷。"人类社会进入数字时代，数据成为新的生产要素，平台企业不仅掌握了更为集中的资本，而且实际掌控了数据这种全新的生产要素，掌控了算法、流量以及人工智能这些全新的权力工具，所以不仅对劳动者权利带来全新的挑战，而是直接影响到更为广泛的用户人群。

从国家以及全球治理的视角，应当重新思考一个现实的命题：人类社会发展的目标是什么？发展数字经济的目的是什么？数字时代给人类福祉带来的最大挑战是什么？应当认识到的是，在资本主义政治制度下，由于大型平台企业拥有着日益集中的资本以及日益强大的数字权力，即使社会意识到数字时代引发的种种问题，但由于资本以及数字权力对国家权力的深刻影响，很多问题也无法得到根本解决，用户权利也不会得到应有的重视。特别要指出的是，工业时代资本对劳动者的剥削是显性的，这种剥削的结果将导致尖锐的社会矛盾，不论国家还是资本家，从缓解社会矛盾的现实利益出发，也不得不重视劳动者权益的保障。但用户权利是隐性的，用户往往处于一种"温水煮青蛙"的被动自愿状态，这导致用户的权利更容易被忽视。

中国的政权性质决定了中国必将最为系统和全面地重视用户权利问题。中国政权的本质属性是人民性，党的二十大报告再次强调以人民为中心的发展思想。报告明确指出："坚持以人民为中心的发展思想。维护人民根本利益，增进民生福祉，不断实现发展为了人民、发展依靠人民、发展成果由人民共享，让现代化建设成果更多更公平惠及全体人民。"当我国用户人数已经超过10亿人，越来越多的人成为用户，广大用户的权利已经受到平台企业深刻影响的时候，用户权利问题就已经不是普通的民事权益问题，而是成为关系到以人民为中心发展思想的国家战略问题。所以，要充分认识到的问题是，在数字时代，如何维护用户权利应该成为新时代以人民为中心发展思想的重要内容，实现怎样的用户权利体现着以人民为中心发展思想的实现程度。不同时代人民利益有着不同的重点和表现方式，传统工业时代要重点关注劳动者以及消费者权益问题，到了数字时代，我们就应该更加重视用户权利问题。通过全面加强用户权利的保障，更充分地体现中国特色社会主义政治制度的优越性，并推动和引领人类社会在数字时代朝着一个正确的方向发展。

2. 研究制定《平台企业用户权利保护法》

《消费者权益保护法》是工业时代的产物，随着人类社会快速进入数字时代，这部法律难以解决当前用户权利保障面临的各种问题。相比用户权利的很多新内容、新特征，《消费者权益保护法》的局限性日益凸显，这些局限性需要我们在新的立法中特别关注。主要表现在以下几方面：

一是消费者的概念过于狭小。其中存在三个明显问题：只强调为了生活消费；只强调因购买、使用商品或接受服务这种消费行为双方形成权利义务关系；只保障个人。在国家市场监督管理总局发布的《互联网平台落实主体责任指南（征求意见稿）》中注意到了企业用户权益保障的问题，该指南第二十九条第一款规定："互联网平台经营者不得利用服务协议、交易规则以及技术等手段，对平台内经营者的活动进行不合理限制或者附加不合理条件，或者向平台内经营者收取不合理费用。互联网平台经营者不得利用自己运营平台所掌握的各方面优势，与平台内经营者展开不正当竞争。"要看到，在平台上，经营者不再仅是传统的经营者，其不仅要遵守相关保护消费者权利的义务，还是平台企业的用户，要接受平台企业的管理。但如何维护平台上这种企业或社会组织用户的权益？是数字时代必须关注的新问题。

二是用户权利涉及与国家权力以及平台企业数字权力三者之间更复杂的权利义务关系。数字时代平台企业积聚起超过以往工业时代任何企业的数字权力，平台企业不仅是商品或服务的经营者，而且兼具了经营者与管理者的双重身份。这种角色转化带来的影响是颠覆性的。用户权利不仅是民事权益问题，而且具有了更多宪法以及人权法视角下的权利属性。比如，用户应该获得更广泛的受到公平对待、公正对待、知情、参与等权利。所以要认识到的问题是，用户权利不仅是与经营者相对应的民事法律关系，而且形成了与国家权力、平台企业数字权力三者之间更复杂的权利义务关系。在这种复杂的关系中，最本质的特点是用户处于两种权力的混合管理之下，用户处于明显的弱势境地，所以需要从更广泛的宪法以及人权法视角出发来明确用户享有的更多权利以及强化对用户权利的保障措施。

三是所要规范的侵权方式更加特殊。一是平台企业单方制定的用户协议以及各种规则，不仅侵害了用户参与的权利，相关内容也往往包含着很多不公正的霸王条款。二是平台企业侵害用户权利的方式相比消费者权利发生了根本的变化。平台企业行使数字权力的主要工具是数据、算法以及流量。平台企业实际占有、使用着用户数据，不仅掌握了用户的隐私和个人信息，也获得了几乎所有收益；平台企业利用算法和流量深刻影响着每个用户的权利，用户对算法以及流量的应用规则几乎毫不知情，往往处于被摆布之中。所以应当通过专门立法，对平台企业用户协议以及涉及用户权益的相关规则制定过程和主要内容作出规定，对平台企业应用数据、算法、流量的规则作出规定。

所以建议国家未来制定《平台企业用户权利保护法》，该法至少要解决以下问题：一是适应数字时代的特点，对用户进行科学的定义，要保障最广泛的用户都能获得法律的保护；二是要结合数字时代平台模式的特点，从宪法以及人权法的视角明确用户的具体权

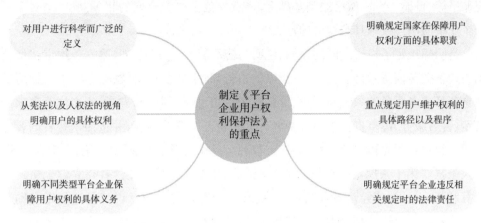

图 10-6　制定《平台企业用户权利保护法》的重点

利;三是明确不同类型平台企业保障用户权利的具体义务;四是明确规定国家在保障用户权利方面的具体职责,以实现国家公权力对平台企业数字权力的有效约束;五是适应数字时代的要求,重点规定用户维护权利的具体路径以及程序;六是明确规定平台企业违反相关规定时的法律责任。相信中国制定一部高质量的《平台企业用户权利保护法》,将不仅为规范中国平台企业健康发展、有效保障用户权利发挥重要作用,也能为全球数字时代的发展贡献智慧。

3. 加强对用户协议的监督和管理

当前规范平台企业与用户权利义务关系的主要是用户注册协议,这种协议几乎全部都是格式合同。这看似是一种双方自愿签署的平等的合同。但对于那些已经积聚起庞大客户和数字权力的平台企业来说,这种协议的性质明显在发生变化,甚至具有"虚拟宪章"的价值。不过遗憾的是,在这个"宪章"起草、修订的过程中,是平台企业单方主导的,广大用户没有参与讨论的权利。要想参与这个虚拟的社会,就只能接受这种格式合同。相对广大用户个人来说,签署这种格式合同需要让渡一定的权利。对很多 App 来说,要么底部的"同意《隐私权政策》和《用户注册协议》"已被默认打钩,平台企业已经帮助你进行了选择,要么用户选择不同意就不能使用该平台。所以用户在注册过程当中处于完全被动的状态。由于用户个体的分散性,当前缺乏对这种平台企业用户注册协议全面的研究。这种格式合同的一个显著特征就是规定了用户的种种义务,但对用户享有哪些权利以及如何保护这些权利却规定得并不明确。所以从民事法律视角来看,这种格式合同是不公平的,往往充斥着很多"霸王条款"。从社群宪章的角度来看,这种格式合同是不完整的,没有规定用户享有哪些权利、用户如何参与该社群的建设、社群有怎样的体制机制以及用户如何维护自己的权利。2023 年 5 月国家市场监督管理总局发布了《合同行政监督管理办法》,该《办法》自 2023 年 7 月 1 日起施行。这个规章在尊重一般民事合同应当遵循平等、自愿、公平、诚信原则基础上,重点规范了格式合同的相关制度,这对于保障平台企业中的用户权利具有积极的意义。

一是明确规定了格式合同的通知、说明与公示制度。该《办法》第六条规定:"经营者采用格式条款与消费者订立合同,应当以单独告知、字体加粗、弹窗等显著方式提请消费者注意商品或者服务的数量和质量、价款或者费用、履行期限和方式、安全注意事项和风险警示、售后服务、民事责任等与消费者有重大利害关系的内容,并按照消费者的要求予以说明。经营者预先拟定的,对合同双方权利义务作出规定的通知、声明、店堂告示等,视同格式条款。"第十条规定:"市场监督管理部门引导重点行业经营者建立健全格式合同公示等制度,引导规范经营者合同行为,提升消费者合同法律意识。"上述规定有助于用户及早了解用户协议的相关内容尤其是涉及自身权益的重点内容,这对于保障用户的知情权具有重要意义。但随着大型平台企业公共属性日益增强,用户往往面临着被迫选择的问题。所以,如何保障用户在知情的基础上,能够有效参与协议文本的讨论,尤其是对涉及用户权益重点内容的协商,仍将是未来平台企业格式合同监督管理的重要难点。

二是明确规定不得利用格式合同设立免责条款。该《办法》第七条规定:"经营者与消费者订立合同,不得利用格式条款等方式作出减轻或者免除自身责任的规定。格式条款中不得含有以下内容:(一)免除或者减轻经营者造成消费者人身伤害依法应当承担的责任;(二)免除或者减轻经营者因故意或者重大过失造成消费者财产损失依法应当承担的责任;(三)免除或者减轻经营者对其所提供的商品或者服务依法应当承担的修理、重做、更换、退货、补足商品数量、退还货款和服务费用等责任;(四)免除或者减轻经营者依法应当承担的违约责任;(五)免除或者减轻经营者根据合同的性质和目的应当履行的协助、通知、保密等义务;(六)其他免除或者减轻经营者自身责任的内容。"这一规定重点强调的是经营者不得利用格式合同对消费者因购买或使用商品或服务受到损害时的免责条款,有些规定对保护用户权利也具有积极意义,但对当前平台企业利用格式合同设立免责条款的特点关注明显不够,未来应该在此基础上进一步完善。

三是规定不得利用格式合同加重消费者的责任或者限制其权利。该《办法》第八条规定:"经营者与消费者订立合同,不得利用格式条款等方式作出加重消费者责任、排除或者限制消费者权利的规定。格式条款中不得含有以下内容:(一)要求消费者承担的违约金或者损害赔偿金超过法定数额或者合理数额;(二)要求消费者承担依法应当由经营者承担的经营风险;(三)排除或者限制消费者依法自主选择商品或者服务的权利;(四)排除或者限制消费者依法变更或者解除合同的权利;(五)排除或者限制消费者依法请求支付违约金或者损害赔偿金的权利;(六)排除或者限制消费者依法投诉、举报、请求调解、申请仲裁、提起诉讼的权利;(七)经营者单方享有解释权或者最终解释权;(八)其他加重消费者责任、排除或者限制消费者权利的内容。"同样的问题,尽管有些规定对保护用户权利也具有明显的积极意义,但该条规定还主要是基于消费者权益的视角,对用户权利问题关注明显不够。比如,用户显然应该有受到公平对待、公正对待、选择、参与、获得安全保障、获得救济等权利,但在格式合同中是否要体现用户的这些权利？格式合同回避用户的上述权利以及某些过于原则、笼统的规定本身是否就是限制了用户的基本权利？

尽管《合同行政监督管理办法》还只是保护消费者权益的视角,对当前平台企业下用户权利的问题关注不够,但这个规章对保护用户权利依然具有重大现实意义。一是在当前立法还尚未特别明确用户权利的背景下,用户为了维护自身的权益,主要依据的还是保护消费者权益的相关法律法规。所以,在用户相关权益受到侵害时,可以依据上述规定来排除平台企业格式合同某些条款的法律效力。二是该办法明确提出禁止利用技术手段强制交易。该《办法》第九条明确提出,"经营者采用格式条款与消费者订立合同的,不得利用格式条款并借助技术手段强制交易。"这句话虽然简短,但应当具有鲜明的指向性。哪些平台企业的格式合同将会构成利用技术手段强制交易？这是未来司法实践中应当重点研究的问题。三是建立专家机制参与对格式合同的监督工作。该《办法》第十六条规定:"省级以上市场监督管理部门可以设立合同行政监督管理专家评审委员会,邀请相关领域专家参与格式条款评审、合同示范文本制定等工作。"通过专家对相关格式合同进行评审,引入社会力量监督格式条款中的霸王条款,不仅有助于促进格式合同的公平公正,也在某种程度上体现了用户的参与。鉴于大型平台企业在全国的广泛影响力,建议国家市场监督管理总局率先成立专家评审委员会,重点对大型平台企业的用户协议进行评审,对那些明显的霸王条款,要通过行政监督的方式及时予以纠正。

4. 创新发展多维度的用户投诉举报机制

在创新发展多维度的用户投诉举报机制时,要参考工商业与人权公约所提出的准则。该规则在获得救济部分,提出了三类救济机制:一是基于国家的司法机制,明确提出国家应采取适当步骤,确保国内司法机制在处理与企业相关的侵犯人权行为时的有效性,包括考虑如何减少可能导致拒绝补救的法律、实践和其他有关壁垒。二是基于国家的非司法申诉机制,提出国家应与司法机制一道,提供有效和适当的非司法申诉机制,作为补救与企业相关的侵犯人权行为的全面国家制度的一部分。三是非国家申诉机制,这主要包括两个层面:企业自身或与利益攸关者一道实施,或由行业联合会或多利益相关者集团实施的那些机制;工商企业针对可能受到不利影响的个人或社群建立或参与有效的业务层面申诉机制,这些机制一般由企业独自或与其他方,包括利益攸关者协同实施。

构建数字时代的投诉举报机制,首先,要夯实平台企业的责任,要求平台企业必须建立便捷有效的投诉举报制度。本书在社会法专题部分专门讨论了这个问题。一个基本的法律理论是,平台企业构建了一个新的虚拟生态,并因为这个生态获取了利益,那么平台企业就要努力解决在该虚拟生态中发生的各种矛盾纠纷。2020年修订的《未成年人保护法》对此作出了创新性的规定,该法第七十八条规定:"网络产品和服务提供者应当建立

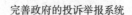

完善政府的投诉举报系统

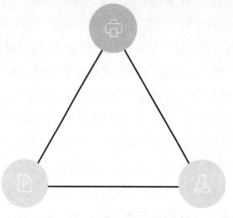

平台企业自身便捷有
效的投诉举报制度

鼓励建立专业第三
方的投诉举报平台

图 10-7　多维度的用户投诉举报机制的架构

便捷、合理、有效的投诉和举报渠道,公开投诉、举报方式等信息,及时受理并处理涉及未成年人的投诉、举报。"平台企业将矛盾纠纷推给政府、司法机关和社会的观念和做法是错误的。绝大多数平台企业都有建立自己的投诉举报渠道,但存在的问题要么是投诉举报不便捷,都是机器接听,不能负责地有针对性地解决问题,用户的投诉举报被机器推脱搪塞;要么就是不能以负责的态度及时处理,不断刺激用户的情绪,导致矛盾激化。建议平台企业不仅要建立有效的投诉举报机制,更要建立专业负责的处理投诉举报的人员队伍,以真正能够及时有效地处理与平台相关的绝大多数矛盾纠纷。

其次,建议政府鼓励建立专业第三方的投诉举报平台。在现代国家治理体系中,社会参与是其中重要的内容。党的十九大明确了我国"党委领导、政府负责、社会协同、公众参与、法治保障"的社会治理体系,这对于指导我国构建数字时代的国家治理体系依然具有重要意义。从破解"社会协同、公众参与"这个命题来说,国家应该鼓励针对平台企业用户权利问题建立第三方专业的投诉举报平台。受到自身利益等因素的影响,平台企业自身的投诉举报机制有时难免不能让人信服。但又不应把相关问题都推给政府。这时就需要发挥党委领导、政府负责的作用,由党委和政府进行引导和支持,由第三方专业社会组织建立投诉举报平台。之所以强调社会组织,是因为商业机构有时出于获益考虑,可能放任或激化矛盾。但法律明确了社会组织的非营利性质,没有了利益牵涉,社会组织接待、处理的投诉举报就会更中立、客观,更有公信力,可以更及时地处理相关纠纷。

最后是政府的投诉举报系统。政府的投诉举报不仅是处理相关违法的投诉举报机制,更是对前述投诉举报机制的评估。这样就构建起"平台企业—专业第三方—政府"三重投诉举报机制。三种举报层层递进:专业第三方不仅接待用户的投诉举报,也能了解、评估平台企业接待处理投诉举报的态度、能力,将有关情况及时向政府报告;政府投诉举报平台也不仅是处理投诉举报的问题,更是通过调查相关问题来了解平台企业以及专业第三方处理投诉举报的态度和能力。对那些制度健全、认真负责的平台企业,即使存在某些瑕疵,也可以批评教育、督促改正为主;但对那些敷衍塞责、态度恶劣、屡教不改的平台企业,就要加大处罚力度。

5. 培育发展健康的平台企业用户权利组织

依靠用户个体很难有效监督、约束平台企业的数字权力,这是一个不争的事实。为了更好保障消费者的权利,我国《消费者权益保护法》规定了消费者享有依法成立维护自身合法权益的社会组织的权利,并专用一章对消费者组织的性质、职责以及禁止行为进行了规定。尽管社会各界对消费者组织的作用有更大的期待,但法律明确规定成立消费者保护组织、政府积极支持各级消费者保护组织发挥作用,对保障消费者合法权益具有重大现实意义。

从国家公权力角度而言,各国都通过各种监督及制衡机制去约束公权力。我国建立了具有我国特色的规范、约束公权力的政治和法律制度,包括中国共产党领导的多党合作和政治协商制度、人民代表大会制度、纪检监察对权力运行全覆盖的监督制度等。上述对权力的监督主要是通过相关机制来完成的。近些年来,为了有效保障业主的权利,我国法律逐渐明确了业主大会、业主委员会的地位及权利,这也是为了保障分散的个人权利所作出的重要制度探索。

当平台企业发展到一定规模,摄取了足够的用户权利,积聚起强大的数字权力后,就要考虑如何通过组织化的方式来保障用户的权益。建议未来要鼓励成立专业的社会组织,包括发展类似消费者协会这样的用户社团,以代表用户监督和约束平台企业的数字权力。

最后要提出的是,随着数字时代的发展,用户权利的问题将表现得更加复杂严峻。用户权利给传统人权保障的理念和方式都带来了全面深刻的影响。在国家权力、平台企业数字权力以及用户权利三者复杂的关系中,如果国家权力受到资本深刻的影响,那用户的权利就将被严重忽视。中国特色社会主义制度的本质属性是人民性,党的宗旨是全心全意为人民服务,所以中国数字经济发展的关键应当是实现人民的福祉,保障好用户的权利,在此基础上实现平台企业的健康持续发展。从这个角度来说,中国所探索的保障用户权利法律制度,对数字时代全球治理以及人权保障事业的发展具有重大的意义。

责任编辑：洪　琼

图书在版编目（CIP）数据

数字法治：党员干部关注的十大热点/佟丽华 著. —北京：人民出版社，2024.1
ISBN 978 - 7 - 01 - 026143 - 0

Ⅰ.①数…　Ⅱ.①佟…　Ⅲ.①互联网络-科学技术管理法规-中国-干部教育-
学习参考资料　Ⅳ.①D922.174

中国国家版本馆 CIP 数据核字（2023）第 249337 号

数字法治

SHUZI FAZHI

——党员干部关注的十大热点

佟丽华　著

人民出版社 出版发行

（100706　北京市东城区隆福寺街 99 号）

北京中科印刷有限公司印刷　新华书店经销

2024 年 1 月第 1 版　2024 年 1 月北京第 1 次印刷
开本：787 毫米×1092 毫米 1/16　印张：17.75
字数：360 千字

ISBN 978 - 7 - 01 - 026143 - 0　定价：69.80 元

邮购地址 100706　北京市东城区隆福寺街 99 号
人民东方图书销售中心　电话（010）65250042　65289539